Michael Bernsen
Die indirekte Kommunikation in Frankreich

Michael Bernsen

Die indirekte Kommunikation in Frankreich

Reflexionen über die Kunst des Impliziten
in der französischen Literatur

DE GRUYTER

ISBN 978-3-11-075765-1
e-ISBN (PDF) 978-3-11-075800-9
e-ISBN (EPUB) 978-3-11-075810-8
DOI https://doi.org/10.1515/9783110758009

Library of Congress Control Number: 2021947400

Bibliografische Information der Deutschen Nationalbibliothek
Die Deutsche Nationalbibliothek verzeichnet diese Publikation in der Deutschen Nationalbibliografie; detaillierte bibliografische Daten sind im Internet über http://dnb.dnb.de abrufbar.

© 2021 Michael Bernsen, publiziert von Walter de Gruyter GmbH, Berlin/Boston
Dieses Buch ist als Open-Access-Publikation verfügbar über www.degruyter.com.

Umschlaggestaltung: Römischer Silberdenar mit Januskopf (Marcus Furius Phila, 119 V. Chr.)
https://commons.wikimedia.org/wiki/File:Moneda1_huetor.jpg
Satz: le-tex publishing services GmbH, Leipzig
Druck und Bindung: CPI books GmbH, Leck

www.degruyter.com

Inhalt

1 Einleitung

> Observer [...] les sociétés d'une grande ville, assigner le caractère des propos qu'on y tient, y distinguer exactement le vrai du faux, le réel de l'apparent, et ce qu'on y dit de ce qu'on y pense, voilà ce qu'on accuse les Français de faire quelquefois chez les autres peuples, mais ce qu'un étranger ne doit point faire chez eux ; car ils valent la peine d'être étudiés posément.
> Jean-Jacques Rousseau, *Julie ou La Nouvelle Héloïse*[1]

> Le bon ton dans le grand monde est, pour les pensées, ce qu'étoit un lit de fer inventé par un tyran ; on coupait les pieds ou la tête de ceux qui y couchoient, quand leur stature le débordait.
> Mme Necker (=Suzanne Churchod), *Pensées et souvenirs*[2]

Die *Deutsch-Französische Industrie- und Handelskammer – Chambre Franco-Allemande de Commerce et d'Industrie (AHK)* mit Sitz in Paris veröffentlicht im Internet einen Leitfaden unter dem Titel „Erfolgreich auf dem französischen Markt – deutsch-französische Mentalitätsunterschiede". Die darin beschriebenen Verhaltensmuster französischer Geschäftsleute gegenüber denen ihrer deutschen Partner richten sich vor allem an deutsche Unternehmer, die in Frankreich tätig werden wollen. Genauer werden sechs herausragende Unterschiede beschrieben, die deutschen Geschäftsleuten in Frankreich besonders auffallen. Deren Beachtung gehört für die Verfasserin des Leitfadens zum „Ein-Mal-Eins des interkulturellen Managements"[3]:

1. Die zentralistische Denkweise in Frankreich: Frankreich ist ein zentralistisches, in den meisten gesellschaftlichen Bereichen vertikal ausgerichtetes Land. Dies lässt sich an der Stellung der Hauptstadt Paris ablesen, auf die sich die wirtschaftlichen Aktivitäten des Landes ganz wesentlich konzentrieren. Dies zeigt sich auch am völlig anderen Führungsstil französischer Manager, die gewohnt sind, Entscheidungen anders als in Deutschland von oben herab zu treffen. Französische Unternehmen sind pyramidal strukturiert: An der Spitze steht der PDG, der *Président directeur général*, über den alle Entscheidungen eines Unternehmens laufen.

---

1 *Lettres de deux amans, habitans d'une petite ville au pied des Alpes* (1761), in: *Œuvres complètes*, hrsg. von Bernard Gagnebin/Marcel Raymond (Bibliothèque de la Pléiade. 11. 153. 169. 208. 416), 5 Bde., Paris Gallimard, 1959–1995, Bd. 2, S. 1–793, S. 238 (Teil 2, Br. XV).
2 In: *Nouveaux mélanges, extraits des manuscrits de Madame Necker*, 2 Bde., Paris, Pougens, 1801, Bd. 1, S. 174–224, hier: S. 197 f.
3 Alexandra Seidel-Lauer, „Erfolgreich auf dem französischen Markt – deutsch-französische Mentalitätsunterschiede", http://www.frankfurt-main.ihk.de/imperia/md/content/pdf/international/AHK_Paris_Mentalitaetsunterschiede-Deutschland-Frankreich.pdf, S. 2.

2. Die Bedeutung des persönlichen Kontakts: Dialog und persönliche Beziehungen sind im französischen Geschäftsleben weitaus bedeutender als im deutschen, wo vor allem Kompetenz und Sachlichkeit geschätzt werden. In Verhandlungen und Meetings geht es oft mehr darum, sich als Person in Szene zu setzen, als um eine nüchterne Darstellung von Fakten. Geschäftsfördernd sind somit vor allem Wertschätzungen der Person und der Aufbau persönlicher Beziehungen, denen z. T. zeitaufwändige gemeinsame Gespräche vorausgehen.

3. Die Bedeutung einer guten Beherrschung der französischen Sprache: Die notwendigen persönlichen Kontakte lassen sich nur durch eine möglichst gute Beherrschung der französischen Sprache aufbauen, zumal in Frankreich die Rolle der Landessprache besonders großgeschrieben wird. Dieser wird seit 1994 per Gesetz eine fundamentale Funktion in der französischen Nation zugeschrieben: Sie stellt das kulturelle Erbe par excellence dar und sorgt somit für die Identität der Person[4].

4. Die herausragende Stellung von Kultur und Geschichte im französischen Bewusstsein: Frankreich versteht sich spätestens seit dem 17. Jahrhundert nicht nur als Bote der Zivilisation in Europa, sondern misst auch seiner Kultur eine Sonderstellung zu, belegt mit dem über mehrere Jahrhunderte verbreiteten Topos der ‚exception culturelle'. Daher sind Gespräche über kulturelle Phänomene und ihre Geschichte besonders hilfreich, persönliche Kontakte zu knüpfen und so die Voraussetzungen für erfolgreiche Geschäfte zu schaffen. Dies vor dem Hintergrund, dass die Franzosen ihre eigene Historie in den meisten Fällen mit Stolz als Erfolgs- und Fortschrittsgeschichte empfinden.

5. Die komplizierten Regeln französischer Kommunikation: Die französische Kommunikation ist traditionsbedingt stark mündlich geprägt. Sie ist dadurch erheblich ausschweifender als die deutsche, die stärker auf die Vermittlung von Informationen ausgerichtet ist. Französische Kommunikation ist auch erheblich indirekter als die deutsche, die auf Klarheit und Sachlichkeit abzielt. Die Subtilitäten französischer Kommunikation, oftmals eine Kunst des Impliziten, zu durchschauen und zu beherrschen, ist somit eine der größten Herausforderungen in der interkulturellen Begegnung zwischen Deutschen und Franzosen.

6. Die Andersartigkeit im Umgang mit der Zeit: Aus den bereits genannten Punkten lässt sich erschließen, dass man in Frankreich eine andere Einstellung zur Zeit mitbringt. Änderungen von Zeitplanungen sind gängig und verlangen

---

4 Vgl. den Art. 1 des nach dem seinerzeitigen verantwortlichen Minister ‚Loi Toubon' benannten Gesetzes: Loi n° 94-665 du 4 août 1994 relative à l'emploi de la langue française, https://www.legifrance.gouv.fr/affichTexte.do?cidTexte=LEGITEXT000005616341&dateTexte=vig, Version consolidée au 30 juillet 2016: Art.1: „[...] la langue française est un élément fondamental de la personnalité et du patrimoine de la France."

ein Improvisationsvermögen der Beteiligten. Rigide Tagesordnungen sowie exakte Planungen von Zeitabläufen stehen dem französischen Bedürfnis entgegen, die Dinge sich im Gespräch entwickeln zu lassen und Themen oftmals langatmig einzukreisen.

Nun kann man es – wie dies Managerhandbücher in der Regel tun – mit diesem rudimentären Wissen über die Andersartigkeit französischer Verhältnisse gegenüber den deutschen bewenden lassen, wenn man die Unterschiede einmal wahrgenommen hat und in der täglichen Praxis berücksichtigt. Es ist jedoch gerade im Umgang mit französischen Partnern von großem Vorteil, wenn man die Ursprünge der seit langem existierenden Unterschiede genauer kennt und diese in ihre historischen Entwicklungen einordnen kann. Dies ist umso mehr von Vorteil, da Frankreich ein Land ist, welches auf seine ‚exception culturelle‘ schon immer einen großen Wert gelegt hat und dieser sogar im Alltagsbewusstsein der Franzosen eine erhebliche Rolle einräumt. Kulturelle Fragen sind von großer Bedeutung und historische Kenntnisse dieser Kultur werden in der Zusammenarbeit mit Franzosen von diesen äußerst goutiert. Die *Cinquième République* der Nachkriegszeit hat unter ihrem Kulturminister André Malraux aktiv auf den Bereich einer kulturell geprägten Innen- und Außenpolitik gesetzt, um Frankreich auch weiterhin den Status der ‚exception culturelle‘ zu erhalten. Dieser Ansatz wurde von dem sozialistischen Kulturminister Jacques Lang in den achtziger Jahren aufgegriffen. Auch Präsident Emmanuel Macron stellt sich in diese Tradition. Ein historisches Wissen über die Entstehung und die lang verfestigten mentalen Grundeinstellungen ist somit auch praktisch höchst wertvoll, um Zugang zu französischen Verhandlungspartnern zu erhalten, und das vor allem vor dem Hintergrund der Besonderheit, dass persönliche Beziehungen in Frankreich eine herausragende Rolle spielen.

Die Analyse des Verhaltens französischer Partner lässt sich erheblich weiter vertiefen als es die Managerhandbücher tun. Die eingangs genannten sechs Punkte hängen nämlich unmittelbar miteinander zusammen. Die beobachteten Einstellungen und Verhaltensweisen haben sich in einer besonderen historischen Situation aufgrund spezieller struktureller Veränderungen herausgebildet. Der französische Zentralismus formiert sich über einen historischen langen Zeitraum seit dem Mittelalter, genauer seit dem 13. Jahrhundert, und wird strukturell mit der Entstehung des absolutistischen Machtstaates im 17. Jahrhundert verfestigt. Die vertikal-zentralistischen Strukturen der Gesellschaft dieser Epoche bedingen eine Entwicklung der Sprache, welche einheitlichen Regeln unterworfen wird. Durch die Konzentration des Lebens der französischen Oberschicht am Hof von Versailles und in den Salons von Paris entsteht zugleich eine herausragende Kultur, die für ganz Europa zum Vorbild wird. In dieser Gesellschaft, die sich vor allem über ihre kulturellen Leistungen definiert, bildet sich naturgemäß ein besonderes, entspanntes Verhältnis zur Zeit heraus. Und letztlich – dies ist das auffälligste Merkmal französischen Verhaltens – haben die vertikalen Strukturen der Gesellschaft unmittelbare Auswirkungen auf die Art und Weise der Kommunikation: Insbesondere in den Salons entwickelt sich ein Umgang miteinander, der auf eine spielerische Weise nicht nur die kulturelle Ausnahmestellung der einzelnen Gesprächspartner sondern in der Konsequenz des Landes zur Geltung bringt. Die Klarheit der diatopisch und diaphasisch geregelten Sprache in Kombination mit dem rationalistischen anthropologischen Modell des Descart'schen ‚cogito ergo sum' ermöglicht gleichsam kompensatorisch die Verwendung indirekter Formen der Kommunikation. Diese können spielerischästhetische Funktionen ausfüllen oder der Sicherung der Person qua Verstellung in hierarchisch-vertikal geprägten Situationen dienen. Die Konversation eröffnet dem Einzelnen die Möglichkeit, sich als perfekter ‚honnête homme' zu beweisen, der maßgebliche Persönlichkeitsideale wie die ‚civilité, die ‚politesse' oder die ‚grâce' verkörpert. Er kann sich als eine Persönlichkeit zeigen, die sich einerseits durch eine geschickte Art und Weise der indirekten Kommunikation den zentralen Geboten der ‚bienséance' stellt oder sich andrerseits diesen Geboten per Verstellung entzieht oder widersetzt. Die indirekten Formen der Kommunikation werden zum Maßstab des Verhaltens, die über den Bereich der Freizeit hinaus auch den Umgang im geschäftlichen Bereich und sogar der wissenschaftlichen Auseinandersetzung bestimmen. Die indirekte Form der Äußerung ist gattungsübergreifend; sie betrifft vor allem die Konversation, aber auch den ‚entretien'[5] oder den Dialog. Die indirekte Kommunikation in Frankreich ist nicht nur ein Gebot der Höflichkeitsregeln, die in zahlreichen Traktaten des 17. Jahrhunderts diskutiert werden. Sie ermöglicht die Anreicherung der Gespräche mit kulturellen Inhalten in einer Sprache, auf deren Bedeutung schon die Zeitgenossen des 17. Jahrhunderts großen Wert gelegt haben.

Das Bewusstsein einer solchen kulturellen Besonderheit Frankreichs wird selbst zum Thema der Konversationen im 17. Jahrhundert. Die Konversation ist, wie es Marc Fumaroli in mehreren Arbeiten formuliert, „le genre des genres"[6], da die Gesellschaft im 17. Jahrhundert wesentlich auf der mündlichen Kommuni-

---

5 Der Artikel „Conversation" der von Jean le Rond d'Alembert und Denis Diderot herausgegebenen *Encyclopédie raisonnée* unterscheidet als grundlegende Formen der Kommunikation ‚conversation' und ‚entretien' (in: Denis Diderot/Jean Le Rond d'Alembert, *Encyclopédie, ou Dictionnaire raisonnée des sciences, des arts et des métiers*, 17 Bde., Paris, Briasson/David/Le Breton/Durand, 1751–1772, Bd. 4, S. 165f, hier: S. 165).

6 *Le genre des genres littéraires : la conversation* (The Zaharoff Lecture for 1990. 1), Oxford, Clarendon Press, 1992. Vgl. auch ders., „La Conversation", in: M. F., *Trois institutions littéraires*, Paris, Gallimard, 1994, S. 111–210.

kation beruht. Fumaroli sieht in der Konversation des 17. Jahrhunderts eine herausragende literarische Gattung der Oralität. Im Übergang zum 18. Jahrhundert verlagert sich die mündliche Konversation dann hin zur Schriftlichkeit. Autoren wie Voltaire haben die Regeln der Konversation, die dort verwendete Sprache sowie die Art und Weise des indirekten Sprechens zum Vorbild für die schriftliche Literatur erklärt, die dann ihrerseits Normen für eine Bildung schafft, an denen sich die französische Gesellschaft und der Staat in der Schulausbildung seit dem 19. Jahrhundert orientieren. Die vorliegende Studie geht der historischen Entstehung der genannten mentalen Einstellungen und der Verhaltensweisen der Kommunikation in Frankreich nach. Sie tut dies an literarischen Beispielen und das vor allem aus zwei Gründen:

1. Es ist vor allem die Literatur, die Konversationen übermittelt, wie sie in älteren Epochen geführt worden sind. Die Literatur ist das Medium, in dem Gespräche nicht nur konserviert, sondern darüber hinaus in all ihren Aspekten reflektiert werden. Für die Fokussierung auf die Literatur als Untersuchungsgegenstand gibt es weitere überzeugende Gründe. Grundsätzlich gilt, dass Literatur den Leser zum Nachdenken anregen will, ohne unidirektionale Antworten zu liefern und programmatische Aussagen zu treffen. Aus diesem Grund hat der Europarat 2008 in seiner Empfehlung 1833 mit dem Titel Förderung des Unterrichts in europäischer Literatur in Abs. 3 festgestellt: „Eine Sprache zu kennen bedeutet mehr als sie zu Kommunikationszwecken zu beherrschen. Die Kenntnis großer Werke der Literatur bereichert das Denken und gibt dem Leben mehr Sinn."[7] Die Kenntnis der Literatur anderer Nationen, deren Sprache die Schule vermittelt, wird in der Empfehlung als besonders geeignet angesehen, interkulturelle Kompetenz – in den Worten der Empfehlung „europäische[n] Bürgersinn" – zu lehren: „Das Erlernen anderer europäischer Sprachen und die Bekanntschaft mit ihrer Literatur können dazu beitragen, europäischen Bürgersinn zu vermitteln." Dies gilt im Besonderen für den hier verhandelten Fall der indirekten Kommunikation.

2. Zwischen der mündlichen Konversation, die in Frankreich stark vom indirekten Sprechen geprägt ist, und der Literatur im Sinne von ‚Wort-Kunst' besteht eine enge Verbindung: Literatur hat per definitionem mit indirekten Formen der Äußerung zu tun. Sie lebt von vielfältigen Möglichkeiten der Einkleidung der Gedanken in Worte, wovon schon Cicero in seinen Schriften zur antiken Rhetorik gesprochen hatte[8]. Im Mittelalter wird dieses eher rhetorisch-technische Verständnis substantialisiert: So sah man die Bibel als Wort Gottes mit gleich vier

---

7 http://dip21.bundestag.de/dip21/btd/16/131/1613167.pdf#page=27.
8 Vgl. *De Oratore*, I, 161: „[...] in oratione Crassi divitias atque ornamenta eius ingeni per quaedam involucra atque integumenta perspexi, [...]" („[...] in dem Vortrag des Crassus habe ich die Reichtümer und Kostbarkeiten seines Geistes gleichsam durch Hüllen und Decken erblickt [...]").

Schriftsinnen ausgestattet, die in der Allegorese, der Auslegung der Schrift, herausgelesen werden. Die weltliche Literatur gilt als semantisch mehrschichtige Rede; sie beinhaltet, so die Auffassung von Macrobius in seinem Kommentar zu Ciceros *Somnium Scipionis* in ihrer Erzählung, der ,narratio fabulosa', verborgene Wahrheiten. Ihre Rede ist ein ,integumentum' bzw. ,involucrum', d. h. ihre Aussagen sind durch Formen indirekten Sprechens verhüllt. Mit dieser Auffassung hatte die ,École de Chartres' im 12. Jahrhundert versucht, der antiken Literatur einen hohen Stellenwert neben der Bibel zu verschaffen. Antike Mythen werden als verhüllte Rede verstanden und auf ihren moralischen Sinn hin gedeutet[9].

Die vorliegende Studie hat das Ziel, anhand von ausgewählten Beispielen der französischen Literatur vom 16. bis zum 21. Jahrhundert die Überlegungen der Texte zu einer der auffälligsten und zugleich zentralen mentalen Strukturen der französischen Gesellschaft zu untersuchen. Damit unterscheidet sich die hier gewählte Fragestellung wesentlich von der zahlreicher sprachwissenschaftlicher Arbeiten, die sich der indirekten Kommunikation angenommen haben. In erster Linie wären hier Catherine Kerbrat-Orecchioni mit ihrem Buch *L'implicite*[10] sowie Oswald Ducrot mit seinen Arbeiten *Le Dire et le Dit*[11], *Les Mots du discours*[12] und *Dire et ne pas dire*. Principes de sémantique linguistique[13] zu nennen, die die sprachlichen und rhetorischen Formen beschreiben, die eine indirekte Kommunikation ermöglichen. Auch die Arbeiten von Herbert Paul Grice und seiner Nachfolger, die Maximen der Konversationslogik aufstellen, sind für die hier verfolgte historische und interkulturelle Perspektive nur bedingt fruchtbar. Grice, der zu konversationellen Implikaturen gearbeitet hat[14], richtet seine pragmatisch-linguistischen Analysen auf die Frage, wie Kommunikationen effizient ablaufen können und weniger darauf, wie stark kulturell geprägte Konversationen zu spielerischen Zwecken im Umgang der Gesprächspartner miteinander bewusst auf

---

9 Zum ,integumentum' vgl. insbesondere Christoph Huber, „Integumentum", in: Georg Braungart/Harald Fricke/Klaus Grubmüller/Jan-Dirk Müller/Klaus Weimar (Hrsg.), *Reallexikon der deutschen Literaturwissenschaft*. Neubearbeitung des Reallexikons der deutschen Literaturgeschichte, 3 Bde., Berlin/New York, De Gruyter, 2007, Bd. 1, S. 156–160. Vgl. auch Hennig Brinkmann, „Verhüllung (,integumentum') als literarische Darstellungsform im Mittelalter", *Miscellanea medievalis* Bd. 8/1971, S. 314–339.
10 Paris, Colin, 1986.
11 Paris, Minuit, 1980.
12 Paris, Minuit, 1980.
13 Paris, Hermann, ³1998 (¹1980).
14 Vgl. dessen Aufsatz „Logic and Conversation", in: Peter Cole/Jerry L. Morgan (Hrsg.), *Speech Acts* (Syntax and Semantics. 3), New York, Academic Press, 1975, S. 41–58; deutsch: „Logik und Konversation", in: Georg Meggle (Hrsg.), *Handlung, Kommunikation, Bedeutung* (suhrkamp taschenbuch wissenschaft. 1083), Frankfurt a. M., Suhrkamp, 1993, S. 243–265.

Mehrdeutigkeit setzen. Zu nennen wäre etwa auch Penelope Browns und Stephen C. Levinsons Höflichkeitsmodell im Anschluss an die Theorien von Ervin Goffman[15], welches sie in ihrem 1987 veröffentlichten Buch *Politeness. Some Universals of Language Use*[16] beschreiben. Die auch als ‚Gesichtskonzept‘ bekannte Theorie geht davon aus, dass die Partner eines Gesprächs in der Regel ‚Face Threatening Acts‘ vermeiden wollen und entsprechende Strategien anwenden. ‚Face Threatening Acts‘ (‚FTA‘) entstehen vor allem durch implizite Äußerungen; damit sind sie verdeckt und sozusagen ‚off record‘. Den linguistischen Ansätzen geht es, wie allein der Untertitel von Brown/Levinson zeigt, vor allem um „universals of language use". Sie befassen sich mit den sprachlichen Möglichkeiten und Situationen, Aussagen auf indirekte Weise Sinn zu verleihen. Hier geht es dagegen nicht in erster Linie um die Einhaltung von Höflichkeitsregeln und entsprechende sprachliche Regulierungen, sondern um die in einer interkulturellen Perspektive interessante Frage der indirekten Kommunikation speziell in Frankreich. Verfolgt wird, wie diese entstanden ist und wie sie unter speziellen gesellschaftlichen und kulturellen Bedingungen in Texten der französischen Literatur reflektiert wird.

Im Zusammenhang mit dem indirekten Sprechen war bereits mehrfach von zentralen mentalen Strukturen in Frankreich die Rede. Zur Analyse des habitualisierten Verhaltens, auch in Alltagssituationen auf die spielerische Kunst des Impliziten zurückzugreifen, ist ein Blick auf die Mentalitätsgeschichte hilfreich. Was die Mentalitätsgeschichte will, die sich mit habitualisierten Verhaltensformen befasst, und inwiefern die Literaturwissenschaft sich als Teil dieser Mentalitätsgeschichte verstehen kann, wird in kurzen Ausführungen in Kap. 2 : „Der Habitus der indirekten Kommunikation und die Mentalitätsgeschichte" beschrieben. Hier wird auch näher begründet, warum literarische Beispiele eine besonders interessante Quellenbasis einer Untersuchung über die indirekte Kommunikation in Frankreich darstellen. Die folgenden Kapitel 3– 6 grenzen nach und nach das Phänomen des indirekten Sprechens in Frankreich näher ein. Da es sich beim Habitus des indirekten Sprechens um ein aus deutscher Perspektive höchst alteritäres Verhalten handelt, ist es zunächst einmal interessant, sich erneut die großen

---

15 Vgl. dessen *Interaction Ritual*. Essays on Face-to-Face Behavior, Chicago, Aldine, 1967; Neuauflage, London/New York, Routledge, 2017; deutsch: *Interaktionsrituale*. Über Verhalten in direkter Kommunikation (suhrkamp taschenbuch wissenschaft. 594). Frankfurt a. M., Suhrkamp, 1986.

16 Cambridge, Cambridge University Press, 1987. Vgl. auch dies., „Gesichtsbedrohende Akte", in: Steffen Herrmann/Sybille Krämer/Hannes Kuch (Hrsg.), *Verletzende Worte*, Bielefeld, Transcript, 2007, S. 55–88. Vgl. auch das Höflichkeitsmodell von Geoffrey Leech, *Principles of Pragmatics* (Longman Linguistics Library. 30), London/New York, Routledge, 1983.

Linien der Geschichte der deutsch-französischen Beziehungen zu vergegenwärtigen und die Formen der Kommunikation in diesem größeren Rahmen zu verorten. Das Kap. 3 : „Französische und deutsche Kommunikationsformen im Kontext der Diskussion um ‚Zivilisation' versus ‚Kultur'" rekonstruiert jene oft klischeehaften gründungsmythischen Anschauungen von der französischen ‚Zivilisation' und die seit dem 18. Jahrhundert ebenso gründungsmythisch relevanten Vorstellungen einer deutschen ‚Kultur'. Gezeigt wird, welche Bedeutung dem in Frankreich und Deutschland so unterschiedlichen Kommunikationsverhalten in dieser Debatte zukommt, welche ja Bestandteil der Zivilisation wie auch der Kultur sind. Das Kap. 4 : „Die Herausbildung mentaler Grundeinstellungen in Frankreich und in Deutschland und die Wahrnehmung des jeweils Anderen in der deutsch-französischen Begegnung" ergänzt diese Betrachtungen durch herausragende Beispiele der Selbstwahrnehmung in beiden Ländern sowie der deutschen Wahrnehmungen Frankreichs und der französischen Wahrnehmungen Deutschlands. So basiert das französische Selbstverständnis im Wesentlichen auf der Vorstellung von der kulturellen Größe des Landes und der Universalität seiner zivilisatorischen Werte, Vorstellungen die lange Zeit auch in Deutschland geteilt werden. In Deutschland entdeckt man dagegen das Deutsche als eine Ursprache, der eine natürliche Kraft und Sinnlichkeit innewohnt. Die weitgehend gegenläufigen Formen der Kommunikation unter den mythisch verkürzten Stichworten ‚Künstlichkeit' versus ‚Natürlichkeit' spielen im Lauf der Geschichte der deutsch-französischen Beziehungen eine erhebliche mytho-motorische Rolle. Das Kap. 5 : „,Je parle donc je suis'? Besonderheiten französischer Kommunikation" beschreibt alsdann den ‚esprit de conversation' in beiden Ländern genauer, bevor speziell die französische Entwicklung in den Blick genommen wird. Erfasst werden historische Entwicklungen insbesondere im französischen 17. Jahrhundert, die zur Herausbildung des Bewusstseins einer ‚exception culturelle' in kommunikativer Hinsicht geführt haben. Diese Vorstellungen einer zivilisatorisch-raffinierten, kulturell gesättigten Kommunikation haben sich bis heute im Verständnis Frankreichs als einer „literarischen Nation" („cette nation avant tout littéraire qu'est la France"[17]) erhalten. Im Kap. 6 : „Die französische Kommunikation zwischen Ideal und Wirklichkeit" wird schließlich gezeigt, dass die These Ervin Goffmans, jede Interaktion in Form einer Kommunikation sei zwei gegensätzlichen Aspekten unterworfen, dem Schutz und der Erhaltung des Freiraums der Person einerseits sowie der Anerkennung und Wertschätzung durch den Interaktionspartner[18], bereits Gegen-

---

17 So in der Diskussion über die Bedeutung des Romans *La Princesse de Clèves* von Mme de La Fayette unter der Präsidentschaft von Nicolas Sarkozy. Vgl. dazu unten, S. 158–160.
18 Vgl. dazu oben, Anm. 15.

stand vielfältiger Überlegungen im 17. Jahrhundert ist. Dabei spielt die indirekte Kommunikation eine Schlüsselrolle. Das Kapitel versucht, die unterschiedlichen Aspekte der indirekten Kommunikation zu systematisieren und beschreibt sie als einen paradoxen Habitus.

Auf diese Präliminarien folgen dann in zehn Kapiteln Analysen besonders markanter Beispiele, in denen sich die französische Literatur der Kunst des Impliziten annimmt. Es handelt sich um Untersuchungen jener Texte, die als ‚littérature conversante‘, bzw. als ‚roman conversant‘ oder ‚histoire conversante‘ die französische Literaturgeschichte von der Renaissance bis heute durchziehen. Ein maßgebliches Kriterium für die Auswahl der einzelnen Beispiele ist, dass die Texte nicht nur das implizite Sprechen praktizieren sondern zugleich reflektieren und es auf diese Weise zu ihrem Thema machen. Ein Vorläufer der spielerisch-ästhetischen Kommunikation in der Literatur ist der Hofdichter Clément Marot aus der Entstehungsphase des Absolutismus im 16. Jahrhundert. Das Kap. 7 : „Im Vorhof der indirekten Kommunikation: Clément Marot und die Entstehung einer Dichtung der ‚causerie facile‘ als fingierte mündliche Konversation" zeigt, wie Marot in seinen Episteln an den König François Ier auf eine höchst spielerische Weise immer wieder Geldzuwendungen erbittet, um den Herrscher bei gleicher Gelegenheit im Stil einer ‚causerie‘ unauffällig und versteckt durch Andeutungen auf die Verfehlungen seiner Politik aufmerksam zu machen. Im berühmten Brief über das Vermächtnis seines Vaters Jean Marot an Clément werden die Verfahren und Ziele dieser indirekten Ansprache reflektiert.

Madame de Lafayette, die Verfasserin des ersten modernen französischen Romans, macht dann das Thema der indirekten Äußerung gegenüber der direkten, aufrichtigen Ansprache zum Gegenstand ihres Romans *La Princesse de Clèves* (Kap. 8: „Madame de La Fayette, *La Princesse de Clèves* – ein Roman über die Unmöglichkeit von Aufrichtigkeit und direkter Äußerung"). Der Roman problematisiert die Möglichkeit der Aufrichtigkeit und löst damit eine weitreichende Diskussion in der Epoche aus. Wie bei kaum einem anderen Autor des 17. Jahrhunderts stehen die Fabeln La Fontaines im Zeichen des verdeckten Sprechens (Kap. 9 : „„Diversité, c'est ma devise‘: La Fontaine und die Vielfalt der Formen indirekten Sprechens"). Gleich in der ersten Fabel seiner Sammlung, *La Cigale et la fourmi* macht La Fontaine klar, wie unsinnig direktes Sprechen ist, um dann in seiner zweiten, nicht minder bekannten Fabel *Le Corbeau et le renard* das Gegenbeispiel eines indirekten Sprechens in Gestalt eines vergifteten Lobs zur Schau zu stellen, ein Text, der heftige Reaktionen in der Epoche der Aufklärung ausgelöst hat. Den Höhepunkt der literarischen Reflexionen des indirekten Sprechens in der Literatur des 17. Jahrhunderts stellt zweifellos Molières Theaterstück *Le Misanthrope* dar (Kap. 10 : „Molières Komödie über das aufrichtige Sprechen: *Le Misanthrope*"). Molière spielt alle Schattierungen des verdeckten und des aufrichtigen Sprechens durch und geht am Beispiel der Diskussion eines Sonetts auf die Rolle des indirekten Sprechens in der Literatur ein.

Im 18. Jahrhundert, der Epoche der Aufklärung, stellt sich für viele Autoren die Frage der indirekten Kommunikation als moralisches Problem. Vor dem Hintergrund der antihöfischen Forderungen nach Aufrichtigkeit nehmen sich die beiden Aufklärer Jean-Jacques Rousseau und Denis Diderot der Frage an und kommen zu ganz unterschiedlichen Resultaten (Kap. 11 : „Kommunikation im Zeichen der Aufrichtigkeit: Jean-Jacques Rousseau versus Denis Diderot"). Als Schweizer lehnt Rousseau den französischen Konversationsstil der Pariser Salons im Namen einer moralischen Aufrichtigkeit strikt ab. Der Protagonist seines Romans *La Nouvelle Héloïse* stellt wie kaum ein anderer Zeitgenosse minutiöse Beobachtungen über die Konversationen in Frankreich an, um dann nach seiner Rückkehr in die Schweiz an einem geradezu einzigartigen Lebensmodell zu partizipieren: dem Zusammenleben in völliger Transparenz mit seiner Geliebten Julie d'Étanges und deren Ehemann M. de Wolmar, ein Projekt, welches Rousseau auf vielfältige Weise reflektiert und letztlich scheitern lässt. Diderot ist dagegen ein Verfechter der ‚sociabilité' des Salons. In einem Brief an Sophie Volland aus dem Jahr 1760 schildert er eine überaus freizügige Konversation einer ländlichen Gesellschaft aus Freunden mit all ihren ästhetischen und gewaltsamen Seiten und erfasst deren ganze Bandbreite indirekter Verbindungen, die das Gespräch in seinem Ablauf quasi zu einem literarischen Text werden lässt. Die für Frankreich einzigartige Strömung des ‚libertinage' zeigt dann, wie im Bereich des Erotischen offenes, direktes Sprechen unmöglich ist. Erst das Redetabu und das dadurch erforderliche indirekte Sprechen bringt die Erotik hervor, so dass sich hinter jeder Offenheit erneut versteckte Dimensionen auftun. Das Kap. 12 : „Der ‚libertinage' als Hohe Schule des indirekten Sprechens" zeigt dies am Beispiel der *Égarements du cœur et de l'esprit* von Claude-Prosper Jolyot de Crébillon sowie des literarischen Höhepunkts dieser Textsorte, der *Liaisons dangereuses* von Pierre-Ambroise-François Choderlos de Laclos.

Im 19. Jahrhundert stellt sich die Frage nach dem Stellenwert der Konversation aufgrund völlig veränderter gesellschaftlicher Rahmenbedingungen. Nicht länger eine Freizeitbeschäftigung einer funktionslosen Aristokratie oder aufklärerischer ‚bels esprits' muss sich die französische Konversationspraxis Rahmenbedingungen stellen, die von ökonomischen Zwängen eines beschleunigten öffentlichen Lebens sowie der Dominanz der öffentlichen Meinung durch das Pressewesen geprägt sind. Honoré de Balzac zeigt in zwei Erzählungen, wie sich die Konversation der Pariser Salons und das in ihr vorherrschende indirekte Sprechen unter diesen Bedingungen gestaltet. Ihm gilt die Literatur als besonderer Ort der Aufbewahrung solcher Gespräche (Kap. 13 : „Die Literatur als Ort der Aufbewahrung des indirekten Sprechens aus der Konversation: Honoré de Balzac"). Auf die neuen

Herausforderungen reagiert auch der Literaturkritiker Charles-Augustin Sainte-Beuve, der mit seinen *Causeries du lundi* über das Medium der Zeitung das Gespräch mit dem Leser sucht. Gegen Sainte-Beuves biographische Methode der Literaturkritik, die sich in einem mit der ganzen Kunst des Impliziten geführten imaginären Gespräch an die Person eines Schriftstellers annähert, wendet sich zu Beginn des 20. Jahrhundert vehement Marcel Proust, der die Literatur von den Elementen des mündlichen Sprechens lösen will (Kap. 14 : „Der Streit um die Konversation zwischen Charles-Augustin Sainte-Beuve und Marcel Proust"). Proust ist allerdings bei all seiner immer wieder bekundeten Abneigung gegen die indirekten Formen der Kommunikation der Salons darauf angewiesen, diese in der *Recherche du temps perdu* in geradezu uferloser Weise auszubreiten, um sie überhaupt sezieren zu können. Dabei stellt er indirekt unter Beweis, welch wichtige Rolle die Salonkonversation zu Beginn des 20. Jahrhunderts immer noch spielt.

Anknüpfend an Proust und unter dem Eindruck der sich mit dem 20. Jahrhundert stark weiterentwickelnden Psychologie entdeckt Nathalie Sarraute eine bislang in ihrer Bedeutung völlig verkannte Dimension des indirekten Sprechens, welche sie als ‚sous-conversation' bezeichnet (Kap. 15 : „Von der Kunst des Impliziten zur Last des Verborgenen bei Nathalie Sarraute"). In ihren Erzählwerken und Theaterstücken, vom bekannten Band *Tropismes*, den sie in den zwanziger Jahren beginnt, bis hin zu ihrem letzten Roman in den siebziger Jahren des 20. Jahrhunderts bringt ihre ‚littérature conversante' unterschwellige Irritationen zutage, die jede Konversation – von den Gesprächspartnern oftmals unentdeckt – steuern. Dieses Interesse an den konfliktuösen, verdeckten Dimensionen des Gesprächs wird wiederum im 21. Jahrhundert im Theater Yasmina Rezas aufgegriffen („Kap. 16 : „Yasmina Reza: der ‚art de l'implicite' als ‚art du carnage'"). Der Blick auf die Kunst des Impliziten einer kulturgesättigten Konversation, die eine harmonisch-spielerische Beteiligung aller Beteiligten ermöglicht, wird bei Reza zur Kunst des Impliziten als einer Form des Streits umgelenkt.

2 Der Habitus der indirekten Kommunikation und die Mentalitätsgeschichte

In einem Interview in der *Revue audiovisuelle de l'économie, la stratégie et du management* des Internetkanals *Xerfi/Canal*, einer Plattform der französischen Industrie, hat Yasmina Jaïdi, Wirtschaftswissenschaftlerin der Universität Paris II, Panthéon-Assas, am 20. Oktober 2015 die Ergebnisse einer Studie „The French Management Culture: an Insider View from Outside" vorgestellt[1]. In der repräsentativen Studie wurden rund 2500 ausländische Führungskräfte aus 96 Nationen, die zeitweise in 19 multinationalen französischen Großunternehmen arbeiteten, zu ihren Wahrnehmungen der Spezifik französischer Unternehmenskultur befragt, speziell zum Stil des Managements. Jaïdi nennt positive und negative Wahrnehmungen, die die Befragten geäußert haben.

Positiv ist ihnen die persönliche Seite der Vorgesetzten aufgefallen, die in der Regel stets darauf bedacht waren, gute Beziehungen zu den Mitgliedern ihrer Arbeitsgruppe herzustellen. Positiv fiel ebenfalls auf, dass die Manager in der Regel eine große individuelle Selbstsicherheit vermittelten und in der Lage waren, mit Brillanz komplexe Probleme zu lösen. Und schließlich waren die Befragten von der Fähigkeit der Vorgesetzten überzeugt, in Entscheidungsprozessen aufgrund ihrer strukturierten Herangehensweise von vorgefertigten Wegen abzugehen und ganz pragmatisch unvorhergesehene Weichen zu stellen. Als viertes Charakteristikum fiel den Befragten ganz besonders die Bedeutung des Austausches, des Gesprächs zwischen Chef und Untergebenen auf, auf das in Frankreich offenbar ein ganz großer Wert gelegt wird. Damit sind insgesamt vier Punkte benannt, die allesamt darauf verweisen, dass die persönliche Ebene in den Beziehungen zwischen Vorgesetzten und Untergebenen eine besondere Rolle spielt.

Bei den negativen Beobachtungen steht für die Befragten der autokratische Zug des französischen Managers im Raum, der im zentralistischen Gefüge französischer Unternehmen letzten Endes alle Entscheidungen trifft. An erster Stelle rangiert – und dies steht im unmittelbaren Zusammenhang mit der Kritik an den zentral ausgerichteten Strukturen – das, was Jaïdi als „communication à la française" bezeichnet: die indirekte Art der Kommunikation, die den Beteiligten stets abverlangt, zwischen den Zeilen zu lesen. Die befragten Mitarbeiter konstatieren zwar die Befähigung der Vorgesetzten, eine individuelle Ebene des Umgangs mit-

---

[1] Siehe https://www.xerficanal.com/strategie-management/emission/Yasmina-Jaidi-Comment-les-etrangers-voient-les-managers-francais_2907.html. Auch auf: https://www.youtube.com/watch?v=1So862QmTQs. Die Studie wurde von Frank Bournois, Yasmina Jaïdi und Ezra Suleiman durchgeführt.

einander herzustellen, bemängeln aber, dass ihre Vorgesetzten nicht zuletzt aufgrund der komplizierten Kommunikation kaum in der Lage waren, ein kollektiv arbeitendes Team aus den Mitarbeitern zu formen. Die französische Managementkultur ist somit ganz offenbar von einem fundamentalen Paradox geprägt: Auf der einen Seite spielt die persönliche Beziehung sowie das darauf ausgerichtete Bedürfnis nach ständigen Gesprächen eine große Rolle; das Gespräch ist der Ort in einer zentralistisch strukturierten Umgebung, bei dem die Individuen ihre Persönlichkeiten zur Geltung bringen können. Auf der anderen Seite erlaubt die zentrale Ausrichtung der Entscheidungsstrukturen vor allem von unten nach oben nur indirekte Äußerungen.

Eine systematische Untersuchung des indirekten Kommunikationsstils sowie seiner historischen Entstehung in Frankreich fällt in die Rubrik der Mentalitätsgeschichte[2]. Die Mentalitätsgeschichte untersucht Einstellungen und Muster, an denen sich die Menschen in ihrem Alltag orientieren und aus denen dann Handlungen erwachsen. Dabei geht es nicht um Ideen, die ideengeschichtlich beschreibbar sind, sondern um Prägungen. Solche Prägungen haben über lange Zeiträume Bestand, weil sie den Betroffenen in der Regel gar nicht bewusst sind. Im Fall des indirekten Kommunikationsstils entstehen diese Prägungen auf der einen Seite durch soziale Strukturen; auf der anderen Seite führt der indirekte Kommunikationsstil wiederum zur Aufrechterhaltung und Neubildung sozialer Strukturen. Im hier vorliegenden Fall handelt es sich um ein Spezifikum: Die sozialen Strukturen im Rahmen der Herausbildung des absolutistischen Machtstaats führen zur Ausformung des indirekten Kommunikationsstils. Diese Ausformungen sind den Zeitgenossen jedoch in hohem Maße bewusst: In zahlreichen Traktaten zum Verhalten bei Hof werden alle nur erdenklichen Formen der indirekten Kommunikation diskutiert. Sie werden in Regeln überführt, die in dieser historischen Periode – wie es das weiter unten erörterte Beispiel von Baltasar Gracián zeigt – nicht nur als Vorbild der Oberschicht sondern auch der niederen Schichten angesehen werden, um dann z. B. bei Jean Baptiste de la Salle in dessen 1703 erschienen *Règles de la bienséance et de la civilité chrétienne* sogar zum Lehrgegenstand der Klosterschulen zu werden. Neben die Traktate tritt aber auch die Literatur als Reflexionsmedium der indirekten Kommunikation. Während die Traktate in der Regel Phänomene der Kommunikation erfassen mit dem Ziel, den Zeitgenossen Verhaltensnormen an die Hand zu geben, reflektiert die Literatur diese Normen spielerisch-kritisch und stellt sie im Kontext sozialer Realitäten auf den Prüfstand,

---

2 Die folgenden zusammenfassenden Ausführungen rekurrieren auf die kompakte Darstellung von Rudolf Schlögel, „Mentalitätengeschichte", http://www.uni-konstanz.de/ FuF/Philo/Geschichte/Tutorium/Themenkomplexe/Grundlagen/Forschungsrichtungen/ Mentalitatengeschichte/mentalitatengeschichte.html.

was nicht nur die Vorteile, sondern auch die Zwänge der Normen deutlich zu Tage treten lässt. Die Quellenlage zur Erforschung der historischen Entstehung der indirekten Kommunikation und ihrer Verfestigung zu dauerhaften Prägungen ist somit besonders gut, da der Dialog von Traktaten und Literatur interessante Einsichten zu Tage fördert. Mentalitätsgeschichtliche Überlegungen lassen sich im vorliegenden Fall mit hermeneutischen Untersuchungen literarischer Texte kombinieren. Die Mentalitätsgeschichte als ein eher undeutliches, schwerlich einzugrenzendes Feld der Historiographie hat keine eigenen spezifischen Methoden und Verfahren herausgebildet. Sie durchzieht alle Disziplinen der Historiographie und der Kulturgeschichtsforschung mit der die allerdings zahlreichen Einzelforschungen verbindenden Frage nach den menschlichen Prägungen und Einstellungen, die Verhalten und Handeln nach sich ziehen.

Die Mentalitätsgeschichte resultiert aus der im späten 19. Jahrhundert aufkommenden Vorstellung, dass die in dieser Epoche entstehende Psychologie ähnlich fundiert wie die Naturwissenschaften soziale Strukturen erklären kann, die aus mentalen Prägungen und Einstellungen resultieren. Im Fall der Analyse des indirekten Kommunikationsstils tangiert die historische Erforschung von Mentalitäten nun aber noch ein älteres Paradigma: die Lehre vom Habitus, die sich seit der Antike mit den Umgangsformen der Menschen, ihren Gewohnheiten und Vorlieben befasst. In seiner *Summa theologica* (1265–1273) hatte Thomas von Aquin diese Frage unter Rückgriff auf Aristoteles *Hexis*-Konzept aus der *Nikomachischen Ethik* (II, 6) entwickelt: Thomas spricht differenzierend von einem äußeren Habitus, also der sichtbaren, nach außen getragenen Haltung des Menschen und einem inneren Habitus der Einstellung[3]. Jeder Mensch hat eine natürliche *dispositio*, in einer bestimmten Weise zu handeln, die durch eine stete Einübung zu einer festen Tätigkeitsprägung wird. Der Habitus verleiht der Handlungsbereitschaft somit Dauerhaftigkeit[4]. In seiner Ausrichtung ist er neutral, d. h. es kann einen guten wie einen schlechten Habitus geben[5]. Diese Kategorie menschlichen Verhaltens wird zum zentralen Thema der Hofmannstraktate und Dialoge über höfisches Verhalten sowie der kritischen Reflexionen in der Literatur.

In der Soziologie wird die Habituslehre von Norbert Elias und später von Pierre Bourdieu aufgegriffen, die soziologische Konzepte mit psychologischen kombinieren. Beide Autoren zeigen grundlegende mentalitätshistorische Entwicklungen auf, insofern sie die Habituslehre auf die Analyse von Gewohnheiten im Denken und Fühlen größerer gesellschaftlich-sozialer Gruppen ausrichten. In

---

3 *Summa theologica*, I-II, q. 49, 1.
4 *Summa theologica*, I-II, q. 49, 2
5 *Summa theologica*, II-II, q. 108, 2.

seinem Hauptwerk *Über den Prozeß der Zivilisation* von 1939 untersucht Elias die Konstellationen der französischen Hofgesellschaft und arbeitet Entwicklungen der Persönlichkeitsstrukturen der Mitglieder des Adels heraus. Die Entwicklung einer weitgehend unbewussten Selbstkontrolle bei den Mitgliedern der Oberschicht im französischen absolutistischen Staat hat unmittelbare Auswirkungen auf den heute noch immer ausgeprägten Habitus der indirekten Kommunikation in Frankreich. Die Verinnerlichung von psychischen Dispositionen beim Einzelnen bedingt durch seine Sozialisation unter modernen gesellschaftlichen Bedingungen eines sozialen Feldes ist Thema der Arbeiten Bourdieus. Auch er geht davon aus, dass Kommunikationsformen sozialbedingt und Diskurse an bestimmte soziale Felder geknüpft sind[6].

Einer der Ursprünge dieses Untersuchungsansatzes ist David Émile Durkheims Theorie der ‚conscience collective'[7]. Durkheim beschreibt mit diesem Begriff die einheitliche Einstellung einer sozialen Gruppierung bzw. Gesellschaft in Fragen der Sprache, Moral, der Bräuche und Gewohnheiten u. a. Individuelle Bewusstseinsformen werden durch gesellschaftliche Bedingungen wie z. B. Normen zu kollektiven Reaktionen umgeformt. Und diese Umformungen überstehen auch soziale Krisen und historische Umbrüche. In der Nachfolge Durkheims haben sich dann die Autoren der von Lucien Febvre und Marc Bloch 1929 gegründeten Zeitschrift *Annales d'histoire économique et sociale* mit kollektiven Prägungen von Gruppierungen und ganzen Gesellschaften befasst[8]. Ein wichtiger Schlüsselbegriff dieser Untersuchungen ist der der ‚longue durée': Die Mentalitätsgeschichte interessiert sich weniger für historische Umbrüche und historische Paradigmenwechsel, als für z. T. über Jahrhunderte andauernde Einstellungen als Voraussetzung historischer Handlungen. Damit setzt sie sich vor allem von der im 19. Jahrhundert dominierenden Ereignisgeschichte ab.

Es ist viel darüber gestritten worden, inwieweit die Literaturwissenschaft mit der historischen Erforschung von Mentalitäten in Einklang zu bringen ist. Während die Mentalitätshistoriker oftmals literarische Quellen als Belege für epochale Einstellungen und Prägungen vereinnahmen, ist seitens der Literaturwissen-

---

6 Vgl. dessen Monographie *Ce que parler veut dire. L'économie des échanges linguistiques*, Paris, Fayard 1982.
7 Vgl. dessen *De la division du travail social*, Paris, Félix Alcan, 1893; online: http://classiques. uqac.ca/classiques/Durkheim_emile/division_du_travail/division_travail.htm
8 Zur Vorgeschichte dieser Richtung der Geschichtswissenschaft vgl. Hasso Spode, „Was ist Mentalitätsgeschichte? Struktur und Entwicklung einer Forschungstradition", in: Heinz Hahn (Hrsg.), *Kulturunterschiede. Interdisziplinäre Konzepte zu kollektiven Identitäten und Mentalitäten*, (Beiträge zur sozialwissenschaftlichen Analyse interkultureller Beziehungen. 3), Frankfurt a. M., IKO – Verlag für Interkulturelle Kommunikation, 1999, S. 9–57.

schaft immer wieder darauf verwiesen worden, dass literarische Texte eher un-
günstige Quellen für die Erfassung unbewusster Gruppenorientierungen sind, da
sie gruppentypische emotionale Dispositionen und Verhaltensformen kritisch reflektieren und damit auf spielerische Weise hinterfragen[9]. Die Literaturwissenschaft kann aber für die Mentalitätsgeschichte insofern ein Gewinn sein, als sie
deutlich macht, dass alle sprachlich vermittelten Quellen Stilisierungen unterliegen und an Äußerungsformen wie z. B. Gattungen gebunden sind. Auf diese Weise
kann sie ihrerseits die Mentalitätsgeschichte drängen, die sprachlichen und tex-
tuellen Modi der Anverwandlung von epochalen Wirklichkeiten mit zu bedenken
und damit den jeweiligen Aussagewert zu epochalen Prägungen zu hinterfragen.

Im vorliegenden Fall der Analyse des indirekten Kommunikationsstils in
Frankreich liegt ein mentalitätshistorisches Interesse an der Frage auf der Hand.
Mentalitätsgeschichte befasst sich – so Jacques le Goff – mit dem Alltäglichen
und dem Automatischen, dem Präreflexiven. Sie analysiert soziales Verhalten[10].
Ohne die Warnung Michel Vovelles vor dem „Mythos einer klassenübergreifenden
kollektiven Mentalität" zu ignorieren und einem holistischen Kulturbegriff das
Wort zu reden[11], kann man im Fall der indirekten Kommunikation durchaus von
einer kollektiven Mentalität sprechen, derer sich die Zeitgenossen bewusst waren
und die sie sogar explizit zusammen mit weiteren kulturellen Errungenschaften
in den Rang einer ‚exception culturelle' Frankreichs erhoben haben. Haltungen
sind in der Regel präreflexiv, da sie nicht unbedingt sprachlich geäußert sondern
vor allem im Handeln zum Ausdruck gebracht werden[12]. Die Arbeiten Bourdieus
gehen genau auf dieses Phänomen ein: Er untersucht die Logik der Praktiken
sozialen Handelns, die keineswegs identisch sind mit den Diskursen, die sich mit

---

9 Ursula Peters, „Literaturgeschichte als Mentalitätsgeschichte? Überlegungen zur Problematik
einer neuen Forschungsrichtung", in: *Germanistik*. Forschungstand und Perspektiven. Vorträge
des Deutschen Germanistentages 1982, Teil 2: *Ältere Deutsche Literatur. Neuere Deutsche Literatur*, hrsg. von Georg Stötzel, Berlin/New York, De Gruyter 1985, S. 179–198, bes. S. 182. Vgl. auch
Ernst Grabovszki, *Methoden und Modelle der deutschen, französischen und amerikanischen Sozialgeschichte als Herausforderung für die Vergleichende Literaturwissenschaft*, Amsterdam/New
York, Rodopi, 2002, bes. S. 125–132.
10 Vgl. dazu insbesondere das Kapitel von Egon Flaig, „14.5. Habitus, Mentalitäten und die Frage des Subjekts: Kulturelle Orientierungen sozialen Handelns", in: Friedrich Jaeger/Burkhard
Liebsch (Hrsg.), *Handbuch der Kulturwissenschaften*. Grundlagen und Schlüsselbegriffe, Metzler,
Stuttgart, 2011, S. 356–371, bes. S. 356.
11 Michel Vovelle, „Serielle Geschichte oder ‚case studies': ein wirkliches oder nur ein Scheinproblem", in: Ulrich Raulff (Hrsg.), *Mentalitäten – Geschichte. Zur historischen Rekonstruktion
geistiger Prozesse*, Berlin, Wagenbach, 1989, S. 114–126, hier: S. 125. Darauf verweist Flaig, „14.5.
Habitus", S. 356.
12 Vgl. Flaig, „14.5. Habitus", S. 357.

diesen Praktiken beschäftigen. Bourdieu „fokussiert" auf „das Implizite"[13], mit entsprechenden Folgen:

> Dieser Sachverhalt ist eine bittere Angelegenheit für die Kulturwissenschaften. Wenn die Praxis einer Logik folgt, die mit dem, was die Akteure sagen, wenig zu tun hat, dann rutscht jenem Teil der Mentalitätsgeschichte der Boden unter den Füßen weg, der aus Meinungen und Diskursen stabile Mentalitäten abzuleiten bemüht war. Jegliche hermeneutisch verfahrende kulturwissenschaftliche Arbeit stößt hier an ihre Grenzen; denn sie hat für das Implizite keinen Platz, sofern es sich nicht in symbolisierten Vorstellungen ausdrückt.[14]

Im Fall der Analyse der indirekten Kommunikation ist dies jedoch glücklicherweise anders: Da Kommunikation auf sprachliche oder symbolische Äußerungen angelegt ist, werden die Haltungen und Prägungen den Beteiligten unmittelbar bewusst. Diese Bewusstwerdung lässt sich u. a. daran ablesen, dass die Traktate zum höfischen Verhalten zu einem großen Teil zunächst nur eher unsystematisch zusammengetragene Beobachtungen der Kommunikation der Zeitgenossen des 17. Jahrhunderts beinhalten. Sie gehen oftmals über unsortierte *Remarques* nicht hinaus, wie dies z. B. bei dem so bedeutenden Autor Gracián der Fall ist. Zu einem späteren Zeitpunkt bei Autoren wie Jean Baptiste de la Salle, der seine *Règles* zu Beginn des 18. Jahrhunderts veröffentlicht, werden sie zu einem systematischen Regelwerk umgestaltet, um dann gezielt zu Schulungszwecken verwandt zu werden. Auf diese Weise entsteht bereits im 17. Jahrhundert selbst so etwas wie die Erforschung einer spezifischen kollektiven Mentalität der Zeit. Die Traktate beschreiben das Verhalten der Zeitgenossen in der Kommunikation. Die dort umrissene Disposition zur indirekten Kommunikation wird dann ihrerseits in weiteren Traktaten immer wieder eingefordert. Die Normen dieser Kommunikation, in der Zeit vor allem unter dem Begriff der ‚bienséances' verhandelt, werden von den Zeitgenossen als wichtig für ihr strategisches Handeln erkannt. In den Diskussionen über das Verstellungspotential der indirekten Kommunikation wird aber auch deutlich, wie die Normen immer wieder hinterfragt und umgangen werden können, d. h. sie werden permanent neu verhandelt[15]. Die indirekte Kommunikation enthält somit bei aller Anpassung an die Normen der Gesellschaft auch ein kreati-

---

13 S. 360.
14 Ebd.
15 Vgl. dazu Flaig, „14.5. Habitus", S. 360. In diesem Punkt unterscheidet sich der hier vorgestellte Ansatz von Karin Schulz' „neue[m] Zugang zum Idealitätsverständnis der kulturellen und gesellschaftlichen Praxis von Konversation [...], der das normative Verhalten nicht mehr als gegeben voraussetzt oder nachzeichnet, sondern als Ergebnis eines handlungsgebundenen Entwicklungsprozesses begreift und aufarbeitet [...]" Schulz beschreibt gleichwohl die „Idealität des kommunikativen Umgangs", sieht diese allerdings, „so die grundlegende These, an die negative Verhaltensrealität des Alltags rückgebunden [...]". Die Autorin erkennt nicht das subver-

ves Potential: Sie ist geeignet, der Person des Sprechers und dessen persönlichen Vorstellungen Geltung zu verschaffen und seine Begehren durchzusetzen.

Auf diese Weise entstehen Habitusformen, die zu dauerhaften Dispositionen werden. Sie sind durch zentralistische Konditionierungen nicht nur für die Oberschicht verbindlich; sie werden darüber hinaus durch die Erziehung und die schulische Ausbildung auf andere Gesellschaftsschichten übertragen, zumal im 18. Jahrhundert ohnehin größere Schichten der Bevölkerung am kulturellen Austausch teilnehmen. Um einen zentralen Begriff der Bourdieu'schen Soziologie, den des Feldes, ins Spiel zu bringen[16]: Der Habitus der indirekten Kommunikation passt sich an das jeweilige Feld der vertikalen Ausrichtung der Gesellschaft im zentralistischen Staat an.

Für den Fall der Kommunikation – im Speziellen der Konversation als einer ihrer Formen – hat Fumaroli nun gezeigt, inwieweit diese in Frankreich literarischen Kriterien verpflichtet ist. Diese Annahme erklärt ein Stück weit das in Frankreich so hochgehandelte Kulturbewusstsein und das Verständnis der Nation als Kulturnation, welches dazu führt, dass oftmals politische und ökonomische Entscheidungen aus kulturellen Interessenlagen heraus getroffen werden. Die Annahme begründet aber auch den hier gewählten Ansatz, vor allem literarische Quellen zur Untersuchung des Habitus der indirekten Kommunikation heranzuziehen. Der für die Konversation typische ‚sermo convivialis' mitsamt seinen Formen der indirekten Ausdrucksweise tritt in der Renaissance verstärkt ins Bewusstsein. Mit Blick auf die italienischen Traktate zum höfischen Leben und zum Verhalten des Hofmanns verweist Fumaroli auf Cicero, der die Bereiche ‚negotia' und ‚otium' nicht kategorial unterscheidet und damit den gleichen Regeln der Kommunikation unterwirft:

> Si *l'eloquentia*, à laquelle prépare de façon privilegiée la rhétorique, trouve son exercice naturel dans les *negotia* du Forum, le *sermo* relève de *l'otium* que l'orateur s'accorde dans les intervalles de ses *negotia*. [...] chez Ciceron, la conversation n'est pas l'antithèse de

---

sive Potential der indirekten Kommunikation, dass die idealen Normen in einer indirekten Konversation umgangen oder neu bestimmt werden können und dass der Sprecher auf diese Weise seine Persönlichkeit zur Geltung bringen kann (vgl. Karin Schulz, *Konversation und Geselligkeit*. Praxis französischer Salonkultur im Spannungsfeld von Idealität und Realität, Bielefeld, transcript, 2018, S. 12 f.) Auch Claudia Schmölders akzentuiert anders, wenn sie die Konversation in den Salons hauptsächlich als eine vor allem ästhetisch motivierte Kunst des Verrätselns und Decouvrierens ansieht (vgl. den Abschnitt „Die Regeln der Salonkonversation oder der Zwang zur Zwanglosigkeit" der Einleitung ihrer Anthologie *Die Kunst des Gesprächs*. Texte zur europäischen Konversationstheorie, München, Deutscher Taschenbuchverlag, [2]1986 ([1]1979), S. 29–34).

16 Vgl. dazu v.a. Pierre Bourdieu, *Le Sens pratique* (Le sens commun. 480), Paris, Minuit, 1980. Vgl. auch Anne-Catherine Wagner, „Champ", in: Serge Paugam (Hrsg.), *Les 100 mots de la sociologie* (Que Sais-Je? 3870), Paris, PUF, S. 50–51; Vgl. auch Flaig, „14.5. Habitus", S. 361.

l'éloquence, mais le moment de son repos, de son répit méditatif. L'interlocuteur du *sermo* ciceronien, tel qu'il apparaît dans ses dialogues, est l'orateur du Forum, mais dans son loisir. Il n'y renonce pas à son *auctoritas*, à ses vertus : La conversation de loisir ciceronienne est encore de la vie civique et active, continuée par d'autres moyens dans une retraite provisoire.[17]

In der italienischen Renaissance hat die Bedeutung des ‚sermo convivialis‘ gegenüber der Rhetorik des öffentlichen Lebens laut Fumaroli erheblich zugenommen[18]. Fumaroli zeigt, wie Stefano Guazzo in seinem Traktat *La civil conversazione* (1574) die Grenzen zwischen dem öffentlichen Sprechen und der Unterhaltung im Privaten aufzuheben versucht, indem er den ‚sermo convivialis‘ und die ‚eloquentia‘ zusammenbringt. Der ‚sermo convivialis‘ wird so zu einer „diplomatie générale de la vie en société“[19]: Er avanciert zum „idéal bienveillant et souriant de cohésion sociale“[20]. Diese Entwicklung hat mehrere Auswirkungen: In Italien und im Anschluss in Frankreich bildet sich ein aristokratisches Persönlichkeitsideal heraus, welches sich insbesondere im Bereich der Kommunikation niederschlägt und als ‚sprezzatura‘ bzw. frz. ‚nonchalance‘ bekannt ist. Das Ideal der ‚nonchalance‘ beinhaltet gerade die indirekten Formen des Sprechens und zwar gleichermaßen im öffentlichen und privaten Raum, da diese Formen dem Gesagten einen ästhetisch-spielerischen Charakter geben. Hier liegen die Probleme jenes ‚sermo convivialis‘ im öffentlichen, geschäftlichen Raum, die insbesondere deutsche Geschäftsleute und Politiker bei Verhandlungen in Frankreich irritieren und die sie als nutzloses Gerede abtun. Es ist aber gerade dieser ‚sermo convivialis‘ mit seinen indirekten Sprechformen, der es in einer vertikal ausgerichteten, zentralistischen Gesellschaftsstruktur dem Einzelnen erlaubt, sich als Person mit seinen Interessen einzubringen.

Fumaroli zeigt, dass die Konversation gegenüber dem politisch und sprachlich zersplitterten Italien in Frankreich durch die Entwicklungen zum Zentralstaat und die damit einhergehende Normierung der Sprache besondere Formen ausbildet. Dabei ist die ‚Kunst des guten Sprechens‘ eine hochgradig literarische Disziplin:

L'art de bien parler et de se persuader réciproquement fait appel à une foule de genres littéraires : récits, anecdotes, portraits, maximes, traits d'esprit, réflexions, mais aussi poèmes de forme fixe plus ou moins impromptus, ornements naturels de la galanterie.[21]

---

17 *Le Genre des genres*, S. 7.
18 „Le *sermo* de la vie privée et de loisir l'a emporté définitivement, dans l'Europe moderne, sur l'éloquentia de la vie publique et civique“ (S. 8).
19 S. 11.
20 S. 12.
21 S. 16.

Es bildet sich in Frankreich ein ‚sermo convivialis' heraus, der sich aus zwei unterschiedlichen Blickwinkeln beschreiben lässt[22]. Die Konversation der Salons mit ihren raffinierten indirekten Ausdrucksformen kann als ideale gesellschaftliche Umgangsform beschrieben werden, die einen wesentlichen Teil des kulturellen Erbes des Landes und seiner ‚exception culturelle' ausmacht. In dieser Perspektive ist die entsprechende Akkulturation eine von der menschlichen Vernunft aus Gründen einer Zweckrationalität gewählte Maßnahme, um die Leidenschaften und Begehren der Eigenliebe in Schach zu halten:

> L'accord des esprits est fait de dissonances surmontées et non de monotonie. Le ton du dialogue qui prévaut dans ces sociétés de loisir civil écarte toute affectation, tout monopole d'éloquence. Il préfère le naturel qui, entre gens décidés à se rendre mutuellement agréables et contents, n'est incompatible ni avec l'élégance, ni avec la galanterie, ni avec les saillies piquantes et inattendues. La conversation ainsi entendue devient un grand apprentissage réciproque de l'humanité, où chacun apprend à dompter son amour propre, et à tenir sa partie dans le respect des règles communes du jeu.[23]

Sie kann aber auch als Zwangsmaßnahme des zentralistischen Staates angesehen werden, in dem sich eine Kultur der Unterdrückung herausbildet und die Betroffenen zwingt, sich über Umwege auszudrücken, ein Aspekt den Fumaroli nur am Rande streift, da er mit einer gewissen Begeisterung eher die idealen Seiten der Klassik in den Blick nimmt:

> Dans l'État hobbien, dont la ‚culture' dompte artificiellement une ‚nature' humaine par elle-même haineuse et auto-destructrice, il ne peut y avoir de conversation que réduite à un jeu de masques sous lequel la guerre de tous contre tous se poursuit par d'autres moyens.[24]

Die in der Konversation erforderliche kulturelle Befähigung zur indirekten Kommunikation ist – nimmt man ersteren Blickwinkel ein – Ausweis einer Ausnahmestellung. Stellt man sich jedoch auf den anderen Standpunkt, ist sie ein kultureller Schutzmechanismus im ‚bellum omnium contra omnes'.

Dies verdeutlicht, warum die Bildung, die Beherrschung der Sprache, der Redekunst, die Kenntnis von Literatur, Kunst und Geschichte in Frankreich so zentrale Bestandteile der Kommunikation sind. Bourdieus Habitustheorie erfasst diese Situation – ohne selbst auf die Kommunikation im höfischen Zeitalter einzugehen – theoretisch bemerkenswert klar: Im sozialen Feld – hier dem der Salonkommunikation – treffen die Gesprächspartner mit ihrer Disposition

---

22 Vgl. unten, Kap. 61, S. 101–104, wo der paradoxe Habitus der indirekten Kommunikation beschrieben wird.
23 S. 13.
24 S. 18.

zum indirekten Sprechen aufeinander, jeweils ausgerüstet mit unterschiedlichem Kapital – gemeint ist hier das kulturelle Kapital. In seinem kulturkritischen Hauptwerk über den Lebensstil *La Distinction* (1979) beschreibt er diese soziale Interaktion als Spiel, welches dem Spieler trotz auferlegter Regeln Möglichkeiten zur Improvisation und unvorhergesehenen Reaktion lässt. Auf diese Weise wird verhindert, dass die gesellschaftlichen Interaktionsprozesse nicht nur als feindliche Praktiken sondern zugleich als Formen der Kultivierung in einem symbolischen Wettstreit zu lesen sind[25]. Die mentalitätsgeschichtliche Analyse des Habitus der indirekten Kommunikation befasst sich mit einer solchen Konstellation. Sie veranschaulicht allerdings den mentalitätsgeschichtlichen Sonderfall, dass die literarische Bildung bei einer Entstehung dieser Prägung eine maßgebliche Rolle gespielt hat und die indirekte Kommunikation durch ihren literarischen Status per se selbstreflexiv ist und spielerisch eigene Prägungen hinterfragt. Das Bewusstsein der literarischen Qualitäten des indirekten Sprechens perpetuiert und befördert in der Konsequenz die indirekte Form des Ausdrucks, weil es sich dabei um ein kulturelles Alleinstellungsmerkmal handelt. In der unmittelbar auf die Klassik folgenden Aufklärung verlagert sich die Kultur zunehmend hin zur Schriftlichkeit, die ihrerseits später die Normen für den Kanon der zu lehrenden Texte und Themen in der im 19. Jahrhundert entstehenden flächendeckenden Schulausbildung setzt. Die Literatur der Aufklärung ist jedoch ebenfalls maßgeblich eine Literatur dialogischen Charakters. Fumaroli verweist auf eine Entwicklung in dieser Epoche, die aus der paradoxen Perspektivierung der indirekten Kommunikation resultiert: Der aus der Schweiz stammende Aufklärer Jean Jacques Rousseau kritisiert aus einer Außenperspektive vehement die in den Pariser Salons vorherrschende indirekte Kommunikation als künstlich, intransparent, unaufrichtig und unnatürlich[26]. Aber ausgerechnet das Argument der Natürlichkeit wird unter Berufung auf Rousseau von Mme de Staël im Zuge ihrer Abgrenzung der französischen Kultur von der deutschen dazu benutzt, die ‚convivialité‘ der Pariser Salons als natürliche Form des Umgangs und die indirekten Formen des Ausdrucks als ‚Natur‘ der Franzosen der Direktheit der deutschen Kommunikation gegenüberzustellen[27]. Im späten 19. Jahrhundert wählt der Kritiker Sainte-Beuve die Gattung der ‚causerie‘, um in imaginären Salons die schriftlichen Zeugnisse der Literatur mit ebenso imaginierten Gesprächspartnern zu diskutieren. Dies zeigt, wie sehr sich der Habitus mündlichen und damit auch indirekten Sprechens gegen die in dieser Epoche dominierende Auffassung

---

25 *La Distinction*. Critique sociale du jugement, Paris, Les Éditions de Minuit, 1979, bes. S. 189.
26 Vgl. dazu unten, Kap. 5.2, S. 95–99. Vgl. auch die Bemerkungen von Fumaroli, *Le Genre des genres*, S. 29 f.
27 S. unten Kap. 4.3, S. 64–69. Vgl. auch Fumaroli, *Le Genre des genres*, S. 31.

von Literatur als schriftlicher Form der Äußerung behauptet, die Proust mit seiner posthum 1954 veröffentlichten Kritik *Contre Sainte-Beuve* in Anschlag bringt. Dabei lässt Proust zugleich seine Faszination für die ‚causerie' erkennen, da er die Schrift als Dialog mit seiner Mutter verfasst[28]. Die Prägung zum indirekten Sprechen bleibt in der französischen Kulturgeschichte jedenfalls fortwährend ein Gegenstand der Diskussion: Die gesamte französische Literaturgeschichte des 19. und 20. Jahrhunderts durchzieht eine Debatte, ob die Literatur gemäß ihrer von Fumaroli beschriebenen Ursprünge eher einen mündlich-konversationellen Charakter hat bzw. haben soll, oder ob sie im Zuge einer höheren Wissens- und Erkenntnisreflexion eher alle Spuren der Mündlichkeit tilgen soll. Beide Positionen werden des Öfteren nahezu sakralisiert. Den Vertretern der letzteren Position und ihrer „sacralisation de la littérature comme moyen de connaissance" steht auf der anderen Seite eine nicht weniger quasi-religiöse Haltung zum konversationellen Charakter der Literatur und der gesamten Kultur gegenüber:

> La conversation est un art de vivre heureux avec ses semblables, par la vertu de la parole. La religion de la conversation, c'est donc l'homme heureux, le biais du livre, de la presse, de la radio et de la télévision au XXe siècle, permettant d'aller à la rencontre d'une société plus large que celle du salon ou du café.[29]

Inwieweit die indirekte Kommunikation über das 17. und 18. Jahrhundert hinaus in Frankreich ein genereller Habitus geblieben ist und inwieweit die Literatur als Bildungs- und Bewahrungsstätte, mit Bourdieu gesprochen als soziales Feld dieser Kommunikation, fungiert, zeigt aufschlussreich die bis ins 20. Jahrhundert hinein mehrfach verlegte Beispielsammlung *Causeries parisiennes* (1844) des Schweizer Romanistikprofessors in Tübingen, Adolphe Peschier[30]. Peschiers Sammlung mit dem Untertitel *Recueil d'entretiens propre à servir de modèle aux étrangers qui veulent se former à la conversation française* wendet sich speziell an Deutsche, wenn er einleitend mit Mme de Staël erklärt, nichts sei dem Bedürfnis und der Befähigung zur zwanglosen Unterhaltung fremder als der „caractère et le genre d'esprit des Allemands"[31]. Zwar gingen viele Ausländer durch die Mühlen des Erlernens der französischen Grammatik; zum Erwerb der Sprache gehöre aber auch ein tieferes Verständnis der kommunikativen Einstellungen, der Verwendung der

---

28 Vgl. dazu unten, Kap. 14.2, S. 284–287.
29 Pierre-Marie Héron, „Littérature et conversation au XXe siècle : Proust (encore)", *Revue d'histoire littéraire de la France* Bd. 110/2010, S. 93–111, hier: S. 110 f.
30 Stuttgart ¹1844. Im Folgenden nach der zweiten Auflage von 1846 zitiert.
31 „Avant-Propos", S. V-X, hier: S. VI.

convenances de la langue [...] avec grâce, abandon, naturel, enjouement, en mêlant la délicatesse des sentiments et la finesse des pensées à l'originalité des tours et au piquant des expressions.[32]

Diese Lücke, die Peschier beim Spracherwerb der Ausländer ausmacht („une lacune à combler dans l'enseignement du Français hors de France"[33]), will er durch seine kommentierte Sammlung von Beispielen aus zeitgenössischen Komödien und Vaudevilles schließen. Der das Französische lernende Ausländer soll auf diese Weise anhand literarischer Beispiele insbesondere eine Antwort auf die Frage finden, wie man die Spitzfindigkeiten der indirekten Kommunikation erlernen kann:

Enfin comment apprendra-t-il l'art, si difficile pour un homme du Nord, de causer avec aisance et naturel, de courir légèrement d'un sujet à l'autre, de parler à demi-mot, de laisser deviner sa pensée et d'intriguer ses auditeurs par des réticences adroites et habilement ménagées qui irritent leur curiosité?[34]

Der *Recueil des entretiens* soll dem Leser einen Eindruck des kommunikativen Umgangs im sozialen Feld der gehobenen Schichten bieten:

[...] offrir une image assez réelle du ton qui règne en France dans les hautes classes, et notre langue ayant, de l'avis de tous, une supériorité marquée pour exprimer les rapports les plus fins et les plus délicats de la société [...][35]

Für die Beschreibung einer aus der Tradition literarisch geschulten, mündlichen Sprechens erwachsenen Form der Kommunikation und der daraus entstehenden mentalen Disposition ist die hermeneutische Analyse literarischer Beispiele, die dieses Thema diskutieren, besonders angemessen.

---

32 S. VII.
33 S. VIII.
34 Ebd.
35 S. X.

3 Französische und deutsche Kommunikationsformen im Kontext der Diskussion um ‚Zivilisation' versus ‚Kultur'

3.1 Die Bedeutung mythisierender Konzepte wie ‚Zivilisation' und ‚Kultur' in der deutsch-französischen Begegnung

Am 3. März 2010 gab es im französischen Fernsehkanal *France 3* eine Diskussion, die so in Deutschland mit einer entsprechenden Thematik niemals hätte stattfinden können: „Faut-il être nostalgique de la grandeur de la France?" heißt der Titel der Sendung, in der sechs Historiker, Politikwissenschaftler und Journalisten ausgehend von den Thesen des Figaro-Korrespondenten Eric Zemmour aus dessen Buch *Mélancholie française* (2010) über die ehemalige ‚grandeur de la France' diskutierten. Zemmour geht davon aus, dass Frankreich als Nachfolger des Römischen Reichs auch die Größe der römischen Zivilisation geerbt und über die Jahrhunderte bewahrt hat. Er verfolgt die historischen Realisierungen dieses Narrativs eines französischen Sendungsbewusstseins seit dem frühmittelalterlichen Königtum von Clovis, welches sich in der Formel: ‚La France n'est pas en Europe, elle est l'Europe' verdichten lässt. Mit dem Verlust der Schlacht von Waterloo 1815 sei Frankreich nach und nach dieser ‚grandeur' verlustig gegangen.

Jeder, der in Frankreich im ökonomischen Sektor aktiv ist oder mit Bildungs- bzw. politischen Einrichtungen zu tun hat, wird in der ein oder anderen Form mit dem französischen Bewusstsein ehemaliger ‚grandeur' sowie der Klage über deren Verlust in der globalisierten Gegenwart konfrontiert. In seiner technikhistorischen Untersuchung über die Motive der Einführung unterschiedlicher Farbfernsehstandards in Deutschland und in Frankreich (PAL vs. SECAM) im Jahre 1967 hat Andreas Fickers gezeigt, inwieweit mythisierende Konzepte wie das Narrativ von der ‚grandeur de la France' auf der einen Seite und jenes von der vermeintlich überlegenen deutschen Technologie unter dem Motto ‚Made in Germany' auf der anderen Seite, die technischen, wirtschaftlichen, institutionellen und politischen Entscheidungen maßgeblich beeinflusst haben[1]. Es sind kulturelle Einstellungen und Mentalitäten, die seinerzeit zur Einführung von zwei unterschiedlichen Systemen statt eines einheitlichen technischen Standards in Europa geführt haben. Die Präferierung des SECAM-Systems in Frankreich, wo technische Entscheidun-

---

1 *„Politique de la grandeur" versus „Made in Germany".* Politische Kulturgeschichte der Technik am Beispiel der PAL-SECAM-Kontroverse (Pariser Historische Studien. 78), München, Oldenburg, 2007.

gen allzu häufig zusammen mit wirtschaftlichen und politischen Entscheidungen auf nationaler Ebene gekoppelt werden, spielte in Charles de Gaulles Konzept der ‚politique de la grandeur' eine entscheidende Rolle. Der Versuch, den französischen technischen Standard auf der europäischen Ebene durchzusetzen, war ein Versuch der Rückgewinnung historisch verlorener ‚grandeur' des Landes, zumal es gelang, Russland als Abnehmer der Technologie mit ins Boot zu holen, welches wiederum auf die DDR Einfluss ausüben und damit das deutsche PAL-System unter Druck setzen konnte[2]. Wie Fickers anhand sogfältig ausgewerteter Archivmaterialien zeigen kann, ist das Narrativ der ‚grandeur' erklärtermaßen die Grundlage der Bemühungen der französischen Seite. In einer geheimen Protokollnotiz des damaligen Kabinettsmitglieds Philippe Olivier vom 2. September 1965 heißt es nämlich:

> C'est au mois de décembre 1964 que le gouvernement français décide de faire de l'adoption du procédé SECAM par les pays européens, sans exclure bien entendu les autres, une affaire d'intérêt national. [...] Le SECAM est un procédé de haute qualité, il intéresse une industrie pilote de notre économie, son adoption par le continent européen tout entier constituerait un succès industriel et technique certes, mais essentiellement politique de première grandeur pour notre pays.[3]

Ein Blick auf die Historie dieses Narrativs und seines Umfeldes entpuppt sich als besonders aufschlussreich, zumal dies die Gelegenheit gibt, zwei Schlüsselbegriffe dieser Untersuchung einzuführen und deren historischen Bedeutungswandel nachzuvollziehen. Dabei handelt es sich um ein interkulturelles Phänomen der deutsch-französischen Begegnung: Die Vorstellung von der ‚grandeur de la France' resultiert unmittelbar aus der Anschauung von der ‚civilisation française', die Frankreich in Europa spätestens seit dem 17. Jahrhundert eine herausragende Stellung beschert hat. Eine wesentliche Äußerungsform dieser Zivilisation ist die indirekte Kommunikation. Im deutschsprachigen Raum wird der französischen Zivilisation seit dem 18. Jahrhundert der Begriff der ‚Kultur' entgegengesetzt und die deutsche Erzählung von der technischen Überlegenheit, des ‚Made in Germany', geht auf die alte Besinnung der Deutschen auf ihre Kultur zurück, ist doch die Technik als Beherrschung der Natur eine herausragende Form der Kultur. Die Abgrenzung der ‚Zivilisation' von der ‚Kultur' wird gut 200 Jahre lang in immer neuen Schattierungen vorgenommen und hat auf diese Weise erhebliche Auswirkungen auf die mentalen Einstellungen der Bürger beider Länder nach sich gezogen.

---

2 Vgl. S. 33 und S. 346.
3 S. 254; Hervorhebung von Vf.

3.2 Französische ‚Zivilisation'

Die Zivilisation, abgeleitet vom lat. ‚civitas', ist die „Verbegrifflichung der Stadt-kultur als Folge der Arbeitsteilung Stadt-Land"[4]. Die mit der Zivilisation verbun-denen Werte wie die ‚urbanitas' oder die ‚politesse' (vom griech. ‚polis') macht sich der ‚citoyen' zu eigen, in Frankreich hauptsächlich die Oberschicht von Pa-ris, die sich über diese Anschauungen von der Provinz und vom Land abgrenzt[5]. Der Begriff ‚Zivilisation' taucht zum ersten Mal im Jahr 1759 in Victor Riquetti de Mirabeaus Abhandlung *L'ami des hommes, ou traité de la population* auf[6]. Der fran-zösische Philosoph Condorcet definiert ‚civilisation' dann wenig später in seinem *Esquisse d'un tableau historique des progrès de l'esprit humain* (1794–1795) als Ge-gensatz zur Barbarei – bei ihm „peuplades sauvages" genannt[7] – und sieht seine Epoche der Aufklärung als höchste Stufe der Zivilisation. Das nationale Bewusst-sein Frankreichs definiert sich vornehmlich über diesen Begriff der ‚Zivilisation'.

Die Entstehung der Zivilisation hat insbesondere Norbert Elias 1939 in seinem epochemachenden Buch *Über den Prozess der Zivilisation* analysiert. Am Beispiel der französischen Entwicklung der Hofgesellschaften bis hin zum absolutisti-schen Zentralstaat des 17. Jahrhunderts beschreibt Elias unter dem Stichwort der ‚Zivilisierung' einen langfristigen Wandel der Persönlichkeitsstrukturen, der wiederum von der Entwicklung der Sozialstrukturen abhängt. Der technische Fortschritt und die Differenzierung sowie der zunehmende Konkurrenzkampf zwischen den Menschen bringen eine Zentralisierung in Gestalt des staatlichen Gewaltmonopols mit sich. Dadurch entstehen Interaktionsketten[8], in die die Menschen eingebunden sind. Diese Bindungen führen wiederum zu einer profun-

---

4 Hans-Otto Dill, „Kultur vs. Zivilisation – Genesis zweier anthropologischer Grundbegriffe", *Sitzungsberichte der Leibniz-Sozietät der Wissenschaften zu Berlin* Bd. 111/2011, S. 131–158, hier: S. 137.

5 Vgl. ebd.

6 Mirabeau führt die Zivilisation noch auf den heilsamen Einfluss der Religion zurück: „La Reli-gion est sans contredit le premier & le plus utile frein de l'humanité; c'est le premier ressort de la civilisation: elle nous prêche, & et nous rappele sans cesse la confraternité, adoucit notre cœur, éleve notre esprit, flatte & dirige notre imagination, en étendant le champ des récompenses & des avantages dans un territoir sans bornes, & nous intéresse à la fortune d'autrui [...]" (*L'ami des hommes ou traité de la population*, 2 Teile, Avignon 1756–1760, Teil 1, Kap. 8, S. 192).

7 Marie Jean Antoine Nicolas Caritat, Marquis de Condorcet, *Esquisse d'un tableau historique des progrès de l'esprit humain*, hrsg. von Yvon Belaval (Collections des textes philosophiques), Paris, Vrin, 1970 ([1]1794–1795), S. 43.

8 Norbert Elias, *Über den Prozess der Zivilisation*. Soziogenetische und psychogenetische Unter-suchungen (suhrkamp taschenbuch wissenschaft. 158. 159), 2. Bde., Frankfurt a. M., Suhrkamp, 1976, Bd. 2, bes. S. 325 f.

den Veränderung der menschlichen Persönlichkeit: Sie zwingen den Einzelnen zur Kontrolle seiner Affekte und zur Langsicht über die Folgen seiner Handlungen. Spontane emotionale Impulse werden zurückgedrängt und die Handlungen des Menschen zunehmend einer rationalen Kontrolle unterworfen. Im Innern des Einzelnen – so Elias – entsteht ein „Zaun von schweren Ängsten"[9], der ihn vor gefährlichen Auswirkungen spontaner impulsiver Handlungen bewahrt. Die Scham- und Peinlichkeitsschwellen des Einzelnen rücken vor; seine Gewaltbereitschaft weicht einer Zurückhaltung. Der Einzelne entwickelt zugleich psychologische Fähigkeiten, die es ihm ermöglichen, interessenbedingte Affekte des Gegenübers sowie rationale Verhaltensmuster, die die Interessen kontrollieren, aber auch verdecken, zu erkennen. Insbesondere beim französischen Adel, der im 17. Jahrhundert den Status des Territorialfürsten verliert und am Hof von Versailles zusammengezogen wird, kann Elias diesen Prozess der Zivilisierung in Gestalt einer Verhöflichung der ehemaligen Krieger (‚noblesse d'épée') beobachten. Die Zivilisierung bringt eine Verfeinerung aller Sitten und Manieren mit sich; sie ersetzt direktes, impulsives Handeln durch die ‚courtoisie'. Diese Zivilisierung der Persönlichkeit ist bei Elias eng verbunden mit der Zentralisierung der politischen Macht in ihrer herausragenden Gestalt des absolutistischen Machtstaats, wie er aus der Staatstheorie des Thomas Hobbes sowie aus der Herrschaft Ludwigs XIV. bekannt ist. Sie wird nicht nur zum Vorbild für die europäische Aristokratie; sie gilt auch dem Bürgertum des darauffolgenden 18. Jahrhundert als beispielhaftes Verhalten.

In seinen die Zivilisationstheorie von Elias differenzierenden Betrachtungen geht der Soziologe Clemens Albrecht allerdings davon aus, dass die in Frankreich entstehende Zivilisation, die, verbunden mit der Beherrschung der französischen Sprache, in allen bedeutenden europäischen Ländern bis zum Beginn des 19. Jahrhunderts durch die Oberschichten imitiert wird, ursächlich nicht primär aus der Machtpolitik des absolutistischen Staates entstanden ist. Nicht die Politik führt zur „zivilisierenden Leitkultur"[10] bzw. zur „repräsentativen Kultur"[11], sondern die Gesellschaft der literarischen und philosophischen Salons der Stadt Paris, in denen sich unterschiedliche gesellschaftliche und soziale Gruppierungen zusam-

---

9 S. 317.

10 Clemens Albrecht, „Kulturelle Hegemonie ohne Machtpolitik. Über die Repräsentativität der französischen Salonkultur", in: Robert Simanowski/Horst Turk/Thomas Schmidt (Hrsg.), *Europa – ein Salon?* Beiträge zur „Internationalität des literarischen Salons (Veröffentlichungen aus dem Sonderforschungsbereich 529 „Internationalität nationaler Literaturen". 6), Göttingen, Wallstein, 1999, S. 66–80. Vgl. auch ders., *Zivilisation und Gesellschaft.* Bürgerliche Kultur in Frankreich, München, Fink, 1999. S. 71.

11 S. 67.

menfinden. In den Salons, die die Betroffenen in freier Assoziation besuchen, ist man gezwungen, sich den Vorgaben der ‚civilité‘, die den jeweiligen Salon auszeichnen, zu unterwerfen. Oberstes Ziel ist die Erlangung von Ruhm, zu dessen Gewinn die Protagonisten die Normen und Werte des Salons verinnerlichen. Daraus ergebe sich – so Albrecht – eine größere „Homogenität des sozialen Handelns durch Verinnerlichung des Herrschaftsanspruchs als Kulturideal"[12] als am Hof, an dem erheblich heterogenere Interessenlagen aufeinandertreffen. Zu diesem Kulturideal gehören, dies zeigen die weiter unten behandelten Verhaltenstraktate, ganz wesentlich die indirekte Kommunikation und die Kunst des Impliziten. Aus der zivilisierenden Herrschaft der Salondamen wird dann im 18. Jahrhundert die Herrschaft der öffentlichen Meinung.

Nach der französischen Revolution werden die Werte der Zivilisation in Frankreich als universell angesehen. Sie werden schon in der Aufklärung zentraler Bestandteil eines Narrativs, welches unter dem Namen ‚mission civilisatrice‘ auf ihren Export in andere Länder Europas und später in die Kolonien drängt. So hatte Marie Jean Antoine Nicolas de Caritat, Marquis de Condorcet, unmittelbar nach der Französischen Revolution davon gesprochen, dass zahlreiche außereuropäische Länder geradezu darauf warten würden, von den Europäern (gemeint sind in erster Linie die Franzosen) „zivilisiert" zu werden:

> Ces vastes pays [...] semblent n'attendre, pour se civiliser, que d'en recevoir de nous les moyens, et de trouver des frères dans les Européens, pour devenir leurs amis et leurs disciples [...][13]

Napoleon versucht dann die Errungenschaften der Revolution und die universellen Werte der Zivilisation nicht nur innerhalb des europäischen Kontinents zu verbreiten, sondern exportiert diese mit seiner Expedition nach Ägypten auch auf den afrikanischen Kontinent und in der Folge darüber hinaus in die Welt. Durch die Expedition nach Ägypten und die sich anschließende Besetzung Algeriens im Jahre 1830 entsteht eine systematische, imperiale Form des Kolonialismus, die insbesondere in der Dritten Republik zwischen 1870 und 1940 zur Erzählung von der ‚mission civilisatrice‘ verdichtet wird. Ein beliebtes Anschauungsmuster dieses Narrativs ist der Verweis auf die Römer, die Frankreich seinerzeit die glücksbringende Zivilisation gebracht hätten, welche die Nation ihrerseits nun den noch nicht zivilisierten ‚Naturvölkern‘ der Welt spende. Diese Erzählung bedingt dann die in den *Principes de Colonisation et de Legislation Coloniale* des Juristen Arthur Girault 1895 formulierte Politik der ‚assimilation‘: In den Kolonien soll über

---

12 S. 78.
13 *Esquisse d'un tableau historique*, S. 197 (Dixième époque).

eine entsprechende Schulausbildung und die Loslösung der dortigen Eliten aus gewachsenen sozialen Bindungen eine europäisierte Führungsriege geschaffen werden. Die ‚mission civilisatrice' ist gepaart mit jenem Narrativ, das bis heute im französischen Bewusstsein eine entscheidende Rolle spielt: eben jener Erzählung von der ‚grandeur de la nation'. Seit dem Mittelalter, genauer seit der König Clovis es als seine ureigene Sendung ansah, das römische Reich zu erneuern, ist in Frankreich die Vorstellung dieses Sendungsbewusstseins vorhanden[14]. Gemäß der Geschichtsauffassung ‚Große Männer machen Geschichte' macht sich diese Erzählung insbesondere an solchen ‚grands hommes' wie Louis XIV fest, den Charles Perrault in seinem Gedicht *Le siècle de Louis le Grand* (1687) schon zu Lebzeiten entsprechend etikettiert, dann an Napoleon und schließlich an Charles de Gaulle, der bekanntermaßen in seinen Kriegsmemoiren behauptet, ohne ‚grandeur' wäre Frankreich nicht Frankreich („[...] la France ne peut être la France sans la grandeur"[15]). Das Konzept der Zivilisation ist somit in Frankreich ein fundamentaler Baustein des nationalen Bewusstseins.

Die Unterscheidung der Begriffe ‚Zivilisation' und ‚Kultur' ist bereits in Elias Theorie grundlegend, zumal er die Historie beider Begriffe nachzuzeichnen sucht. Während man in Frankreich eher stolz von den Fortschritten der Zivilisation spricht und diese dem universalistischen Denken der Aufklärung gemäß allen Völkern als verbindliches Modell anpreist, wird die Vorstellung von der ‚Zivilisation' in Deutschland insbesondere mit der französischen Aristokratie, dann aber auch mit der einheimischen Aristokratie in Verbindung gebracht, soweit diese die französische nachahmt. Gegen Ende des 18. Jahrhundert gerät die Nachahmung Frankreichs und dessen Zivilisation in Deutschland zunehmend in Verruf. Der Zivilisation setzt man in Deutschland die Bewahrung der eigenen Kultur entgegen. Dies hat wiederum ganz maßgeblich mit dem französischen Kommunikationsstil des indirekten Sprechens zu tun.

3.3 Deutsche ‚Kultur'

Der Begriff ‚Kultur' geht auf das lat. ‚colere', ‚bebauen, pflegen' zurück. Er bezeichnet grundsätzlich das, was der Mensch hervorbringt. Kultur ist eine Form der Bewältigung der Natur. Mittels der Kultur hebt sich der Mensch von der ‚Natur' ab, die gegeben ist. Von seiner Etymologie her gesehen hat der Begriff ‚Kultur' daher konnotativ stets einen engen Bezug zum Ackerbau und zur Landwirtschaft. Im

---

14 Vgl. dazu Myriam Yardeni, *Enquêtes sur l'identité de la „Nation France".* De la Renaissance aux Lumières, Seyssel, Champ Vallon, 2005, Kap. 8, S. 112–125.

15 Charles de Gaulle, *Mémoires de guerre et mémoires d'espoir*, Paris, Plon, 2016, S. 10.

Kontext der Fragestellung dieses Buchs ist vor allem eine weitergehende Definition des sehr vielgestaltigen Kulturbegriffs von Interesse: Kultur als dasjenige, was
eine bestimmte Gruppe von Menschen miteinander verbindet. Über den Bereich
der technischen Bewältigung der Natur hinaus liefert die Kultur einer Gruppe Orientierungen und sichert damit deren Identität. In der Kultur dieser Gruppe werden gemeinsame Werte und Normen festgelegt und das für die Gruppe typische
Verhalten definiert. Kultur ist dadurch stark traditionsverhaftet. Kulturelle Verhaltensweisen haben ihren festen Bestand in der Geschichte der Gruppe und können
durch historische Betrachtungen in ihren Dimensionen beschrieben werden.

Folgt man Immanuel Kant, so erfasst der Begriff ‚Zivilisation‘ eher äußerliche
Verhaltensweisen, die sich vor allem auf die Manieren im gegenseitigen Umgang
der Menschen in der Gemeinschaft beziehen. Kant spricht von einer „äußeren An-
ständigkeit", die er als bloße „Civilisirung [...] bis zum Überlästigen" abtut. Dieser Zivilisierung fehlt Kant die innere moralische Integrität, die impliziert, dass
die Menschen ihr Handeln und Tun auf gute Zwecke ausrichten. „Zur Cultur", so
Kant, gehört demnach die „Idee der Moralität"[16]. Die Zivilisation wird auf diese
Weise als taktvolle Form des Handelns von der Kultur unterschieden, die als eine
moralische, ja nahezu religiös fundierte, Humanität angesehen wird.

Diese starke Abgrenzung des Kulturbegriffs vom Begriff der Zivilisation in
Deutschland ist ein historisches Phänomen deutsch-französischer Interkulturalität: Mit der Betonung der Kultur in Deutschland setzt man sich von der ‚civilité‘ Frankreichs ab, die man mit dem aristokratischen Verhalten bei Hof und
in den Salons und dessen vor allem großstädtische Prägung durch die zentrale
Ausrichtung auf die Metropole Paris in Verbindung bringt. Die französische Zivilisation gilt Teilen der deutschen bürgerlichen Spätaufklärung als affektierte,
degenerierte und oberflächliche Form menschlichen Zusammenlebens, der man
die Natürlichkeit der eigenen, erheblich stärker regional und ländlich geprägten
Lebensweise mit ihrer gewachsenen, tief verankerten Kultur entgegenstellt:

> [Kultur avanciert] zu einem Kampfbegriff der deutschen Aufklärung gegenüber dem Sitten-
> kodex des Adels, der sich im politisch zersplitterten Deutschland vor allem an den Konven-
> tionen des übermächtigen französischen Hofes orientiert hatte. Im Gegensatzpaar Kultur
> und ‚Civilité‘ formuliert sich somit nicht nur eine standespolitische, sondern auch eine na-
> tionale Konfrontation zwischen Frankreich und den deutschsprachigen Ländern.[17]

---

16 Immanuel Kant, *Idee zu einer allgemeinen Geschichte in weltbürgerlicher Absicht* (1784). in:
I. K., *Gesammelte Schriften*, hrsg. von der Königlich Preußischen Akademie der Wissenschaften,
28 Bde., Berlin, Georg Reimer, 1900–1955, Bd. 8, S. 15–32, hier: S. 26.
17 Gabriele Klein, „Kultur", in: Hermann Korte/Bernhard Schäfers (Hrsg.), *Einführung in die
Hauptbegriffe der Soziologie* (Einführungskurs Soziologie), Wiesbaden, Verlag für Sozialwissenschaften, [8]2010 ([1]2003), S. 235–256, hier: S. 236.

Die zunächst doppelte soziale Abgrenzung (gegenüber der Aristokratie sowie der städtischen Lebensweise) geht im Laufe des 18. Jahrhunderts in eine nationale Abgrenzung über, wodurch die antithetischen Anschauungen von der (französischen) Zivilisation und der (deutschen) Kultur eine erhebliche Bedeutungserweiterung und Bedeutungsverlagerung erfahren[18]. Im deutschen Begriff ‚Kultur' spiegelt sich – so Elias – das Selbstbewusstsein einer aufkommenden mittelständischen Intelligenzschicht, die weitgehend jenseits der in Deutschland stark zersplitterten höfischen Gesellschaften angesiedelt ist[19]. Diese Schicht wendet sich im Namen einer bei den Deutschen angeblich verinnerlichten Tugendhaftigkeit und Natürlichkeit gegen die Oberflächlichkeit und Äußerlichkeit der französischen Zivilisation. Dies lässt sich bereits am – von Elias nicht beachteten – Eintrag „Teutschland, Deutschland, Teutsches-Reich" in Johann Heinrich Zedlers *Universal-Lexicon* ablesen, wo es von den Deutschen heißt:

> Von ihren Neigungen zu gedencken, so sind sie, da sie was Cholerisches haben, treu, redlich, daraus sie sich eine Ehre machen, und Hinterlist als etwas schädliches ansehen, daher man auch ihren Muth und Tapfferkeit herzuleiten hat, massen selbige ein Kennzeichen der Cholericorum ist.[20]

Die Deutschen sind, so Zedler, bar jeder Hinterlist, was deutlich gegen die in Frankreich in höfischen Kreisen sowie in den Salons praktizierte ‚dissimulatio' der Affekte und Gedanken gerichtet ist. Es ist der französische Kommunikationsstil des indirekten Sprechens, auf den die Beschreibung der Deutschen zielt. Die Deutschen sind naturverbunden, was sich im cholerischen Grundzug als einer natürlichen, unkontrollierten Gefühlsreaktion äußert. Dabei sind sie jedoch dem Grundsatz der Treue und Redlichkeit verpflichtet. Diese Definition eines deutschen, nahezu schon nationalen Selbstbewusstseins – „daraus sie sich eine Ehre machen", heißt es – wird gegen französisches Verhalten gestellt, von dem der weitere Verlauf des Artikels berichtet. Darin beklagt Zedler die deutsche Nachahmung Frankreichs, die vor allem durch die Einwanderung der „Reformierten" aus Frankreich gefördert werde. „Die Französische Nation ist veränderlich, dies ist eine weltbekannte Sache"[21] – heißt es, womit die vermeintliche Oberflächlichkeit der französischen Zivilisation thematisiert wird. Die französische Zivilisation

---

18 S. 36 ff.

19 *Über den Prozess der Zivilisation*, S. 31.

20 Johann Heinrich Zedler, *Grosses vollständiges Universal-Lexicon aller Wissenschaften und Künste*, 64 Bde., 4 Suppl.-Bde., Leipzig/Halle, Zedler, 1732–1754; Nachdruck: Graz 1962, Bd. 43, Sp. 273–295, hier: Sp. 292.

21 Sp. 293.

bestehe vor allem in flüchtigen Modeerscheinungen wie „Kleidungen [...] in der Art zu speisen, in Meubeln, in Equipagen [...]"[22].

Deutsches Selbstbewusstsein entsteht demnach über einen Kulturbegriff, der vornehmlich aus der Abgrenzung von der französischen Zivilisation resultiert. Der Kulturbegriff ist ausgrenzend: Er zielt auf die Fixierung der Anschauungen des eigenen Verhaltenskodexes in der von äußeren Einflüssen abgeschotteten Gemeinschaft. Charakteristikum des Zivilisationsbegriffes ist dagegen das Prozesshafte, welches vor allem in der Begriffsnuance der ‚Zivilisierung' zum Ausdruck kommt[23] und welches dann im 19. Jahrhundert während des Kolonialismus virulent wird, wo die nationale Grenzen überschreitende Zivilisation als universalistischer Wert von Frankreich in andere Länder exportiert wird, um der dortigen ‚Barbarei' Herr zu werden. Inwieweit sich ein deutsches kulturelles Selbstverständnis an der Zivilisation Frankreichs abarbeitet, zeigt auch die Entstehung eines deutschen nationalen Gründungsmythos von Hermann dem Cherusker, lat. Arminius.

Ausgelöst durch die wiederentdeckten Schriften des Tacitus[24] wird Arminius im Verlauf des 16. Jahrhunderts durch Ulrich von Hutten und Philipp Melanchthon zum Befreier Germaniens von der römischen Vorherrschaft stilisiert, ein Konzept, dass den Bemühungen der protestantischen Abkehr von der römischen Kirche dienstbar gemacht wird. Bereits in einem der ersten Rezeptionsbeispiele dieser Diskussion in Deutschland, in Daniel Caspar von Lohensteins monumentalem, ganz im Stil des heroisch-galanten Romans geschriebenen Opus *Großmütiger Feldherr Arminius* von 1689–1690, wird deutlich, wie sich aus der Arminius-Geschichte ein nationaler Mythos herausbildet. Vor dem Hintergrund der offensiven Kriegspolitik Ludwigs des XIV. seit den siebziger Jahren des 17. Jahrhunderts dominiert bei Lohenstein der Topos von Arminius als dem Einiger der germanischen Stämme, wobei der Autor die Einigung der deutschen Reichsstände modellhaft vor Augen hat. Die protestantische Rezeption der Arminius-Figur als ‚liberator Germaniae' lässt sich nicht nur gegen Rom als Sitz der katholischen Kirche wenden[25], sondern auch gegen den französischen Absolutismus und die französische Zivilisation. Durch die Übermacht der französischen Aufklärung so-

---

22 Ebd. Elias, der den Artikel „Hof, Höflichkeit, Hofmann" aus Zedler heranzieht, führt den Artikel „Teutschland" nicht an, weil dieser seiner These vom Zurücktreten des sozialen und vom Hervortreten des nationalen Gegensatzes in der Antithese ‚Zivilisation vs. Kultur' widerspricht.
23 Vgl. *Über den Prozess der Zivilisation*, S. 3 f.
24 Vgl. dessen *Annales* 2.88.2.
25 Vgl. dazu Thomas Borgstedt, *Reichsidee und Liebesethik. Eine Rekonstruktion des Lohensteinschen Arminiusromans* (Studien zur deutschen Literatur. 121), Tübingen, Max Niemeyer, 1992, S. 21.

wie die sich an die Revolution anschließende Eroberung Europas durch Napoleon werden diese Reaktionen noch verstärkt. Im gedanklichen Feld der These Johann Gottfried Herders von der ‚verspäteten Nation' schreibt Friedrich Gottlieb Klopstock seine *Hermanntrilogie* (1769–1787). Auf der Welle der Ossian'schen Bardengesänge führt er den Zeitgenossen die hohe Kultur der Germanen, die bei ihm zu Deutschen mutiert sind, vor Augen[26]. In Heinrich von Kleists 1808 geschriebener, jedoch erst 1821 gedruckter und noch viel später, im Jahr 1839, aufgeführter *Hermannschlacht* ist angesichts der Napoleonischen Besatzung der Gedanke der Einigung der Deutschen ganz zentral. Der deutsche Gründungsmythos von Hermann dem Cherusker, der sich der römischen Zivilisation entsagt hat und für die Einigung der germanischen Stämme steht, ist somit entstanden als ein Gegenpart gegen die französische Anschauung vom Erbe der römischen Zivilisation durch Frankreich sowie dem daraus resultierenden universalistischen Anspruch, diese Zivilisation in ganz Europa zu verbreiten[27].

Die Fokussierung der deutschen Gründungsmythologie auf die HerrmannGeschichte führt in Frankreich zur Suche nach einer ebensolchen Gründungsfigur der Nation, die man bis dahin angesichts der universalistischen Ansprüche der im Lande entwickelten Zivilisation gar nicht vermisst hatte. Diese Figur findet sich in Vercingétorix, der seinerseits die Aufstände der Gallier gegen die Römer angeführt hatte. Über diese Erzählung ließ sich auch der Gründungsmythos von der politischen Zivilisierung Frankreichs verbreiten, da Vercingétorix die Schlacht von Alésia verloren hatte und die Gallier die römische Zivilisation übernehmen mussten. Da Vercingétorix jedoch in der Literatur und der Geschichtsschreibung bislang kaum Beachtung gefunden hatte, sieht sich die *Académie Française* gezwungen, 1865 eigens einen *Concours de poésie* zum Thema ‚Vercingétorix' auszuschreiben. Beide Mythen haben in der zweiten Hälfte des 19. Jahrhunderts zur Errichtung monumentaler Denkmäler geführt, die sich als Zeichen nationalen Stolzes und nationaler Selbstbehauptung im Teutoburger Wald und in Alésia gegenüberstehen. Die beiden aufeinanderprallenden nationalen Mythen machen aber auch deutliche Unterschiede der Legitimierung des jeweiligen Nationalstaates sichtbar: Deutschland gibt sich auch in seinem Nationalmythos als Kulturnation zu erkennen, de

---

26 Vgl. dazu Klaus Bemman, *Arminius und die Deutschen*, Essen, Magnus, 2002, S. 163 f.
27 Diese nationale deutsche Denkweise jenseits universeller zivilisatorischer Grundwerte zwingt auch Frankreich zur Suche nach nationalen Gründungsmythen. Aufgrund der sozialen Veränderungen nach der Französischen Revolution wird die sogenannte Germanenthese, wonach die französischen Herrscher von den germanischen Franken abstammen, durch die sogenannte Gallierthese, die Abstammung des französischen Volkes von den friedliebenden Galliern, ersetzt. Diese Auffassung wurde bereits im 18. Jahrhundert durch den Abbé Dubos vertreten und wird von den Historikern Amédée Thierry und Henri Martin im 19. Jahrhundert aufgegriffen.

ren Volk sich über die Einheit von Sprache, Kultur und einer Freiheit definiert, die wesentlich auf dem negativen Wege der Erhaltung der nationalen Selbständigkeit gegenüber einem äußerlichen Aggressor – konkret von den Römern bis hin zu Napoleon – entstanden ist. Im Sinne Herders aus dem 57. der *Briefe zu Beförderung der Humanität* von 1794 sowie des deutschen Idealismus Schellingscher und Hegelscher Prägung verkörpert das Wirken des Arminius/Hermann demnach die Erhaltung eines politischen Raumes als Sprach- und Kulturraum. Demgegenüber ist das Verständnis von der Nation in Frankreich das einer Staatsnation. Diese ist historisch aus den sozialen und politischen Widersprüchen erwachsen. Anders als der Mythos von Arminius spiegelt der von Vercingétorix diese Widersprüche, allein schon deshalb, weil man darüber streitet, wie die Niederlage des Galliers zu bewerten ist: Steht die Gründung Frankreichs letztlich im Zeichen der römischen Zivilisation oder ist sie Ausdruck gallischen Widerstandsgeistes[28]?

Im Anschluss an die deutsche Auffassung von Kultur entsteht dann im 19. Jahrhundert, insbesondere an dessen Ende, in Deutschland die Anschauung von der ‚Kulturnation‘. Da Deutschland als ‚verspätete Nation‘ erst gegen Ende des 19. Jahrhunderts zur Bildung eines Nationalstaats gelangt, wird der Gedanke verbreitet, dass eine Nation auch auf der Basis der Kultur existieren könne, ohne zuvörderst nationalstaatliche Strukturen herausgebildet zu haben[29]. Zugleich dient die Besinnung auf die ‚Kulturnation‘ als Gegenargument zur vor allem in Frankreich verbreiteten These von den ‚deux Allemagnes‘: dem – vor allem unter Bismarck – militaristisch geprägten, auf Machpolitik setzenden preußischen Staat einerseits und dem durch den deutschen Idealismus und die Romantik geprägten Kulturland ‚Deutschland‘ andrerseits. Da Deutschland anders als Frankreich stark regional strukturiert und bis dahin nur in geringem Maße zentralistischen Prozessen ausgesetzt ist, ist die Rede von der Kulturnation mit ihren die Gemeinschaft verbindenden Werten und Normen abgrenzend, zumal eine Kultur eher auf eine bestimmte geographische Region ausgerichtet ist als die Regionen übergreifende Zivilisation. Mit der Vorstellung von der ‚Kulturnation‘ ist zugleich eine mögliche Verengung des Begriffs ‚Staatsvolk‘ auf die ‚Abstammungsgemeinschaft‘ als Basis der Nation gegeben, wie sie später im Nationalsozialismus praktiziert wird.

---

28 Zu diesen Unterschieden vgl. Charlotte Tacke, *Denkmal im sozialen Raum*. Nationale Symbole in Deutschland und Frankreich im 19. Jahrhundert (Kritische Studien zur Geschichtswissenschaft. 108), Göttingen, Vandenhoeck & Ruprecht, 1995, S. 29–44.

29 So der Kulturhistoriker Friedrich Meinecke, der neben dem Kulturbesitz eines Volkes vor allem religiöse Gemeinsamkeiten als verbindendes kulturelles Element der Nation ausmacht (Vgl. dazu Georg Schmidt, „Friedrich Meineckes Kulturnation. Zum historischen Kontext nationaler Ideen in Weimar-Jena um 1800", *Historische Zeitschrift* Bd. 284/2007, S. 597–622).

3.4 Zivilisation und Kultur nach 1945

In der Zeit nach dem zweiten Weltkrieg wird die antithetische Verwendung der Begriffe ‚Zivilisation' vs. ‚Kultur' in den beiden Nationen allerdings zunehmend obsolet. Mit dem Ende dieses Krieges, der in Europa nahezu alle Gewissheiten zum Einsturz bringt, wird auch die Phase der Dekolonialisierung eingeleitet, die die Anschauung einer Überlegenheit der – westlichen – Zivilisation ins Wanken bringt. Spätestens mit der postmodernen Wende in der zweiten Hälfte des 20. Jahrhunderts, die mit den ‚postcolonial studies' auch die theoretische Aufarbeitung des Kolonialismus mit sich bringt, ist es kaum mehr möglich, von einer universalistischen ‚Zivilisation' zu sprechen. Samuel Huntington unterscheidet in seinem Buch vom *Clash of Civilisations* (1996)[30] denn auch weltweit acht Kulturräume bzw. Zivilisationen, die in einer globalisierten Welt ihre Interessenkonflikte untereinander austragen. Mit dem in den Sechzigerjahren gewachsenen Misstrauen gegenüber allen ‚master narratives' und der Anerkennung weltweit hybrider Formen unterschiedlicher Zivilisationen ist die Rede von ‚der Zivilisation', zumal der europäischen, die in zahlreichen ehemaligen Kolonien als Herrschaftsdiskurs empfunden wird, hinfällig. So weicht denn in der heftig geführten aktuellen Debatte die Erzählung von der ‚grandeur' Frankreichs und seiner Zivilisation zunehmend der Erkenntnis einer ‚identité malheureuse'[31], die die Gesellschaft des Landes als postnationale und multikulturelle ohne klare Vorstellungen von ihrer Identität – geschweige denn ‚grandeur' – beschreibt.

Ganz ähnlich ergeht es dem Verständnis von Kultur seit der Nachkriegszeit. Da Deutschlands kultureller Sonderweg – dokumentiert durch die Gräuel der Nazizeit – offenkundig gescheitert war, gab es nur eine Perspektive: aktiv am Aufbau einer neuen, gemeinsamen europäischen Ordnung zu arbeiten. Durch die neu gebildete Achse Deutschland-Frankreich und die seitdem beschworene deutsch-französische Freundschaft wird die Unterscheidung Kultur und Zivilisation irrelevant, zumal beide Kategorien genau genommen schon immer ähnliche Anschauungen beinhalteten und in Frankreich (und auch in England) ohnehin nie strikt voneinander getrennt wurden. Im Zuge der Globalisierung gegen Ende des 20. Jahrhunderts und der Beeinflussung der unterschiedlichen Kulturen durch

---

30 Der Titel wird angesichts der zunehmenden Irrelevanz der Unterscheidung von Zivilisation und Kultur bezeichnenderweise mit „Der Kampf der Kulturen" wiedergegeben.

31 Vgl. das entsprechende Buch von Alain Finkielkraut, *L'Identité malheureuse*, Paris, Stock, 2013. Vgl. z. B. auch die Debatte zwischen Donald Morrison und Antoine Compagnon, *Que reste-t-il de la culture française? suivi de Le Souci de la grandeur*, Paris, Denoël, 2008; auf Englisch: *The Death of French Culture*, Cambridge/Malden, MA., Polity Press, 2010, und viele weitere Beispiele.

Einflüsse des Internet gewinnt auch die Annäherung der französischen und der deutschen Kultur an Geschwindigkeit. Immer wieder kommen Debatten um eine sogenannte ‚Leitkultur' auf, die in Zeiten des Multikulturalismus benötigt würde, um „gewachsene Identitäten" von Gemeinschaften und Nationen zu bewahren[32]. Solche Identitäten kann man im Sinne der überlieferten deutschen Anschauung von der ‚Kultur' als ethnische und damit exklusive Identität fassen oder im Sinne des französischen Zivilisationskonzepts als rechtspolitische, verkörpert durch den „citoyen". Die Idee der Leitkultur geht zurück auf Montesquieus 1748 verfasste Schrift *De l'esprit des lois*, die versucht, den allgemeinen Geist einer Nation (‚esprit général') aus Faktoren wie dem Klima, den Sitten, der Religion und dem Handel abzuleiten, um so das jeweilige Regierungs- und Rechtssystem zu erklären[33]. Die Idee, auch in einem „kulturell vielfältigen [Gemeinwesen] einen Konsens über Werte und Normen als eine Art innere Hausordnung"[34] herzustellen, stößt in Deutschland auf die nachkriegsbedingte grundsätzlich mangelnde Herausbildung eines affektiven Nationalbewusstseins. In Zeiten der Globalisierung ist es überdies schwierig zu definieren, woraus eine Leitkultur bestehen sollte, zumal Hierarchisierungen im Bereich der Kultur vom Verdikt postmoderner Ablehnung leitender Narrative getroffen werden. Somit ist auch der Kulturbegriff wie der der Zivilisation den Pluralisierungs- und Hybridisierungstendenzen der Gegenwart ausgesetzt.

Kultur kann nicht als normativ wertend angesehen werden, wonach Hochkulturen von niedrigeren kulturellen Formen unterschieden werden. Eine einseitige Beschäftigung mit Hochkulturen ist ebenso problematisch, wie die von einem großen Teil der anglo-amerikanischen ‚Cultural Studies' betriebene Konzentration auf Alltags- und Populärkulturen, die durch ein normatives Kulturverständnis lange Zeit ins Abseits gedrängt wurden. Ebenfalls problematisch erscheint die systemtheoretische Beschränkung auf ein innerhalb der nach funktionalen Systemen ausdifferenzierten Gesellschaft vermeintliches Subsystem einer eigentlichen Kultur bestehend aus Kunst, Bildung und Wissenschaft. Kultur wird somit heute weitgehend verstanden als ein Symbolsystem, in dem sich die Anschauungsformen, affektiven Haltungen und Wertvorstellungen einer Gemeinschaft

---

32 Vgl. z. B. Bassam Tibi, „Leitkultur als Wertekonsens. Bilanz einer missglückten deutschen Debatte", *Aus Politik und Zeitgeschehen* Bd. 1–2/2001, S. 23–26, hier: S. 23; online: http://www.bpb. de/apuz/26535/leitkultur-als-wertekonsens.

33 Vgl. den Untertitel der Schrift: „Ou du rapport que les loix doivent avoir avec la constitution de chaque gouvernement, les mœurs, le climat, la religion, le commerce &c., à quoi l'Auteur a ajouté des recherches nouvelles sur les Loix Romaines touchant les Successions, sur les Loix Françoises et sur les Loix Féodales".

34 Tibi, „Leitkultur als Wertekonsens", S. 24.

äußern. Aus der Perspektive einer kritischen Kulturwissenschaft, für die der Romanist Paul Geyer plädiert, gilt es im Folgenden, für Deutsche und Franzosen typische Deutungsmuster und Handlungsorientierungen im Hinblick auf die dahinter stehenden Wertbegriffe sowie Interessen kritisch zu hinterfragen[35]. Dazu ist vor allem sinnvoll, zunächst einmal die mentalen Einstellungen, die sich im Laufe der Geschichte herausgebildet haben, historisch nachzuvollziehen. Vor allem gilt es – wie am Beispiel der französischen Einstellung zur ‚grandeur' – nach der langen historischen Debatte um die Antithese ‚Zivilisation' vs. ‚Kultur' zu zeigen, inwieweit bestimmte Einstellungen immer noch virulent sind. Und dies gilt vor allem für die unterschiedlichen Kommunikationsstile in Frankreich und in Deutschland.

---

35 „On the Dialectics of Culture and Civilization in Critical Cultural Studies"; Vortrag bei der Tagung: *Global Concepts? Keywords and their Histories*, veröffentlicht vom Excellenz-Cluster *Asia and Europe in a Global Context* der Universität Heidelberg am 28.10.2010, S. 7; online: https:// www.romanistik.uni-bonn.de/bonner-romanistik/personal/geyer/schriften/dialectics.pdf.

4 Die Herausbildung mentaler Grundeinstellungen in Frankreich und in Deutschland und die Wahrnehmung des jeweils Anderen in der deutsch-französischen Begegnung

4.1 Einleitung

Die vorangegangenen Ausführungen zum Unterschied von ‚Zivilisation' und ‚Kultur' lassen sich in einer interkulturellen Perspektive bezogen auf die Formen der Kommunikation erheblich präzisieren, wenn man die Wahrnehmung des jeweils Anderen näher in den Blick nimmt. Dabei ist die Besinnung auf die jeweilige Sprache zentral. Frankreich findet sein nationales Selbstverständnis vor allem in seiner ‚grandeur'. Dieses Gefühl der ‚grandeur' resultiert zu einem wesentlichen Teil aus der kulturellen Ausnahmestellung, die das Land spätestens seit dem 17. Jahrhundert, dem ‚grand siècle', innehat und die es seinem nationalen Selbstverständnis entsprechend sich selbst über lange Zeit als ‚exception culturelle de la France' attestiert. Dieses Selbstbild ist weitgehend identisch mit dem Fremdbild, welches sich die anderen europäischen Nationen über lange historische Phasen von Frankreich machen. In seinem Briefroman *Lettres persanes* (1721) zu Beginn der Frühaufklärung lässt Montesquieu zwei Perser wie selbstverständlich nach Frankreich reisen. In einem der einleitenden Briefe erklärt der Protagonist Usbeck seinem Freund Rustan, er habe den Intrigen der persischen Hofgesellschaft entfliehen wollen, weil er der Wahrheit und Wissenschaft verpflichtet sei[1]. Allein deshalb scheint es für Montesquieu selbstverständlich zu sein, dass die Perser Frankreich als Reiseziel anvisieren. Angesichts der zivilisatorischen Überlegenheit seines Landes bekundet der fiktive Herausgeber der Briefe in der Einleitung des Romans nicht ohne eine gewisse Überheblichkeit seinen Respekt gegenüber den detaillierten Kenntnissen der Perser. Dies begründet er damit, dass die Franzosen und ihre Zivilisation für jedermann offen und transparent seien. Die Bemerkung ist vor allem wegen ihrer Spitze gegen Frankreichreisende aus Deutschland interessant, die man zu dieser Zeit (und nicht nur zu dieser Zeit) keineswegs als Abgesandte einer Kulturnation wahrnimmt. Subtile

---

1 Montesquieu, *Lettres persanes*, hrsg. von Paul Vernière (Classiques Garnier), Paris, Garnier, 1975, S. 21 f.

Beobachtungen und Detailkenntnisse der französischen Zivilisation wie die der Perser traut der Herausgeber der *Lettres persanes* deutschen Reisenden nicht zu:

> Il y a une chose qui m'a souvent étonné : c'est de voir ces Persans quelquefois aussi instruits que moi-même des mœurs et des manières de la Nation, jusqu'à en connaître les plus fines circonstances, et à remarquer des choses qui, j'en suis sûr, ont échappé à bien des Allemands qui ont voyagé en France. J'attribue cela au long séjour qu'ils y ont fait ; sans compter qu'il est plus facile à un asiatique de s'instruire des mœurs des Français dans un an, qu'il ne l'est à un Français de s'instruire des mœurs des Asiatiques dans quatre, parce que les uns se livrent autant que les autres se communiquent peu.[2]

Diese französische Selbsteinschätzung der eigenen Zivilisation als überlegen und zugleich weltoffen, so dass sie die Asiaten selbstverständlich kennen, wird nicht nur während des ‚siècle classique' und der im 18. Jahrhundert folgenden Aufklärung sondern auch noch ein Jahrhundert später aus deutscher Sicht geteilt, wenn z. B. Friedrich Nietzsche immer wieder die herausragende Stellung Frankreichs unterstreicht und sich sogar zu der Behauptung versteigt, er lese Schopenhauer lieber auf Französisch als auf Deutsch, weil dieser mehr im französischen Geist als im deutschen beheimatet sei[3]. Für Nietzsche bleibt Frankreich der Fluchtpunkt der – wie er sagt – ‚Kultur' in Europa:

> Auch jetzt noch ist Frankreich der Sitz der geistigsten und raffiniertesten Cultur Europa's und die hohe Schule des Geschmacks [...][4]

Alles, was Europa an Kultur hervorgebracht habe, gehe im Wesentlichen auf die Leistung Frankreichs zurück:

> [...] die europäische noblesse – des Gefühls, des Geschmacks, der Sitte, kurz, das Wort in jedem hohen Sinne genommen – ist Frankreich's Werk und Erfindung [...][5]

Insbesondere wehrt sich Nietzsche gegen das deutsche Vorurteil, Frankreichs zivilisatorische Errungenschaften seien rein äußerlich und oberflächlich:

---

2 S. 8.

3 „In diesem Frankreich des Geistes, welches auch das Frankreich des Pessimismus ist, ist heute schon Schopenhauer mehr zu Hause als er es je in Deutschland war; sein Hauptwerk zwei Mal bereits übersetzt, das zweite Mal ausgezeichnet, so dass ich es jetzt vorziehe, Schopenhauer französisch zu lesen [...]" (*Nietzsche contra Wagner*. Aktenstücke eines Psychologen, Leipzig, Naumann, 1889; online: http://www.nietzschesource.org/#eKGWB/NW-Wohin) („Wohin Wagner gehört").

4 *Jenseits von Gut und Böse. Vorspiel einer Philosophie der Zukunft*, Leipzig, Naumann, 1886, Nr. 254; online: http://www.nietzschesource.org/#eKGWB/JGB-254.

5 *Jenseits von Gut und Böse* Nr. 253; online: http://www.nietzschesource.org/#eKGWB/JGB-254.

Ferne davon, oberflächlich zu sein, hat ein grosser Franzose immer doch seine Oberfläche, eine natürliche Haut für seinen Inhalt und seine Tiefe [...][6]

Die lang hergebrachte Selbst- und Fremdwahrnehmung Frankreichs spielt bis in die Gegenwart ihre Rolle, in der allerdings zunehmend über den Verlust der französischen kulturellen Vorrangstellung in der Welt geklagt bzw. dieser beschrieben wird. Ihr steht die ganz andere Wahrnehmung Deutschlands und der Deutschen in Frankreich gegenüber.

Als 2013 im Pariser Louvre eine gemeinsame deutsch-französische Ausstellung deutscher Kunst unter dem Titel *De l'Allemagne 1800–1939. De Friedrich à Beckmann* eröffnet wird, kommt es im Nachhinein zu einem heftigen Streit über das Konzept der Ausstellung und ihre Ankündigung. Man hatte, ohne die deutschen Kuratoren in die letztendliche Konzeptionalisierung der Ausstellung einzubinden, die ausgestellten Werke unter die auf Nietzsche zurückgehenden Kategorien ‚Apollinisch' und ‚Dionysisch' subsumiert. In der Ankündigung der Ausstellung, die überdies ein Musterbeispiel der Kunst des Impliziten in der wissenschaftlichen Diskussion darstellt, hatte es geheißen:

La notion de *Kultur*, concept hérité de la philosophie des Lumières, est apparue comme la plus susceptible de constituer le terreau sur lequel inventer une tradition allemande moderne. Si l'occupation napoléonienne a pu favoriser la prise de conscience de cette unité, fournissant l'arrière-plan politique aux premières expérimentations romantiques, la montée du nazisme, à l'autre bout du parcours chronologique, a mis en évidence la dimension tragique de ce concept, sans pour autant réussir à l'anéantir.[7]

Diese Ankündigung wurde auf deutscher Seite als Affront angesehen. Sie zeigt, wie lang überlieferte, quasi mythische Sichtweisen auf den anderen, bis in die Gegenwart virulent bleiben und – was zu besonderen Irritationen führte – unterschwellig in den Ankündigungstext der Ausstellung eingebracht wurden. Die Ankündigung offenbart, dass dem Ausstellungskonzept des ‚Apollinischen' und ‚Dionysischen' Deutschlands die in Frankreich tradierte Vorstellung von den ‚Deux Allemagnes' zugrunde liegt, wie sie in den vierziger Jahren des 19. Jahrhunderts, also kurz nach dem Beginn der eigentlichen Wahrnehmung Deutschlands in Frankreich während der Romantik, aufgekommen war: Auf der einen Seite ist die Rede von jenem Deutschland der Dichter und Denker der Romantik sowie des Idealismus, auf der anderen Seite vom militaristischen Deutschland,

---

6 *Morgenröthe*. Gedanken über die moralischen Vorurtheile, Leipzig, Fritzsch, 1887, Nr. 192; online: http://www.nietzschesource.org/#eKGWB/M-192.

7 Online: http://www.louvre.fr/expositions/de-l-allemagne-1800-1939-de-friedrich-beckmann.

das im deutsch-französischen Krieg 1870–1871 Elsass-Lothringen eingenommen hatte und im 20. Jahrhundert maßgeblicher Auslöser zweier Weltkriege sowie der Nazidiktatur war. Eine zusätzliche Provokation über diese mythisch verkürzte Sicht hinaus liegt darin, dass selbst dem Deutschland der herausragenden Kultur während der Romantik die Eigenständigkeit seiner Entstehung durch den Verweis auf die französische Aufklärung sowie Napoleon abgesprochen wird: Zwar heißt es in der Ausstellungsankündigung, die Nazizeit habe das romantische Kulturerbe Deutschlands nicht zerstören können. Gleichzeitig wird jedoch erklärt, dass das in Deutschland am Ende des 18. Jahrhunderts entstehende nationale Kulturbewusstsein vor allem auf die Besetzung des Landes durch Napoleon zurückzuführen sei. Diese Aussage ist indirekt und gleichzeitig bewusst ambivalent: Sie hat auf der einen Seite eine gewisse Berechtigung, da die Opposition gegen Napoleon das deutsche Nationalbewusstsein und damit einen Teil der Besinnung auf die deutsche Kultur wesentlich geprägt hat. Auf der anderen Seite wird dieser Besinnung damit zugleich ihre Eigenständigkeit abgesprochen, da sie ja ohne die Napoleonische Besetzung nicht zustande gekommen wäre. Überdies wird unterstellt, dass dem deutschen Konzept der ‚Kultur' eine tragische Dimension innewohnt. Will man die interkulturellen Spezifika der deutsch-französischen Begegnung verstehen und die Details spezifischer Verhaltensweisen in den Blick nehmen, so ist eine Betrachtung der historischen Entwicklung solcher Sichtweisen auf den jeweils Andern erhellend.

4.2 Frankreichs ‚exception culturelle': die französische Eigenwahrnehmung und die deutsche Perspektive auf das Land

Zur besonderen Stellung der französischen Kultur findet sich schon zur Zeit der Renaissance in den *Épithètes* (1571) des französischen Humanisten Maurice de la Porte ein bemerkenswerter Eintrag. La Portes alphabetisch geordnetes Lexikon, welches mit 3777 Gattungs- und Eigennamen ‚natürliche' Eigenschaften der genannten Bezeichnungen erfassen will (‚épithètes de nature'), verzeichnet unter dem Eintrag „Franzosen" („François"):

> Humains, charitables, vaillans ou valeureux, guerriers, forts, magnanimes, ingénieux parisiens, accostables, fideles, amateurs des lettres, prompts, curieux, doctes, volontaires, doux, libéraux, généreux, débonnaires, chevalereux.
> Ce peuple [...] est tres affectionné à la religion & piété catholique, et s'adonne volontiers à l'estude des sciences, et arts libéraus, étant très désireux de la connaissance des langues, facilement il compatit avec les personnes de quelque pays qu'elles soient, et surpasse toute autre nation en courtoisie et humanité : Davantage il est fort belliqueux, usant plus de cœur

et hardiesse, que d'art en combattant, et est aussi prompt et inventif, mais il ne se hâte qu'en nécessité.[8]

Die Franzosen werden als tapfere Krieger beschrieben, die sich, so heißt es wenig später im Artikel, vor allem gegen die Unterwerfung fremder Mächte zur Wehr setzen. Überwiegend werden die Franzosen jedoch als rational bestimmtes und kulturell vorbildliches Volk gezeigt. Selbst dort, so am Ende des Eintrags, wo die französischen Krieger eher mit Herz und Kühnheit als mit Verstand und Kriegskunst kämpfen, sind sie überlegt, d. h. sie handeln erfindungsreich und nicht überstürzt. Ansonsten erfolgen Zuschreibungen kultureller Art: Aristokratische Persönlichkeitsideale wie die ‚magnanimité', die ‚liberalité', die ‚fidélité' und ein chevalereskes Verhalten sind gepaart mit Gelehrsamkeit und Interesse an der Literatur. Die Franzosen werden, das zeigt dann vor allem der Eintrag zu „Frankreich" („France"), kurzerhand mit den Parisern identifiziert:

> Perle du monde, indomptable, fertile, belliqueuse, florissante, riche, salubre, docte, célèbre, féconde, généreuse, invincible, peuplée ou populeuse, école de vertu.
> Ce mot généralement pris signifie tout ce que le Roi de France domine, mais ce qui est en particulier nommé le pays de France, comprend seulement ce qu'on appelle l'Île de France, et le pays de Goelle. Or combien que cela soit de petite étendue, néanmoins il enclot cette grande et fameuse ville de Paris, dont l'excellence est telle qu'elle ennoblit le reste de la France, laquelle tant pour la température de l'air, fertilité de la terre, abondance de tous genres de fruits, et autres innumérables commodités, que le Ciel plus prodigalement que libéralement lui a élargies, qu'aussi pour la piété, religion, intégrité de mœurs, profession des bonnes lettres, justice équitable, magnanimité de courages et plusieurs vertus rares et antiques (qui est la vraie et solide louange) a toujours obtenu sans controverse le premier lieu entre toutes les régions de l'Europe, et en est appelée Mère des arts, des armes, et des lois, et douce nourrice des hommes.[9]

Die lange Ausführung der Tugenden des Landes Frankreich zielt auf die Definition Frankreichs als kulturell überlegener Nation. Das Land erscheint als ‚kopfgesteuert', da die gesamte Charakterisierung auf Paris gemünzt ist, welches von oben herab dem Land seine Prägung gibt. Aus La Portes Ausführungen lassen sich bereits jene Vorstellungen von der Ausnahmestellung der französischen Kultur ableiten, die während des Absolutismus und der Klassik unter Louis XIV europäische Dimensionen gewinnt. 1635 gründet der Kardinal Richelieu im Auftrag des Königs Louis XIII die *Académie Française*. In der Gründungsurkunde, den *Lettres patentes pour l'établissement de l'Académie Françoise*, heißt es, das Ziel der Akade-

---

8 Maurice de la Porte, *Les Épithètes*, Paris, Gabriel Buon, 1571; zitiert nach der sprachlich modernisierten Version online: http://www.preambule.net/epithetes/f/francais.html.
9 Online: http://www.preambule.net/epithetes/f/france.html.

mie sei die Festsetzung fixer Regeln der französischen Sprache („établir des règles certaines"), um das Französische als Sprache **aller** Künste und Wissenschaften zu etablieren: „pour rendre le langage françois non seulement élégant, mais capable de traiter tous les arts et toutes les sciences [...]"[10] Lässt sich hier bereits die Vorstellung von der Universalität bezogen auf die französische Sprache und Kultur erkennen, so wird diese Vorstellung im 17. Jahrhundert auf die gesamte Kultur Frankreichs ausgedehnt. Richelieu und sein Nachfolger Mazarin etablieren ein staatliches Mäzenatentum und fördern auf diese Weise die Wissenschaften, die Künste sowie die Literatur, welche sich als Propagandainstrument für den aufkommenden absolutistischen Staat in Dienst nehmen lassen. Dies gilt insbesondere für den ersten Kanzler der Akademie und Günstling Richelieus, Jean Desmarets de Saint-Sorlin, der als einer der Wegbereiter der *Querelle des anciens et des modernes* die moderne Position der Überlegenheit der zeitgenössischen französischen Kultur über die der Antike vertritt. In seinem monumentalen Epos *Clovis ou la France chrétienne* (1657) begründet er die christlichen Ursprünge der französischen Monarchie, die alle anderen Monarchien Europas überrage:

> Quittons les vains concerts du profane Parnasse.
> Tout est auguste & saint au sujet que j'embrasse.
> A la **gloire des Lis** je consacre ces vers.
> L'entonne la trompette ; & respans dans les airs
> Les faits de **ce grand roy**, qui sous l'eau du baptesme
> Le premier de nos rois courba son diadême ;
> Qui sage & valeureux, de ses fatales mains
> **Porta le coup mortel aux restes des Romains** ;
> Mit la Saone & le Rhin sous sa vaste puissance ;
> **Fit tomber sous son bras la Gothique vaillance** ;
> Et faisant aux vaincus aimer ses justes loix,
> Donna le nom de France à l'empire Gaulois.[11]

Das französische Königtum hat demzufolge nicht nur die Kultur der heidnischen Antike hinter sich gelassen („profane Parnasse"). Clovis repräsentiert bereits den Ruhm und die Größe („ce grand roy"), die Desmarets den absolutistischen bourbonischen Herrschern seiner eigenen Zeit beimisst, wobei er den fränkischen König Chlodwig aus der Dynastie der Merowinger kurzerhand zum Bourbonen macht („la gloire des Lis"). Gemäß der Anschauung von der *translatio imperii* tritt das französische Königtum an die Stelle des Römischen Reichs („Porta le

---

10 Abgedruckt auf der Internetseite der *Académie*: „Statuts et règlements", S. 7–11; online: http://www.academie-francaise.fr/sites/academie-francaise.fr/files/statuts_af_0.pdf.

11 *Clovis ov la France chrestienne. Poeme heroiqve*, Paris, Avgvstin Courbe, Henry Gras et Iaqves Roger, 1657, Chant 1, V. 1–12. Hervorhebungen von Vf.

coup mortel aux restes des Romains [...]"), was ihm von vorneherein einen universalistischen Anspruch verleiht. Seine Grenzen, so heißt es, erstreckten sich nicht nur bis zum Rhein, wodurch die in Frankreich dann vor allem im 19. Jahrhundert immer wieder bemühte, schon bei den Römern geläufige Vorstellung von der natürlichen Grenze zu Deutschland fundiert wird. Desmarets geht sogar noch weiter: Clovis habe nicht nur die letzten gallisch-römischen Heerführer besiegt („Porta le coup mortel aux restes des Romains [...]"). Er habe auch – was durchaus geschichtskonform ist – die weiteren fränkischen Heerführer sowie die Westgoten auf dem Territorium des späteren Frankreich unter seine Kontrolle gebracht. Im Epos lässt Desmarets Clovis nun aber auch noch die restlichen germanischen Stämme besiegen, was den fränkischen König quasi zum europäischen Herrscher par excellence macht. Desmarets nimmt damit nicht nur die historische Entwicklung unter dem auf territoriale Expansion bedachten König Louis XIV vorweg. Indem er – in einer einzigartigen Geschichtsklitterung – Clovis auch Arminius, den Führer der Cherusker und erfolgreichen Widersacher Roms besiegen lässt, wird der Anspruch Frankreichs auf die Führung in Europa überdeutlich. Die Germanen werden auf diese Weise ihrer Führungsfigur beraubt, die seit dem 16. Jahrhundert, der Wiederentdeckung der *Germania* des Tacitus, allmählich zum mythischen Nationalhelden der Deutschen aufsteigt.

> De cherusques archers une troupe infinie
> Marche avec cent drapeaux sous le noble Arminie,
> Issu de ce grand chef dont l'indomptable cœur
> Des superbes Romains fut mille fois vainqueur,
> Qui d'un sort obstiné, fatal à tant d'armées,
> Dans ses pièges surprit cent têtes renommées.
> Tous ces peuples sont fiers, nourris aux régions
> Où le soc traîne encor les os des légions,
> Près des bords du Weser et de la forêt sombre
> Où souvent de Varus on voit paraître l'ombre
> Grande, pâle et jetant de gémissantes voix,
> Des siens cherchant encor les restes dans les bois.[12]

Als Charles Perrault dann am 27. Januar 1687 in der *Académie* sein berühmtes Gedicht *Le Siècle de Louis le Grand* vorträgt, wird der Universalismusanspruch der französischen Kultur endgültig zementiert. Das Zeitalter Ludwigs könne problemlos mit dem des Augustus mithalten: „[...] l'on peut comparer sans craindre d'estre injuste / Le Siecle de LOUIS au beau Siecle d'Auguste·"[13] Ludwig und die Kultur des Versailler Hofs umgebe ein „unsterblicher Ruhm" („une gloire immor-

---

12 Chant 19, V. 7473–7484.
13 *Le Siecle de Louis le Grand*. Poeme, Paris, Jean Baptiste Coignard, 1687, S. 3.

telle"). Von allen europäischen Königen sei er das perfekte Modell („LOUIS des grands Roys le parfait modele"[14]). Das Gedicht schließt mit der rhetorischen Frage: „Ciel, à qui nous devons cette splendeur immense, / Dont on voit eclatter nostre Siecle & la France [...]"[15] Diese Selbstdarstellung des ‚grand siècle' wirkt bis in die Gegenwart nach, was man z. B. nicht allein am Titel des *Dictionnaire du Grand Siècle* von François Bluche aus dem Jahr 1990 ablesen kann, sondern auch am Artikel „France", der mit dem Zusatz „Rayonnement de la" versehen ist und mit dem Satz beginnt: „La France, au XVIIe siècle, paraît aux étrangers, si rayonnante, qu'il leur arrive, comme le fait Grotius en 1628, de la comparer au royaume de Dieu."[16]

Auf indirekte Weise, mit einer Fremdeinschätzung des niederländischen Philosophen und Rechtsgelehrten Hugo Grotius, wird hier die Selbsteinschätzung der französischen Kultur des ‚siècle classique' ins Feld geführt. Diese Sicht wird allerdings in den meisten europäischen Ländern weitgehend geteilt, so auch in Deutschland. Nicht nur dem aristokratischen Milieu, das den französischen Adel und die Hofgesellschaft in Versailles bewundernd nachahmt, sondern auch bürgerlichen Kreisen wird Frankreich in Deutschland lange Zeit zum Vorbild. 1687 kündigt der Jurist und Philosoph Christian Thomasius an der Universität Leipzig eine der ersten nicht-lateinischen Vorlesungen in deutscher Sprache an mit dem Titel: *Christian Thomas eröffnet der Studirenden Jugend zu Leipzig in einem Discours Welcher Gestalt man denen Frantzosen in gemeinem Leben und Wandel nachahmen solle? ein Collegium über des Gratians Grund-Reguln/ Vernünfftig/ klug und artig zu leben.* Thomasius stellt fest, dass die Vorfahren der Deutschen, würden sie in die Gegenwart versetzt, „Teutschland [...] mit teutschen Frantz-Männern besetzt finden würden"[17]. Dies hält er allerdings keineswegs für verwerflich, sondern vertritt die pragmatische Position, dass man sich Nachahmenswertes aus Frankreich aneignen müsse, wovon er allerdings „närrische[r] Affectation" und „Laster" ausnimmt[18]:

> Derowegen sey es so, man ahme denen Franzosen nach, denn sie sind doch heut zu tage die geschicktesten Leute, und wissen allen Sachen ein recht Leben zugeben.[19]

---

14 S. 14.
15 S. 26.
16 Louis Trenard, „France (Rayonnement de la)", in: F. B. (Hrsg.), *Dictionnaire du Grand Siècle*, Paris, Fayard, 1990, S. 615.
17 Abgedruckt in: *Deutsche Literaturdenkmale des 18. und 19. Jahrhunderts*, hrsg. von Bernhard Seuffert und August Sauer, Stuttgart, Göschen'sche Verlagshandlung, 1894, Bd. 51, N. F. 1, S. 1–36, hier: S. 3.
18 S. 5.
19 S. 7.

Da die französische Sprache in Deutschland allenthalben verbreitet sei („welche letztere fast bey uns naturalisiret worden"[20]), hält Thomasius es auch nicht für angebracht, die deutsche Sprache als Sprache der Gelehrsamkeit etablieren zu wollen:

> Sollen wir uns bemühen die teutsche Sprache durchgehends in Hochachtung zubringen, um dadurch der Ausbreitung der Gelehrsamkeit den Weg zu bahnen? Diese dürfte schwerlich angehen, und würden wir wenig ausrichten, weil bißher schon eine geraume Zeit so viel kluge Köpffe, so viele edle Mitglieder der Fruchtbringenden Gesellschafft vergebens daran gearbeitet haben.[21]

Er folgt den Ausführungen des Jesuiten Dominique Bouhours trotz dessen herablassend verächtlichen Tonfalls, welcher in seinen sprachpuristischen *Entretiens d'Ariste et d'Eugène* bereits 1671 die herausragende kulturelle Stellung Frankreichs betont und angeblich gesagt hatte:

> [...] daß alle Weißheit und aller Verstand von der Welt einzig und allein bey denen Franzosen anzutreffen sey, und daß alle anderen Nationes gegen die Franzosen gerechnet den Kopff mit Gritze gefüllet hätten.[22]

Im 18. Jahrhundert zieht diese herausragende Stellung der französischen Kultur in Europa erheblich größere Kreise. In der Zeit der Aufklärung, frz. ‚Siècle des Lumières', verlagert sich die Kultur Frankreichs von Versailles in die Stadt, vom Hof in die Salons in Paris. Die Vorstellung von den ‚lumières' richtet sich dabei nicht nur auf die Verbreitung des Wissens unter größeren Bevölkerungsschichten innerhalb Frankreichs, welche vor allem durch die beeindruckendste kulturelle Leistung des europäischen 18. Jahrhunderts bewerkstelligt wird, die monumentale *Encyclopédie raisonnée*. 1782 wird in der ‚Classe des Belles-Lettres' der *Preußischen Akademie* die Preisfrage ausgeschrieben. „Qu'est-ce qui a fait de la langue Française la langue universelle de l'Europe? En quoi mérite-t-elle cette prérogative? Peut-on présumer qu'elle la conserve?" Die Preisfrage hat die berühmte Antwort des einen der beiden Preisträgers hervorgebracht: Antoine Rivarols *Discours sur l'universalité de la langue française*. Rivarol geht davon aus, dass Europa durch eine kulturelle Einheit geformt ist, die sich einer einheitlichen Sprache bedient, des Französischen. Frankreich ist an die Stelle Roms getreten:

---

20 S. 19.
21 S. 19.
22 S. 26 f. Zu Thomasius vgl. Henning Scheffers, *Höfische Konvention und die Aufklärung. Wandlungen des honnête-homme-Ideals im 17. und 18. Jahrhundert* (Studien zur Germanistik, Anglistik und Komparatistik. 93), Bonn, Bouvier, 1980, S. 105–111.

> Le temps semble être venu de dire le monde français, comme autrefois le monde romain, et la philosophie, lasse de voir les hommes toujours divisés par les intérêts divers de la politique, se réjouit maintenant de les voir, d'un bout de la terre à l'autre, se former en république sous la domination d'une même langue.[23]

Für die „universalité de la langue française" macht Rivarol die Dominanz der französischen Kultur[24] in Europa verantwortlich. Das, was in Deutschland in der zweiten Hälfte des 18. Jahrhunderts zunehmend als Oberflächlichkeit der französischen Zivilisation angesehen wird, macht sich Rivarol für seine Argumentation zu Nutze: Die Mobilität der Franzosen, gemeint ist die spätestens am Versailler Hof verbreitete fortwährende Sucht der Aristokratie nach neuen Formen des ‚divertissement', halte die Neugier der Europäer auf die kulturellen Entwicklungen Frankreichs aufrecht:

> [...] la France a la politesse et la grâce; et non seulement elle a la grâce et la politesse, mais c'est elle qui fournit les modèles dans les mœurs, dans les manières et dans les parures. Sa mobilité ne donne pas à l'Europe le temps de se lasser d'elle.[25]

Nicht zuletzt bedingt durch den Einfluss der rationalistischen Philosophie Descartes sieht Rivarol die Überlegenheit der französischen Sprache als Ausdrucksform dieser Kultur vor allem in der Klarheit der Syntax begründet, die der Natur entspreche, was er im berühmten Diktum des Traktats zusammenfasst: „Ce qui n'est pas clair, n'est pas français."[26]

Rivarols Schrift wurde vor allem deshalb preisgekrönt, weil sie auf einer Linie mit den Auffassungen des preußischen Königs Friedrichs II. lag, der kurz zuvor im Jahr 1780 seine Schrift *De la littérature allemande; des défauts qu'on peut lui reprocher, quelles en sont les causes; et par quels moyens on peut les corriger* veröffentlicht hatte. Der seit seiner Kindheit mehr in der französischen als in der deutschen Kultur und Sprache bewanderte preußische Herrscher stellt die Bedeutung der deutschen Kultur mangels nicht vorhandener Zeugnisse aufgrund kultureller Verspätung in Abrede. Die deutsche Sprache ist für Friedrich in keinem vorzeigbaren Zustand:

> Je trouve une langue à demi-barbare, qui se divise en autant de dialectes différents que l'Allemagne contient de Provinces.[27]

---

23 *Discours sur l'universalité de la langue française;* online: http://www.pourlhistoire.com/docu/discours.pdf, S. 2.
24 Und nicht wie bei den Römern das Militär (vgl. S. 14).
25 S. 10.
26 S. 17.
27 In: *Deutsche Literaturdenkmale des 18. und 19. Jahrhunderts*, Bd. 16, S. 4.

Um diesen Missstand abzustellen, empfiehlt der Herrscher ganz im Sinne der späteren Schrift Rivarols an der Klarheit des Deutschen zu arbeiten und sich damit logischerweise an französischen Vorbildern zu orientieren:

> Examinons donc ce qu'il reste à faire pour arracher de nos champs toutes les ronces de la barbarie qui s'y trouvent encore, et pour accélérer ces progrès si désirables auxquels nos compatriotes aspirent. [...] il faut commencer par perfectionner la Langue; [...] elle a besoin d'être maniée par des mains habiles. La clarté est la premiére regle que doivent se prescrire ceux qui parlent et qui écrivent [...][28]

Friedrich endet mit der Feststellung, dass das Französische der ‚europäische passe-partout' sei und er schließt für Deutschland die Hoffnung an, dass die zu spät Gekommenen manchmal ihre Vorbilder überholen:

> Sous le règne de Louis XIV le françois se répandit dans toute l'Europe [...] Et maintenant cette langue est devenuë un passe-partout [...] toutefois ceux qui viennent les derniers, surpassent quelquefois leur prédécesseurs [...] Ces beaux jours de notre littérature ne sont pas encore venus; mais ils s'approchent.[29]

In einer breit rezipierten Schrift der gleichen Epoche, *Paris, le modèle des nations étrangères, ou l'Europe française* aus dem Jahr 1777, vertritt Louis-Antoine Caraccioli diese und noch viel weitergehende Positionen[30]. Interessant ist an der Schrift des weitgereisten, aus einer ursprünglich neapolitanischen Familie stammenden Franzosen, der sich konsequent als Europäer versteht, dass er französische Selbsteinschätzungen mit europäischen Fremdeinschätzungen zusammenbringt und daraus sein Bild der kulturellen Vorrangstellung Frankreichs und insbesondere von Paris in Europa entwirft. Zu Beginn des vorigen Jahrhunderts, habe der Kontinent im kulturellen Dunkel gelegen und geradezu auf das Licht gewartet:

> Ainsi l'Europe ressembloit à ces nuits sombres où l'on ne découvre que quelques étoiles presqu'imperceptibles, au milieu d'un Ciel nuageux. On attendoit une brillante clarté, sans pouvoir déterminer ni le tems, ni le lieu qui devoient la procurer.[31]

Es ist nach Caracciolis Auffassung Frankreich, welches dieses Licht nach ganz Europa gebracht hat. Den Anfang machte die Epoche Ludwigs des XIV., die das

---

28 S. 9 f.

29 S. 37.

30 Vgl. Pierre-Yves Beaurepaire, *Le Mythe de l'Europe française au XVIIIe siècle*. Diplomatie, culture et sociabilités au temps des Lumières, Paris, Autrement, 2007. Vgl. auch Martine Jacques, „Louis-Antoine Caraccioli: une certaine vision de l'Europe française", *Revue d'histoire littéraire de la France* Bd. 114/2014, H. 4, S. 829–842.

31 *Paris, le modèle des nations étrangères, ou, L'Europe Françoise, par L'Editeur des lettres du Pape Ganganelli*, Venise/Paris, Duchesme, 1777, S. 16.

Licht verbreitet habe, welches die Medicis vor ihm nur kurzzeitig im Dunkel der Zeiten hatten aufscheinen lassen („Le crépuscule que les Médicis avoient fait luire au milieu des ténèbres, reparut [...]"[32]). Im 18. Jahrhundert werde dieses Werk dann in ganz Europa vollendet, von dessen Bewohnern es heißt:

> [...] nous sommes Français, pour le langage, pour les manières, pour les ajustements, pour les lectures, pour les opinions, & nous ne cessons de l'exprimer dans nos mœurs. Les Etrangers ne pouvaient mieux faire que de se modéler sur la France [...][33]

Die Größe Frankreichs besteht für Caraccioli im Zusammenspiel von ‚esprit philosophique', ‚esprit de société', ‚mœurs' und ‚goût' der französischen Sprache und Literatur sowie weiteren Parametern, die der Autor in den einzelnen Kapiteln analysiert. Dabei verhehlt Caraccioli seine Beurteilungskriterien nicht: Dass Europa nunmehr ein rationales Fundament besitzt, verdanke es vor allem Descartes: „[...] grâce à Descartes, tous les Européens ont une Philosophie claire & précise [...]"[34] Diese Rationalität sei gepaart mit einer ‚convivialité' und ‚légèreté' der französischen Lebensweise, die sich ebenfalls in ganz Europa bemerkbar mache:

> Il n'est pas donné à tous les hommes d'avoir cet esprit liant & facile, qui gagne la confiance, & qui plaît dans tous les pays. [...] Les Européens, presque tous sur la réserve, ne sont devenus communicatifs, que depuis qu'ils prirent les manières Françaises.[35]

Die Mischung aus Rationalität und ‚leichtem', ‚verbindendem Geist' ergibt für Caraccioli jenen „esprit philosophique", der den gesamten Kontinent in einem friedlichen Miteinander unter Wahrung der Freiheit seiner Bürger und in Konzentration auf die Wahrhaftigkeit der Geschichtsbetrachtungen vereine:

> C'est à cet esprit Philosophique, cet esprit bien entendu, qu'on doit l'amour général qu'on a pour la paix, l'extinction de toutes les haînes qu'excitoit la diversité des religions, la liberté des Citoyens, le courage d'écrire l'Histoire avec vérité [...][36]

Die besonders in der zweiten Hälfte des 18. Jahrhunderts in Deutschland im Zuge der Entdeckung der eigenen Kultur geltend gemachte Oberflächlichkeit der französischen Zivilisation wird von Caraccioli anthropologisch ins Positive gewendet: Da die Natur des Menschen inkonstant und wechselhaft ist, ist die franzö-

---

32 S. 19.
33 S. 357.
34 S. 76.
35 S. 84.
36 S. 80.

sische Lebensweise umso natürlicher, der menschlichen Lebensweise angemessener und damit vorbildlich:

> [...] cette légèreté qu'on reproche aux Francais, & qui, sans changer leurs constitutions & et leurs loix, change leurs modes, & diversifie leurs plaisirs, leur a mérité l'avantage d'avoir beaucoup d'imitateurs. On aime en général le mouvement, & cela est conforme à notre cœur & à notre esprit, dont les affections & les idées sont dans un flux et reflux continuel: de sorte qu'on peut dire que l'homme par sa nature est plutôt volubile que constant.[37]

Caraccioli resümiert seine Beschreibung der kulturellen Vorrangstellung Frankreichs mit dem Satz: „Jadis tout étoit Romain, aujourd'hui tout est Francais."[38] Wie der Titel seines Buchs anzeigt, fokussiert er die europäische Kultur zudem ganz auf die Hauptstadt Paris.

Die Vorstellung von der Universalität der französischen Kultur und der damit verbundenen Größe Frankreichs wird auch in der Folgezeit vom 19. Jahrhundert bis weit ins 20. Jahrhundert hinein bedeutsam bleiben, allerdings mit einer Akzentverschiebung: Im Zuge der Herausbildung der Nationalstaaten im 19. Jahrhundert besinnen sich die einzelnen Länder stärker auf ihre eigene Kultur, allein schon deshalb, weil die Existenz der jeweiligen Nation an eine die Gemeinschaft verbindende Sprache gebunden ist, deren Verbreitung man durch politische Maßnahmen auf den eigenen Territorien erst vollständig durchsetzen muss. Insbesondere in Deutschland etabliert sich die Vorstellung von einer ‚Kulturnation', die französischen Vorstellungen von der Zivilisation und ihrer Universalität diametral entgegengesetzt ist[39]. Frankreich bleibt jedoch für die meisten europäischen Länder und darüber hinaus der Maßstab der Zivilisation, da ihm durch die Einführung der Menschenrechte im Zuge der Revolution, die von Napoleon nach ganz Europa getragen werden, erneut eine Vorrangstellung zukommt. Diese Vorrangstellung wird nun allerdings – wie schon bei Caraccioli angedeutet – zunehmend Paris zugeschrieben, in den Worten Walter Benjamins der ‚Hauptstadt des 19. Jahrhunderts'. Schon Goethe hatte kurz nach der Revolution in *Hermann und Dorothea* (1797) den neuen Universalismus der Menschenrechte mit der Stadt Paris in Verbindung gebracht:

> Schau'ten nicht alle Völker in jenen dringenden Tagen
> Nach der Hauptstadt der Welt, die es schon so lange gewesen,
> Und jetzt mehr als je den herrlichen Namen verdiente?
> (VI, V. 14–16)

---

37 S. 262.
38 S. 3. Zur kulturellen Vorherrschaft Frankreichs in Europa siehe auch Louis Réau, *L'Europe française au siècle des Lumières* (L'Evolution de l'humanité), Paris, Albin Michel, 1938.
39 Dazu siehe weiter unten, S. 63 f. und 66–68.

Die Stadt Paris wird in der Folgezeit auch durch ihre architekturalen Neuerungen wie z. B. die in der modernen Stahlbauweise erstellten Passagen und durch ihre mit dem Ziel einer urbanistischen Transparenz angelegten städtebaulichen Entwicklungen, die die mittelalterliche Stadt hinter sich lassen, zum Inbegriff des gesellschaftlichen Fortschritts. Als zentrales Beispiel für diese Entwicklung steht die große ‚exposition universelle' von 1867: Sie hat – deutlich inspiriert von der *Encyclopédie raisonnée* – versucht, möglichst alle Bereiche menschlicher Arbeit, des sozialen Zusammenlebens, der Künste und der Wissenschaften auf einem Ausstellungsgelände zusammenzubringen. In der Mitte des Ausstellungsgeländes auf dem *champ de mars* baut der Architekt Jean Baptiste Krantz ein ovales Kolosseum, welches wie ein Globus die Zivilisation der gesamten Welt symbolisieren soll. Das Konzept der Pariser Ausstellung zielt vor allem auf ‚grandeur' und ‚universalité'. Im Dekret zur Ankündigung der Ausstellung von 1863 des verantwortlichen Ministeriums heißt es: „1. Qu'une exposition ait lieu à Paris en 1867 ; 2. qu'elle soit plus complètement universelle que les précédentes […]"[40] Im offiziellen Katalog der Ausstellung wird der Leser und Besucher aufgefordert, den „caractère de grandeur" zur Kenntnis zu nehmen. ‚Universalité' und ‚grandeur' basieren hier auf einer wirtschaftlichen und politischen Vorstellung: Die Ausstellung wird historisch auf ähnliche Veranstaltungen im antiken Rom unter den Cäsaren zurückgeführt, die mit ihrer Schau der unterschiedlichen Zivilisationen die Beherrschung und Assimilation der dem Reich angehörenden Völker präsentieren wollten. Die Weltausstellung von 1867 hat in der Nachfolge solcher Präsentationen das Ziel, die Staaten Europas in einer wohlwollenden wirtschaftlichen und politischen Rivalität zusammenzuführen:

> L'Angleterrre et la France ont seules réussi jusqu'ici à attirer alternativement le concours de tous les pays à leurs expositions […] qui ont rapproché par la mutualité des intérêts deux peuples divisés jusque là par la politique.
> Espérons que Vienne et Berlin se piqueront d'émulation vis-à-vis de Paris et de Londres ; et que de cette émulation hospitalière naîtra une plus grande intimité d'intérêts et d'idées, qu'on a vainement demandée jusqu'à ce jour à la diplomatie.[41]

Die Stätte der Ausstellung und ihre „grandeur qu'on voudra bien reconnaître" sollen den Führungsanspruch Frankreichs im Europa einer solchen „émulation hospitalière des peuples" markieren.

Diese Narrative gehen unter anderem auf Victor Hugo zurück. Anlässlich der Weltausstellung regt Hugo die Herausgabe eines besonderen Reiseführers für die

---

40 François Ducuing, *Exposition universelle de 1867 illustrée*. Publication internationale autorisée par la commission impériale, 2 Bde. Paris, Bureau d'abonnements, 1867, Bd. 1, S. 2.
41 S. 3.

zu erwartenden Besucher an, in dem die bekanntesten Schriftsteller und Wissenschaftler der Zeit ihre Eindrücke der Einrichtungen und Bauwerke der Stadt beschreiben. Er veröffentlicht diesen Führer in guter Tradition der Kunst des Impliziten unter dem doppeldeutigen Titel: *Paris guide*. In seiner Einleitung entwickelt
Hugo im großen Stil eine Mythologie von Paris, welches ihm als Hauptstadt eines
globalisierten Europa erscheint. Es handelt sich genau genommen um eine regelrechte Utopie der Globalisierung, in der Paris den Mittelpunkt bildet: „Au ving-
tième siècle, il y aura une nation extraordinaire. Cette nation sera grande, ce qui
ne l'empêchera pas d'être libre."[42] In dieser europäischen Gesellschaft mit einer
gemeinsamen Sprache stellt Frankreich für ihn das humanitäre Gravitationszen-
trum dar:

> La nation centrale d'où ce mouvement rayonnera sur tous les continents sera parmi les
> autres sociétés ce qu'est la ferme modèle parmi les métairies. Elle sera plus que nation,
> elle sera civilisation; elle sera mieux que civilisation, elle sera famille. [...] Cette nation
> aura pour capitale Paris, et ne s'appellera point la France; elle s'appellera l'Europe. [...]
> au vingtième siècle, et, aussi aux siècles suivants, plus transfigurée encore, elle s'appellera
> l'Humanité.[43]

Paris hat für Hugo die Nachfolge der großen Städte der Antike angetreten. Die
Stadt verkörpere das Wahre, das Schöne und – nota bene! – das Große:

> Jerusalem, Athènes, Rome. Les trois villes rhythmiques. L'ideal se compose de trois rayons:
> Le Vrai, le Beau, le Grand. De chacune de ces trois villes sort un de ces trois rayons. A elles
> trois, elles font toute la lumière. Jerusalem dégage le Vrai. C'est là qu'a été dite par le mar-
> tyr suprême la suprême parole: Liberté, Égalite, Fraternité. Athènes dégage le Beau. Rome
> dégage le Grand. Paris est la somme de ces trois cités. Il les amalgame dans son unité.[44]

Die Stadt wird zum Fixpunkt der modernen Zivilisation und damit selbst zu einem Thema der Erzählliteratur und der Lyrik, zwei Genera, in denen Frankreich
erneut europaweit literarische Maßstäbe setzt. Es entsteht der Mythos von Paris,
der bis in die sechziger Jahre des 20. Jahrhunderts Schriftsteller, Künstler und Mu-
siker angezogen hat. Pascale Casanova hat gezeigt, dass sich allen politischen
Nationalismen und nationalen Abgrenzungen zum Trotz im Bereich der Literatur
und Kultur jener Universalismus erhält und auf Paris fokussiert, den die französische Zivilisation stets für sich reklamiert hatte: „Paris est ainsi devenu [...] la
capitale de l'univers littéraire, la ville dotée du plus grand prestige littéraire du

---

42 Victor Hugo, „Introduction", dans: *Paris guide par les principaux écrivains et artistes de la
France*, 2 parties, Paris, Librairie internationale, 1867, part. 1, S. I–XLIV, hier: S. I.
43 S. III f.
44 S. XX f.

monde."[45] In Paris bildet sich ein ‚champ littéraire' heraus, der den Schriftstellern und Künstlern, die aus der ganzen Welt dorthin kommen, ein Umfeld bietet, die unterschiedlichsten Rollen zu besetzen. Casanova folgt Paul Valéry, der 1931 in seinem Essay *Fonction de Paris* festgestellt hatte:

> Il est d'abord à mes yeux la ville la plus complète qui soit au monde, car je n'en vois point où la diversité des occupations, des industries, des fonctions, des produits et des idées soit plus riche et mêlée qu'ici. Être à soi seule la capitale politique, littéraire, scientifique, financière, commerciale, voluptuaire et somptuaire d'un grand pays ; en représenter toute l'histoire ; en absorber et en concentrer toute la substance pensante aussi bien que tout le crédit et presque toutes les facultés et disponibilités d'argent, — et tout ceci, bon et mauvais pour la nation qu'elle couronne, c'est par quoi se distingue entre toutes les villes géantes, la Ville de Paris. [...] Ce Paris, dont le caractère résulte d'une très longue expérience, d'une infinité de vicissitudes historiques ; qui, dans un espace de trois cents ans, a été deux ou trois fois la tête de l'Europe, [...] s'est fait la métropole de diverses libertés et la capitale de la sociabilité humaine.[46]

Paris hat in seiner modernen städtebaulichen Entwicklung und seiner Präsenz der gesamten Künste in Europa endgültig die Nachfolge Roms angetreten.

1930 zeichnet Ernst Robert Curtius in seiner Schrift über die Kultur Frankreichs die Entwicklung von Paris hin zu dieser Rolle seit dem Mittelalter nach und hält fest:

> Das antike Rom und das moderne Paris sind die beiden einzigen Beispiele dafür, daß die politische Hauptstadt eines großen Staates der Mittelpunkt seines gesamten nationalen und geistigen Lebens geworden ist und daß sie darüber hinaus für die ganze bewohnte Welt die Bedeutung des kosmopolitischen Kulturzentrums erlangt hat. [...] Nur in Paris empfindet man, wie in Rom, ein Universales von Humanität, von dem man umgeben ist.[47]

Curtius zeigt auch, dass in Frankreich die Entstehung der Nation nicht zu einer Verdrängung des Universalismus und zur Höherschätzung kultureller Partikularitäten führt[48]. Nach französischem Selbstverständnis verschafft der Nationalismus im Gegenteil den Ansprüchen des Universalismus eine breite Geltung. Dies gilt im Besonderen für den in der Französischen Revolution errungenen Anspruch der Gleichheit aller Bürger. So hatte der Gleichheitsanspruch zur Folge, durch ei-

---

45 Pascale Casanova, *La République mondiale des Lettres*, Paris Du Seuil, ²2008 (¹1999), S. 47.
46 In: Paul Valéry, *Regards sur le monde actuel*, Paris, Stock, Delamain et Boutellau, 1931, S. 43–45, hier: S. 44 f.
47 *Die Französische Kultur.* Eine Einführung, Berlin/Leipzig, 1930, S. 151.
48 Vgl. S. 7. Vgl. auch Joseph Jurt, *Sprache, Literatur und nationale Identität.* Die Debatten über das Universelle und das Partikuläre in Frankreich und Deutschland (mimesis. 58), Berlin/Boston, De Gruyter, 2014, S. 180.

ne zentralistisch gesteuerte Schulbildung im Innern des Landes alle Bürger mit einer ähnlichen Kultur auszustatten. Aus diesem als universell verstandenen Bildungsauftrag leitet sich wiederum das Postulat ab, die Errungenschaften der Zivilisation auch nach außen zu tragen: Spätestens mit der Dritten Republik mündet der von Aufklärern wie dem Marquis de Condorcet entworfene Anspruch auf Zivilisierung auch der ‚Naturvölker' in das Programm der ‚mission civilisatrice' und ihrer speziell durch Frankreich praktizierten Politik der ‚assimilation'. Der Gleichheitsgrundsatz des ‚rendre semblable' führt zu einem kolonialistischen Diskurs, der von der grundsätzlichen Einheit und Gleichheit aller Menschen ausgeht. Vorbereitend für diese Ideologie war der Mythos vom ‚Guten Wilden', der in den *Essais* Michel de Montaignes aufkommt, in der Aufklärung weite Verbreitung findet und die Wurzeln für eine Zivilisierung der nicht-zivilisierten Völker im 19. Jahrhundert legt. Das auf Paris zentrierte Frankreich exportiert auf diese Weise seine Sprache und Kultur in große Teile der Welt und sieht sich durch seine zivilisatorische Mission in seiner ‚grandeur' bestätigt. Der universalistischen Vorstellung der französischen Zivilisation und ihrem inhärenten Bildungsauftrag liegt die weitgehend unhinterfragte Vision einer sich zum Fortschritt hin entwickelnden Geschichte zugrunde, die Europa und stellvertretend Frankreich als Endpunkt der historischen Entwicklungen ansieht.

Durch den deutsch-französischen Krieg von 1870/1871 sowie die beiden Weltkriege wird diese Anschauung jedoch massiv erschüttert. De Gaulles Politik der Nachkriegsrepublik, die ‚grandeur de la France' wiederherzustellen, geht von der traumatischen Erfahrung der Kriegsniederlage von 1940 aus. Frankreich gehörte zwar letztlich zu den Siegermächten, hatte jedoch nicht aus eigener Kraft gesiegt. Über eine besonders aktive und kostspielige Kulturpolitik, die zu einem bevorzugten Instrument der Außenpolitik wird, versucht de Gaulle Domänen zurückzugewinnen, die international an die angelsächsische Kultur verlorengegangen waren[49]. Diese Kulturdiplomatie kann jedoch nur bedingt Erfolge verzeichnen, zumal sie in die Phase vom Ende des französischen Kolonialismus fällt, die Frankreichs Einfluss in der Welt stark einschränkt. Die postkolonialen Debatten über die ideologischen Verblendungen der ‚mission civilisatrice' tun darüber hinaus ihr Übriges. Das letzte große Gefecht im Namen der ‚exception culturelle', der kulturellen Sonderstellung, führt Frankreich gegen den Überhand nehmenden Einfluss der amerikanischen Film- und Musikindustrie. Mit Unterstützung Deutschlands und der meisten EU-Staaten hat das Land versucht, in den GATT-Verhandlungen in Uruguay 1986–1994 sowie in den Verhandlungen zu einem Frei-

---

49 Vgl. dazu Marc Fumaroli, *L'État culturel*. Essais sur une religion moderne, Paris, Editions de Fallois, 1991.

handelsabkommen mit den USA den Bereich der Kultur aus den Mechanismen von ökonomischem Angebot und Nachfrage auszuklammern und unter staatlich-protektionistische Aufsicht zu stellen. Aus Rücksicht auf die anderen europäischen Staaten, die man bei dieser Aufgabe als Verbündete braucht, spricht man nicht länger von der ‚exception culturelle' Frankreichs, sondern von der ‚diversité culturelle' Europas.

Die Erkenntnis, dass die französische Kultur im Zeitalter der Globalisierung nur noch eine Kultur unter vielen ist, führt in Frankreich zu regelrechten traumatischen Erfahrungen und zu geradezu verzweifelten Versuchen, eine wie auch immer geartete kulturelle ‚identité française' zu umschreiben. Davon zeugt das in diesem Kontext stark diskutierte, bereits im vorigen Kapitel erwähnte Buch von Zemmour *Melancholie française* (2010). Zemmour sieht Frankreich wie zahlreiche Autoren vor ihm als Nachfolgerin des römischen Reichs mit dem friedfertigen Anspruch, sein universalistisches, egalitäres Menschenbild in den Nachbarstaaten Europas durchzusetzen. Für Zemmour beginnt die Krise der französischen Identität mit Napoleons Niederlage 1815. Der letzte Versuch einer Rettung des Projekts, Europas Kultur den universalistischen Ansprüchen der französischen Zivilisation anzupassen, war für ihn dann die Europapolitik de Gaulles, der den Kontinent mit einer entsprechenden Kulturpolitik unter die Führung eines starken, an seine ‚grandeur' anknüpfenden Frankreich zu bringen versuchte. Mit dem Zusammenbruch der osteuropäischen Staaten wurde jedoch aus der europäischen Einheit allmählich ein Staatenbund, der Deutschland einen gegenüber Frankreich gestiegenen Einfluss gesichert hat. Aus der Diskussion über den Bedeutungsverlust der französischen Zivilisation ragt neben Zemmour vor allem der konservative Intellektuelle Alain Finkielkraut heraus, insbesondere mit seinem Buch *L'Identité malheureuse* (2013). Finkielkraut wendet sich gegen eine groß angelegte Dekulturation insbesondere des französischen Schulwesens, die er wesentlich auf die Dominanz ökonomischen Denkens zurückführt, welches in der Gegenwart nicht nur in Frankreich alle Bereiche des Lebens durchsetzt. Frankreich habe seine Eliten verloren – gemeint sind Eliten wie die Aristokratie des 17., die Aufklärer des 18. und die Schriftsteller und Intellektuellen des 19. und 20. Jahrhunderts – und mit ihnen seinen Anspruch auf eine kulturelle Ausnahmestellung. Finkielkraut beklagt den kulturellen Verfall der Tradition in einem Europa, welches durch den Kosmopolitismus der globalen Zeit in ein Zeitalter der ‚Nachidentität' („âge postidentitaire"[50]) eingetreten sei. Europas logozentrische Tradition des rationalistisch-kritischen Zerlegens jedweder Identität habe die „autorité de la coutume"[51] hinter sich gelassen. In

---

50 *L'Identité malheureuse*, Paris, Stock, 2013, S. 133.
51 S. 135

diesem Kontext der Klage über den Verfall der europäischen (französisch geprägten) Zivilisation Europas beklagt er u. a. den Verlust der für Frankreich typischen ‚galanterie', die wesentlich auf der ‚politesse' des indirekten Sprechens beruht. Er macht dies an einem interkulturellen Beispiel aus Voltaires Roman *Candide ou l'optimisme* (1759) fest, in dem der französische Philosoph den französischen Umgang miteinander – im Sinne von ‚conversio' – vom deutschen abgrenzt:

> Candide, qui était né en Allemagne et qui, comme son nom l'indique, avait le cœur sur les lèvres, ne connaissait pas cet usage [= la galanterie]. Alors quand une dame de qualité le reçoit, dans son salon parisien, et qu'elle lui demande, après avoir écouté le récit de ses mésaventures, s'il aime toujours mademoiselle Cunégonde de Thunder-ten-tronckh, il dit naïvement la vérité qui tient en un mot : oui. Ce qui lui attire cette galante réprimande : „Vous me répondez comme un jeune homme de Westphalie ; un Français m'aurait dit : Il est vrai que j'ai aimé mademoiselle Cunégonde, mais, en vous voyant, madame, je crains de ne la plus aimer."[52]

Für Finkielkraut ist die situationsbedingt richtige Antwort nicht die direkte Aussprache der Wahrheit, sondern die indirekte Ansprache per Kompliment, ein traditionelles ziviles Verhalten, welches im ‚âge postidentitaire' der Vergangenheit angehört.

Den Büchern Zemmours und Finkielkrauts liegt die letztlich unausgesprochene Gewissheit zugrunde, dass es ein Frankreich dieser kulturellen Ausnahme und damit der ‚grandeur' nicht mehr gibt, weil ‚Identitäten' nicht mit stabilen, unveränderlichen Kategorien zu erfassen, sondern immer historischen Veränderungen unterworfen sind. Diese unverrückbaren historischen Entwicklungen lassen sich auch nicht durch den jüngsten Versuch des Präsidenten Emmanuel Macron ungeschehen machen, der über eine stark symbolisch ausgerichtete Politik versucht, Frankreich seine ‚grandeur' wiederzugeben.

4.3 Die Bewusstwerdung einer eigenständigen Kultur in Deutschland und die französische Wahrnehmung dieser Eigenständigkeit als ‚les deux Allemagnes'

Anders als die französische Zivilisation, die aufgrund der schon im Mittelalter vorhandenen zentralistischen Strukturen des Landes über Jahrhunderte hinweg definierbare Konturen aufweist, findet die Besinnung auf die Eigenheiten der deutschen Kultur mit einer erheblichen historischen Verspätung verstärkt erst im

---

52 *L'Identité malheureuse*, S. 78.

Vorfeld des Einigungsprozesses in Deutschland im 19. Jahrhundert statt. Die Bewusstwerdung der Bedeutung dieser Kultur beginnt in der Aufklärung, und das vor allem in Abgrenzung von der französischen Zivilisation. Zu den Eigenheiten der deutschen Kultur finden sich allerdings auch schon zur Zeit der Renaissance erneut in den *Épithètes* von La Porte einige bemerkenswerte Einträge. Unter dem Eintrag ‚Allemagne' wird Folgendes verzeichnet:

> Superbe, guerrière, barbare, puissante, froide, prompte au tambourin, rebelle, valeureuse, indomtable.
> Incontinent après le déluge l'Allemagne fut appellée Teutonie qui est son premier nom: Depuis par les Romains Germanie, de laquelle pour la variété qui est entre les auteurs tant anciens que modernes il est malaisé de décrire les bornes et limites.[53]

Die Deutschen sind demzufolge ein Volk von Kriegern. Ihr Charakteristikum ist ihre rebellische, unkalkulierbare Art, Garant ihrer Unbezwingbarkeit. So ungreifbar wie diese Krieger ist auch ihr Territorium („incontinent"), dessen Grenzen nicht zu beschreiben sind. Suggestiv ist vor allem die konnotative Verbindung zwischen den Deutschen und der scheinbar beiläufig eingeführten Zeitangabe ‚Sintflut', die festlegt, dass die beobachteten Charakteristika seit jeher Gültigkeit besitzen. Die Zeitbestimmung suggeriert jedoch auch, dass von den Deutschen eine quasi unaufhaltsame Bedrohung wie eine Naturgewalt ausgeht. La Porte verweist in einem zweiten Artikel über die Deutschen („Allemands") für eine weiterführende Lektüre auf die *Cosmographia* (1550) des rheinischen Humanisten und Universalgelehrten Sebastian Münster. Im Wesentlichen bezieht er jedoch seine Kenntnisse über die Deutschen aus der Schrift *Germania* (98 n. Chr.) des römischen Historikers Publius Cornelius Tacitus, die seit 1426 in der Renaissance rezipiert wird und auf die auch das dritte Buch der *Cosmographia* „Von dem Teutschen Land" fortwährend rekurriert. Der römische Historiker, der sich mit den Deutschen befasst, um der Dekadenz seiner Landsleute einen Spiegel vorzuhalten, beschreibt die Germanen vor allem als Krieger, deren Freiheitsdrang die Römer das Fürchten gelehrt habe („Germanorum libertas"[54]). Die in ihren unterschiedlichen Stämmen beschriebenen Bewohner des Nordens leben laut Tacitus in einer geographisch gestaltlosen Landschaft mit rauem Klima und äußerst betrüblichen Behausungen[55] im Einklang mit der sie umgebenden Natur.

---

53 http://www.preambule.net/epithetes/a/allemagne.html.

54 Vgl. das Kap. XXXVII über die Kimbern als Schrecken der Römer (Tacitus, *De origine et situ Germanorum*, http://www.latein-imperium.de/include.php?path=content&mode=print&contentid=106).

55 So heißt es in Kap. II: „Wer würde – abgesehen von der Gefahr eines rauen und unbekannten Meeres – entweder Asien, Afrika oder Italien verlassen und dann Germanien aufsuchen, ge-

Für den Kontext der Betrachtungen über interkulturelle Differenzen zwischen Deutschen und Franzosen ist es nicht entscheidend, dass Hochphasen der deutschen Kultur wie die mittelalterliche Minnedichtung, aus der die ältere germanistische Mediävistik ein europäische Standards setzendes ‚Ritterliches Tugendsystem' abgeleitet hatte, bei La Porte keinerlei Berücksichtigung finden. Zentral ist hier allein die französische Wahrnehmung des 16. Jahrhunderts, dass die deutschen Nachbarn eher als ein einer Naturgewalt ähnliches, unbeherrschtes und unbeherrschbar ungreifbares Volk ohne genau beschreibbares Territorium sind.

Im Zuge der Herausbildung des deutschen Kultur- und Nationalbewusstseins rücken jedoch ganz andere Kriterien in den Mittelpunkt, die dann auch bei der Wahrnehmung der Deutschen durch Frankreich eine Rolle spielen. Das deutsche Nationalbewusstsein ist wie jedes Nationalbewusstsein ganz besonders an die Entwicklung der Landessprache gebunden, der der preußische König Friedrich II. in der zweiten Hälfte des 18. Jahrhunderts ja noch keine allzu große Bedeutung beigemessen hatte. Doch bereits der zweite Preisträger der *Preußischen Akademie* bei der Preisfrage „Qu'est-ce qui a fait de la langue Française la langue universelle de l'Europe?" von 1782, der Stuttgarter Professor Johann Christoph Schwab, war der Auffassung, dass die deutsche Sprache und die deutsche Kultur in Zukunft durchaus eine gewichtige Rolle in Europa einnehmen könnten[56]. In seiner Preisschrift *Von den Ursachen der Allgemeinheit der Französischen Sprache und der wahrscheinlichen Dauer ihrer Herrschaft* war Schwab zwar der Meinung, dass das Französische vorerst die „Universalsprache von Europa"[57] bleiben werde, sieht aber, dass sich diese Situation durchaus ändern könne, sollte die „Cultur der Nation [...] oder die politische Größe derselben herabgewürdiget werden"[58]. Die deutsche Sprache wird für ihn aufgrund sprachinterner Komplexitäten wie z. B. der syntaktischen Abweichungen vom ‚ordre naturel', der Häufung von Nebensät-

---

staltlos was seine Landschaft, rau was sein Klima, betrübend was seine Bebauung und seinen Anblick betrifft, außer wenn es seine Heimat wäre?" („Quis porro, praeter periculum horridi et ignoti maris, Asia aut Africa aut Italia relicta Germaniam peteret, informem terris, asperam caelo, tristem cultu adspectuque, nisi si patria sit?" – *De origine et situ Germanorum*; http://www.latein-imperium.de/include.php?path=content&mode=print&contentid=101#1).

56 Zur Charakterisierung Schwabs vgl. Jürgen Storost, *Langue française – langue universelle?* Die Diskussion über die Universalität des Französischen an der Berliner Akademie der Wissenschaften. Zum Geltungsanspruch des Deutschen und Französischen im 18. Jahrhundert (Studien zur Romanistik. 12), Hamburg, Dr. Kovač, [2]2008 ([1] Bonn, Romanistischer Verlag, 1994), S. 227–235. Vgl. auch S. 97.

57 Tübingen, Jacob Friedrich Heerbrandt, [2]1785 ([1]1784), S. 138. Zu Schwab im Zusammenhang mit der Herausbildung eines deutschen Nationalbewusstseins vgl. auch Jurt, *Sprache, Literatur und nationale Identität*, S. 89–101.

58 S. 136 f.

zen, der Schwierigkeiten der Deklinationen, „schwerlich jemals die Herrschende in Europa"[59] werden. Sie hat jedoch gleichwohl für Schwab Potential, da sie die „Biegsamkeit des Deutschen Geistes"[60] spiegele. Da die Deutschen das „lernbegierigste Volk von Europa"[61] seien, wird ihnen eine Zukunft bescheinigt. Bereits jetzt seien sie mit Philosophen wie Gottfried Wilhelm Leibniz führend in der „speculativen Philosophie"[62]. Aufgrund ihrer durch die Geschichte bezeugten „Treue und Genauigkeit"[63] seien in Europa die „Deutsche(n) (...) am meisten zum Denken aufgelegt"[64]. Dies führe zu einer Schreibweise, die die Deutschen gegenüber allen anderen europäischen Nationen auszeichne:

> Daher die gedrungene und starke Schreibart, die uns vor unsern Nachbarn auf eine so vortheilhafte Art auszeichnet, daher jene männliche und herkulische Charaktere in einigen unserer Schauspiele und Romanen [...][65]

Schwabs Beschreibung deutscher Stärke in ihrer kulturellen Ausprägung, in der sich von La Porte beschriebene anthropologische Eigenschaften wiederfinden, kehrt dann als Argument zu Beginn des 19. Jahrhunderts wieder.

Aufgrund der mangelnden staatlichen Einheit, die sich zu Beginn des 19. Jahrhunderts auch nicht annähernd abzeichnet, erfolgt die Besinnung auf nationale Tugenden der Deutschen über die Kultur. Dabei steht zunächst erneut die Sprache im Mittelpunkt. Sprachvergleiche mit dem Französischen als der in ganz Europa verbreiteten Sprache werden immer wieder gezogen und fallen nun angesichts des Widerstandes gegen die napoleonische Besetzung weitgehend zugunsten des Deutschen aus. In seiner Schrift *Von der Sprachfähigkeit und dem Ursprung der Sprache* (1795) geht Johann Gottlieb Fichte davon aus, dass die ursprüngliche Sprache eine Naturkraft darstellt. Die Sprache ist für Fichte ganz pragmatisch gesehen ein Werkzeug, welches der Mensch herausbildet, um die Naturkräfte zu bändigen. Dieses Werkzeug wird im Laufe der Generationen stetig weiterentwickelt. In seinen *Reden an die deutsche Nation* (1807–1808) bestimmt er dann das Deutsche als eine solche Ursprache, aus der sich die Sprachen der einzelnen germanischen Stämme entwickelt hätten. Das Argument wird benutzt, um den Status des Deutschen zu stärken und den des Französischen zu schwächen. Für Fichte ist das Französische nämlich eine aus dem Lateinischen abgeleitete „neulateini-

---

59 Ebd.
60 S. 117.
61 Ebd.
62 S. 115.
63 Ebd.
64 S. 129.
65 Ebd.

sche" Sprache, und damit minderwertiger als die Ursprache der Deutschen[66]. Die neulateinischen Sprachen befleißigen sich abstrakter Begrifflichkeiten wie „Humanität, Popularität, Liberalität"[67], die als „Sinnbilder" jeden Bezug zu einer natürlichen Sinnlichkeit verloren haben:

> Im Umfange deutscher Rede entsteht eine solche Einhüllung in Unverständlichkeit und Dunkel entweder aus Ungeschicktheit oder aus böser Tücke [...] In den neulateinischen Sprachen aber ist diese Unverständlichkeit natürlich und ursprünglich, und sie ist durch gar kein Mittel zu vermeiden, indem diese überhaupt nicht im Besitze irgend einer lebendigen Sprache, woran sie die todte prüfen könnten, sich befinden, und, die Sache genau genommen, eine Muttersprache gar nicht haben.[68]

Fichtes Analyse operiert mit mytho-motorischen Annahmen, die ihrerseits seit langem bekannt sind: Das Deutsche erscheint näher an der sinnlichen Natur als das Französische, das in Künstlichkeit verflacht ist. Die Einführung solch „fremder und römischer Sinnbilder" wie die genannten Begrifflichkeiten ist für ihn „künstlich" und „würde ihre [= der Deutschen] sittliche Denkart [...] herunterstimmen"[69]. Französische aristokratische Künstlichkeit und Oberflächlichkeit werden hier im Subtext der Äußerungen deutscher Tugendhaftigkeit und Natürlichkeit gegenübergestellt.

In einer 1814 anonym erschienen Schrift *Der Sprach-Gerichtshof oder die französische und deutsche Sprache in Deutschland vor dem Richterstuhl der Denker und Gelehrten* heißt es dann gleich zu Beginn, dass die deutsche Sprache in ihrer Entwicklung durch das Französische eher behindert als gefördert worden ist. Der Autor rekurriert auf Zeugnisse von Gelehrten beider Länder und behauptet im Rückgriff auf Fichtes Theorie der Ursprache, dass die deutsche Sprache gegenüber der nur „abgeleitete[n]" französischen Sprache reicher und energiegeladener sei:

> Die deutsche Sprache ist reicher als die französische [...] dadurch, dass die französische Sprache eine abgeleitete, die deutsche aber eine Ursprache ist, die sich durch ihre glückli-

---

[66] Vgl. dazu Johannes Heinrichs, „Nationalsprache und Sprachnation. Die Gegenwartsbedeutung von Fichtes ‚Reden an die deutsche Nation'", in: Klaus Hammacher/Richard Schottky/Wolfgang H. Schrader (Hrsg.), *Fichte Studien*. Beiträge zur Geschichte und Systematik der Transzendentalphilosophie, Bd. 2: *Kosmopolitismus und Nationalidee*, Amsterdam, Rodopi B. V., 1990, S. 51–73, hier: S. 54. Vgl. auch Jurt, *Sprache, Literatur und nationale Identität*, S. 187 f.
[67] Johann Gottlieb Fichte, „Vierte Rede: Hauptverschiedenheit zwischen den Deutschen und den übrigen Völkern germanischer Abkunft", in: *Johann Gottlieb Fichtes sämmtliche Werke*, 8 Bde., hrsg. von Immanuel Hermann Fichte, Berlin, Veith & Comp., 1845–1846, Bd. 7, S. 311–327, hier: S. 321.
[68] S. 323.
[69] S. 321.

chen Anlagen ganz frei und unbeschränkt durch Ableitung und Zusammensetzungen in's Unendliche fortbilden kann [...][70]

Diese Einschätzung richtet sich erneut gegen die Künstlichkeit und Gleichförmigkeit der französischen Zivilisation. Indem der Verfasser der Individualität der deutschen Sprache, ihrer kraftvollen energiegeladenen Direktheit das Wort redet und den Nachahmungscharakter der französischen Kultur betont, gibt er sich als Vertreter romantisch-moderner Werte und Gegner des Klassizismus zu erkennen und überträgt diese ästhetischen Werte zugleich auf die Nationalcharaktere der beiden Länder:

> Die französischen Schriftsteller haben unter sich in Styl und Darstellung die größte Aehnlichkeit. Ursprünglich liegt der Grund davon in der überfeinerten Kultur der Franzosen, oder ihrer überkommenen Höflichkeit – die sie alle gleich färbt, und bei dem Einzelnen den Menschen mehr oder weniger verschleiert. Denn so grell die Nation als Nation hervortritt; so wenig unterscheidet sich der Einzelne von dem Einzelnen. Der Franzose ist sein ganzes Leben hindurch Schauspieler. [...] Daher die Schwäche der Dichter in Charakterzeichnungen; [...] daher die Tonlosigkeit der Sprache, weil der Franzose das Starkausgesprochene haßt; [...] daher [...] sein Festhalten der äußeren Formen, weil ihm Künstlichkeit und übereinkommlicher Anstand mehr gilt als Natur, [...] daher seine Scheu vor dem Kecken, Originellen, Kräftigen, weil alles dies auszeichnet [...][71]

Demgegenüber ist es der deutschen Sprache möglich, ein „ursprünglich tieferes Gefühl" zum Ausdruck zu bringen und „aus der Fülle angeborner Kraft" zu schöpfen[72]. Am Ende seiner Schrift entwirft der Autor die Vision, dass sich die deutsche Sprache „von dem einen Ende von Europa zum andern ausbreiten wird."[73]

Nun führt die Besinnung auf eine autochthone deutsche Kultur jedoch auch jenseits der Reflexion der Sprache statt. Vor allem zwei – erneut aus Frankreich stammende – Anschauungsmuster sind es, die Conrad Wiedemann für die Besinnung auf einen deutschen Nationalcharakter verantwortlich gemacht hat. Zum einen regt Montesquieus Theorie vom ‚esprit des nations' aus seiner Schrift *De l'esprit des lois* (1748) dazu an, jenseits universalistischer Muster über die Spezifika der jeweiligen Nation nachzudenken. Montesquieus klimatheoretischer Ansatz verfolgt den Gedanken, dass die kulturellen Gegebenheiten einer Nation an die spezifischen geographischen und kulturellen Umstände gebunden sind, unter denen sie entstehen. Zum anderen ist es Voltaires Anschauung vom ‚esprit de

---

70 *Der Sprach-Gerichtshof oder die französische und deutsche Sprache in Deutschland vor dem Richterstuhl der Denker und Gelehrten*, Berlin, Maurersche Buchhandlung, 1814, S. 7.
71 S. 20 f.
72 S. 26.
73 S. 77.

temps' aus seiner Schrift *Le siècle de Louis XIV* (1751), die dazu auffordert, die genauen zeithistorischen Umstände in Betracht zu ziehen[74]. Mit der gegen Ende der Aufklärung immer dominanteren Episteme der ‚Tiefenstruktur', des historischen Denkens in die Tiefe, das Michel Foucault als neues Paradigma modernen Denkens identifiziert[75] sowie der seinerzeit von Reinhart Koselleck beschriebenen zunehmenden Rede von ‚der Geschichte' in der von ihm so genannten Sattelzeit um 1770[76], entstehen dann nationale Identitätskonzepte in Deutschland jenseits universalistischer Anschauungsmuster. Das Modell dieses Denkens ist das der organologischen Entwicklung. Der Schweizer Romanist Joseph Jurt zeigt, inwieweit Justus Möser in seiner Schrift *Über die deutsche Sprache und Literatur* von 1781 einer stets nur relativen Schönheit das Wort redet[77] und inwieweit die organizistische Kulturauffassung Johann Gottfried Herder dazu führt, im Namen der neu entstehenden Geschichtsphilosophie die klassische Auffassung der Kultur als Erfüllung zeitloser Normen in Frage zu stellen und daraus die Legitimität jeweils partikulärer Kulturentwicklungen abzuleiten[78]. Gegen die von den französischen aristokratischen Eliten behauptete ‚exception culturelle' entsteht eine Besinnung auf die archaischen Kulturen des Nordens. Deren Vielfalt wird dem Alleinvertretungsanspruch der universalistisch angelegten französischen Zivilisation entgegengestellt. Den nordischen Kulturen wird eine größere Naturverbundenheit und damit Energie unterstellt, die der eingespielten und in Regeln festgefahrenen Zivilisation des Nachbarlandes überlegen zu sein scheint.

Ein Auslöser für die Wahrnehmung der deutschen Nation als Kulturnation in Frankreich ist die deutsche Romantik und ihre tiefe Naturverehrung, die sich unmittelbar auf die Rheinlandschaft an der Grenze zu Frankreich richtet. Mit Friedrich Schlegels Begeisterung für die wilde Schönheit des Mittelrheintals, die er im Bericht seiner *Reise nach Paris* dokumentiert, sowie mit Clemens Brentanos und Achim von Arnims Wanderung am Rhein im Jahre 1802 wird die deutsche Grenz-

---

74 Conrad Wiedemann: „Deutsche Klassik und nationale Identität. Eine Revision der Sonderwegs-Frage", in: Wilhelm Vosskamp (Hrsg.): *Klassik im Vergleich.* Normativität und Historizität europäischer Klassiken. Stuttgart, Metzler 1993, S. 541–569, hier: S. 553. Vgl. auch Jurt, *Sprache, Literatur und nationale Identität*, S. 107 f.

75 *Les Mots et les choses.* Une archéologie des sciences humaines (Bibliothèque des sciences humaines), Paris, Gallimard, 1966, S. 324.

76 „Einleitung", in: Otto Brunner/Werner Conze/Reinhart Koselleck (Hrsg.), *Geschichtliche Grundbegriffe.* Historisches Lexikon zur politisch-sozialen Sprache in Deutschland, Stuttgart, Klett-Cotta, 1972, Bd. 1, S. XV. Vgl. auch ders., „Das 18. Jahrhundert als Beginn der Neuzeit", in: Reinhart Koselleck, *Epochenschwelle und Epochenbewußtsein* (Poetik und Hermeneutik. 12), München, Wilhelm Fink, 1987, S. 269–282, bes. S. 278–282.

77 *Sprache, Literatur und nationale Identität*, S. 114.

78 S. 116 f.

landschaft zu Frankreich als ein den Deutschen ureigener Naturraum mythisiert. In dieser Zeit beginnt man in Frankreich wahrzunehmen, wie unterschiedlich die zivilisatorischen Einstellungen und kulturellen Prägungen von Franzosen und Deutschen sind. Es ist Madame de Staëls Buch über Deutschland, *De l'Allemagne* (1810), mit dem in Frankreich das Interesse am Land jenseits des Rheins geweckt wird. Bei aller Differenziertheit ihres auf eigenen Beobachtungen basierenden Deutschlandbuches tauchen die Beurteilungen La Portes aus dessen *Epithètes* über Deutschland hier erneut auf. Auch Mme de Staël beklagt den mangelnden Zentralismus des regional strukturierten Deutschlands. Auch sie geht davon aus, dass Frankreich in Europa die herausragende Zivilisation verkörpert:

> Les nations dont la culture intellectuelle est d'origine latine, sont plus anciennement civili-sées que les autres ; elles ont pour la plupart hérité de l'habile sagacité des Romains, dans le maniement des affaires de ce monde.[79]

Anders als Maurice de la Porte weiß sie die deutsche Kultur jedoch durchaus zu würdigen. Diese resultiert für sie aus der christlichen Religion und dem mit ihr verbundenen mittelalterlichen Rittertum, welches Deutschland ohne den Ein-fluss der römischen Zivilisation auf direktem Weg angenommen habe. Daraus entsteht für Mme de Staël eine ganz andere mentale Einstellung als in Frank-reich, weil die Deutschen zutiefst in archaische, mittelalterliche Anschauungen verstrickt sind, die sich zudem emotional auf die damit verbundenen Schauplätze und Landschaften fokussieren:

> Les nations germaniques ont presque toujours résisté au joug des Romains ; elles ont été civilisées plus tard, et seulement par le christianisme ; elles ont passé immédiatement d'une sorte de barbarie à la société chrétienne : les temps de la chevalerie, l'esprit du moyen âge sont leurs souvenirs les plus vifs ; et quoique les savants de ces pays aient étudié les auteurs grecs et latins, plus même que ne l'ont fait les nations latines, le génie naturel aux écrivains allemands est d'une couleur ancienne plutôt qu'antique ; leur imagination se plaît dans les vieilles tours, dans les créneaux, au milieu des guerriers, des sorcières et des revenants ; et les mystères d'une nature rêveuse et solitaire forment le principal charme de leur poésies.[80]

Deutsche und Franzosen stehen sich somit, was ihre mentalen Einstellungen an-geht, geradezu diametral gegenüber: „On pourrait dire avec raison que les Fran-çais et les Allemands sont aux deux extrémités de la chaîne morale […]"[81] Anders als das seit der Römerzeit zivilisierte Frankreich ist Deutschland noch ein Raum einer weitgehend von der Zivilisation unberührten Natur:

---

79 *De l'Allemagne*, Paris, Firmin Didot Frères, 1852, S. 9.
80 S. 9 f.
81 S. 10.

La multitude et l'étendue des forêts indiquent une civilisation encore nouvelle: le vieux sol du Midi ne conserve presque plus d'arbres, et le soleil tombe à plomb sur la terre dépouillée par les hommes. L'Allemagne offre encore quelques traces d'une nature non habitée. Depuis les Alpes jusqu'à la mer, entre le Rhin et le Danube, vous voyez un pays couvert de chênes et de sapins, traversé par des fleuves d'une imposante beauté, et coupé par des montagnes dont l'aspect est très-pittoresque; mais de vastes bruyères, des sables, des routes souvent négligées, un climat sévère, remplissent d'abord l'âme de tristesse; et ce n'est qu'à la longue qu'on découvre ce qui peut attacher à ce séjour.[82]

Aus diesen Bedingungen sowie der noch durch ein mittelalterliches Umfeld geprägten Kultur der Deutschen leitet Mme de Staël eine den französischen Beobachter verunsichernde Unzugänglichkeit, weil voller in sich gekehrter Tiefe, der Bewohner rechts des Rheins ab.

Les débris des châteaux forts, qu'on aperçoit sur le haut des montagnes, les maisons bâties de terre, les fenêtres étroites, les neiges qui, pendant l'hiver, couvrent des plaines à perte de vue, causent une impression pénible. Je ne sais quoi de silencieux, dans la nature et dans les hommes, resserre d'abord le cœur.[83]

In Deutschland sei die Vermittlung von Zivilisation und Natur noch nicht an ihrem Endpunkt angelangt:

On est frappé sans cesse, en Allemagne, du contraste qui existe entre les sentiments et les habitudes, entre les talents et les goûts: la civilisation et la nature semblent ne s'être pas encore bien amalgamées ensemble.[84]

Mme de Staël argumentiert auf der Basis der klimatheoretischen Erwägungen Montesquieus. Ist die Entwicklung der römisch-französischen Zivilisation für sie ein rationaler Prozess, der mit dem Absolutismus neue, immer rationalere Dimensionen gewonnen hat, so scheint für sie die Kultur der Deutschen eher als ein Produkt der Natur. Mme de Staël versteigt sich zu der Behauptung, man habe den Eindruck, dass der Rhein und nicht der Mensch in Deutschland für die Akkulturation verantwortlich sei:

Les contrées qu'il (le Rhin) traverse paraissent tout à la fois si sérieuses et si variées, si fertiles et si solitaires, qu'on serait tenté de croire que c'est lui-même qui les a cultivées, et que les hommes d'à present n'y sont pour rien. Ce fleuve raconte, en passant, les hauts faits des temps jadis, et l'ombre d'Arminius semble errer encore sur ces rivages escarpés.[85]

---

82 S. 13.
83 Ebd.
84 S. 20.
85 S. 14.

Man muss sich allerdings fragen, ob Mme de Staël mit ihren Beobachtungen letztlich nicht genau jene Mythisierung der deutschen Natur reproduziert, die mit der beginnenden deutschen Romantik zu Beginn des 19. Jahrhunderts immer stärker verbreitet wurde. Auf der einen Seite empfiehlt sie den Deutschen, vom sozialen Umgang, vor allem der ‚finesse' der Franzosen in der Konversation, zu lernen:

> Les Allemands feraient bien de profiter, sous des rapports essentiels, de quelques-uns des avantages de l'esprit social en France: ils devraient apprendre des Français à se montrer moins irritables dans les petites circonstances, afin de réserver toute leur force pour les grandes; ils devraient apprendre des Français à ne pas confonde l'opiniâtreté avec l'énergie, la rudesse avec la fermeté […][86]

Auf der anderen Seite sieht sie im Anschluss an Rousseau klar die degenerierten Erscheinungsformen der durch den aristokratischen ‚bel esprit' überzogenen eigenen Zivilisation und hält diesem Defekt der Nation den Vorteil einer in Deutschland noch ‚natürlichen Phantasie' entgegen:

> Enfin, l'impatience du caractère français, si piquante en conversation, ôterait aux Allemands le charme principal de leur imagination naturelle, cette rêverie calme, cette vue profonde, qui s'aide du temps et de la persévérance pour tout découvrir.[87]

Mme de Staëls Beschäftigung mit Deutschland resultiert aus einer letztendlichen Faszination für die noch ungebrochene Energie der Nachbarn rechts des Rheins. Ist die französische Zivilisation von der Eigenliebe bestimmt (‚amour propre'), die stets zur spöttischen Selbsterhebung über andere führt und letzten Endes jede Form eines ursprünglichen Enthusiasmus beseitigt, so hat man sich in Deutschland diesen Enthusiasmus erhalten. Er ist es, der der deutschen Philosophie des Idealismus jene Tiefe des Denkens verleiht, die man in Frankreich bei aller Finesse der Konversation vermisst. Der Enthusiasmus ist für Mme de Staël die entscheidende Antriebskraft einer Gesellschaft („le Dieu en nous"[88]). Und dieser Enthusiasmus ist die „qualité vraiment distinctive de la nation allemande"[89].

Die Energie des durch zivilisatorische Entwicklungen noch nicht verdorbenen Deutschlands wird im Laufe des Jahrhunderts in Frankreich dann jedoch zunehmend anders wahrgenommen. Die Grausamkeiten der Französischen Revolution führen beim deutschen Bürgertum zu einer grundlegenden Frontstellung gegen den Nachbarn. Und Napoleons Kriege im Namen der Aufklärung und die

---

86 S. 63.
87 S. 61.
88 S. 574.
89 S. 577 f.

Verbreitung universalistischer Werte, die die Annektierung der linksrheinischen Gebiete mit sich bringen, werden in Deutschland eher als Besatzung denn als Befreiung empfunden. Aufgrund der fehlenden Vorstellung einer realisierbaren Staatsnation bildet sich in Deutschland quasi kompensatorisch das Konzept einer ‚Kulturnation‘ heraus. Dieses Konzept wird gegen Frankreich gewendet, und man besinnt sich in Deutschland auf den kriegerischen germanischen Ahnherrn Hermann den Cherusker, der die Deutschen vor den expansionistischen Bestrebungen der Römer bewahrt hatte, als deren Nachfolger sich Frankreich sieht. Hermann, den auch Mme de Staël als Gründungsfigur Deutschlands erwähnt, errichtet man in der zweiten Hälfte des 19. Jahrhunderts im Teutoburger Wald ein monumentales, nach Frankreich ausgerichtetes Nationaldenkmal. In die romantische Mythisierung der Natur, insbesondere der Rheinlandschaft, mischen sich auf deutscher Seite mit dem Beginn der Rheinkrise im Jahr 1840 aggressive politische Töne gegen Frankreichs Ansprüche auf die linksrheinischen Gebiete und die Rheingrenze. Im berühmten Lied *Die Wacht am Rhein* (1840) von Max Schneckenberger gewinnt die Frontstellung gegen Frankreich durch die Berufung auf den Ahnherrn Hermann zugleich Dimensionen der Kritik an der römisch-französischen Zivilisation: „Auf blickt er [der deutsche Jüngling], wo der Himmel blaut / Wo Vater Herrmann niederschaut, / Und schwört mit stolzer Kampfeslust: /‚Du Rhein bleibst deutsch, wie meine Brust!‘"[90] Damit bestätigen die politischen Liedermacher Schneckenberger und im gleichen Jahr auch Nikolaus Becker in seinem Lied *Sie sollen ihn nicht haben, den freien deutschen Rhein* (1840), aber auch die romantischen Dichter wie Joseph von Eichendorff in seinem Loreley-Gedicht *Waldesgespräch* (1815) die auf französischer Seite bereits bei La Porte vorherrschende – im Grunde seit Tacitus überlieferte – Vorstellung von den naturverbundenen, kriegerischen und wenig an der universalistischen Zivilisation ausgerichteten Deutschen. Anlässlich seiner 1838 unternommenen Rheinreise äußert Alexandre Dumas seine Skepsis angesichts der mythischen Verklärung des Naturraums ‚Rhein‘ in Deutschland: „Il est difficile, à nous autres Français, de comprendre quelle vénération profonde les Allemands ont pour le Rhin."[91] Auf französischer Seite versichert man sich angesichts dieser ‚profondeur mythique‘ der Natur erneut der zivilisatorischen Überlegenheit. In seiner boshaften Antwort auf Beckers antifranzösisches Kampflied verhöhnt Alfred de Musset in *Le Rhin allemand* (1841) die deutsche Verehrung der Rheinlandschaft. Er empfiehlt den

---

90 In: Wolf Dietrich Gumz/Frank. J. Hennecke (Hrsg.) *Rheinreise*. Gedichte und Lieder, Stuttgart, Reclam, 1986, S. 233 f., Str. 3, V. 13–16.
91 *Excursions sur les bords du Rhin*. Impressions de voyage (1841), Montréal, Le Joyeux Roger, 2008, S. 213.

Deutschen, sich mehr auf ihre Kultur in Gestalt der Kathedralen zu konzentrieren und weniger weintrunken kriegerische Töne anzuschlagen: „Qu'il coule en paix, votre Rhin allemand; / Que vos cathédrales gothiques / S'y reflètent modestement; / Mais craignez que vos airs bachiques / Ne réveillent les morts de leur repos sanglant."[92] Nur der stets politisch engagierte, oftmals weitsichtige Victor Hugo sieht in Deutschland und Frankreich bereits zu Beginn des 19. Jahrhunderts die Achse eines gemeinsam zu gestaltenden Europa, obgleich auch er der Ansicht ist, dass die linksrheinischen Gebiete Frankreich zustehen („[…] rendre à la France ce que Dieu lui a donné, la rive gauche du Rhin"[93]). Die Einheit der beiden Völker links und rechts des Rheins bildet für Hugo die grundlegende Konstitution Europas, wobei Frankreich für die Freiheit des Gedankens, somit für die Zivilisation, und Deutschland für die Freiheit des Träumens, somit für das Gefühl und die Natur steht: „Les allemands ont la liberté de la rêverie, nous avons la liberté de la pensée. […] L'alliance de la France et de l'Allemagne, c'est la constitution de l'Europe."[94]

Es ist nicht die Rheinkrise, die das verklärende Bild Mme de Staëls und die Begeisterung für die deutsche Romantik sowie die Philosophie des deutschen Idealismus in Frankreich grundsätzlich in Frage gestellt hat. Es sind – wie Claude Digeon gezeigt hat[95] – die Schlacht bei Königgrätz von 1866 und der kurz darauf folgende deutsch-französische Krieg 1870–1871, die die Franzosen haben erkennen lassen, dass die ‚Naturgewalt Deutschland' in Gestalt der erstarkten militärischen Macht Preußens eine große Bedrohung darstellt. Mit dem Sieg über Österreich im böhmischen Sadowa/Königgrätz zeichnet sich nach einer langen historischen Verspätung die Errichtung eines deutschen Nationalstaats unter preußischer Führung ab. Im Kontext des deutsch-französischen Kriegs kommt dann in Frankreich die These von den zwei Deutschland auf: Auf der einen Seite erkennt man die kulturellen Leistungen des deutschen Idealismus an, auf der anderen Seite wird das militaristische, utilitaristische und strategisch ausgerichtete Deutschland unter der Führung Bismarcks angeprangert. Zwar hatte schon 1831 der Deutschlandkenner Edgar Quinet vor dem bedrohlichen Szenario einer sich abzeichnenden deutschen Einheit gewarnt: „[…] l'unité germanique se

---

92 *Le Rhin allemand.* Réponse à la Chanson de Becker, in: Hans Neunkirchen, *Le Rhin allemand dans la littérature française* (Westermann-Texte), Braunschweig/Berlin/Hamburg, Westermann, 1930, S. 182 f., Str. 6, V. 26–30.
93 *Rhin.* Lettres à un ami (1842) (= *Œuvres complètes de Victor Hugo.* En voyage Bd. 1), Paris, Hachette, 2018, S. S. 479; online: frantext.
94 S. 476 und S. 478.
95 Claude Digeon, *La Crise allemande de la pensée française (1870–1914)*, Paris, PUF, 1959, S. 24–42.

prépare d'une façon [...] menaçante [...]"[96] Aber erst auf der monumentalen Pariser Weltausstellung im Jahr 1867 wird diese Seite Deutschlands den Franzosen höchst präsent. In der Nachfolge der *Encyclopédie raisonnée* hatte die Ausstellung versucht, möglichst alle Bereiche menschlicher Arbeit, des sozialen Zusammenlebens, der Künste und der Wissenschaften in seinem ovalen Ausstellungsraum zusammenzuführen, welcher wie ein Globus eine Zivilisationsschau der gesamten Welt darstellen sollte. Was die deutsche Seite von dieser Zivilisationsschau im Zeichen von ‚grandeur' und ‚universalité' hielt, verdeutlicht sich an ihrem exponiertesten Ausstellungsstück: In der ‚grande galérie des machines' wird die ‚Dicke Berta', die größte Kanone der Zeit, ausgestellt, die nur vier Jahre später auf Paris gerichtet sein wird. Hugo sieht die Gefahr, die von dieser Geste ausgeht, spielt sie aber mit einer totalen Fehleinschätzung, nicht ahnend, dass es nur wenige Jahre später zum Krieg kommen wird, auf ironische Weise herunter:

> Les énormes boulets d'acier, du prix de mille francs chaque, que lancent les canons titans fabriqués en Prusse par le gigantesque marteau de Krupp, lequel pèse cent mille livres et coûte trois millions, sont juste aussi efficaces contre le progrès que les bulles de savon soufflées au bout d'un chalumeau de paille par la bouche d'un petit enfant.[97]

Die ‚Zwei-Deutschland-Theorie' wird dann durch den Philosophen Elme-Marie Caro in einem Artikel 1870 formuliert: „On pourrait [...] dire qu'il y a deux Allemagnes: l'une idéaliste et rêveuse, l'autre pratique à l'excès sur la scène du monde, utilitaire à outrance, âpre à la curée."[98] Der Romanist Wolfgang Leiner hat seinerzeit gezeigt, dass man in Frankreich erst nach der erneuten Bedrohung durch Deutschland im Ersten Weltkrieg bemerkt hat, dass die ‚Zwei-Deutschland-Theorie' hauptsächlich der Selbsttäuschung der Franzosen über den Nachbarn in der Zeit nach dem deutsch-französischen Krieg gedient hat. Man hatte sich eine liebgewonnene Vorstellung vom humanistischen Idealismus der Deutschen erhalten, die sich aber angesichts der weitgehenden Identifikation der deutschen Intellektuellen mit der kriegerischen Aggression 1914 als nicht länger realitätsgerecht erwies[99]. Stimmen, die in Deutschland der ‚Zwei-Deutschland-Theorie' entgegengetreten waren und behaupteten, dass die Deutschen zu keiner Zeit Militarismus und Idealismus als Gegensatz begriffen hätten („kein Widerspruch [...]

---

96 In einem Brief an Michelet von 1831 (in: *Extrait d'Allemagne et d'Italie, repris par Edgar Quinet dans le Livre de l'exilé*, Paris, Dentu, 1875, S. 202–204).

97 Victor Hugo, „Introduction", S. XLI.

98 „Les Deux Allemagnes, Mme de Staël et Henri Heine", in: E.-M. C., *Les Jours d'épreuves 1870/71*, Paris 1872, S. 53.

99 Wolfgang Leiner, *Das Deutschlandbild in der französischen Literatur*, Darmstadt, Wissenschaftliche Buchgesellschaft, 1989, S. 175 f.

zwischen deutscher Wirklichkeit und deutschem Geist"[100]), werden nach 1945 in Frankreich reflektiert, wenn René Laurent in seinem Artikel „Y-a-t-il deux Allemagnes?" feststellt, dass schon Goethes *Dichtung und Wahrheit* die Begeisterung seiner Landsleute für die militärischen Erfolge des Preußenkönigs Friedrich II. erkennen lässt[101]. Leiner hat aber auch gezeigt, dass die Theorie von den zwei Deutschland trotz dieser ernüchternden Erkenntnisse weiterhin bis zum Ende des Zweiten Weltkriegs und darüber hinaus im französischen Bewusstsein verankert bleibt, „vielleicht auch, um nicht gezwungen zu sein, vor allem nach dem 2. Weltkrieg ein vernichtendes Urteil zu fällen"[102]. Dass die Theorie sogar noch anlässlich der gemeinsamen Ausstellung deutscher Kunst von Caspar David Friedrich bis Max Beckmann im Grand Palais 2013 in Paris bis in die Gegenwart im französischen Bewusstsein virulent bleibt, wurde eingangs dieses Kapitels beschrieben. Neuere Untersuchungen haben zudem gezeigt, dass die Auffassung vom janusköpfigen Deutschland in der Nachkriegszeit in der französischen Literatur auf den Dualismus zwischen der DDR und der BRD umgepolt wird[103].

---

100 Leiner zitiert einen Artikel aus der *Neuen Rundschau* von 1914 (S. 176).
101 S. 178.
102 S. 176.
103 Katja Erler, *Deutschlandbilder in der französischen Literatur nach dem Fall der Mauer* (Studienreihe Romania. 20), Bamberg, Erich Schmidt, 2004, S. 83 und S. 87.

5 ‚Je parle donc je suis'?
Besonderheiten französischer Kommunikation

5.1 Der ‚esprit de conversation'
in Frankreich und in Deutschland

Zu Beginn des Jahres 2013 ereignet sich in Frankreich ein kulturell aufschluss-
reicher Vorfall: die sogenannte ‚Goodyear-Affäre'. Das amerikanische Konsortium
Titan international hatte sich nach einem anfänglichem Kaufinteresse an einer
Reifenfirma des Konzerns *Goodyear* im nordfranzösischen Amiens zurückgezogen
und wurde vom zuständigen französischen Minister Arnaud Montebourg aufgefordert, an den Verhandlungstisch zurückzukehren. In einem allen Regeln französischer Kommunikation widersprechenden, schroff formulierten und zudem auch
noch öffentlich gemachten Brief vom 8. Februar 2013 erklärt der CEO der amerikanischen Gruppe, Maurice M. Taylor, dem französischen Minister die Gründe für
seinen Rückzug:

> I have visited the factory a couple of times. The French workforce gets paid high wages but
> works only three hours. They get one hour for breaks and lunch, **talk for three**, and work for
> three. I told this to the French union workers to their faces. **They told me that's the French
> way!** [...] How stupid do you think we are?[1]

Der interkulturell bemerkenswerte Vorfall zeigt bei aller Übertreibung und un-
höflichen Polemik, die der Brief des amerikanischen Geschäftsführers enthält,
welch hohen Stellenwert das persönliche Gespräch im französischen Arbeitsle-
ben hat, sei es als eher unverbindliche Pausenkonversation oder als Gespräch
rund um Verhandlungen. Die ebenfalls übermittelte verwunderte Reaktion der
Gewerkschaften lässt überdies erkennen, wie selbstverständlich das Bedürfnis
nach persönlichem mündlichem Austausch im französischen Bewusstsein verankert ist.

Neuere Untersuchungen zu kulturellen Standards des französischen Arbeits-
lebens haben dieses Bedürfnis genau beschrieben, welches Nicht-Franzosen unmittelbar als kulturelle Alterität auffällt. Anhand der Auswertung zahlreicher kri-
tischer Interaktionssituationen von Deutschen und Franzosen – von der Inter-
kulturalitätsforschung als ‚critical incidents' bezeichnet – zeigt Judith Jahn, dass
deutschen Partnern bei Verhandlungen in Frankreich immer wieder vor allem

---

[1] Online:
https://www.manufacturing.net/labor/news/13090376/us-ceo-ridicules-french-workers.

die langen Vorbereitungsphasen durch persönliche Gespräche auffallen, die die Deutschen als störende Zeitverschwendung und Ablenkung von der eigentlichen Verhandlung empfinden. Ein Beispiel der von Jahn mittels Interview zahlreicher Manager, die länger als ein Jahr in Frankreich tätig waren, erhobenen diesbezüglichen Daten zeigt diese Beobachtung:

> Vielleicht fällt man in Frankreich nicht so leicht mit der Tür ins Haus. D. h. der Anteil des ‚small talks', erstmal einleitend zu werden, sich näher zu kommen, sich zu beriechen, ist zeitlich länger. Da tun sich Deutsche sehr schwer, weil die der Meinung sind, ich geh dahin, um meinen Geschäftsabschluss zu tätigen, wärend bei den Franzosen, sagen wir mal, das Gesellschaftliche erst mal so ne Art – ich gebrauche den Ausdruck – Vorspiel darstellt. Das fällt auf. Da muss man mitspielen können, das musste ich auch erstmal lernen, dass ich da nicht sofort zum Wesentlichen gekommen bin.[2]

Nicht nur der Stellenwert des mündlichen Austauschs sondern auch die Art der gesamten Kommunikation haben in Frankreich eine besondere Stellung. Direkte Ansprachen, wie sie der amerikanische CEO in der ‚Goodyear-Affäre' praktiziert, sind verpönt. Wichtige Informationen und Stellungnahmen werden eher umschreibend und versteckt mitgeteilt, was wiederum eine besonders gute Beherrschung des Französischen erfordert, um verschlüsselte Botschaften liefern aber auch erfassen zu können. Als befremdend und kulturell alterität werden von Deutschen insbesondere Angebote aus Höflichkeit empfunden, die dann letztlich nicht umgesetzt werden, wie ein weiteres Beispiel zeigt:

> Vieles wird aus Höflichkeit gesagt, ist aber letztendlich nicht ernst gemeint [...] wenn mir Kollegen zusagen, sie würden den und den Mandanten anrufen, um bestimmte Dinge mit Ihnen zu besprechen, das dann aber einfach nicht tun, weil da eventuell auch mal unangenehme Dinge zu klären sind, da ist es nicht in Ordnung.[3]

Die implizite Art der Kommunikation sowie ihre starke Personenbezogenheit gebunden an einen Kodex der ‚politesse' in Frankreich werden bei Jahn sowie in der älteren Arbeit von Jacques Pateau zur interkulturellen Begegnung von Deutschen und Franzosen ganz allgemein mit dem kulturellen Erbe aus den Zeiten des Absolutismus erklärt[4].

---

2 Judith Jahn, *Kulturstandards im deutsch-französischen Management*. Die Bedeutung unterschiedlicher Handlungs- und Verhaltensmuster von Deutschen und Franzosen (Entscheidungs- und Organisationstheorie), Wiesbaden, Deutscher Universitäts-Verlag, 2006, S. 66.
3 S. 70.
4 Vgl. dazu Jahn, *Kulturstandards*, S. 76 f. und Jacques Pateau, *Une étrange alchimie*. La dimension interculturelle dans la coopération franco-allemande (Travaux et documentations du CIRAC), Paris, CIRAC, 1998, S. 167 f. und S. 172–180.

Ein genauerer Blick auf die konkrete historische Entwicklung der französischen und der deutschen Kommunikation liefert jedoch Einblicke, die spezielle Kommunikationssituationen erklären, wie man sie heute noch in vielfältiger Form unverändert vorfindet. Dabei richtet sich der Blick auf die Entstehungszeit bzw. die kulturelle Hochzeit der Kommunikation, da sich hier spezifische mentale Einstellungen ausprägen. Das Bedürfnis nach dem persönlichen Gespräch ist in Frankreich im Lauf mehrerer Jahrhunderte immer wieder thematisiert und als kulturelle Spezifik des Landes ausgewiesen worden. Frankreich schreibt sich als eine der kulturellen Leistungen im Rahmen seiner ‚civilité‘ und ‚exception culturelle‘ die Errungenschaft der ‚sociabilité‘, der Geselligkeit, zugute, die vor allem in den Salons des 17. und 18. Jahrhunderts gepflegt wird und sich im hohen Standard der Konversationen spiegelt. In Pierre Noras monumentalem mehrbändigen Werk über die Erinnerungsorte Frankreichs[5] stellt die Konversation einen solchen kulturellen Erinnerungsort dar. Im Geist der Konversation hatte bereits Montesquieu in seinen ab 1726 niedergeschriebenen *Pensées* ein französisches Alleinstellungsmerkmal gesehen, für das zahlreiche Nationen nicht die Voraussetzungen erfüllen würden:

> [...] il y a des nations où l’esprit de conversation est entièrement inconnu. Telles sont celles où l’on ne vit point ensemble, et celles dont la gravité fait le fondement des mœurs.[6]

Auch wenn Montesquieu es nicht direkt sagt, zeigen beide Kriterien, dass er den Geist französischer Konversation von Verhaltensnormen der Deutschen abgrenzt, die in Frankreich als nicht allzu befähigt für diese Art der Kommunikation angesehen werden. Das Argument des mangelnden Zusammenlebens zielt auf die Zersplitterung Deutschlands in zahlreiche Fürstentümer und Höfe, was Normen eines geregelten Miteinanders wie im Zentrum ‚Paris‘ verhindert. Auch das Kriterium der Ernsthaftigkeit und Schwere als Grundlage der Sitten und des Verhaltens trifft auf die deutschen Verhältnisse zu, wo die Kultur eher im Licht universitärer Bildung sowie moralisch-ethischer Aufrichtigkeit denn als Praxis eines geselligen ‚bel esprit‘ in den Salons betrachtet wird.

Mit dieser Auffassung steht Montesquieu nicht allein. Schon aus dem 17. Jahrhundert resultiert die Erkenntnis des französischen Jesuiten Dominique Bouhours, dass die Deutschen allein sprachlich nicht die Voraussetzungen für eine gepflegte Konversation mitbringen:

---

5 7 Bde., Paris, Gallimard, 1984–1992, Bd. 3, 2 (*Les France*).

6 *Pensée* Nr. 1682, in: Montesquieu, *Mes Pensées* (= *Œuvres complètes*, 2 Bde., hrsg. von Roger Caillois [Bibliothèque de la Pléiade. 81.86], Paris, Gallimard, 1949–1951, Bd. 1, S. 1417).

> Les Chinois, et presque tous les peuples de l'Asie chantent; les Allemands râlent; les Es-
> pagnols déclament; les Italiens soupirent; les Anglais sifflent. Il n'y a proprement que les
> Français qui parlent [...][7]

Die Deutschen hätten eine raue und grobschlächtige Sprache („une langue rude et
grossière"[8]). Wenn Karl V. zurück auf die Erde käme, würde er mit den Menschen
französisch sprechen und mit seinem Pferd deutsch: „[...] s'il voulait parler aux
hommes il parlerait français; [...] s'il voulait parler à son cheval, il parlerait allemand [...]"[9] Bouhours' interkulturelle Abgrenzungen von Franzosen und Deutschen gipfeln in einer polemischen Bemerkung, die bis weit ins 18. Jahrhundert
hinein in Deutschland und Frankreich diskutiert wird. Den Deutschen fehle der
„bel esprit" und somit die essentielle Grundlage einer geschmeidigen Konversation, heißt es in den *Entretiens d'Ariste et d'Eugène*:

> — Il faut du moins que vous confessiez, dit Ariste, que le bel esprit est de tous les pays et
> de toutes les nations, c'est-à-dire que, comme il y a eu autrefois de beaux esprits grecs et
> romains, il y en a maintenant de français, d'italiens, d'espagnols, d'anglais, d'allemands
> même et de moscovites. — **C'est une chose singulière qu'un bel esprit allemand** [...],
> reprit Eugène [...]
> — J'avoue, interrompit Ariste, que les beaux esprits sont un peu plus rares dans les pays
> froids, parce que la nature y est plus languissante et plus morne, pour parler ainsi. — Avouez
> plutôt, dit Eugène, que le bel esprit, tel que vous l'avez défini, ne s'accommode point du tout
> avec les tempéraments grossiers et les corps massifs des peuples du Nord.
> Ce n'est pas que je veuille dire, ajouta-t-il, que tous les Septentrionaux soient bêtes. **Il y a
> de l'esprit et de la science en Allemagne, comme ailleurs, mais enfin on n'y connaît
> point notre bel esprit, ni cette belle science qui ne s'apprend point au collège et dont
> la politesse fait la principale partie**; ou, si cette belle science et ce bel esprit y sont connus,
> ce n'est seulement que comme des étrangers dont on n'entend point la langue et avec qui on
> ne fait point d'habitude.[10]

Bouhours' Argumente zum grobschlächtigen Temperament der nordischen Völker als Verhinderungsgrund einer Erlernung der ‚belle science' französischer
Konversation werden in der interkulturellen Beobachtung deutschen und französischen Verhaltens dann von Mme de Staël zu Beginn des 19. Jahrhunderts
einer erheblich differenzierteren Betrachtung unterzogen. Dabei kann sich Mme
de Staël aufgrund ihrer Reisen nach Deutschland in den Jahren 1803–1804 und
1807–1808 auf eigene Beobachtungen stützen. In der Konversation sieht sie eine

---

7 *Entretiens d'Ariste et d'Eugène* (1671), hrsg. von René Radouant (Collection des chefs-d'œuvre
méconnus), Paris, Bossard, 1920, S. 57.
8 S. 60.
9 S. 62.
10 S. 180 f. (Hervorhebungen von Vf.).

Kunst, die weit über die Verständigung hinausgeht, und die vor allem in Frankreich beherrscht wird:

> La conversation, comme talent, n'existe qu'en France ; dans les autres pays, elle ne sert qu'à la politesse, à la discussion ou à l'amitié : en France, c'est un art auquel l'imagination et l'âme sont sans doute fort nécessaires, mais qui a pourtant aussi, quand on le veut, des secrets pour suppléer à l'absence de l'une et de l'autre.[11]

Diese spezifische Kunst des viele Schichten der Bevölkerung übergreifenden persönlichen Austauschs, der sie bezogen auf Deutschland ein eigenes Kapitel widmet (Kap. 12: „De la langue allemande, dans ses rapport avec l'esprit de conversation"), ist für Mme de Staël in Frankreich vor allem dem Bedürfnis nach Anregung durch das Spiel mit der Sprache geschuldet:

> Dans toutes les classes, en France, on sent le besoin de causer : la parole n'y est pas seulement, comme ailleurs, un moyen de se communiquer ses idées, ses sentiments et ses affaires, mais c'est un instrument dont on aime à jouer, et qui ranime les esprits, comme la musique chez quelques peuples, et les liqueurs fortes chez quelques autres. (S. 54)

Mme de Staël geht grundsätzlich davon aus, dass die Sprache das Denken bestimmt („En étudiant l'esprit et le caractère d'une langue, on apprend l'histoire philosophique des opinions, des mœurs et des habitudes nationales [...]", S. 64). Allein die deutsche Syntax verhindere jedoch eine Eignung dieser Sprache für die Konversation, da sich der Sinn der Sätze stets am Ende ergebe, was bei einer Konversation eher hinderlich sei, bei der sich die Teilnehmer des Öfteren spontan unterbrechen:

> L'allemand se prête beaucoup moins à la précision et à la rapidité de la conversation. Par la nature même de sa construction grammaticale, le sens n'est ordinairement compris qu'à la fin de la phrase. Ainsi, le plaisir d'interrompre, qui rend la discussion si animée en France, et force à dire si vite ce qu'il importe de faire entendre, ce plaisir ne peut exister en Allemagne ; car les commencements de phrase ne signifient rien sans la fin. (Ebd.)

Obgleich sich der Sinn im Deutschen erst am Ende eines Satzes ergebe, sei das Deutsche auch viel weniger in der Lage, Pointen zu setzen, ein für das Gelingen einer Konversation wesentlicher Effekt:

> Quoique le sens des périodes allemandes ne s'explique souvent qu'à la fin, la construction ne permet pas toujours de terminer une phrase par l'expression la plus piquante ; et c'est cependant un des grands moyens de faire effet en conversation. (S. 65)

---

11 Mme de Staël, *De l'Allemagne*, S. 23. Die Stellenangaben im laufenden Text beziehen sich auf die bereits oben, S. 64, Amn. 79, zitierte Ausgabe von 1852.

Die Sprecher einer Konversation in Deutschland seien ohnehin weniger darauf bedacht, spielerische Effekte zu erzeugen, weil man mehr Wert darauf lege, die Gedanken zum Ausdruck zu bringen: „L'on entend rarement parmi les Allemands ce qu'on appelle des bons mots : ce sont les pensées mêmes, et non l'éclat qu'on leur donne, qu'il faut admirer" (Ebd.). Wenn es denn einen Unterhaltungsaspekt deutscher Konversation gibt, dann bestehe er darin, eine der Sprache inhärente Fröhlichkeit zum Ausdruck zu bringen. Ganz im Geiste Rousseaus erklärt Mme de Staël, dass die Sitten in Deutschland durch einen geringeren Einfluss des Hofes auf das Leben intakt geblieben seien und dass sich die Sprache dadurch einen unverdorbenen, ursprünglichen und natürlichen Charakter bewahrt habe. Die deutsche Sprache habe einen pittoresken Aspekt, da sich an ihrem Klang alle Schichten der Bevölkerung erfreuten und diesen traditionellen Klang unreflektiert-naiv genössen:

> La langue allemande a une gaieté qui lui est propre ; la société ne l'a point rendue timide, et les bonnes mœurs l'ont laissée pure ; mais c'est une gaieté nationale à la portée de toutes les classes. Les sons bizarres des mots, leur antique naïveté, donnent à la plaisanterie quelque chose de pittoresque, dont le peuple peut s'amuser aussi bien que les gens du monde. (S. 66)

Grundsätzlich sei das Deutsche – hier taucht Montesquieus Argument wieder auf – weitaus weniger für eine Konversationskultur geeignet, weil dem Land aufgrund seiner Zersplitterung ein kulturelles Zentrum fehle (Vgl. S. 16 und S. 532[12]).

Mme de Staëls Äußerungen über die französische Sprache im Vergleich zur deutschen zeigen nicht nur deren inhärente Qualitäten und ihre Auswirkungen auf das Denken der Personen. Sie zeigen umgekehrt auch, inwieweit die soziale Wirklichkeit die Sprache und die Haltung ihrer Sprecher determiniert. Ihre Beschreibung der französischen Kommunikation, die sie aus den Salons des 17. und 18. Jahrhunderts sowie den diversen Hofgesellschaften dieser Zeit kennt, lässt eine starke Disziplinierung der Sprecher durch die sozialen Verhältnisse erkennen. Das Französische habe, so Mme de Staël, als vorherrschende Sprache der europäischen Höfe sowie der Diplomatie im Laufe der Zeit durch den Gebrauch immer mehr an Klarheit gewonnen. Dies erlaube eine gewisse Geschwindigkeit des Sprechens, was wiederum den so unterhaltsamen Aspekt der Leichtigkeit in der Konversation befördere:

> Le français, ayant été parlé plus qu'aucun autre dialecte européen, est à la fois poli par l'usage et acéré pour le but. Aucune langue n'est plus claire et plus rapide, n'indique plus légèrement et n'explique plus nettement ce qu'on veut dire. (S. 64)

---

12 Vgl. dazu Dieter Borchmeyer, *Was ist deutsch?* Die Suche einer Nation nach sich selbst, Berlin, Rowohlt, 2017, S. 159.

Anders als das Deutsche sei das Französische subtiler. Es erlaube, die Dinge auf vielfältige Weise auszudrücken:

> […] l'on peut exprimer avec le français mille observations fines, et se permettre mille tours d'adresse dont la langue allemande est jusqu'à présent incapable. […] Il y a bien des phrases en effet dans notre langue, pour dire en même temps et ne pas dire, pour faire espérer sans promettre, pour promettre même sans se lier. (S. 66 f.)

Diese Art der Konversation aufgrund sprachlicher Möglichkeiten, Dinge eher implizit zu vermitteln, Botschaften zu verklausulieren und im Extremfall aus Höflichkeit Dinge zu versprechen, die nie eingehalten werden, sieht Mme de Staël als moralisch durchaus problematisch an. Das Französische eigne sich für solche Lügen („mensonges“). Dagegen lobt sie die deutsche Sprache als ehrlicher und fordert die Deutschen auf, sich diese Ehrlichkeit zu bewahren:

> L'allemand est moins flexible, et il fait bien de rester tel, car rien n'inspire plus de dégoût que cette langue tudesque, quand elle est employée aux mensonges, de quelque nature qu'ils soient. Sa construction traînante, ses consonnes multipliées, sa grammaire savante, ne lui permettent aucune grâce dans la souplesse ; et l'on dirait qu'elle se roidit d'elle-même contre l'intention de celui qui la parle, dès qu'on veut la faire servir à trahir la vérité. (S. 67)

Jenseits der Sprache sind es für Mme de Staël letztlich anthropologische Charakteristika, die die Franzosen eher für Konversationen bestimmen als die Deutschen:

> Enfin, l'impatience du caractère français, si piquante en conversation, ôterait aux Allemands le charme principal de leur imagination naturelle, cette rêverie calme, cette vue profonde, qui s'aide du temps et de la persévérance pour tout découvrir.
> Ces qualités sont presque incompatibles avec la vivacité d'esprit ; et cependant cette vivacité est surtout ce qui rend aimable en conversation. (S. 61)

Die Deutschen sollten allerdings vom französischen ‚esprit social‘ der Konversation lernen. Sie könnten daraus lernen, ihre Pedanterie im Umgang mit ihren Sujets sowie ihren Gesprächspartnern abzubauen und sich einen Teil jener französischen Geschmeidigkeit aneignen, die dem Vergnügen einen größeren Stellenwert verleiht:

> Les Allemands feraient bien de profiter, sous des rapports essentiels, de quelques-uns des avantages de l'esprit social en France : ils devraient apprendre des Français à se montrer moins irritables dans les petites circonstances, afin de réserver toute leur force pour les grandes ; ils devraient apprendre des Français à ne pas confondre l'opiniâtreté avec l'énergie, la rudesse avec la fermeté ; […] enfin, ils devraient puiser dans l'art même de la conversation […] ce talent d'abréger, inventé par les peuples qui s'amusent, bien plutôt que par ceux qui s'occupent, et ce respect pour de certaines convenances, qui ne porte pas à sacrifier la nature, mais à ménager l'imagination. (S. 63)

Mme de Staël macht auf diese Weise den grundsätzlichen Unterschied zwischen Deutschen und Franzosen an der unterschiedlichen Art und Weise der Konversation fest. Während die französische Konversation darauf ausgerichtet ist, dass der Redner eine Wirkung auf die Gesprächspartner erzielt und sich so als Person ins Licht rückt, so ist die deutsche Konversation stets eher vom Ertrag einer Konversation, vom „résultat sérieux" (S. 55[13]), bestimmt und entbehrt des spielerischen Charakters.

Obgleich zahlreiche Beobachtungen Mme de Staëls klischeehaft sind, wird der von ihr herausgestellte Unterschied der Konversation in beiden Ländern durchaus von anderer Seite bestätigt. So hat Florian Gelzer anhand naturrechtlicher Schriften von Christian Thomasius, der moralischen Wochenschriften sowie der galanten Literatur gezeigt, wie das französische Konversationsideal in Deutschland unter Rückgriff auf naturrechtliche Vorstellungen und moralische Argumentationen umgeformt wird, die ursächlich im universitären Milieu reflektiert wurden[14]. Zunächst analysiert Gelzer Beispiele der preziösen Konversation aus den Romanen Madeleine de Scudérys im französischen 17. Jahrhundert und zeigt, dass es der Autorin vor allem um das ‚Wie‘ der Konversation geht. Die Vermeidung jedweder wissenschaftlicher Pedanterie und damit Langeweile steht im Zentrum der Überlegungen Scudérys, der es daran gelegen ist, eine gemeinsame Tonlage zu finden, in der alle Teilnehmer einer Gesprächsrunde sich in geselligem Beisammensein wiederfinden können[15]. Der für große Teile der französischen Literatur charakteristische Konversationsstil hat sich in der deutschen Literatur an der Wende vom 17. zum 18. Jahrhundert nicht durchsetzen können[16]. Mit der sozialen Verlagerung sowie der naturrechtlichen Durchdringung der galanten Konversation ändert sich auch deren Erscheinungsbild: Die französische Konversation bei Mme de Scudéry war gekoppelt an eine gesellige Zusammenkunft des ‚grand monde‘; sie weicht in deutschen Verhältnissen der Einbettung in Gesprächs- und Lesekreise im häuslichen Umfeld.[17]

Zwei Beispiele, eines aus der französischen Aufklärung, in der die Konversation ganz im Zeichen des ‚bel esprit‘ steht, sowie eines aus der sich daran anschlie-

---

13 Vgl. dazu Borchmeyer, *Was ist deutsch?*, S. 161 und S. 163.

14 „Konversation und Geselligkeit im ‚galanten Diskurs‘ (1680–1730)", in: Rüdiger Schnell (Hrsg.), *Konversationskultur in der Vormoderne*. Geschlechter im geselligen Gespräch, Köln/Weimar/Wien, Böhlau, 2008, S. 473–524, bes. S. 499. Vgl. auch ders., *Konversation, Galanterie und Abenteuer*. Romaneskes Erzählen zwischen Thomasius und Wieland (Frühe Neuzeit. 125), Tübingen, Niemeyer, 2007, bes. S. 34–75.

15 Vgl. S. 485.

16 Vgl. S. 514.

17 Vgl. S. 510 f.

ßenden deutschen Romantik vermögen die ganz unterschiedlichen Einstellungen zur geselligen Unterhaltung in Frankreich und Deutschland zu illustrieren. In seinem satirischen Briefroman *Lettres persanes* beschreibt Montesquieu, wie zwei Franzosen sich auf eine der alltäglichen Konversationsrunden vorbereiten. Ausgangspunkt ist die Beobachtung des einen, seit einiger Zeit bei solchen Konversationen nicht mehr zum Zuge gekommen zu sein, und das trotz einer minutiösen Vorbereitung des „Aufputzes" seiner Rede:

> Je ne sais ce que c'est, mais tout tourne contre moi : il y a plus de trois jours que je n'ai rien dit qui m'ait fait honneur, et je me suis trouvé confondu pêle-mêle dans toutes les conversations, sans qu'on ait fait la moindre attention à moi, et qu'on m'ait deux fois adressé la parole. J'avais préparé quelques saillies pour relever mon discours ; jamais on n'a voulu souffrir que je les fisse venir.[18]

Die daraus resultierende Angst vor dem gesellschaftlichen Abstieg („Si cela continue, je crois qu'à la fin je serai un sot [...]"[19]) und der Befürchtung, den Ruf des ‚bel esprit' in der Gesellschaft zu verlieren („La réputation de bel esprit coûte bien à soutenir"[20]) bringt seinen Geprächspartner auf die Idee, sich zusammen zu tun, sich gegenseitig Stichworte zu liefern und auf diese Weise ganze Konversationsrunden zu beherrschen:

> Il me vient une pensée, reprit l'autre ; travaillons de concert à nous donner de l'esprit ; associons-nous pour cela. Chaque jour, nous nous dirons de quoi nous devons parler, et nous nous secouerons si bien que, si quelqu'un vient nous interrompre au milieu de nos idées, nous l'attirerons nous-mêmes, et, s'il ne veut pas venir de bon gré, nous lui ferons violence. Nous conviendrons des endroits où il faudra approuver, de ceux où il faudra sourire, des autres où il faudra rire tout à fait et à gorge déployée. Tu verras que nous donnerons le ton à toutes les conversations, et qu'on admirera la vivacité de notre esprit et le bonheur de nos reparties.[21]

Der Dialog zwischen den beiden zeigt die beiden Seiten der französischen Konversation: zum einen den formellen Charakter der Geselligkeit, die floskelhafte Seite einer Höflichkeit, die man sich scheinbar aus Lehrbüchern aneignen kann: „Il faudra acheter de certains livres qui sont des recueils de bons mots composés à l'usage de ceux qui n'ont point d'esprit, et qui en veulent contrefaire : tout dépend d'avoir des modèles."[22] Zum anderen wird der gesellschaftliche Druck erkennbar,

---

18 *Lettres persanes*, S. 96–98 (Brief LIV). Zu dieser Stelle vgl. auch Emmanuel Godo, *Une Histoire de la conversation* (Histoire culturelle. 2), Paris, Classiques Garnier, 2015, S. 213.
19 S. 97.
20 Ebd.
21 Ebd.
22 Ebd.

der auf dem ‚bel esprit' lastet und hinter der vermeintlich so spielerischen ‚sociabilité' aufscheint („Voilà une véritable bataille"[23]).

Ganz anders dagegen die Konzepte geselliger Konversation, die zu Beginn des 19. Jahrhunderts in Deutschland reflektiert werden. Aus der Fülle der Betrachtungen ragt ein Beispiel besonders heraus: Heinrich von Kleists kurzer Essay *Über die allmähliche Verfertigung der Gedanken beim Reden* (1805). Kleist geht es nicht um die minutiöse Vorbereitung auf die Konversation, von der Montesquieus *Persische Briefe* in satirischer Absicht berichten. Er empfiehlt im Gegenteil ein geselliges Gespräch ganz unvorbereitet und ohne Vorkenntnisse zu führen und sich auch dann zu äußern, wenn man nicht genau weiß, was man eigentlich sagen will, nach dem Motto: „l'idée vient en parlant"[24]. Allein diese Verballhornung des französischen Spruchs: ‚L'appétit vient en mangeant.' zeigt, dass Kleist eine andere Vorstellung von der Konversation hat als die in Frankreich übliche. Kleist richtet sich damit auch gegen die Empfehlungen des Freiherrn von Knigge, der in seiner Abhandlung *Ueber den Umgang mit den Menschen* (1788) seinen deutschen Landsleuten gerade den französischen „esprit de conduite" beibringen wollte. Knigges Ausgangspunkt war die fehlende „Kunst des Umgangs mit Menschen"[25], die im „deutschen Vaterlande" wie in „keinem Lande in Europa"[26] zu verzeichnen sei. Als Grund führt Knigge die Zersplitterung des Landes und den großen Abstand zwischen den Ständen an:

> Dies rührt her von der Mannigfaltigkeit des Interesses der deutschen Staaten gegeneinander und gegen auswärtige, von dem Unterschiede der Verbindungen mit diesem oder jenem auswärtigen Volke und von dem sehr merklichen Abstande der Klassen in Deutschland vonein-

---

23 Ebd. Vgl. dazu auch Godo, *Une Histoire*, S. 212: „Marmontel témoigne de la haute technicité qu'exige de participer au salon de Madame de Tencin, le néophyte se trouvant confronté à des experts de la parole vive et des virtuoses de l'esprit, au milieu desquels il se sent perdu: ‚J'eus […] l'honneur d'être du dîner de Mme de Tencin; et, dès ce jour-là, j'aurais été inscrit sur la liste de ses convives; mais M. de la Popelinière n'eut pas de peine à me persuader qu'il y avait là trop d'esprit pour moi; et, en effet, je m'aperçus bientôt qu'on y arrivait préparé à jouer son rôle, et que l'envie d'entrer en scène n'y laissait pas toujours à la conversation la liberté de suivre son cours facile et naturel. C'était à qui saisirait le plus vite, et comme à la volée, le moment de placer son mot, son conte, son anecdote, sa maxime ou son trait léger et piquant; et, pour amener l'à-propos, on le tirait quelquefois d'un peu loin.'" („Le témoignage de Marmontel, entre 1745 et 1749", in: Jacqueline Hellegouarc'h, *Esprit de société*. Cercles et „salons" parisiens au XVIIIe siècle, Paris, Garnier, 2000, S. 73–76, hier: S. 74).
24 *Über die allmähliche Verfertigung der Gedanken beim Reden*, Amsterdam/Berlin/Stuttgart, edenspiekermann, 2011, S. 11.
25 Hannover, Christian Ritscher, [5]1796 ([1]1788), S. 6; online: http://www.al-adala.de/Neu/wp-content/uploads/2011/10/Knigge-Über-den-Umgang-mit-Menschen.pdf.
26 S. 7.

ander [...] Wo hat mehr als in Deutschland die Idee von sechzehn Ahnen des Adels wesentlichen moralischen und politischen Einfluß auf Denkungsart und Bildung? Wo greift weniger allgemein als bei uns die Kaufmannschaft in die übrigen Klassen ein? [...] Wo durchkreuzen sich mehr Arten von Interesse? – Und das alles wird nicht durch gewisse, dem ganzen Volke merkbare allgemeine Nationalbedürfnisse, Volksangelegenheiten, Vaterlandsnutzen konzentriert [...][27]

Unter Berufung auf seine Erfahrungen an diversen Höfen will er den deutschen Landsleuten Regeln jenes ‚esprit de conduite' mitgeben, die der französischen Geschmeidigkeit und Spielfreude in der geselligen Konversation zu Grunde liegen:

Was die Franzosen den esprit de conduite nennen, das fehlt jenen: [...] die Kunst, [...] sich ungezwungen in den Ton jeder Gesellschaft stimmen zu können, ohne weder Eigentümlichkeit des Charakters zu verlieren, noch sich zu niedriger Schmeichelei herabzulassen. Der, welchen nicht die Natur schon mit dieser glücklichen Anlage hat geboren werden lassen, erwerbe sich Studium der Menschen, eine gewisse Geschmeidigkeit, Geselligkeit, Nachgiebigkeit, Duldung, zu rechter Zeit Verleugnung, Gewalt über heftige Leidenschaften, Wachsamkeit auf sich selber und Heiterkeit des immer gleich gestimmten Gemüts [...][28]

Dagegen beschreibt Kleist die Abläufe einer geselligen Konversation als ein Spiel ganz anderen Charakters. Die dunklen und unfertigen Vorstellungen eines Gesprächsteilnehmers – so verläuft für ihn das Spiel – können im Laufe der Rede die Gestalt einer völlig klaren Idee annehmen:

[...] weil ich doch irgendeine dunkle Vorstellung habe, die mit dem, was ich suche, von fern her in einiger Verbindung steht, so prägt, wenn ich nur dreist damit den Anfang mache, das Gemüt, während die Rede fortschreitet, in der Notwendigkeit, dem Anfang nun auch ein Ende zu finden, jene verworrene Vorstellung zur völligen Deutlichkeit aus, dergestalt, daß die Erkenntnis zu meinem Erstaunen mit der Periode fertig ist.[29]

Dabei kann allein die körperliche Reaktion eines Gesprächsteilnehmers oder der Blick in das Antlitz des Gegenübers die Gemütsspannung derart steigern, dass der Gedanke letztlich vollendet zum Ausdruck gebracht wird:

Es liegt ein sonderbarer Quell der Begeisterung für denjenigen, der spricht, in einem menschlichen Antlitz, das ihm gegenübersteht; und ein Blick, der uns einen halbausgedrückten Gedanken schon als begriffen ankündigt, schenkt uns oft den Ausdruck für die ganze andere Hälfte desselben.[30]

---

27 S. 8.
28 S. 6 f.
29 *Über die allmähliche Verfertigung*, S. 12.
30 S. 12 f.

Kleist beschreibt diesen Prozess während einer Konversation mit der Metapher der ‚Elektrisierung', und zwar der elektrischen Aufladung unseres Zustands, der Wissen hervorbringt: „Denn nicht wir wissen, es ist allererst ein gewisser Zustand unsrer, welcher weiß."[31] Eine Unterhaltung, die sich vorgefertigter Gedanken und vorgefertigter sprachlicher Ausdrücke bedient, verfehlt eine solche Elektrisierung:

> Etwas ganz anderes ist es, wenn der Geist schon, vor aller Rede, mit dem Gedanken fertig ist. Denn dann muß er bei seiner bloßen Ausdrückung zurückbleiben, und dies Geschäft, weit entfernt ihn zu erregen, hat vielmehr keine andere Wirkung, als ihn von seiner Erregung abzuspannen.[32]

Anders als das französische Konversationsideal, welches im Spiel des perfekten sprachlichen Ausdrucks und des perfekten ‚esprit' seine Vollendung findet, steht die Unterhaltung bei Kleist ganz im Zeichen der „Idee auf der Werkstätte der Vernunft"[33]. Reden in einer Konversation ist für ihn „wahrhaft lautes Denken"[34] mit dem Ziel einer „kontinuierlichen[n] Befruchtung der Gemüter mit Ideen"[35]. Unter Hinweis auf Kant spricht er von der „Hebammenkunst der Gedanken"[36], ein Gedanke, der letztlich aus der Philosophie Platos stammt, in der Sokrates im Gespräch mit seinen Schülern per Maieutik die Anamnesis der Ideen hervorruft[37]. Kleist rekurriert mit diesen Überlegungen auf Vorstellungen, wie sie in der frühen Romantik Deutschlands geläufig waren: Das gesellige Gespräch gilt ihm als Kunst, in der das Ich sich aus dem intersubjektiven Dialog heraus konstituiert, so wie es Johann Gottlieb Fichte in seiner *Grundlage des Naturrechts* (1796) eingefordert hatte[38]. Die Kommunikation ist in der deutschen Romantik kein zweckfreies Spiel wie in Frankreich, sondern steht im Zeichen eines humanitären Mehrwerts der Bildung der Person.

---

31 S. 17.
32 S. 15 f.
33 S. 12.
34 S. 15.
35 S. 16.
36 S. 17.
37 Vgl. dazu Paul E. Kerry, „Heinrich von Kleist and the Transformation of Conversation in Germany", in: Katie Halsey/Jane Slinn (Hrsg.), *The Concept and Practice of Conversation in the Long Eighteenth-Century. 1688–1848*, Newcastle, Cambridge Scholars, 2008, S. 65–86.
38 Vgl. dazu Conrad Wiedemann, „Ideale Gesellligkeit und ideale Akademie. Schleiermachers Gesellligkeitsutopie 1799 und heute", in: Wilhelm Voßkamp (Hrsg.): *Ideale Akademie: vergangene Zukunft oder konkrete Utopie?* (Forschungsberichte der Interdisziplinären Arbeitsgruppen der Berlin-Brandenburgischen Akademie der Wissenschaften. 11), Berlin, Akademie Verlag, S. 61–80, bes. S. 70.

5.2 Die Entstehung der ‚exception culturelle‘ der französischen Konversation als Folge des Zentralismus

Würde man die im Verlauf mehrerer Jahrhunderte in zahlreichen französischen Traktaten über die Konversation genannten Aspekte in einer Definition zusammenfassen, so ließe sich Folgendes festhalten: Konversation ist ein zwangloses höfliches Gespräch unter mehr oder weniger Gleichgestellten, in dem ohne vorige Vorbereitung und ohne festgelegte Abfolge unverbindlich verschiedene Themen im Wechsel der Sprecher zu deren Unterhaltung angesprochen werden. Damit gehört die Konversation in den Bereich der menschlichen Freizeit. Sie gehört überdies in den Bereich der Oralität, der gesprochenen Sprache, was zur Folge hat, dass Konversationen in der Regel nicht aufgeschrieben werden. Konversationen werden jedoch häufig in Gattungen der historiographischen Literatur als Dokument einer Epoche wiedergegeben und vor allem in der Literatur als fiktive Konversationen übermittelt, die vorgeben, mimetisch die Oralität einer Zeit abzubilden.

Marc Fumaroli, Mitglied der *Académie française* und profunder Kenner des französischen Klassizismus, untermauert seine These von der französischen Konversation als „*genre des genres littéraires*" mit einem Zitat von Voltaire:

> De toutes les langues de l'Europe, la Française doit être la plus générale, parce qu'elle est la plus propre à la conversation ; elle a pris son caractère dans celui du peuple qui la parle. L'esprit de société est le partage naturel des Français ; c'est un mérite et un plaisir dont les autres peuples ont senti le besoin. L'ordre naturel dans lequel on est obligé d'exprimer ses pensées et de construire ses phrases répand dans notre langue une douceur et une facilité qui plaît à tous les peuples ; et le génie de la nation se mêlant au génie de la langue, a produit plus de livres agréablement écrits qu'on n'en voit chez aucun autre peuple. La liberté et la douceur de la société n'ayant été longtemps connues qu'en France, le langage en a reçu une délicatesse d'expression, et une finesse pleine de naturel qui ne se trouve guère ailleurs.[39]

Verantwortlich für die herausragende Stellung und Bedeutung der französischen Konversation sind laut Voltaire der ‚Geist der Nation‘ sowie der ‚Geist der Sprache‘. Der Geist der Nation findet sich in der französischen Geselligkeit, dem „esprit de société"; der der Sprache in der Klarheit der natürlichen Ordnung der Syntax, dem „ordre naturel", die dem Französischen Finesse und Delikatesse verleiht und es auf diese Weise als eine Sprache der Konversation par excellence auszeichnet.

Nun sind sowohl der nationale Geist der Geselligkeit als auch die Klarheit der Sprache Produkte einer historischen Entwicklung. Während der Zeit der re-

---

39 Überliefert bei Claude Villaret, *L'Esprit de Monsieur de Voltaire*, Ière partie, Amsterdam, Pierre Érialed, 1753, S. 180–1, art. „Langue française". Vgl. Fumaroli, *Le Genre des genres*, S. 2f.

ligiösen Auseinandersetzungen im 16. Jahrhundert ist kaum jemand auf die Idee
gekommen, den „esprit de société" als urfranzösischen Charakterzug anzuneh-
men. Auch die Sprache des 16. Jahrhunderts kann aufgrund ihrer diatopischen,
diachronischen, diaphasischen und diastratischen Varianten kaum als klar, de-
likat und besonders fein beschrieben werden. Die herausragende Zeit der französischen Konversation, während der ihren Regeln und Gepflogenheiten besondere Aufmerksamkeit gewidmet wird, fällt nicht zufällig mit der Entstehung des
absolutistischen Zentralstaats zusammen. Sowohl für die Entwicklung der französischen Sprache als auch des ‚esprit de société' sind ursächlich jene Prozesse
entscheidend, die im Zusammenhang mit der neuzeitlichen Staatenbildung vom
Historiker Gerhard Oestreich als ‚Sozialdisziplinierung'[40], von Norbert Elias so-
zialpsychologisch als ‚Zivilisierung' und von Stephen Greenblatt bezogen auf das
Persönlichkeitsideal als ‚self-fashioning'[41] beschrieben wurden. Dabei sind – wie
Albrecht gezeigt hat – vor allem die Salons und ihre Kultur als Folgeerscheinung
der zunehmenden staatlichen Zentralisierung von entscheidender Bedeutung[42].
In einer Zeit der Domestizierung des Adels am Hof, der Rationalisierung der Politik und der Säkularisierung der Herrschaftslegitimation bieten die Salons Räume,
in denen Bürgertum und Adel auf nahezu gleichberechtigter Ebene zusammenkommen und das kulturelle und politische Leben diskutieren.

Die Schaffung eines absolutistischen Zentralstaats ist ein langer Prozess, der
bereits im Mittelalter einsetzt. Indem der Frankenkönig Chlodwig das Erbe des römischen Imperiums antritt, geht auch dessen Grundidee einer zentralstaatlichen
Ordnung in die Vorstellungswelt der französischen Könige ein. Im Verlauf der mittelalterlichen Geschichte erweitert sich der Einfluss der Könige vom ursprünglich
kleinen Gebiet der Isle-de-France auf jenes Territorium, welches heute das Hexa-
gone ausmacht. Die Furcht, dass Frankreich in partikuläre Territorialstaaten zer-
fallen könnte, begleitet das staatliche Denken über die Jahrhunderte. Die Durchsetzung einheitlicher zentralistischer Strukturen findet einen vorläufigen Höhepunkt im 17. Jahrhundert mit der Schaffung des absolutistischen Machtstaats, der
Entmachtung der Territorialfürsten und ihrer Umfunktionierung in funktionslose
Höflinge am Versailler Hof. Diese entmachtete ‚noblesse d'épée' sucht die Kompensation ihrer Funktionslosigkeit in der Kultur, was in der Folge wiederum eine in Europa einzigartige kulturelle Ausrichtung der Politik nach sich zieht, die
bis heute ein Alleinstellungsmerkmal Frankreichs geblieben ist. Die Französische

---

40 Vgl. dazu vor allem dessen *Geist und Gestalt des modernen Staates*, Berlin, Dunker/Humblot,
1969.
41 *Renaissance Self-Fashioning*. From More to Shakespeare, Chicago, Chicago University Press,
2005.
42 *Zivilisation und Gesellschaft*. Bürgerliche Kultur in Frankreich, München, Fink, 1995.

Revolution behält die zentralistischen Strukturen bei und verstärkt sie durch das Prinzip der Gleichheit: Rechtsprechung, Verwaltung, die Sprache, das Schul- und Bildungswesen werden gleichen Standards unterworfen, die durch den Zentralstaat kontrolliert werden. Für die Hofgesellschaft des Absolutismus bedeuten die Zentralisierungen, dass die Gunst des Herrschers der Maßstab ihres Handelns ist. Überdies ist die Ehrerbietung des Herrschers von Bedeutung, weil der Adel von dessen autoritärem Status profitiert und daraus seine eigene Stellung ableitet. Aus dieser Situation heraus entstehen Regularien, die die Kommunikation bei Hof der Devotion unterwerfen. Die Spezifika der französischen Kommunikation entstehen dann mit der Herausbildung der kulturell so wichtigen Salons, die in gewisser Weise Ausbruchsräume aus der Welt des Hofs darstellen.

Wie Albrecht gezeigt hat, sind die Salons die eigentlichen Räume einer neuen Öffentlichkeit. Anders als Elias meint, der anhand psychoanalytischer Kriterien die Entwicklung der Zivilisation als Zwang, als Affektkontrolle des Einzelnen unter den Bedingungen absoluter Herrschaft beschreibt und sich auf den Hof konzentriert[43], ist es für Albrecht der Salon, der die eigentliche „kulturbildende Macht" durch die freie Assoziation seiner Mitglieder darstellt[44]. Er ist der Raum einer „Autonomie gegenüber dem Hof" und stellt eine „weitgehend von politischem oder ökonomischem Druck entlastete Form kultureller Vergesellschaftung" dar:

> [...] gerade die parasitäre Funktionslosigkeit seiner Mitglieder garantierte, daß sich im Gegensatz zu den Renaissancehöfen keine Machtfragen gegenüber dem Fürsten in die Geselligkeit einmischten, im Gegensatz zu den Humanistenbünden keine politische Verantwortung durch Ämter. Damit konnte sich der Salon in seiner Kulturarbeit weitgehend auf sich selbst konzentrieren.[45]

Ein in seinen Auswirkungen auf die Konversation in Frankreich entscheidender Vorgang ist die ständige Selbstreflexion, der die Kultur der Salons ausgesetzt ist. Sie führt zu einer Formalisierung dieser Kultur und mit ihr der Konversation, die sich bis heute diesen Charakter erhalten hat. Genau dies war der Kritikpunkt der deutschen Spätaufklärung an der angeblich so oberflächlichen, für ganz Europa vorbildlichen Konversation in Frankreich.

Wie es zu dieser Formalisierung und Entsubstantialisierung der Salonkultur gekommen ist, erklärt Albrecht an zwei Beispielen: den Reflexionen und Diskussionen der rationalistischen Philosophie Descartes' sowie der theologischen Debatten zwischen Jansenisten und Jesuiten, die auf den Salon ausgerichtet

---

43 *Zivilisation und Gesellschaft*, S. 26.
44 S. 36.
45 S. 43.

sind und wesentlich in diesem Raum stattgefunden haben. Descartes' 1637 im holländischen Leiden erschienener *Discours de la méthode* ist der Versuch, in Auseinandersetzung mit dem Skeptizismus sowie dem Aristotelismus, den die mittelalterliche Scholastik als Fundament ihres Denkens hervorgebracht hatte, zu Gewissheiten in Gestalt wahrer Grundsätze zu gelangen. In der Zeit der Gegenreformation nach dem tridentinischen Konzil (1545–1563) ist seine Philosophie einer der letzten Versuche, die durch den Protestantismus verloren gegangene Ordnung der unterschiedlichen Kulturbereiche wiederherzustellen. Nur dass nun nicht mehr die Religion das Zentrum der Ordo-Vorstellungen bildet, sondern die naturwissenschaftliche, methodische Erkenntnis. So dient der *Discours de la méthode* als Propädeutik der naturwissenschaftlichen Schriften Descartes, die zusammen mit seinen *Meditationes de prima philosophiae*, den *Principia philosophiae* und den *Regulae ad directionem ingenii* Physik und Moral gleichermaßen auf gesicherte Grundlagen stellen will[46]. Der z. T. erzählende Gestus des *Discours* sowie sein durch den Sprecher im Konversationsstil vorgetragener Argumentationsgang sind – so Albrecht – Zeichen der Ausrichtung auf die zeitgenössische Salongesellschaft als jenem Zentrum, in dem die wichtigen Debatten der Zeit stattgefunden haben[47]. Da die Salons jedoch Entlastungsräume der höfischen Gesellschaft sind, in denen kulturelle Normierungen einer fortwährenden Reflexionsdynamik unterworfen werden, muss Descartes systematisches Denken scheitern.

Die Wirkungsgeschichte des Cartesianismus zeigt, dass schon im 17. Jahrhundert jeder Versuch der Neufundierung einer Einheitskultur mit wesentlich anderen sozialen Bedingungen rechnen muss, die durch die bürgerliche Kultur entstanden sind. Deshalb gehen von der Cartesianischen Philosophie letzten Endes nur die Methode des systematischen Zweifels und die Selbstevidenz von ‚raison' und ‚clarté' als fester Bestandteil in die bürgerliche Kultur Frankreichs ein. Damit setzten sich die formalen Elemente des Cartesianismus durch, die sich prinzipiell für oder gegen eine Sache wenden lassen und schon bald als natürliche Denkweise die Religion systematischen Zweifeln unterziehen. Der Cartesianismus kann die einheitliche, unbestreitbare Grundlage für eine neue Wissenschaft und Morallehre deshalb nicht liefern, weil jede inhaltliche Festlegung in der auf Soziabilität, und nicht etwa auf Wahrheit oder Autorität funktionalisierten Konversation der Salons, sofort ihre Antithese erzeugt und im Zweifelsfall zur Bildung eines anticartesianischen Salons, also zu neuen Formen einer kulturellen Vergesellschaftung geführt hätte. Jeder Versuch, die divergierenden Tendenzen der Salonkultur

---

46 S. 78.

47 S. 82

erneut zu bündeln, endet notwendig in neuen Parteiungen, weil sich die Dynamik der Salonkultur nicht mehr in bestimmten ideellen oder sozialen Konkretionen bändigen lässt.[48]

Wie sich diese Entwicklungen auf die Konversation der Salons auswirken, zeigt mustergültig ein Schlüsseltext der klassischen Literatur: der *Discours à Madame de la Sablière* von Jean de La Fontaine, den der Fabelautor ans Ende des neunten Buchs seiner *Fables* stellt. La Fontaines *Discours* zeigt nicht nur, wie die Konversationen der Salons beschaffen sind und welche Funktion ihnen zukommt. Er zeigt auch, dass nach der Auffassung dieses Milieus Descartes' Vorstellungen vom Tier als Maschine an der erheblich differenzierter zu sehenden Wirklichkeit vorbei gehen und dass verkürzende Erklärungen der natürlichen und moralischen Ordnung nach physikalisch-mechanistischen Prinzipien nicht akzeptiert werden.

Marguerite Hessein de la Sablière ist eine jener prominenten Damen des 17. Jahrhunderts, die in ihrem Salon *La Folie-Rambouillet* im 12. Arrondissement in Paris herausragende Aristokraten, Literaten, Naturwissenschaftler und Philosophen der Epoche versammelt. Sie protegiert nicht nur La Fontaine sondern auch den Arzt und Philosophen François Bernier, der einen *Abrégé de la philosophie de Gassendi* (1678) verfasst hat, bei dem es sich um eine ‚vulgarisation' des an der epikuräischen Philosophie orientierten Gegenspielers von Descartes, Pierre Gassendi, handelt. Bevor La Fontaine unter dem Titel *Discours à Madame de la Sablière* zahlreiche Beispiele aus dem Tierreich anführt, die Descartes' These vom Tier als Maschine widerlegen, wird die Lobrede auf die Gastgeberin des Salons *La Folie-Rambouillet* mit einem sich über 30 Verse erstreckenden Exordium über die Konversation im Salon eröffnet:

> Iris, je vous louerais, il n'est que trop aisé ;
> Mais vous avez cent fois notre encens refusé,
> En cela peu semblable au reste des mortelles,
> Qui veulent tous les jours des louanges nouvelles.
> 5 Pas une ne s'endort à ce bruit si flatteur.
> Je ne les blâme point, je souffre cette humeur ;
> Elle est commune aux Dieux, aux Monarques, aux Belles.
> Ce breuvage vanté par le peuple rimeur,
> Le Nectar que l'on sert au maître du Tonnerre,
> 10 Et dont nous enivrons tous les Dieux de la terre,
> C'est la louange, Iris. Vous ne la goûtez point ;
> D'autres propos chez vous récompensent ce point,
> Propos, agréables commerces,

---

48 Vgl. S. 84.

Où le hasard fournit cent matières diverses :
15 Jusque-là qu'en votre entretien
La bagatelle a part : le monde n'en croit rien.
Laissons le monde et sa croyance.
La bagatelle, la science,
Les chimères, le rien, tout est bon. Je soutiens
20 Qu'il faut de tout aux entretiens :
C'est un parterre, où Flore épand ses biens ;
Sur différentes fleurs l'Abeille s'y repose,
Et fait du miel de toute chose.
Ce fondement posé, ne trouvez pas mauvais
25 Qu'en ces Fables aussi j'entremêle des traits
De certaine Philosophie
Subtile, engageante, et hardie.
On l'appelle nouvelle. En avez-vous ou non
Ouï parler ? Ils disent donc
30 Que la bête est une machine ; [...][49]

Das Exordium ist in drei Teile eingeteilt. Es zeigt zunächst, wie sehr auch die Salonkonversation von der vertikalen Dimension, hier dem Lob der Gastgeberin bestimmt ist (V. 1–10). In einer an der Macht und Autorität der Herrschaft orientierten Gesellschaft erwartet jedermann, dass die Konversation dem Zwang zum Lob der Großen unterworfen ist. Vertikalität ist ein Grundprinzip des Zentralismus. Sichtbare Unterwerfung unter Autoritäten, die sich vor allem im Lob äußert, ist eine Überlebensnotwendigkeit, zumal die Gunst der betreffenden Person der eigenen ebenfalls Autorität verleiht. Für La Fontaine ist dies der allgemeine Zug der Zeit:

Ne pas louer son siècle est parler à des sourds.
Je le loue, et je sais qu'il n'est pas sans mérite ;
Mais près de ces grands noms notre gloire est petite [...][50]

heißt es bei ihm an anderer Stelle. La Fontaine stellt denn auch gar nicht in Abrede, dass die Konversationen im Salon der Madame de la Sablière ebenfalls am Prinzip des Lobs ausgerichtet sind, wie es die Eingangsverse beschreiben. Er akzeptiert diesen Zwang der Epoche: „Je ne les [= les mortelles] blâme point, je souffre cette humeur [...]" (V. 6) Auch macht er den Zwang deutlich, der hinter diesem von der zentralen Ausrichtung der Herrschaft geforderten Verhalten steht, wenn er das Lob als Nektar des *Jupiter tonans* beschreibt, als eine quasi bedrohlich

---

[49] Jean de La Fontaine, *Fables choisies mise en vers*, hrsg. von George Couton (Classiques Garnier), Paris, Garnier [2]1967 ([1]1962), S. 266–271, hier: S. 266 (Buch 9).
[50] *Épître à Huet*, in: Félix Hémon (Hrsg.), *Épîtres de La Fontaine : discours à Mme de La Sablière, épître à Huet*, Paris, Hachette, 2013, V. 41–43.

von oben herab eingeforderte Demutshaltung: „Le Nectar que l'on sert au maître du Tonnerre [...]" (V. 9).

Im Salon *La Folie-Rambouillet* ist dies jedoch nicht der dominante Ton. Der zweite Teil des Exordiums beschreibt die andere Seite der Salonkonversation (V. 11–23). Nicht allein, dass die Gastgeberin sich dem Lob stets verweigert hat: „[...] vous avez cent fois notre encens refusé [...]" (V. 2) und „[...] la louange, Iris. Vous ne la goûtez point [...]" (V. 11) Das Interessante an der Konversation sind für den Sprecher die zufälligen und damit zwanglosen Bemerkungen der Gesprächspartner: „Propos [...] / Où le hasard fournit cent matières diverses [...]" (V. 13.f) Erst durch solche ungezwungenen Redesituationen entsteht ein ‚esprit de sociabilité', der den Konversationspartnern einen angenehmen Umgang miteinander erlaubt: „agréables commerces" (V. 13). Dabei kann es sich um belanglose Bagatellen handeln, um Nichtigkeiten und Einbildungen, aber auch um Fragen von wissenschaftlicher Relevanz: „La bagatelle, la science, / Les chimères, le rien, tout est bon." (V. 18 f.). Dieser Aspekt der zufälligen, zwanglosen Mischung der Sujets, wird eigens vom Sprecher bekräftigt: „Je soutiens / Qu'il faut de tout aux entretiens [...]" (V. 19 f.) Die Salonkonversation spiegelt somit nicht nur die Anforderungen einer vertikal, an der Zentralherrschaft ausgerichteten Gesellschaft; sie zeigt auch die Kehrseite, die Subversivität, die mit der Horizontalität der Sujets gegeben ist: Sie ist eine Kritik an der Welt der Großen, die sich vom Lob nur benebeln lassen wollen: „[...] Le Nectar / [...] dont nous enivrons tous les Dieux de la terre [...]" (V. 9 f.) In der Konversation können die Mitglieder eines Salons die so beschaffene Welt zeitweise außen vor lassen: „Laissons le monde et sa croyance" (V. 17). Solche ganz anderen, nicht auf die Huldigung der Autoritäten ausgerichteten Beiträge der zwanglosen Salonkonversation dienen der zeitweiligen Kompensation gesellschaftlich erzwungener Demutshaltungen: „D'autres propos chez vous récompensent ce point [...]" (V. 12). La Fontaines Analyse der Funktion der Salonkonversation deckt sich mit jenen Befunden, die sich aus einer großräumigen Untersuchung der Geschichte der französischen Konversation ableiten lassen:

> Une évolution est [...] à noter entre la civilité renaissante et la sociabilité classique. Alors que Castiglione fait de la cour d'Urbino le lieu d'une conversation idéale, qui ne met pas en cause la proximité du prince, de nombreuses œuvres françaises vont faire de la distance par rapport au pouvoir la condition impérative pour qu'un échange parfait puisse s'instaurer.[51]

Anders gesagt, die Freiheiten der Äußerung sowie die Erneuerung der Ideen wären unter den räumlichen Bedingungen der Nähe zur zentralistischen Herrschaft

---

51 Godo, *Une Histoire*, S. 123 f.

nicht möglich gewesen („une liberté de ton et une capacité d'innovation qui n'aurait été possible [...] dans l'espace politique trop proche du Prince [...]"[52]).

Die Konversation des Salons *La Folie-Rambouillet* vergleicht La Fontaine nun im dritten Teil des Exordiums (V. 21–30) mit der Tätigkeit des Dichters. Und dabei kommt die Spezifik der Gattung ‚Fabel' zum Tragen, die seit den antiken Fabeldichtungen eines Äsop und Phädrus stets durch eine Kritik an der Herrschaft aus der Perspektive der Untergebenen bestimmt war. So wenig sich die Beteiligten an einer Salonkonversation dem Zwang beugen, sich vollends den Autoritäten zu unterwerfen, so wenig gilt dies auch für den Fabelautor. Damit wirft La Fontaine eine Frage auf, mit der sich speziell die Schriftsteller gut auskennen: die Frage der ‚imitatio' der Autoritäten durch einen späteren Autor. Unter Rückgriff auf das antike Bienengleichnis, welches die Abhängigkeit eines Autors von seinen Vorgängern, den Autoritäten, versinnbildlichen will, heißt es von der auf thematische Vielfalt und Sprunghaftigkeit zufälliger Redebeiträge bedachten Konversation:

> C'est un parterre, où Flore épand ses biens;
> Sur différentes fleurs l'Abeille s'y repose,
> Et fait du miel de toute chose.
> (V. 21–23)

Das besonders ausführlich von Seneca in seinen Briefen an seinen Schüler Lucilius kommentierte Gleichnis, besagt, dass die Bienen die Blüten aussaugen und ihre Ernte auf die Waben verteilen. D. h. die Imitation der Autoritäten ist für Seneca keine sklavische Nachahmung, sondern ein Verdauungs- und Neuverteilungsprozess:

> Praeterea condicio optima est ultimi: parata verba invenit, quae aliter instructa novam faciem habent. Nec illis manus inicit tamquam alienis; sunt enim publica.[53]

> (Die Bienen, wie man sagt, müssen wir nachahmen, die umherfliegen und die zur Honiggewinnung geeigneten Blüten aussaugen, sodann, was sie eingebracht haben, ordnen, auf die Waben verteilen.)

La Fontaine legt seinerseits den Akzent vor allem auf die Vielfalt der Blumen, die die Bienen bevölkern („différentes fleurs") und darauf, dass aus dieser Vielfalt Honig entsteht. Das wird besonders deutlich in jener oben erwähnten Epistel an Pierre Daniel Huet, den Bischof von Soissons und Verfasser einer Geschichte des Romans, in der jener griffige Satz „Ne pas louer son siècle est parler à des sourds"

---

52 Emmanuel Bury, *Littérature et politesse*. L'Invention de l'honnête homme (1580–1750), S. 84. Vgl. auch Godo, *Une Histoire*, S. 139.
53 Seneca, *Epistulae morales*, 79, 6.

steht und in dem es um die *imitatio* geht: „Mon imitation n'est point un esclavage
[…]"(V. 26), heißt es dort von der Nachahmung des Fabeldichters, der sich eher
von zufälligen Begegnungen mit den Autoritäten treiben lässt und sich so eine
individuelle Freiheit bewahrt: „[…] me laissant guider, / Souvent à marcher seul
j'ose me hasarder" (V. 23 f.). So wie die *imitatio* des Fabeldichters demnach nicht
sklavisch die Autoritäten nachahmt, so ist auch die Konversation ein Wetteifern,
eine *aemulatio*, durch die sich der Sprecher seine Freiheiten erhält. In jeder *imitatio* – in der Konversation der demutsvollen Unterordnung unter Autoritäten –
steckt eine Auflehnung, die den Sprecher selbst als Urheber ins rechte Licht rückt.

Der *Discours à Madame de la Sablière* ist aber noch viel mehr als nur eine
Beschreibung der Konversation im Salon *La Folie-Rambouillet*. Er zeigt auch, wie
sehr der ordnende Geist der Philosophie Descartes' und dessen Versuch, die Tierwelt nach den Regeln der physikalischen Mechanik zu erklären, in diesem Salon auf Widerstand stößt. Anhand mehrerer subtiler Beispiele aus der Tierwelt,
die auf eine gewisse Intelligenz der Tiere hindeuten, zeigt La Fontaine, inwieweit
man Descartes' mechanistischen Argumenten folgen kann und inwieweit nicht.
Er macht zunächst die Argumentation der Autorität ‚Descartes' stark: Er gesteht
ein, dass man Trauer und Melancholie der Tiere als mechanische Folge körperlicher Eindrücke interpretieren und dass man sogar das offensichtliche Erinne-
rungsvermögen bei Tieren als Folge körperlicher Eindrücke ansehen kann. Die am
Ende des *Discours* erzählte Fabel von den beiden Ratten, dem Fuchs und dem Ei
(*Les deux rats, le renard, et l'œuf*) macht dann allerdings deutlich, wo La Fontaine von Descartes Position abweicht: in der Frage des Erfindungsreichtums, der in
der Tierwelt durchweg zu beobachten ist. Als ein plötzlich auftauchender Fuchs
den beiden Ratten ein Ei wegnehmen will, retten diese sich, indem die eine auf
dem Rücken liegend das Ei festhält und die andere sie am Schwanz wegzieht. Dies
wertet La Fontaine mit Gassendi als Beweis für eine gewisse Intelligenz der Tiere:

> Qu'on m'aille soutenir après, un tel récit,
> que les bêtes n'ont point d'esprit.
> Pour moi, si j'en étais le maître,
> Je leur en donnerais aussi bien qu'aux enfants.
> Ceux-ci pensent-ils pas dès leurs plus jeunes ans ?
> (V. 97–101)

In Anspielung auf die Vergötterung des griechischen Philosophen Epikur bei Lu-
krez wird hier die Autorität ‚Descartes' vom Sockel gestürzt: „Descartes, ce mortel
dont on eût fait un Dieu / chez les Païens […]" (V. 54 f.). Die Zeiten der Erklärung
des ‚esprit du monde' durch eine Normen setzende Philosophie sind für die Salons vorbei. In dem fiktiven Dialog zwischen dem Sprecher und der Herrin des Salons sind die Kriterien der Argumentation „expérience" und „bon sens" (V. 135).

Die grundlegende Haltung ist der ständige und formelle Zweifel: „Jamais on ne pourra m'obliger à le croire [...]" (V. 115).

Im 18. Jahrhundert wird sich der Raum der Salons – wie Albrecht gezeigt hat – zu erheblich größeren Räumen einer Öffentlichkeit erweitern, die dann unter dem Begriff der ‚société' beschrieben werden. Die aus der Konversation gewonnenen Kommunikationsformen wie der Dialog, der Aphorismus oder die essayistische Äußerung werden beibehalten. Schon im 17. Jahrhundert wurden Konversationen verschriftlicht und zu einem von den Zeitgenossen besonders goutierten Bestandteil der Romane Madelaine de Scudérys, der dann sogar gesondert publiziert wurde[54]. Im 18. Jahrhundert geht die Konversation in zahlreiche literarische Formen ein[55], da sie es ermöglicht, die Themen der Aufklärung auf spielerische Weise einem größtmöglichen Publikum zugänglich zu machen:

> La vulgarisation scientifique et la philosophie trouvent dans la conversation une forme idéale pour instruire en amusant et pour diffuser des idées sur le mode si plaisant et si vivant du dialogue, propice au jeu de l'instruction et à la confrontation des idées. Fontenelle écrit, avec les *Entretiens sur la pluralité des mondes*, en 1686, l'un des modèles du genre.[56]

Der gegenüber den Salons jedoch wesentlich abstrakteren Öffentlichkeit, der ‚société', lassen sich allerdings nicht mehr konkrete Formen höflichen Verhaltens eines bestimmten Salons zuordnen[57]. Die Begründung des Zusammenlebens in der Gesellschaft wird nunmehr auf eine abstrakte naturrechtliche Grundlage gestellt[58]. Die naturrechtlich definierte Kultur der gesellschaftlichen Öffentlichkeit, die auch die konversationelle Kommunikation beinhaltet, wird in der Folge unter dem Begriff der ‚mœurs' und später in noch erweiterter Form als ‚civilisation' verallgemeinert. ‚Société' und ‚civilisation' werden zu „wechselseitig auf sich verweisende[n] Universalbegriffen"[59].

Albrecht führt als Beleg insbesondere die *Considérations sur les mœurs générales* (1751) des Schriftstellers und Historiographen Charles Pinot Duclos an, der beschreibt, wie indifferent und substanzlos das gesellige Zusammenleben in den erweiterten Räumen der zeitgenössischen Öffentlichkeit geworden ist:

> Il règne à Paris une certaine indifférence générale qui multiplie les goûts passagers, qui tient lieu de liaison, qui fait que personne n'est de trop dans la société, que personne n'y est

---

54 Vgl. dazu Godo, *Une Histoire*, S. 168: „Les conversations écrites sont si à la mode que Madeleine de Scudéry en extrait de ses romans afin de les publier indépendamment."
55 *Zivilisation und Gesellschaft*, S. 103.
56 Godo, *Une Histoire*, S. 170.
57 *Zivilisation und Gesellschaft*, S. 104.
58 Vgl. S. 106.
59 S. 106.

nécessaire : tout le monde se convient, personne ne se manque. L'extrême dissipation où l'on vit, fait qu'on ne prend pas assez d'intérêt les uns aux autres, pour être difficile ou constant dans les liaisons. On se recherche peu, on se rencontre avec plaisir, on s'accueille avec plus de vivacité que de chaleur ; on se perd sans regret, ou même sans y faire attention.[60]

Duclos' *Caractères* sind aus einer interkulturellen Perspektive noch in ganz anderer Hinsicht interessant: Im Kapitel „Sur les gens de la mode" versucht er die beobachtete Indifferenz des Zusammenlebens zu erklären und zeichnet das Bild einer Pervertierung des gesellligen Lebens in Paris. Der Franzose sei gleichsam von Natur aus der soziabelste Mensch („de tous les hommes le plus sociable", S. 32). Diese Haltung sei allerdings mittlerweile dem allseits zu beobachtenden Verhalten gewichen, in einer Gesellschaft als „liebenswert" zu erscheinen: „[...] je crains que depuis quelque temps on n'en ait abusé ; on ne s'est pas contenté d'être sociable, on a voulu être aimable [...]" (Ebd.). Soziale Verhaltensweisen wie Höflichkeit ohne Falschheit, Freimütigkeit ohne grob zu werden, Gefälligkeit ohne Schmeichelei, Rücksichtnahme ohne Zwang oder aufrichtige Fürsorglichkeit seien dem maßlosen Wunsch gewichen, als liebenswürdig zu gelten (vgl. ebd.). Aus diesem Drang nach Anerkennung resultiere eine völlige Gleichgültigkeit gegenüber dem öffentlichen Wohlergehen gepaart mit dem Wunsch, sich durch Ausgrenzung und Abhebung von anderen zu profilieren:

L'homme aimable du moins celui à qui l'on donne aujourd'hui ce titre, est fort indifférent sur le bien public, ardent à plaire à toutes les sociétés où son goût et le hasard le jettent, et prêt à en sacrifier chaque particulier [...] Le désir immodéré d'amuser l'engage à immoler l'absent qu'il estime le plus, à la malignité de ceux dont il fait le moins de cas, mais qui l'écoutent. Aussi frivole que dangereux, il met presque de bonne foi la médisance et la calomnie au rang des amusements, sans soupçonner qu'elles aient d'autres effets ; [...] Cependant l'ambition de parvenir à cette réputation devient de jour en jour une espèce de maladie épidémique [...] (Ebd.)

Mit diesem Wandel des Verhaltens in den Räumen der gesellschaftlichen Öffentlichkeit ändern sich auch die Gepflogenheiten der Konversation: Auch diese wird indifferent und formelhaft. Der „gute Ton" einer Gesellschaft verlangt die völlige Unterdrückung „sinnvoller Rede" zugunsten des ständigen „amusement":

Le bon ton dans ceux qui ont le plus d'esprit consiste à dire agréablement des riens, à ne se pas permettre le moindre propos sensé, si l'on ne le fait excuser par les grâces du discours, à voiler enfin la raison quand on est obligé de la produire, avec autant de soin que la pudeur en

---

60 Charles Pinot Duclos, *Considérations sur les mœurs de ce siècle*, Amsterdam, La Compagnie, 1751 ; online: http://www.mediterranee-antique.fr/Fichiers_PdF/PQRS/Pinot_Duclos/ Considérations.pdf, S. 4. Die Stellenangaben im laufenden Text beziehen sich auf diese Ausgabe. Vgl. auch Albrecht, *Zivilisation und Gesellschaft*, S. 119.

exigeait autrefois, quand il s'agissait d'exprimer quelque idée libre ; l'agrément est devenu si nécessaire, que la médisance même cesserait de plaire, si elle en était dépourvue. Il ne suffit pas de nuire, il faut surtout amuser ; sans quoi le discours le plus méchant retombe plus sur son auteur que sur celui qui en est le sujet. (S. 33)

Die geselligen Runden unterliegen einer strikten Hierarchie, in der der „esprit" den Ton setzt und alle Teilnehmer der Gesprächskreise dominiert.

Un spectacle assez curieux est de voir la subordination qui règne entre ceux qui forment ces sortes d'associations. Il n'y a point d'état où elle soit mieux réglée. […] Le chef conserve son empire, en immolant alternativement les sujets les uns aux autres. Celui qui est la victime du jour est impitoyablement accablé par tous les autres qui sont charmés d'écarter l'orage de dessus eux ; la cruauté est souvent l'effet de la crainte. […] On ne se donne pour ainsi dire que des cartels d'esprit ; il faudrait s'avouer vaincu, pour recourir à d'autres armes, et la gloire de l'esprit est le point d'honneur d'aujourd'hui. (S. 34 f.)

Die Teilnehmer einer solchen Runde sind der ständigen „Herrschaft des Lächerlichen" („l'empire du ridicule") ausgesetzt. Sie unterliegen damit einer Geißel: „Le ridicule est le fléau des gens du monde." Die ständige Angst vor diesem Phantasma („un être fantastique") führt die Beteiligten zur Unterwürfigkeit unter den guten Ton. Sie schaltet sie gleich, indem sie die Konversation aus Angst vor der Lächerlichkeit ideenlos und stereotyp, damit uninteressant und langweilig, werden lässt:

[…] et il est étonnant qu'un caractère aussi léger que le nôtre se soit soumis à une servitude dont le premier effet soit de rendre le commerce uniforme, languissant et ennuyeux. La crainte puérile du ridicule étouffe les idées, rétrécit les esprits, et les forme sur un seul modèle, suggère les mêmes propos peu intéressants de leur nature, et fastidieux par la répétition. Il semble qu'un seul ressort imprime à différentes machines un mouvement égal et dans la même direction. Je vois que les sots qui puissent gagner à un travers qui les met de niveau avec les hommes supérieurs, puisqu'ils sont tous également assujettis à une mesure commune où les plus bornés peuvent atteindre. L'esprit est presque égal quand on est asservi au même ton, et ce ton est nécessaire à ceux qui sans cela n'en auraient point à eux ; il ressemble à ces livrées qu'on donne aux valets, sans quoi ils ne seraient pas vêtus. (S. 37 f.)

Dieses Bild des geselligen Beisammensein als unbarmherziger ‚bellum omnium contra omnes' schränkt Duclos allerdings an andrer Stelle wieder ein, auch wenn sich seiner Meinung nach ideale Konversationsrunden, die ohnehin eher eine Illusion darstellen, weitaus weniger finden lassen als jene beschriebenen degenerierten Zusammentreffen[61]:

---

61 Vgl. auch Godot, *Une Histoire*, S. 184 : „„Ut pictura conversatio : le monde n'est pas le Léviathan anonyme et aliénant de la modernité désenchantée, c'est un cosmos désirable dans lequel

> On est [...] toujours étonné que de pareilles sociétés ne se désunissent point par la crainte, le mépris, l'indignation ou l'ennui. [...] Il faut convenir que les sociétés dont je parle sont rares ; il n'y a que la parfaitement bonne compagnie qui le soit davantage, et celle-ci n'est peut-être qu'une belle chimère dont on approche plus ou moins. (S. 35)

Anders als die pessimistische Moralistik des 17. Jahrhunderts, die vornehmlich auf negativ-anthropologische Kriterien rekurrierte, kann er den Salongesellschaften und ihren geselligen Formen des Umgangs, die er unter dem Begriff der ‚mœurs' fasst, durchaus **eine** positive Funktion abgewinnen. Die Sitten der Salons bzw. ‚cercles', wie man im 18. Jahrhundert eher sagt, sind für ihn gesellschaftsbildend, da sie die Gleichheit der Rangunterschiede befördern und auf diese Weise ein Gegengewicht gegen den diese Rangunterschiede aufrecht erhaltenden Staat bilden:

> Les mœurs [...] confondent et égalisent dans la société les rangs qui sont distingués et subordonnés dans l'état. (S. 4[62])

Ausgehend von dieser Erkenntnis entwirft Duclos die zukunftweisende Vorstellung einer einheitlichen Erziehung der Gesellschaft, wie sie spätestens mit der Dritten Republik gegen Ende des 19. Jahrhunderts landesweit institutionalisiert wird, eine Idee, die er selbst allerdings keineswegs als republikanische Gleichheits-Utopie verstanden wissen will:

> Nous avons tous dans le cœur des germes de vertus et de vices, il s'agit d'étouffer les uns et de développer les autres. [...]
> Telle est l'éducation qui devrait être générale et uniforme ; au lieu que l'instruction doit être variée et différente, suivant l'état, l'inclination et les dispositions de ceux qu'on veut instruire. Ce n'est point ici une idée de république imaginaire [...] (S. 6)

Nur wenig später wird Rousseau die Gesellschaft der Salons und ihre Konversationen aus einer schweizerischen Außenperspektive einer grundlegenden Kritik unterziehen, die an die Beobachtungen und Argumente Duclos' anknüpft. Rousseaus Äußerungen sind von besonderem Interesse, weil sie aus einer interkulturellen Perspektive erfolgen, wie sie auch gegen Ende der Aufklärung in Deutschland vertreten wird, nicht zuletzt durch den Einfluss des Schweizer Philosophen. In der die Konventionen geselliger Unterhaltung aufgreifenden Form des Briefromans *Julie ou La Nouvelle Héloïse* (1761) schildert Saint-Preux seiner in der Schweiz gebliebenen Geliebten Julie d'Étanges seine Eindrücke aus den Salons in Paris, die er frequentiert. Dabei beabsichtigt er zunächst gar nicht, die Konversationssitua-

---

l'être est convié à s'insérer harmonieusement. Maîtriser l'art de la conversation, c'est posséder les moyens pratiques de participer à cette belle chose qu'est le monde."
62 S. 4. Vgl. Albrecht, *Zivilisation und Gesellschaft*, S. 120.

tionen als typisch französische zu analysieren, da er meint, interkulturelle Besonderheiten aufgrund seiner Unerfahrenheit und mangelnden Vergleichsmöglichkeit gar nicht adäquat beurteilen zu können:

> Ce ne sont point les Français que je me suis proposé d'observer: car si le caractere des nations ne peut se déterminer que par leurs différences, comment moi qui n'en connois encore aucune autre, entreprendrais-je de peindre celle-ci?[63]

Saint-Preux will stattdessen nur die Auswirkungen eines größeren gesellschaftlichen Zusammenlebens auf den Einzelnen beobachten: „Mon objet est de connoitre l'homme, et ma méthode de l'étudier dans ses diverses relations. [...] et je commencerai à juger par-là des vrais effets de la Société [...]" (Ebd.) Dabei schließt er jedoch Erkenntnisse über das Verhalten eines Volkes, hier der französischen Gesellschaften in Paris, nicht kategorisch aus: „Cette méthode pourroit, j'en conviens, me mener encore à la connoissance des peuples [...]" (Ebd.)

Ausgangspunkt der Beobachtungen Rousseaus ist die grundsätzliche Undurchschaubarkeit der Menschen, auf die Saint-Preux in Paris trifft. Insbesondere sind es die indirekten Formen des Sprechens, die ihn – den Vertreter der „gutgläubigen Menschen vom Lande" – verunsichern:

> Il y a pourtant de la réalité à tout cela; car le François est naturellement bon, ouvert, hospitalier, bienfaisant; mais il y a aussi mille manieres de parler qu'il ne faut pas prendre à la lettre, mille offres apparentes, qui ne sont faites que pour être refusées, mille especes de pieges que la politesse tend à la bonne foi rustique. (S. 232, Teil 2, Br. XIV)

Auf den ersten Blick scheinen die Konversationen in den Pariser Kreisen für Saint-Preux noch einem Idealbild der geselligen Unterhaltung zu entsprechen, wie es seit der Renaissance durch Baldassare Castigliones *Il libro del cortegiano* (1528), Giovanni della Casas *Galateo overo de' costumi* (1558) und Stefano Guazzos *La civil conversazione* (1574) im Umlauf ist. Rousseau lässt Saint-Preux ein Tableau entwerfen, in dem die Konversation nahezu alle moralischen Bedingungen des idealen Zusammenlebens der Gesellschaft sowie alle ästhetischen Ansprüche der Beteiligten erfüllt:

> [...] le ton de la conversation y est coulant et naturel; il n'est ni pesant, ni frivole; il est savant sans pédanterie, gai sans tumulte, poli sans affectation, galant sans fadeur, badin sans équivoques. Ce ne sont ni des dissertations ni des épigrammes; on y raisonne sans argumenter; on y plaisante sans jeux de mots; on y associe avec art l'esprit et la raison, les maximes et les saillies, la satire aigue, l'adroite flatterie et la morale austere. On y parle de

---

63 Rousseau, *Julie ou La Nouvelle Héloïse*, S. 242 (Teil 2, Br. XVI). Die Stellenangaben im laufenden Text beziehen sich auf diese Ausgabe.

> tout pour que chacun ait quelque chose à dire; on n'approfondit point les questions, de peur d'ennuyer, on les propose comme en passant, on les traite avec rapidité; la précision mène à l'élégance; chacun dit son avis et l'appuie en peu de mots; nul n'attaque avec chaleur celui d'autrui, nul ne défend opiniâtrement le sien; on discute pour s'éclairer, on s'arrête avant la dispute; chacun s'instruit, chacun s'amuse, tous s'en vont contents, et le sage même peut rapporter de ces entretiens des sujets dignes d'être médités en silence. (Ebd.)

Eine genauere Betrachtung lässt Saint-Preux dann jedoch erkennen, dass die Offenheit und Natürlichkeit der Kommunikation nur Schein und Trug ist. Der Akzent liegt ganz unvermittelt auf jenen Beobachtungen, die im Zuge der Debatten um die Verstellung bereits in den Traktaten des 17. Jahrhunderts zu finden sind. Beschrieben werden die negativen Auswüchse der indirekten Kommunikation:

> Mais au fond, que penses-tu qu'on apprenne dans ces conversations si charmantes? A juger sainement des choses du monde? à bien user de la société? à connoitre au moins les gens avec qui l'on vit? Rien de tout cela, ma Julie. On y apprend à plaider avec art la cause du mensonge, à ébranler à force de philosophie tous les principes de la vertu, à colorer de sophismes subtils ses passions et ses préjugés, et à donner à l'erreur un certain tour à la mode selon les maximes du jour. (S. 233)

Niemand lässt im Gespräch seine wirkliche Meinung erkennen; man sieht nur die Masken, hinter denen sich Interessen verbergen. Reden und Handeln weichen signifikant voneinander ab. Und es stört niemanden, wenn sich die Gesprächsteilnehmer widersprechen[64]:

> Ainsi les hommes à qui l'on parle ne sont point ceux avec qui l'on converse; leurs sentiments ne partent point de leur cœur, leurs lumieres ne sont point dans leur esprit, leurs discours ne représentent point leurs pensées; on n'apperçoit d'eux que leur figure, et l'on est dans une assemblée à peu près comme devant un tableau mouvant où le spectateur paisible est le seul être mû par lui-même. (S. 235)

Das gesellige Leben in Paris scheint Saint-Preux wie ein Tumult, der verhindert, dass die Teilnehmer sich selbst beobachten können und Reflexionen über ihr eigenes Verhalten anstellen.

---

64 So im weiteren Verlauf dieses Briefes, S. 233 f.: „Ainsi nul ne dit jamais ce qu'il pense, mais ce qu'il lui convient de faire penser à autrui; et le zèle apparent de la vérité n'est jamais en eux que le masque de l'intérêt." Und weiter heißt es: „Il y a plus; c'est que chacun se met sans cesse en contradiction avec lui-même, sans qu'on s'avise de le trouver mauvais. On a des principes pour la conversation et d'autres pour la pratique; leur opposition ne scandalise personne, et l'on est convenu qu'ils ne se ressembleroient point entre eux; on n'exige pas même d'un Auteur, surtout d'un moraliste qu'il parle comme ses livres, ni qu'il agisse comme parle. Ses Ecrits, ses discours, sa conduite, sont trois choses toutes différentes, qu'il n'est point obligé de concilier […]" (S. 234 f.).

> L'homme du monde voit tout, et n'a le tems de penser à rien. La mobilité des objets ne lui permet que de les appercevoir et non de les observer ; ils s'effacent mutuellement avec rapidité, et il ne lui reste du tout que des impressions confuses qui ressemblent au chaos.
> On ne peut pas, non plus, voir et méditer alternativement, parce que le spectacle exige une continuité d'attention qui interrompt la réflexion. (S. 246, Teil 2, Br. XVII)

Dieser Tumult führt dazu, dass alles Gesagte nur ‚Jargon' ist, den man, je nach Örtlichkeit, kennen muss: „Si la conversation se tourne par hasard sur les convives, c'est communément dans un certain jargon de société dont il faut avoir la clef pour l'entendre [...]" (S. 248). Ihr Übriges tun die Hierarchien der Gesellschaften dazu, die von bestimmten Männern und Frauen dominiert werden („Il y a ainsi un petit nombre d'hommes et de femmes qui pensent pour tous les autres et pour lesquels tous les autres parlent et agissent [...]", S. 234). Immer wieder geben einzelne den Ton an und zwingen alle anderen, sich am Gesagten auszurichten: „[...] qu'un homme de poids avance un propos grave ou agite une question sérieuse, aussitôt l'attention commune se fixe à ce nouvel objet [...]" (S. 248 f.) So hat jede Gesellschaft ihre eigenen Regeln, die anderswo nicht gelten („Chaque coterie a ses regles, ses jugemens, ses principes, qui ne sont point admis ailleurs [...]", S. 234, Teil 2, Br. XIV). Die Bilanz der geselligen Kommunikation in der Pariser Gesellschaft, die Saint-Preux zieht, fällt vernichtend aus. Es ist eine letztlich ungesellige Gesellschaft, in der man am Beispiel der Rede über Abwesende erkennen kann, wie unempathisch sie ist. Diese Gesellschaft hebt Saint-Preux von den Gesprächsrunden in der heimatlichen Schweiz ab, in denen nicht ‚intérêt' und ‚jargon' dominieren, sondern die Stimme des ‚Herzens' spricht:

> Ce qui m'a le plus frapé dans ces sociétés d'élite, c'est de voir six personnes choisies exprès pour s'entretenir agréablement ensemble, et parmi lesquelles régnent même le plus souvent des liaisons secrets, ne pouvoir rester une heure entre elles six, sans y faire intervenir la moitié de Paris, comme si leurs cœurs n'avoient rien à se dire, et qu'il n'y eut là personne qui méritât de les intéresser. Te souvient-il, ma Julie, comment, en soupant chez ta cousine, ou chez toi, nous savions, en dépit de la contrainte et du mistere, faire tomber l'entretien sur des sujets qui eussent du rapport à nous, et comment à chaque réflexion touchante, à chaque allusion subtile, un regard plus vif qu'un éclair, un soupir plutôt deviné qu'aperçu, en portoit le doux sentiment d'un cœur à l'autre ? (S. 248)

Die interkulturelle Sichtweise Saint-Preux' kritisiert die vollends sinnentleerte und inhumane Konversation der hierarchisierten Gesellschaft Frankreichs. Die Salons, die im 17. Jahrhundert noch Ausbruchsräume aus der durch Autoritäten gesteuerten Hofgesellschaft bildeten, werden als Räume beschrieben, in denen der vorherrschende ‚esprit' die Rolle der Autorität übernommen hat und das Verhalten der Gesprächsteilnehmer uniformiert.

L'esprit, qui était jusque-là une notion positive, fait l'objet, chez Rousseau, d'une totale condamnation : l'esprit n'est plus le bon sens qui brille mais le brillant du vide [...] Quelque chose se crispe donc, en cette fin de siècle, et l'utopie apolitique que cherchait à être le salon tourne à vide : la conversation qui promettait le bonheur entre les êtres fait entrevoir d'inquiétantes fissures.[65]

Ein Blick auf die Entstehung der indirekten Kommunikation kann zeigen, wie es zu dieser Situation kommt.

---

65 Godo, *Une Histoire*, S. 256.

6 Die französische Kommunikation zwischen Ideal und Wirklichkeit

6.1 Der paradoxe Habitus französischer Kommunikation und seine historische Entstehung

Die implizite Kommunikation der Franzosen als kulturelle Alterität fällt vor allem deutschen Partnern aufgrund der ganz anderen Gesprächskultur auf. Geht man davon aus, dass sich die französische ‚civilité' als repräsentative Kultur des Landes wesentlich durch die Zusammenkunft in den Salons im 17. Jahrhundert herausgebildet hat, dann ist ein Blick auf die Traktatliteratur dieser Hochphase der Salonkultur für die Entstehung und die Herausbildung des Habitus der französischen Kommunikation aufschlussreich. Als eigentliche Räume der Öffentlichkeit, in denen die kulturbildende Macht der freien Assoziation unterschiedlichster gesellschaftlicher Gruppierungen ihre Spuren hinterlässt, zeigt sich in den Salons die Emergenz einer „Homogenität des sozialen Handelns durch Verinnerlichung des Herrschaftsanspruchs als Kulturideal"[1]. In der Epoche des 17. Jahrhunderts bildet sich eine mentale Einstellung zur Kommunikation heraus, die sich zum Habitus verfestigt und im 18. und 19. Jahrhundert trotz veränderter sozialer und politischer Bedingungen ihren habituellen Status behält und ihn bis heute weitgehend bewahrt. In nahezu allen Gattungen der Literatur seit dem 17. Jahrhundert wird diese Habitualisierung reflektiert.

In der ersten Hälfte des 17. Jahrhunderts werden die Standards der französischen Sprache verfestigt. Dieser Prozess geht einher mit der Zentralisierung der politischen Macht im Absolutismus, der Fokussierung auf den Souverän. So ist es zunächst der Hofdichter François de Malherbe (1555–1628), der dem Sprachpurismus der französischen Klassik den Weg bereitet. Die französische Sprache soll von allen Sprechern jenseits ihrer sozialen und regionalen Herkunft verstanden und gesprochen werden. Im Namen der Klarheit und Präzision des Ausdrucks sowie der Ordnung der Sprache macht sich Malherbe daran, Regeln für ein Standardfranzösisch aufzustellen, die sich vor allem auf die Bereinigung der Lexik sowie die Syntax beziehen. Die Gründung der *Académie française* durch den regie-

---

1 Clemens Albrecht, „Kulturelle Hegemonie ohne Machtpolitik. Über die Repräsentativität der französischen Salonkultur", in: Robert Simanowski/Horst Turk/Thomas Schmidt (Hrsg.), *Europa – ein Salon?* Beiträge zur Internationalität des literarischen Salons (Veröffentlichungen aus dem Sonderforschungsbereich 529 „Internationalität nationaler Literaturen" Ser. B. Europäische Literaturen und internationale Prozesse. 6), Göttingen, Wallstein, 1999, S. 66–79, hier: S. 78.

renden Kardinal Richelieu im Jahre 1635 zeigt, inwieweit solche Vorschläge auf ein allgemeines Interesse stoßen. Die sprachpflegerischen Bemühungen der *Académie* aus dem Geist der sprachlichen Normierung heraus sind bis in die heutige Zeit typisch für Frankreich. Besonders durchschlagend sind die Positionen des Akademiemitglieds Favre de Vaugelas (1585–1650), der sich zur Bestimmung des korrekten Französisch in seinen *Remarques sur la langue française, utiles à ceux qui veulent bien parler et bien écrire* (1647) am Sprachgebrauch orientiert und diesen als „façon de parler de la plus saine partie de la Cour" definiert[2]. Fortgesetzt werden diese Überlegungen dann durch den Jesuitenpater Dominique Bouhours (1628–1702), dessen *Entretiens d'Ariste et d'Eugène* (1671) sich in der Nachfolge Vaugelas' sprachpflegerisch der Normierung des Französischen auf der Basis der höfischen Sprache widmen.

Im Kontext der Untersuchung zur Entwicklung der in Frankreich favorisierten indirekten Kommunikation ist die gleichzeitig zur Normierung der Sprache des Landes stattfindende Herausbildung eines kommunikativen Verhaltenskodex wichtig. Unter Stichworten wie ‚politesse', ‚bienséance', ‚décence', ‚grâce' u. a. werden Verhaltensweisen standardisiert, die sich auf die Kommunikation erstrecken. Sie werden in zahlreichen Traktaten der Epoche beschrieben und in der Literatur der Zeit in ihren unterschiedlichen Formen und Auswirkungen spielerisch reflektiert. Diese Kodifizierungen sollen zunächst ein auskömmliches Zusammenleben des im Absolutismus an den Hof gebannten und funktionslos gewordenen Adels garantieren. Im weiteren Verlauf des Jahrhunderts ermöglichen sie unterschiedlichen Gesellschaftsschichten in den Salons und bei Hof jene Zusammenkunft in Geselligkeit (‚convivialité'), auf die man in Frankreich bis heute großen Wert legt. In der Aufklärung bis zur französischen Revolution werden die Verhaltenskodizes der Salons an die Höfe Europas exportiert. Frankreich gewinnt eine Vorbildfunktion der Regeln sozialer Geselligkeit, so dass Montesquieu in seinem Roman *Lettres persanes* seinen durch Frankreich reisenden Perser Rica sagen lassen kann:

> On dit que l'homme est un animal sociable. Sur ce pied-là, il me paraît qu'un Français est plus homme qu'un autre: c'est l'homme par excellence, car il semble être fait uniquement pour la société.[3]

---

2 Vgl. „Préface", in: C. F. de V., *Remarques sur la langue Françoise*, Paris, Augustin Courbé, 1674, S. 11–72, hier: S. 13. dazu Kap. 6.2, S. 108.

3 Montesquieu, *Lettres persanes*, S. 145 f. (Br. LXXXVII).

Nun kann man zeigen, dass die in der Untersuchung zur französischen ‚Management Culture' beschriebene Paradoxie des Habitus der indirekten Kommunikation eine lange Geschichte hat: Auf der einen Seite wird die indirekte Form der Kommunikation als Zeichen einer Zurückhaltung und Bescheidenheit, als Ausdruck dezenten Verhaltens beschrieben. Zahlreiche Traktate schildern die indirekte Kommunikation als Form einer ‚politesse', die sich seit dem Beginn des 17. Jahrhunderts in Auseinandersetzung mit der römischen ‚civilité' herausgebildet hat. Die Einhaltung sprachlicher und kommunikativer Regeln unterliegt einer allerdings kaum klar definierbaren und letztlich auch selten klar definierten ‚bienséance', die zugleich als Ausweis moralisch und ethisch vorbildlichen Verhaltens gilt. Die Verhaltenskodizes, die die indirekte, zurückhaltende Form der Konversation mit sich bringen, werden flankiert von einer Betrachtung ihrer ästhetisch-spielerischen Seite, die es den miteinander kommunizierenden Sprechern erlaubt, sich jeweils als Person ins Szene zu setzen. Wer in der Lage ist, seine Anliegen geschickt, umsichtig und zurückhaltend zu formulieren, erscheint als Inbegriff des moralisch vollkommenen und ästhetisch perfekten ‚honnête homme'. Die meisten Traktate über das rechte Verhalten am Hof idealisieren die ‚politesse' des ‚honnête homme'. Sie idealisieren auch die indirekte Form der Kommunikation. Man kann mit Louis van Delft von einer idealistischen Sicht auf die indirekte Kommunikation sprechen[4].

Dem steht jedoch in der Epoche eine pragmatisch-utilitaristische Betrachtung des kommunikativen Verhaltens der Höflinge sowie der Mitglieder der Salons gegenüber, die van Delft als realistische Sicht beschreibt[5]. Aus dieser Perspektive wird die indirekte Kommunikation als notwendige Folge des politischen und gesellschaftlichen Zentralismus beschrieben. Es ist die zentrale Ausrichtung der Gesellschaft, die dem Einzelnen ‚politesse' und ‚bienséance' als Zwänge auferlegt. Diese Zwänge sind sowohl bei Hof als durchaus auch in den Salons unmittelbar durch die vertikalen Strukturen der Gesellschaft bedingt. Die Ausrichtung des Verhaltens an den entweder klar formulierten Geboten oder an den implizit geltenden Maßstäben des Herrschers und der Granden

---

4 Vgl. dazu Louis van Delft/Florence Lotterie, „Torquato Accetto et la notion de ‚Dissimulation honnête' dans la culture classique", in: Alain Montandon (Hrsg.), *L'Honnête homme et le dandy* (Études Littéraires Françaises. 54), Tübingen, Narr, 1993, S. 35–58, hier: S. 48.
5 Vgl. Ebd. Für eine funktionalistische Betrachtung, wie die hier vorliegende, ist Peter Burkes eher substantialistische Unterscheidung einer „politesse égotiste" und einer „politesse altruiste" weniger brauchbar („Les Langages de la politesse", *Terrain*. Anthropologie & sciences humaines Bd. 33/1999, S. 111–126, hier: S. 2).

setzt die Teilnehmer eines Gesprächs unter Verhaltenszwänge, die ihre Sprache und ihr kommunikatives Verhalten bestimmen. Die indirekte Kommunikation gilt in dieser Perspektive als Form der Verstellung, als eine in der Epoche vieldiskutierte ‚dissimulation'. Die Verstellung ist die zwangsläufige Folge der zentralistischen Ausrichtung der Gesellschaft und ihrer expliziten wie impliziten Gebote. Zugleich eröffnet die indirekte Kommunikation dem Einzelnen jedoch auch eine Möglichkeit der individuellen Selbstbehauptung: Er kann durch die indirekte Form der Äußerung auf versteckte Art Kritik an zentralen Regeln und Geboten ausüben, so er denn diese Kritik in seiner Kommunikation nur geschickt genug unterbringt. Indirekte Kommunikation ist daher auch ein wichtiges, unverzichtbares Ventil des Individuums gegenüber den Anforderungen einer zentralistischen Machtkonstellation. Die Zeitgenossen der späten Renaissance und des 17. Jahrhunderts haben das Paradox der Kommunikation erkannt, sie haben gesehen dass ‚politesse' und ‚bienséance' nicht nur ein moralisch und ästhetisch formvollendetes Verhalten darstellen, sondern zugleich unvermeidbare Formen der Verstellung angesichts der Machtstrukturen sind. Indirekte Kommunikation steht also immer im Spannungsfeld als ästhetisch-spielerisches und moralisch-ethisches, Geselligkeit förderndes Verhalten idealisiert und zugleich realistisch als notwendige Verstellung und nicht zu vermeidendes gesellschaftliches Übel angesehen zu werden. Von diesen Reflexionen legen die Traktate wie auch die Literatur des 17., 18. und 19. Jahrhunderts beredtes Zeugnis ab. Der Habitus der indirekten Kommunikation beinhaltet somit vier Aspekte, die sich im folgenden Schema veranschaulichen lassen:

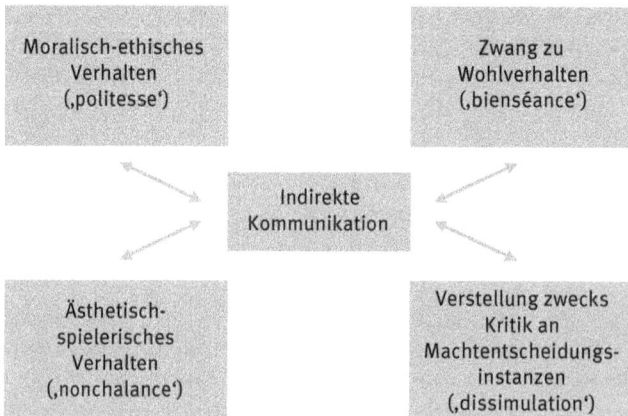

Moralisch-ethisches Verhalten (‚politesse')		Zwang zu Wohlverhalten (‚bienséance')
	Indirekte Kommunikation	
Ästhetisch-spielerisches Verhalten (‚nonchalance')		Verstellung zwecks Kritik an Machtentscheidungsinstanzen (‚dissimulation')

6.2 Die indirekte Kommunikation, eine moralisch-ästhetische Perfektion oder eine Form der Verstellung?

Qui nescit fingere nescit vivere.
Torquato Accetto, *La dissimulazione onesta*[6]

La parole a été donnée à l'homme pour déguiser sa pensée.
Charles-Maurice de Talleyrand[7]

Eine der ständig erneut aufgelegten Grammatiken des 17. Jahrhunderts ist Claude Irsons seit 1756 erscheinende *Nouvelle méthode pour apprendre facilement les principes et les puretés de la langue française*. Im Abschnitt „Les Regles de la Conversation" heißt es:

> [...] il est tres-important de sçauoir se conduire dans la societé des hommes, dans laquelle nous sommes engagez, & par la Nature même, & par la necessité de nos Affaires.[8]

Als Grammatiker hält Irsons es u. a. für seine Aufgabe, neben den sprachlichen Regeln auch die der Konversation zu besprechen, insofern grammatikalische Fragen betroffen sind. Die gesellige Konversation („conversation enjoüee") zeichnet sich für ihn grundsätzlich durch Zweideutigkeiten, Anspielungen, versteckte Spötteleien und somit eine Vielzahl von indirekten Ausdrucksweisen aus. Sie ist auf die Unterhaltung der Gesprächspartner ausgerichtet. Die indirekten Formen des Ausdrucks dienen dem ästhetischen Spiel zwecks Vermeidung von Fadheit und Langeweile:

> Dans ces sortes de Conversation, rien n'y est forcé, ny contraint; on y donne tout au plaisir & au divertissement; Les Equivoques, les Pointes d'esprit, les belles Rencontres, les Réparties promtes, les Allusions, les Railleries Couvertes & Ingénieuses, sont le sel de cette Conversation, laquelle sans cela seroit insipide & languissante.[9]

---

6 Torquato Accetto, *Della dissimulazione onesta* (Collana Biblioteca Einaudi. 4), hrsg. von Salvatore Silvano Nigro, Torino, Einaudi, 1997, S. 8; online: https://www.liberliber.it/online/autori/autori-a/torquato-accetto/della-dissimulazione-onesta/.
7 Diese Äußerung soll Talleyrand gegenüber dem spanischen Gesandten Isidore Izquierdo im Jahr 1807 getätigt haben.
8 *Nouvelle Méthode pour apprendre facilment les principes et la pureté de la langue françoise: contenant pluiseurs traitez. De la Pronoinciation, De l'Orthographe, De l'Art d'Ecriture, Des Etymologies, Du Stile epistolaire, & Des Regles de la belle façon de Parler & d'Ecrire*, Paris, Gaspard Meturas, 1665, S. 250. Die Stellengaben im laufenden Text beziehen sich auf diese Ausgabe.
9 S. 255.

Aber auch für die beiden anderen Typen der Konversation, die gelehrte Unterhaltung („Conversation Serievse"[10]) sowie das geschäftliche Gespräch („Conversation où l'on traite d'Affaires"[11]) erachtet Irson die indirekte Ausdrucksweise als besonders wichtig:

> Il faut aussi souvent vser d'vn discours indirect, plûtôt que du direct. J'appelle DISCOURS INDIRECT celuy qui exprime la substance des choses, & non pas précisement la maniere avec laquelle elles ont esté dites [...][12]

Der „discours indirect" blendet beim Zuhörer die Wahrnehmung dafür aus, wie etwas gesagt worden ist. Er entspricht für Irson dem Bedürfnis, sich auf die Botschaft der Aussage zu konzentrieren. Für den Typ der geschäftlichen Unterhaltung führt er als Negativ-Beispiel eine Äußerung im ‚discours direct' an: „J'ai parlé à mon Raporteur, il m'a dit, Votre affaire sera bien-tôt jugée; trouvez-vous à la premiere Audition."[13] Diese direkte Ausdrucksweise ist für Irson „naiv"; sie kann ihren Charme dann entfalten, wenn es auf die Ausgestaltung und die Aufmerksamkeitserheischung der Details einer Geschichte ankommt. Sich so auszudrücken sei ein Fehler der Jugend und insbesondere der Frauen („Ce vice est commun aux jeunes gens, & encore plus aux femmes [...]"), die den Details besondere Bedeutung beimessen und diese ausschweifend zu einer Geschichte formen, die mit der beabsichtigten Botschaft letztlich wenig zu tun hat. Um sich kurz zu fassen und die Dinge auf den Punkt zu bringen („trancher court, & [...] s'arrêter au principal"), bedarf es des „discours indirect":

> Il est à propos de remarquer qu'il ne faut pas se servir souvent ce cette façon de parler [= du discours direct] pour exprimer certaines choses qui ne méritent pas d'estre si fort étendües, & et qui tuent le monde quand en on fait de grandes histoires.[14]

Demzufolge sollte es – so das Beispiel – eher heißen: „J'ai parlé à mon Raporteur, il m'a assuré que mon affaire seroit bientôt expédiée, & et que je me trouvasse à la prémière Audience." Irsons Präferierung des ‚discours indirect' erfolgt ganz offensichtlich vom Standpunkt einer rationalistisch begründeten ‚clarté'. Die indirekte Redeweise fasst für ihn die Botschaft knapp zusammen und ist somit auf Präzision und Kürze angelegt. Seine Ausführungen zeigen, inwieweit indirekte Formen des Sprechens bereits als natürlich angesehen werden.

---

10 S. 253.
11 Ebd.
12 S. 254.
13 Ebd.
14 Ebd.

Nun ist der ‚discours indirect' jedoch weitaus weniger klar als Irson meint. Der Sprecher der indirekten Rede lässt grundsätzlich offen, ob das Gesagte auf seine Wahrheit hin überprüfbar ist. Die indirekte Rede schafft eher Unklarheiten und Zweideutigkeiten:

> [...] les temps utilisés dans le discours indirect nous indiquent que celui qui rapporte le discours ne sait pas s'il est vérifiable. Cette distance évidente entre l'énoncé cité et le crédit tout relatif que le narrateur peut y accorder, permet de laisser passer toutes sortes de sous-entendus, de non-dits, de doutes, de suspicions, de scepticisme, de calomnies même, vis-à-vis du discours en question. Par exemple, en disant : „Il pretend qu'il cherche du travail...", je peux sous-entendre que je suis sûr qu'il n'en est rien, et qu'il passe ses journées au café, etc.[15]

Irsons Beispiele zeigen, dass die rationalistischen Grammatiken des 17. Jahrhunderts versuchen, die Sprache normativen Regeln im Sinne von ‚clarté' und Transparenz zu unterwerfen. Diese Klarheit ist an Formen des Ausdrucks gebunden, die ihrerseits den Geboten der ‚bienséances' unterworfen sind. Die Einhaltung der ‚bienséances' zwingt die Gesprächspartner zur indirekten Ausdrucksweise. Die Beherrschung des indirekten Sprechens kann – das ist das Paradox der französischen indirekten ‚façon de parler' – als moralische und ästhetische Vollkommenheit im Einklang mit der im 17. Jahrhundert so geschätzten ‚politesse' und der ‚grâce' angesehen werden. Sie kann aber auch als Verstellung, als ‚dissimulation', beschrieben werden.

Weit über die grammatische Kategorie der indirekten Rede hinaus betrifft die Forderung nach Einhaltung von ‚bienséances' die gesamte Art und Weise der Kommunikation und noch weiter darüber hinaus auch des gesamten Verhaltens des Einzelnen in der Gesellschaft. Sie geht auf die Entwicklung zentralistischer Strukturen zurück. Zivilisationsgeschichtlich werden im Zentralstaat des Absolutismus die Affekte im öffentlichen Leben zurückgedrängt und es erfolgt – wie oben anhand der Thesen von Elias gezeigt wurde – ihre Einsenkung ins Unterbewusstsein. Die Unterwerfung aller Bürger unter das Gesetz, die der Absolutismus fordert, lässt ihnen nur den Freiraum der Gesinnung und der weit ins Innere verlagerten Begehren: „Private is in secret free"– hatte Thomas Hobbes, der Staatstheoretiker des Absolutismus gesagt[16]. Die Verhaltenskodizes, die die vorherrschend indirekte Form der Kommunikation im zentralistischen Absolutismus mit sich

---

15 Vgl. den Wikipedia-Eintrag „Discours indirect" (https://fr.wikipedia.org/wiki/Discours_indirect).

16 Thomas Hobbes, *The Leviathan, or the Matter, Forme, & Power of a Common-wealth Ecclesiasticall and Civill*, London, Andrew Crooke, 1651, Teil II, Kap. 31, S. 222: „Of the Kingdom of God by Nature". Vgl. dazu Reinhart Koselleck, *Kritik und Krise*. Eine Pathogenese der bürgerlichen

bringen, werden in der Traktatliteratur des 17. Jahrhunderts zu den Normen des rechten Handels immer wieder als Zwang durch zentrale Gebote unter dem Stichwort der ‚bienséances' beschrieben. Wenn Claude Favre de Vaugelas in seinen berühmten *Remarques sur la Langue Françoise* (1647) die französische Sprache der Zeit als „façon de parler de la plus saine partie de la cour"[17] definiert, dann gilt dies nicht nur für seine Sprachbeispiele sondern auch im erweiterten Sinne der ‚façons de parler' für das indirekte Sprechen im sozialen Kontext. Vaugelas' Bemerkungen über die richtige Verwendung der Sprache sind trotz ihres eher beschreibenden Charakters einzelner sprachlicher Phänomene gleichwohl der Versuch einer Normierung, die mit impliziten politischen Anschauungen arbeitet und die Sprache an die Bedingungen des absolutistischen Zentralstaats anzupassen versucht. Seine Argumentation geht vom mündlichen Sprachgebrauch aus und dieser mündliche Gebrauch gehört zum Bereich der Sprechgewohnheit (‚usage') des Volkes[18], der sich Normierungen durch die zentrale Obrigkeit für gewöhnlich entzieht. Vaugelas verleiht der Freiheit des Sprachgebrauchs sogar eine übergeordnete Stellung, wenn er vom ‚usage' als „le maître et le souverain des langues vivantes"[19] spricht. Dominique Bouhours wird wenig später ganz in diesem Sinn in seinen *Doutes sur la langue françoise*[20] erklären, dass keiner Einzelperson, nicht einmal dem absoluten Herrscher, das Recht zustehe, an der Sprache und ihrem Gebrauch Veränderungen vorzunehmen: „[...] une personne particulière, de quelque qualité qu'elle soit, fust-ce un Prince & un Souverain, bien loin de pouvoir ajoûter des mots à la langue, ne peut pas mesme ajoûter une lettre à l'Alphabet."[21] Da Vaugelas jedoch andrerseits den ‚bon usage' als das Sprechen (‚elocutio') der gehobenen Gesellschaft definiert, unterstellt er die zeitgenössische ‚façon de parler' einer normativen Instanz, die den vertikalen Strukturen des zentralistischen Staates entspricht. Die Verwendung sprachlicher Ausdrucksformen, um die es Vaugelas primär geht, sowie die Art und Weise der Äußerung, die Sprechakte in sozialen Kontexten, bilden den ‚bon usage' der

Welt (suhrkamp taschenbuch wissenschaft. 36), Frankfurt a.M., Suhrkamp, ³1979 (¹Freiburg/ München, Alber, 1959), S. 29 und S. 168.

17 Vgl. die „Préface" der *Remarques sur la langue française*, hrsg. von Zygmund Marzys, Genève: Droz, 1984, S. 40 f. Vgl. zu Vaugelas Hélène Merlin-Kajman, „Vaugelas politique?", *Langages* Bd. 182/2011, S. 111–122.

18 Vgl. dazu den Aufsatz von Harald Weinrich, „Vaugelas und die Lehre vom guten Sprachgebrauch", *Zeitschrift für romanische Philologie* Bd. 76/1960, S. 1–33; auch in: H.W., *Wege der Sprachkultur*, Stuttgart, Deutsche Verlags-Anstalt, 1985, S. 104–135.

19 S. 39. Vgl. dazu Merlin-Kajman, „Vaugelas politique", S. 115.

20 *Doutes sur la langue françoise: proposez à Messievrs de l'Académie françoise par un gentilhomme de province*, Paris, Mabre-Cramoisy, 1674, S. 49.

21 Ebd. Vgl. Merlin-Kajman, „Vaugelas politique", S. 116.

Zeit. Und diese Sprechweisen werden häufig als moralische und ästhetische Vollendung der Zeitgenossen beschrieben und somit idealisiert. Diese idealistische Sichtweise der ‚façon de parler de la plus saine partie de la cour' ist letztlich eine Kompensation der realen Zwänge. Es gehört zum Selbstverständnis des ‚honnête homme', in der Kommunikation umsichtig und zurückhaltend aufzutreten und sich demnach unter moralischen und ästhetischen Gesichtspunkten als formvollendet anzusehen. Die indirekte Kommunikation ist in dieser Sichtweise Ausdruck einer ‚politesse', über die sich die ‚saine partie de la cour' des 17. Jahrhunderts definiert.

Auf welche Weise sich der „Zwang zur Affektdämpfung" und damit zur Einhaltung von ‚bienséances' in der zeitgenössischen Diskurspraxis niederschlägt, hat seinerzeit Wolfgang Matzat im Anschluss an die Arbeiten von Michel Foucault zur Macht der Diskurse und ihrer Episteme gezeigt[22]. Theoretisch wird die zivilisationshistorische Entwicklung der Affektdämpfung von Descartes *Méditationes de prima philosophia* (1641) und dem *Discours de la méthode* auf der einen Seite sowie den Überlegungen der Jansenisten auf der anderen Seite begleitet, die die rationalistischen Prämissen der anthropologischen Entwürfe des Absolutismus zurückweisen. Descartes geht von einem Idealbild des Menschen aus, den er letztlich als ‚cogito' definiert. Sein Traktat *Les passions de l'âme* (1649) beschreibt die Leidenschaften, die als Ausdruck körperlicher Befindlichkeiten Einbildungen und verzerrte Repräsentationen in Gestalt von Phantasiebildern erzeugen, welche die denkende Seele durch rationale Überlegungen korrigieren muss. Erst dann, und das ist das Ziel seiner Überlegungen, kann der Mensch ‚klare und distinkte' Ideen gewinnen, die in einer ebenso klaren und transparenten Sprache ihren Ausdruck finden sollen[23]. Descartes' Überlegungen verlaufen parallel zum Prozess der sprachlichen Entwicklung im 17. Jahrhundert: Die Sprache der Klassik ist ‚gedämpft'[24]. Sie ist affektentleert und zeichnet sich durch Abstraktionen, Entindividualisierungen, Distanzierungen aus, um letztlich jene geforderte ‚clarté' zu gewinnen, die eindeutige Beziehungen zwischen Signifikant und Signifikat garantieren soll[25]. Durch diese Affektarmut ist die höfische Sprache jedoch geradezu prädestiniert, Anliegen, Begehren, Sehnsüchte aufzunehmen, die in die affekt-

---

22 „Affektrepräsentation im klassischen Diskurs: *La Princesse de Clèves*", in: Fritz Nies/Karlheinz Stierle (Hrsg.), *Französische Klassik. Theorie – Literatur – Musik*, München, Fink, 1985, S. 231–266.
23 Vgl. Matzat, „Affektrepräsentation", S. 236 Die Vorstellung der ‚ideae clare et distincte' findet sich in Descartes *Principia philosophiae* (1664), Teil 1, Art. 43–47.
24 Dazu grundlegend Leo Spitzer, „Die Klassische Dämpfung in Racines Stil", in: L. Sp., *Romanische Stil- und Literaturstudien*, Bd. 1, Marburg 1931, S. 135–270.
25 Vgl. Matzat, „Affektrepräsentation", S. 249.

entleerten Äußerungen hineinprojiziert werden und beim Empfänger Konnotationen auslösen. Sie ist, wie Matzat feststellt, ein „besonders perfektes Instrument der Anspielung, der Verschleierung und der Täuschung.“[26] Die Jansenisten haben die Illusion der transparenten Sprache, die Descartes' Vorstellung von den „klaren und distinkten" („clare et distincte"[27]) Ideen begleitet, als Selbsttäuschung entlarvt. Sie betrachten ähnlich wie die Moralistik des Duc de La Rochefoucauld, allerdings mit einer theologischen Argumentation, die Verhaltensweisen des Einzelnen und somit auch seine Sprache als Verschleierungsformen seiner tief im Innern vergrabenen Begehren. Der von der Erbsünde belastete Mensch hat die Gottesliebe durch die Eigenliebe (,amour-propre') ersetzt, so die jansenistische Argumentation. Er hat sich eine Reihe von imaginierten weltlichen Verhaltensformen aufgebaut, die letztlich nur Verschiebungen und Substitutionen der Wünsche seines ,amour-propre' darstellen[28]. ,Honnêteté', ,politesse' und die ,bienséance' des Sprechens und Verhaltens sind nach jansenistischer Auffassung solch imaginierte Verhaltensformen, die von den Zeitgenossen besonders hochgehalten werden. Sie sind jedoch in Wirklichkeit, so die Jansenisten, durch vorherrschende Machtstrukturen und epistemologische Bedingungen erzwungene Verhaltensweisen, die das durch die Eigenliebe gesteuerte Begehren des Einzelnen substituieren und verdecken, bis hinein in die Körpersprache:

> So schlägt sich der Zwang zur Affektdämpfung vor allem in der Diskurspraxis nieder. Nicht nur jeder Verweis auf zu starke emotionale Betroffenheit wie Erröten oder Erblassen, sondern auch jedes Nachgeben gegenüber dem durch den amour-propre bedingten Drang, zuviel über sich selbst und seine persönlichen Interessen zu reden, wird von Méré [= Chevalier de Méré, *Suite du commerce du monde*, Anm. von Vf.] als Verstoß gegen die bienséance gewertet. Neben der Ausdrucksform erscheint somit auch die Darstellungsfunktion im höfischen Diskurs stark eingeschränkt.[29]

Affekte und Begehren werden, so Matzat, „auf der illokutionären Ebene zurückgedrängt". Sie können nur auf der „propositionalen Ebene" geäußert werden[30], d. h. man spricht über die Dinge im Rahmen der Konversation in indirekter allgemeiner Weise. Auf diese Weise bildet sich ein Habitus einer indirekten Kommunikation heraus, der sich auch später unter partiell veränderten Rahmenbedingungen in den folgenden Jahrhunderten erhält.

---

26 S. 240.
27 Vgl. oben, Anm 22.
28 Vgl. S. 237.
29 Ebd.
30 S. 242.

Wenn durch die zentralistische Struktur des Umfeldes der Kommunikation und den Zwang zur Transparenz die illokutionären Freiräume des Begehrens versagt sind, müssen die Betroffenen auf die indirekten Ausdrucksmöglichkeiten der Sprache zurückgreifen, um ihre Wünsche und Interessen zur Geltung zu bringen[31]. Der durch ein zentralistisches Umfeld gesteuerte Diskurs unterwirft die Ausdrucksmöglichkeiten einer allgemein akzeptierten ‚bienséance'. Er fördert Formen der indirekten Kommunikation zutage, die zwar präzise Äußerungen hervorbringen, diese jedoch mit einer „geringen Intension der begrifflichen Inhalte" ausstattet und die Extension einer abstrakten Sprache vorantreibt[32]. Die ‚bienséances' sind kein schriftlich fixiertes, verbindliches Regelwerk angemessenen Verhaltens, sondern, so formuliert es der entsprechende Artikel der *Encyclopédie raisonnée* aus dem 18. Jahrhundert, ein aus der Erfahrung im Umgang mit anderen erwachsenes Wohlverhalten zu Vermeidung von Lächerlichkeit:

> BIENSEANCE, s. f. en Morale. La bienséance en général consiste dans la conformité d'une action avec le tems, les lieux, & les personnes. C'est l'usage qui rend sensible à cette conformité. Manquer à la bienséance, expose toûjours au ridicule, & marque quelquefois un vice.[33]

Für Antoine Gombaud, den Chevalier de Méré, ist die Kenntnis der Formen des Sprechens ebenfalls nur durch lange Erfahrung zu erlernen. In seinem Traktat *De la conversation* (1677) beschreibt er die Voraussetzungen für das Gelingen einer Kommunikation, die perfekte Beherrschung der Sprache, die Kenntnis der Gepflogenheiten bei Hof und die genaue Eingrenzung des Sujets, dessen richtige Nuancierung, um jene ästhetische Anmut (‚grâce') zu erzielen, die die Gesprächspartner erfreut und einander gewogen macht:

> Il est bien mal-aisé de dire tout ce qu'on veut de bonne grace en quelque langue que ce puisse estre, sans la sçavoir parfaitement. Il faut encore s'instruire des manieres de la Cour, & tout le monde en est capable. Aussi pour estre de bonne compagnie, [...] l'extréme dificulté ne paroist qu'à penser sur chacque sujet ce qu'il y a de meilleur à dire, & à trouver dans le langage je ne sçay quelles nuances qui dépendent de se connoistre à ce qui sied le mieux en fait d'expression, & de le sçavoir pratiquer. [...] ce qui sied bien se doit estudier long-temps. Il faut, comme parle un ancien Grec, sacrifier à la Désse des Graces [...][34]

31 S. 247.
32 Vgl. S. 256.
33 In: Denis Diderot/Jean Le Rond D'Alembert, *Encyclopédie, ou Dictionnaire raisonnée des sciences, des arts et des métiers*, 17 Bde., Paris, Briasson/David/Le Breton/Durand, 1751–1772, Bd. 2, S. 245.
34 *De la Conversation*, Paris, Barbin, 1677; online: https://play.google.com/books/reader?id=IBV07_OkjM4C&hl=de&pg=GBS.PA19.

Das indirekte Sprechen ist für ihn ein Akt sozialer Anpassung, mit dem Ziel eine „Konformität" der Gesprächspartner herzustellen und füreinander Zuneigung aufzubringen: „C'est la conformité qui fait qu'on se plaist ensemble, & qu'on s'aime d'une affection reciproque."[35] Die Konversation ist ein einzigartiges soziales Disziplinierungsinstrument, das die Betroffenen dazu zwingt, ein gesundes Maß an Mäßigung („médiocrité") zu erlernen und dies stets aufrechtzuerhalten:

> Il faut que les mouvemens de l'ame soient moderez dans la Conversation; & comme on fait bien d'en éloigner le plus qu'on peut tout ce qui la rend triste & sombre, il me semble aussi que le rire excessif y sied mal; & que dans la pluspart des entretiens on ne doit élever ny abaisser la voix que dans une certaine médiocreté [...]"[36]

Die ,bienséance' – so stellt der Jesuit und spätere Salesianer Jean-Baptiste Morvan de Bellegarde in seinen *Réflexions sur le ridicule* von 1696 fest – ist eine Art Erfahrungswissenschaft, die auf der genauen Kenntnis der Gesellschaft beruht, mit dem Ziel, durch die Einhaltung ihrer Regeln jedem das zu geben, was ihm zusteht:

> La science des bienséances est, pour ainsi dire, l'étude de la société: c'est ce qui fait qu'on rend à chacun ce qui lui appartient.[37]

Ihre Kenntnis erstreckt sich auf ein großes Feld der Gesellschaft und geht somit über den Bereich der Sprache weit hinaus:

> Les bienséances sont d'une étendue infinie: le sexe, l'âge, la profession, le caractère, le temps, le lieu imposent des devoirs différents: il faut connaître ces différences et s'y assujettir.[38]

In den 1703 erschienenen *Règles de la bienséance civile et chrétienne* des Jean-Baptiste de La Salle werden die ,bienséances' als Zeichen der ,civilité' bestimmt, deren sichtbarsten Ausdruck die Konversation darstellt. Die Unterwerfung unter ihre von den Zeitgenossen internalisierten Regeln sind Zeichen einer ,civilité', ,honnêteté', ,discrétion', ,complaisance', ,circonspection' und ,politesse':

---

35 S. 25 f.
36 S. 16 f.
37 Zitierte Ausgabe: Bellegarde, *Reflexions sur la politesse des mœurs: avec des maximes pour la société civile. Suite des Reflexions sur le ridicule*, Paris, Guignard, 1697, S. 443.Vgl. dazu Alain Montandon, „Les Bienséances de la conversation", in: Bernard Bray/Christoph Strosetzki (Hrsg.), *Art de la lettre. Art de la conversation à l'époque classique en France*. Actes du colloque de Wolfenbüttel, octobre 1991 (Actes et colloques. 46), Paris, Klincksieck, 1995, S. 67.
38 Ebd.

La Civilité est une manière honnête, douce & polie d'agir & de converser ensemble; c'est une certaine bienséance dans les gestes & dans les paroles pour plaire & pour témoigner les égards qu'on a pour les autres. C'est un assemblage de discretion, de complaisance & de circonspection pour rendre à chacun les devoirs qu'il a droit d'exiger. La civilité est une modestie et une honnêteté qui réfléchit. C'est proprement la scence (sic!) des honnêtes gens.[39]

Das Ideal der Einhaltung der ‚bienséances' erfordert somit vom Einzelnen eine hohe Geschmeidigkeit der Kommunikation, da es ihm gelingen muss, die Höflichkeit natürlich aussehen zu lassen. Anpassung und Geschmeidigkeit des Intervenierenden erscheinen als vernünftiges Verhalten par excellence. La Salles *Règles* sind – wie Roger Chartier gezeigt hat – zu schulischen Zwecken für den Unterricht der *Frères des Écoles chrétiennes* bestimmt und stellen somit die

[...] Multiplikatoren für die Einbürgerung von Verhaltensmustern aus dem Elitemilieu in den Grundschichten der Gesellschaft [dar]. [...] Mit einem solchen Verständnis entfernt sich *civilité* vom aristokratischen Brauch, der den Begriff auf den Ausdruck von Normen eines gesellschaftlichen Auftretens festlegte. Er konstituiert sich neu als dauerndes und allgemeingültiges Regulativ aller – selbst der geheimsten und allen Blicken entzogenen Verhaltensformen.[40]

Diese Beispiele zeigen, wie sehr die Zeitgenossen die ‚bienséances' als Normierungsinstrumente gesehen haben und diese Instrumente zugleich als Regulierungen des sozialen Zusammenlebens sowie als Maßstäbe für das Persönlichkeitsideal der Epoche begrüßen. In seiner grundlegenden *Histoire de la conversation* beschreibt Emmanuel Godo die französische Konversation des 17. Jahrhunderts als Erbe der Renaissance, insbesondere der italienischen, mit dem Unterschied, dass es in Frankreich gelungen sei, aus dem konfrontativen Umgang der Gesprächspartner miteinander eine auf das gemeinsame Leben ausgerichtete Verständigung zu erzielen. Im Zuge der Pazifikation der Gesellschaft, wie sie Elias beschreibt, die aus der alten kriegführenden Kaste der ‚noblesse d'épée' nach außen friedfertige Höflinge gemacht hat, ergibt sich die zunehmende Selbstbeherrschung der Individuen, die dem Einzelnen nach und nach zur zweiten Natur wird[41]. Vor allem diese Entwicklung liefere die Grundlage – so Godo – in den Salons jene einvernehmliche Kommunikationssituation zu erzeugen:

---

39 *Règles de la bienséance civile et chrétienne*. Avec des Remarques sur la Langue Françoise pour servir d'Instruction de la Jeunesse, Bourg S. Andeaol, Chapuis, 1740, S. 1 f.
40 Roger Chartier, „Civilité", in: Rolf Reichhardt/Eberhard Schmitt (Hrsg.), *Handbuch politisch-sozialer Grundbegriffe in Frankreich 1680–1820* (Ancien regime, Aufklärung und Revolution), 10 Bde., München, Oldenbourg, 1985–1988, Bd. 4, S. 1–44, hier: S. 28 f.
41 *Une Histoire*, S. 133.

> Si le XVIe siècle italien voit la naissance de la conversation entendue comme un idéal de vie civile, le XVIIᵉ siècle français en connaît le premier apogée. L'honnêteté classique prolonge la civilité renaissante ; comme elle, elle se pense et se pratique comme un art politique, utopie d'un vivre ensemble harmonieux qui se réalise non dans le bruit des cités, non dans la jungle des cours, mais dans le cadre choisi de cercles et de salons où la différence – des sexes, des talents, des conditions et des caractères – cesse d'être conçue comme source de conflit pour apparaître comme une richesse et une promesse d'agrément.[42]

Die indirekte Form der Kommunikation wird zum Zeichen der gelungenen Selbstbeherrschung, die ihrerseits als Ausweis moralischer Überlegenheit angesehen werden kann. Unter den gegebenen Bedingungen erscheint die Selbstbeherrschung, für die das indirekte Sprechen ein maßgebliches Signum ist, den Zeitgenossen – wie es die genannten Beispiele zeigen – als perfekte Form der Selbstverwirklichung:

> La maîtrise de soi n'a plus rien d'une aliénation puisqu'en rendant possible le déploiement de l'art de la conversation, elle permet à l'individu de reprendre pleinement ses droits et de s'affirmer en tant que tel.[43]

Neben den Aspekt der moralischen Überlegenheit durch die Praktizierung der perfekten Konversation tritt auch der ästhetische Aspekt, der für die Zeitgenossen besonders wichtig ist:

> L'art de la conversation est alors à lire comme la face rayonnante du devoir, structurant l'espace sans fin où la maîtrise se transforme en virtuosité et la règle en jeu.[44]

Dies gilt vor allem für Frankreich – so Godo –, da hier anders als in Italien die Idealisierung der Konversation an die Salons und damit an einen Raum gebunden ist, der einen gewissen Abstand zur Macht einhält.

> Une évolution est cependant à noter entre la civilité renaissante et la sociabilité classique. Alors que Castiglione fait de la cour d'Urbino le lieu d'une conversation idéale, que ne met pas en cause la proximité du prince, de nombreuses œuvres françaises vont faire de la distance par rapport au pouvoir la condition impérative pour qu'un échange parfait puisse s'instaurer. Ce n'est pas à Paris, dans le tumulte hypocrite de la cour, que les bergers de l'*Astrée* d'Honoré d'Urfé peuvent éprouver les délices et les délicatesses de la civilité pastorale : c'est dans l'espace retiré et clos du Forez.[45]

---

42 Ebd.
43 S. 134.
44 Ebd.
45 S. 134 f.

Godo arbeitet allerdings mit diversen Klischees: Einerseits operiert er bei seiner Einschätzung der rinascimentalen italienischen Konversation mit der stets unterschwellig verwendeten Anschauung von den konfrontativen Verhältnissen in den oberitalienischen Stadtstaaten, wie sie aus der politischen Theorie nur allzu bekannt sind, um letztlich die Verhältnisse der französischen Klassik zu idealisieren. Das Argument, die ideale Konversation der Klassik fände nur in den von der Macht separierten Räumen einzelner Salons statt, unterschätzt zudem, dass auch in diesen Räumen aufgrund der vertikalen Ausrichtung der gesamten Gesellschaft normgebende ‚bienséances' die ‚façon de parler' bestimmen. Dies hatte bereits das oben diskutierte Beispiel von La Fontaines *Discours à Madame de la Sablière* gezeigt, wo der Sprecher erklärt, dass das Motto ‚Ne pas louer son siècle est parler à des sourds' durchaus auch für den Salon *La Folie-Rambouillet* gilt, dass man es dort allerdings durch die indirekte Sprechweise über diverse Themen unterläuft. So kommt es, dass selbst in die heutige wissenschaftliche Beschäftigung mit der Konversation idealisierende Einschätzungen der Hoftraktate zu den Salons einfließen:

> [...] la cour, au début du XVIIe siècle, viciée par le règne de l'impolitesse et de l'amour-propre, ne peut être le cadre d'une sociabilité sereine, que de nouveaux lieux, comme les salons de la réalité ou l'Arcadie des bergers de la fiction, s'inventent, où la conversation peut s'épanouir. [...] Entre deux excès, qui font chacun entrevoir le spectre de l'aliénation, soit par l'enfermement dans la solitude soit par la dilution dans la foule, le cercle choisi offre le cadre d'un accomplissement de soi par le biais d'une sociabilité à visage humain dans laquelle l'acte de converser répond à la double aspiration fondamentale de l'homme – l'affirmation de soi d'une part et l'inscription dans le concert de ses semblables de l'autre.[46]

Die Zeitgenossen des 17. Jahrhunderts halten das Ideal vom Salon als einer machtfreien Mikrogesellschaft weitgehend aufrecht. Diese ‚compagnies choisies' – wie Madelaine de Scudéry sie nennt – als Räume der machtbefreiten und unverstellten Konversation bilden eine zeitgenössische Utopie, gleichsam eine Ausbruchsphantasie aus den Zwängen der zentralisierten Gesellschaft[47].

Nun gibt es jedoch auch Stimmen, die die Kehrseite der Zwänge der zeitgenössischen Kommunikation und damit des indirekten Sprechens in den Fokus stellen. Sie sehen in den Anforderungen der ‚bienséances' ein Moment einer Selbstentfremdung und verbinden die Reflexion über die gesellschaftlichen Zwänge zur indirekten Kommunikation mit Überlegungen zur Ehrlichkeit und Verstellung der Kommunikationspartner. Und dies gilt in bestimmtem Maße auch für die Salons, in denen ja ebenfalls Personen unterschiedlicher Ebenen der gesellschaftlichen

---

46 S. 135.
47 Vgl. auch S. 161.

Hierarchien und unterschiedlicher kultureller Niveaus vertreten sind. In der Maxime 142 seiner *Réflexions ou Sentences et maximes morales* von 1664 stellt der Duc de La Rochefoucauld fest: „Comme c'est le caractère des grands esprits de faire entendre en peu de paroles beaucoup de choses, les petits esprits au contraire ont le don de beaucoup parler, et de ne rien dire."[48] Jenes „faire entendre en peu de paroles" der großen Geister, um möglichst viel ausdrücken zu können, resultiert aus der Beobachtung der vorherrschenden indirekten Form der Äußerung. Nicht nur, dass der ‚bel esprit' der Epoche bestimmte Dinge verschweigt; er muss die Kunst der impliziten, indirekten Äußerung beherrschen, wie es die Maxime als Gattung selbst vorführt[49]. Die Erklärung für den Zwang zur indirekten Äußerung liefern die *Maximes*, die wie kaum eine andere literarische Form der Zeit ihrerseits die indirekte Äußerung zu ihrem ästhetischen Programm erheben, gleich mit ihrem ersten Beispiel, dem Motto der Sammlung: „Nos vertus ne sont, le plus souvent, que des vices déguisés."[50] Das, was uns als Tugenden, als positive Verhaltensformen erscheint, ist in Wirklichkeit nur Ausdruck einer Vielzahl von Affekten. Der Einschub „le plus souvent" zeigt, dass La Rochefoucauld nicht normativ sondern erfahrungsbasiert argumentiert. Die Mittelstellung dieses Einschubs im Satz der Maxime macht auf indirekte Art deutlich, dass es sich hier um die Achse der Argumentation handelt, die Beobachtung und Erfahrung. Implizit ist auch der gedankliche Verlauf, den die Maxime den Leser bzw. Hörer nachvollziehen lässt: Von den uns so vertrauten Tugenden („nos") führt der gedankliche Weg hin zur Erfahrung, dass es sich eigentlich nur um anonyme Instanzen des Lasters („des") handelt[51], die zudem in ihrer Pluralität für uns nicht zu überschauen sind. Der Weg führt überdies, auch das macht die Maxime ebenfalls auf indirekte Art deutlich, von außen nach innen: von der äußeren Betrachtung der uns scheinbar so vertrauten positiven Verhaltensweisen („nos vertus") hin zu den tief im Innern versteckten und uns selbst weitgehend verborgenen Affekten.

Dieses Beispiel einer vormodernen psychologischen Introspektion veranschaulicht – wiederum implizit –, dass die indirekte Kommunikation allein aus Gründen des Selbstschutzes des Sprechers die klügere Form des Sprechens ist. Die Maxime negiert – wie es auch die Jansenisten tun – die Möglichkeit einer rationalen Selbsterkenntnis. Damit werden zugleich die Selbstbeherrschung des

---

48 *Maximes et Réflexions diverses*, hrsg. von Jacques Truchet (GF. 288), Paris, Garnier-Flammarion, 1977, S. 57.

49 Vgl. dazu auch Godo, *Une Histoire*, S. 189.

50 *Maximes*, S. 45.

51 Die Rede ist bei La Rochefoucauld nicht von Tugenden und Lastern im moralischen Sinn; gemeint sind positiv erscheinende Verhaltensformen, den im Innern des einzelnen die Affekte gegenüber stehen.

Individuums und seine verbalen Äußerungen gemäß dem Ideal der Klarheit und Transparenz, wie es die Neustoiker des 16. und 17. Jahrhunderts sowie nach ihnen Descartes propagierten, in Frage gestellt. Deren anthropologischer Ansatz, dass der Einzelne eine rationale Affektkontrolle mit dem Ziel einer ‚tranquillitas animi‘ praktiziert, sollte als Nucleus des modernen rationalen Machtstaats fungieren[52]. Die Zurückdrängung der Gesinnungen und Begehren des Einzelnen in den Privatraum seines Inneren führt, wie neben La Rochefoucauld zahlreiche weitere Zeitgenossen gezeigt haben, dazu, dass die Affekte keineswegs zu erkennen sondern für den Betroffenen selbst vergraben sind. Montesquieu wird in seinem *Éloge de la sincérité* (1717) zur Vorstellung der Neustoiker von der Selbsterkenntnis und Selbstvergewisserung des modernen Individuums mit La Rochefoucauld ernüchtert sagen: „[…] ceux qui conseillaient à leurs disciples de travailler à se connaître ne se connaissaient pas.“[53] Allein um nicht jene Laster der Person, die ihr selbst nicht in vollem Umfang bekannt sind („des vices déguisées“), unvorhergesehen preiszugeben, ist eine sprachliche Verstellung in Gestalt der indirekten Äußerung nötig. Noch viel radikaler als La Rochefoucauld hat dies der Jansenist Blaise Pascal formuliert. Für ihn können ‚bienséance‘ und ‚civilité‘ nur Trugbilder sein, da das menschliche Herz immer Schwankungen ausgesetzt ist und sich selbst wie auch die anderen fortwährend betrügt:

> L'homme n'est donc que déguisement, que mensonge et hypocrisie, et en soi-même et à l'égard des autres. Il ne veut donc pas qu'on lui dise la vérité. Il évite de la dire aux autres; et toutes ces dispositions, si éloignées de la justice et de la raison, ont une racine naturelle dans le cœur.[54]

Das indirekte Sprechen aufgrund der ‚bienséances‘ der Epoche dient daher vor allem dem Zweck, sich vor unbeabsichtigten Verstößen gegen die Regeln der Gesellschaft zu schützen. Es ist zudem ein Erfordernis mangelnder Selbstkenntnis, um in einem zentralistisch geprägten Umfeld nicht durch unvorhergesehene, zufällige Äußerungen die eigene Selbstbewahrung in Gefahr zu bringen. Damit sind in Frankreich die Weichen für die Kommunikation ganz anders gestellt als in Deutschland, wo es der kleinstaatliche und erheblich familiärere Kontext der

---

52 Vgl. dazu die grundlegenden Arbeiten von Gerhard Oestreich, *Geist und Gestalt des frühmodernen Staates. Ausgewählte Aufsätze*, Berlin, Dunker und Humblot, 1969 und Günter Abel, *Stoizismus und Frühe Neuzeit. Zur Entstehungsgeschichte modernen Denken im Felde von Ethik und Politik*, Berlin/New York, De Gruyter, 1977.

53 *Éloge de la Sincérité* (Collection Philosophie), S. 2; online: http://livros01.livrosgratis.com.br/lv000048.pdf.

54 *Les Pensées* Nr. 978 (Éd. Lafuma) – Nr. 100 (Éd. Brunschvicg); online: https://www.ub.uni-freiburg.de/fileadmin/ub/referate/04/pascal/pensees.pdf.

Kommunikation erlaubt, wie Kleist es beschrieben hat, Gedanken erst im Verlauf eines Gesprächs zu konstituieren, ohne sich der Lächerlichkeit preiszugeben und die Selbstbehauptung aufs Spiel zu setzen.

Die bei La Rochefoucauld und Pascal aufgeworfene Frage der Verstellung durch die indirekte Art des Sprechens kann auf eine lange Vorgeschichte zurückblicken. Diese nimmt – wie Jean-Pierre Cavaillé gezeigt hat – ihren Ausgang in Augustinus Schrift gegen die Lüge, *De mendacio* (419). Augustinus kritisiert das unaufrichtige Sprechen als eine „Rede gegen die eigenen Gedanken" („locutio contra mentem"). Sie hat das Ziel zu täuschen:

> *Mendacium est enuntiatio cum voluntate falsum enuntiandi.*
> [Die Lüge ist eine Aussage mit dem Willen, Falsches auszusagen.[55]]

Sie gilt daher aus theologischen Gründen als ein unter den Begriff der ‚Simulation' gefasstes moralisches Fehlverhalten. Es gibt jedoch, in bestimmten gesellschaftlichen Zwangssituationen die Möglichkeit, bei einer Aussage Dinge wegzulassen oder doppeldeutige Formulierungen zu benutzen, ohne die Unwahrheit zu sagen und ohne damit – auch aus christlicher Perspektive – ein moralisches Fehlverhalten zu begehen. Diese Perspektive gewinnt mit der zunehmenden Säkularisierung theologischer Anschauungen sowie der damit verbundenen Konzentration auf das zwischenmenschliche Verhalten in der Frühen Neuzeit an Dynamik: Die theologische Betrachtung moralischen Verhaltens bzw. Fehlverhaltens weicht pragmatischen Beurteilungen des Zusammenlebens, eine Verlagerung, die in der Kasuistik der Frühen Neuzeit unter dem Stichwort der „doctrine des équivoques" sichtbar wird[56]. Dabei kommt die Frage auf, ob es neben der verbotenen ‚simulation' nicht auch Formen einer legitimen Verstellung, einer ‚dissimulation', geben kann. Dies ist, wie Cavaillé gezeigt hat, z. B. der Fall bei Hugo Grotius, der Lügen dann für gerechtfertigt hält, wenn dem Gegenüber daraus Gutes erwachsen und er sogar wegen des Vorteils dankbar dafür sein wird, dass sein Urteilsvermögen untergraben wurde[57]. In der Schrift *Della dissimulazione onesta* (posthum 1641) des italienischen Lyrikers Torquato Accetto wird ein theologisches Argument benutzt, um die ‚dissimulation' der Rede zu rechtfertigen. Da der Mensch von Natur aus durch die Erbsünde verdorben sei, gleichwohl aber noch Spuren des göttli-

---

55 *De mendacio* I, 1, hrsg. von Joseph Zycha (*CSEL – Corpus Scriptorum Ecclesiasticorum Latinorum*), Wien, Akdamie der Wissenschaften, 1900, S. 411–466, hier: S. 413. Vgl. dazu Jean-Pierre Cavaillé, „Taire, mentir, simuler, dissimuler... un long héritage", *La Lettre de l'enfance et de l'adolescence* Bd. 75/2009, S. 87–94, bes. S. 89 f.
56 Vgl. Cavaillé, „Taire", S. 90.
57 Vgl. Cavaillé, „Taire", S. 91.

chen Lichts in sich trage, nutzte er die Verstellung, um die schrecklichen Dinge seines Innern zu verbergen und sich dadurch das Licht zu erhalten. Die ‚dissimulazione', so die letztlich stoische Argumentation, sei eine Technik, den Leidenschaften Zügel anzulegen, um das Wahre nicht zu verlieren:

> [...] non essendo altro il dissimulare, che un velo composto di tenebre oneste e di rispetti violenti: da che non si forma il falso, ma si dà qualche riposo al vero [...][58]

> ([...] die Verstellung ist nichts anderes als ein Schleier aus ehrenwerter Finsternis und gewaltsamen Rücksichtnahmen: woraus nicht das Falsche entsteht, sondern dem Wahren Ruhe gegeben wird [...])

Die Verstellung ist für Accetto auf der einen Seite ein Dienst an der Gesellschaft:

> [...] gravi disordini siano al mondo quando, non riuscendo di emendarli, non si ricorre allo spediente di nasconder le cose che non han merito di lasciarsi vedere [...][59]

> ([...] es gibt ernsthafte Störungen auf der Welt, die wir nicht ändern können, wenn wir nicht auf das Mittel zurückgreifen, die Dinge zu verstecken, die es nicht verdienen, gesehen zu werden [...])

Auf der anderen Seite ist sie eine Form des Selbstschutzes und steht damit im Einklang mit dem natürlichen Gebot der Selbsterhaltung:

> Gran diligenza ha posta la natura per nasconder il cuore, in poter del quale è collocata, non solo la vita, ma la tranquillità del vivere: perché nello star chiuso, per l'ordine naturale si mantiene [...][60]

> (Große Sorgfalt hat die Natur durch das Verbergen des Herzens aufgewendet, in dessen Macht nicht nur das Lebens sondern auch die Ruhe des Daseins liegt: Denn im im Verborgenbleiben, erhält es sich durch die Ordnung der Natur [...])

Solche Legitimationen der ‚dissimulation' öffnen im 17. Jahrhundert zahlreichen pragmatischen Anschlussüberlegungen Tür und Tor. In den Mittelpunkt rückt immer wieder der Aspekt der ‚prudence', der als eine maßgebliche Instanz der Kommunikation angesehen wird. Diese Verlagerung auf einen völlig pragmatischen Aspekt menschlichen Verhaltens zeigt, dass zwischen dem Leben bei Hof und der idealen Vorstellung von diesem Leben unter moralischen und ästhetischen Gesichtspunkten ein großer Abstand besteht. Dementsprechend werden feinere Un-

---

58 Accetto, *Della dissimulazione onesta*, S. 8. Vgl. dazu Adelin Fiorato, „Simulation/ Dissimulation", in: Alain Montandon (Hrsg.), *Dictionnaire raisonné de la politesse et du savoir-vivre. Du Moyen Âge à nos jours*, Paris, Seuil, 1995, S. 801–844, bes. S. 825. Vgl. auch van Delft/Lotterie, „Torquato Accetto", S. 36 f.
59 S. 14. Vgl. van Delft/Lotterie, „Torquato Accetto", S. 37.
60 S. 27.

terscheidungen vorgenommen: In seinen *Caractères*, die zuerst 1688 gegen Ende des 17. Jahrhunderts erschienen sind, nimmt Jean de La Bruyère eine subtile Abstufung unterschiedlicher Typen von Höflingen vor, die in zahlreichen Hoftraktaten der Zeit erwähnt werden. Er unterscheidet den ‚homme de bien' vom ‚honnête homme' sowie vom ‚habile homme'. Während der ‚homme de bien' sich vollends auf seine Tugendhaftigkeit zurückzieht („[il] s'est borné à n'avoir que de la vertu […]"[61]) kann der ‚honnête homme' nur negativ definiert werden als derjenige, dessen Laster keine Skandale verursachen („[…] dont les vices enfin ne sont pas scandaleux […]"[62]). Nicht jeder ‚honnête homme' sei somit ein ‚homme de bien', eine Beobachtung, die La Bruyère suffisant mit der Bemerkung einleitet, es mache Vergnügen sich das vorzustellen („[…] il est plaisant de s'imaginer […]"[63]). Vorherrschend ist letzten Endes jedoch der Typ des ‚habile homme', der die Kunst der Verstellung perfekt zu praktizieren und über alles zu stellen weiß:

> L'habile homme est celui qui cache ses passions, qui entend ses intérêts, qui y sacrifie beaucoup de choses, qui a su acquérir du bien ou en conserver.[64]

Und dieser Typ des aus Selbsterhaltung heraus handelnden und mit Umsicht seine Interessen wahrenden ‚habile homme' hat die anderen Typen längst in den Schatten gestellt:

> La distance qu'il y a de l'honnête homme à l'habile homme s'affaiblit de jour à autre, et est sur le point de disparaître.[65]

Inwieweit ‚habilité' und ‚prudence' die maßgeblichen Kriterien der Kommunikation bei Hofe geworden sind, zeigen die Schriften des spanischen Jesuiten Baltasar Gracián, der wie kaum ein anderer zum Erfolgsautor im französischen 17. Jahrhundert avanciert. Seine 1647 erscheinende Aphorismensammlung *Oráculo manual y arte de prudencia* (*Handorakel und Kunst der Weltklugheit*) wird 1684 von Abraham Nicolas Amelot de la Houssaie unter dem Titel *Homme de cour* ins Französische übersetzt und im Laufe der Zeit immer wieder neu verlegt. Grundsätzlich dreht sich in Graciáns Schrift alles um die Frage der ‚circonspection', weshalb er seinem Leser angesichts der Tatsache, dass jedes Wort von den Zeitgenossen zerpflückt wird, die am weitesten verbreitete Kunst der Zeit, die der Verstellung, empfiehlt:

---

61 Zitierte Ausgabe: Jean de La Bruyère, *Les Caractères*, Paris, Estienne Michallet, 1696, S. 341 (Nr. 55); online: https://www.ebooksgratuits.com/pdf/la_bruyere_caracteres.pdf.
62 Ebd.
63 Ebd.
64 Ebd.
65 Ebd.

La science du plus grand usage est l'art de dissimuler. [...] Que la circonspection combatte contre la curiosité. A ces gens qui épluchent de si près les paroles, couvre ton cœur d'une haie de défiance et de réserve. Qu'ils ne connoissent jamais ton goût, de peur qu'ils ne te préviennent, ou par la contradiction, ou par la flatterie.[66]

Das Bedeutende an Graciáns Schrift ist die Tatsache, dass es ihm nicht mehr nur um Ratschläge für den Herrscher geht, sondern dass er die Präzepte der Herrschertraktate des 16. Jahrhunderts auf das generelle Verhalten bei Hofe ausdehnt. Hatte Machiavelli im 18. Kapitel des *Principe* (1513) die Täuschung als Mittel der Herrschaft propagiert und hatte Justus Lipsius in seinen *Politicorum sive Civilis Doctrinae* (1589) noch für den Herrscher eine ‚fraus levis' legitimiert, die die ‚diffidentia' und die ‚dissimulatio' umfasst, und diese von der von ihm verurteilten ‚fraus media' und ‚fraus magna' abgegrenzt[67], so wird die Verstellung bei Gracián ohne weitere Differenzierungen vorbehaltlos zum Mittel der Selbstbehauptung aller. Die ‚prudentia' erscheint ihm als Voraussetzung des tugendhaften Verhaltens bei Hof schlechthin[68]. In seiner Schrift *El Discreto*, ins Französische vom Jesuiten Joseph de Courbeville übersetzt und unter dem Titel *L'homme universel* 1723 herausgegeben, diskutiert der Autor in Kap. VIII: „Le bon entendeur, ou l'homme pénétrant et impénétrable" in einem fiktiven Dialog mit einem Dom Andrès über die opportune Art und Weise der Kommunikation in einer Zeit („Au siècle ou nous sommes [...]"[69]), wo die Mitteilung der Wahrheit nur als extravagant angesehen werden kann („[...] dire la verite est dire une extravagance [...]"[70]). Den Fürsten gegenüber verschleiert man die Wahrheit, zumal diese in der Regel die Fähigkeit besitzen, die Wahrheit auch hinter dem Schleier zu erkennen. Mittlerweile sei das Verschleiern der Wahrheit jedoch zum Allgemeingut geworden:

Il faut donc que les princes et les grands s'appliquent à découvrir eux-mêmes la vérité, puisqu'on craint tant de la leur dévoiler. Manquent-ils d'un certain discernement pour entrevoir un piège et s'en garantir? Non, pour l'ordinaire. Eh bien! qu'ils tournent tout leur discernement à démêler la vérité au travers du voile sous lequel on la leur montre. [...]

---

66 Gracián wird hier nach der französischen Ausgabe zitiert, die bei den französischen Zeitgenossen geläufig war: Baltasar Gracián, *L'Homme de cour*, Paris, Veuve-Martin/Jean Boudot, 1684, S. 90 f. (Nr. 98); online: https://fr.wikisource.org/wiki/Livre:Baltasar_Gracián_-_L'Homme_de_cour.djvu. Vgl. auch Van Delft/Lotterie, „Torquato Accetto", S. 57.

67 Vgl. Justus Lipsius, *Politicorum sive civilis doctrinae libri sex, qui ad principatum maxime spectant*, in: J. L., *Opera omnia*, T. 4, Vesaliae 1675, S. 113.

68 Vgl. auch Ulrich Schulz-Buschhaus, „Über die Verstellung und die ersten *Primores des Héroe* von Gracián", *Romanische Forschungen* Bd. 91/1979, S. 411–430; online in: U. Sch.-B., *Das Aufsatzwerk*: http://gams.uni-graz.at/o:usb-063-23, S. 13, mit Anm. 39.

69 Zitierte Ausgabe: *L'Homme universel*, übers. von Joseph de Courbeville, Paris, Lebovici, 1991, S. 47.

70 Ebd.

> DOM ANDRES: Laissons les grands. A parler en général, la sincérité est devenue bien politique et bien réservée: elle appréhende à chaque pas de heurter contre quelque écueil. Si c'est à un sot qu'elle ait à faire, ou bien timide, elle se tait; ou bien faible et lâche, elle substitue à sa place la flatterie.[71]

Graciáns Menschbild ist nur auf den ersten Blick positiv: Der Mensch ist in seinen Anlagen ein Spiegelbild der Schöpfung und hat daher die Möglichkeit, ein ‚homme universel‘, d. h. eine umfassend gebildete und geschickte Persönlichkeit zu werden:

> C'est une grande adresse que de savoir se fournir de tout ce qui est bon, et, puisque la nature a fait en l'homme, comme en son plus excellent ouvrage, un abregé de tout l'univers, l'art doit faire aussi de l'esprit de l'homme un univers de connaissance et de vérité.[72]

Diesen Status muss sich der Mensch jedoch erst einmal erarbeiten, indem er dem barbarischen Naturzustand durch seine Kultivierung entrinnt: „L'homme naît barbare, il ne se rachète de la condition des bêtes que par la culture; plus il est cultivé, plus il devient homme."[73] Im täglichen Kampf aller gegen alle („La vie humaine est un combat contre la malice de l'homme même"[74]) – wie ihn auch der Theoretiker des Absolutismus, Thomas Hobbes, als Basis des absolutistischen Machtstaates beschreibt – spielen die Sprache sowie die Fähigkeit, sich angemessen ausdrücken zu können, die herausragende Rolle: „Les maîtres de l'art tâtent le pouls de l'esprit par la langue, conformément au dire du Sage: *Parle, si tu veux que je te connoisse.*"[75] Dementsprechend befassen sich denn auch besonders viele Maximen des *Oráculo manual* mit der Art und Weise der angemessenen Kommunikation. Sprechen unter solchen Bedingungen heißt stets indirektes Reden: „Dans la manière de s'expliquer, on doit éviter de parler trop clairement; et dans la conversation, il ne faut pas toujours parler à cœur ouvert."[76] Die Worte müssen je nach Redesituation und Ansprechpartner gut ‚verpackt‘ sein und ein gewisses Maß an Undeutlichkeit erhalten: „Les paroles sont ou plus ou moins enveloppees, et ambigues selon les affaires dont on parle."[77] Nur ein verdecktes Spiel der Sprache hält die Neugier der Gesprächspartner aufrecht, und das geheimnisvolle Sprechen erhöht letzten Endes die Bewunderung für den Sprecher:

---

71 Ebd.
72 Gracián, *L'Homme de cour*, S. 57 f.
73 S. 54.
74 S. 11.
75 S. 90.
76 S. 6.
77 *L'Homme universel*, S. 52.

Il n'y a point d'utilité, ni de plaisir, à joüer à jeu découvert. De ne se pas déclarer incontinent, c'est le moïen de tenir les esprits en suspens, sur-tout dans les choses importantes, qui font l'objet de l'attente universelle. Cela fait croire qu'il y a du mystère en tout et le secret excite la vénération.[78]

Die höchste Form dieses Sprechens ist für Gracián ohnehin das beredte Schweigen: Wahrheiten werden nur angedeutet. Gesagt wird nur das Nötigste. Im Zweifelsfall reicht die Körpersprache des Gesichts, um sich verständlich zu machen:

Et moi je dirais à un homme d'esprit, peu de mots suffisent pour se faire entendre : il n'a pas même besoin de paroles pour cela ; il fait lire sur son visage sa pensée quand il veut ; son silence parle, et signifie quelquefois plus pour un homme intelligent qu'un long discours pour un sot.[79]

Diese Fähigkeiten des ‚homme universel' sind nur partiell erlernbar. Sie finden sich vor allem bei außergewöhnlichen Menschen und sind letzten Endes ein kaum zu beschreibendes „je ne sais quoi"[80]. Die Perfektion dieses Sprechens ist das ‚savoir obliger', d. h. den Gesprächspartner durch seine Rede zu zwingen, Dinge zu verwirklichen:

Quelques-uns métamorfosent si bien les grâces, qu'il semble qu'ils les font, lors même qu'ils les reçoivent. Il y a des hommes si adroits qu'ils honorent en demandant, parce qu'ils transforment leur intérêt en l'honneur d'autrui. Ils ajustent les choses de telle sorte que vous diriez que les autres s'acquittent d'un devoir quand ils leur donnent, tant ils savent bien tourner sens dessus dessous l'ordre des obligations par une politique singulière ; du moins ils font douter lequel c'est qui oblige. Ils achètent tout le meilleur à force de louer ; et quand ils témoignent de désirer une chose, l'on se tient honoré de la leur donner, car ils engagent la courtoisie en faisant une dette de ce qui devait être la cause de leur reconnaissance. C'est ainsi qu'ils changent l'obligation de passive en active ; en cela meilleurs politiques que grammairiens.[81]

Graciáns Bemerkungen lassen erkennen, inwieweit sich im 17. Jahrhundert ein Habitus der Dissimulation herausgebildet hat, der Formen indirekter Kommunikation befördert. Dieser Habitus verfestigt sich zu einer grundlegenden mentalen Einstellung, die in den weiteren Jahrhunderten als eine kulturelle Besonderheit Frankreichs angesehen wird, zumal das Land bis heute in seinen wichtigsten Strukturen weiterhin zentralistisch ausgerichtet ist. Mit dem Erlass der Verfassung der Ersten Republik 1793 nach der Französischen Revolution wird Frank-

---

78 *L'Homme de cour*, S. 5 f.
79 *L'Homme universel*, S. 46.
80 S. 116. Vgl. auch die Maxime CXXVII in: *L'Homme de cour*, S. 77 f.
81 *L'Homme de cour*, S. 149.

reich zur ‚République Une et Indivisible‘. Die Beibehaltung dieser Charakteristik in allen Verfassungen seit 1793 zeigt, dass das Selbstverständnis der vom Zentrum Paris aus regierten Republik in der Einheit und im Zentralismus liegt.

Die weitere Entwicklung führt – wie wiederum Cavaillé gezeigt hat[82] – in ein Paradox, welches insbesondere seit dem späten 17. Jahrhundert und dann in der Aufklärung zutage tritt: Als eine Gegenreaktion gegen den Zwang zur indirekten Kommunikation und ihre diversen Formen der Verstellung am Hof und in den Salons bedingt durch die ‚bienséances‘ der ‚plus saine partie de la cour‘ wird auf der einen Seite die Forderung nach Transparenz in Gestalt der ‚sincérité‘ aufgestellt. Eine Ethik der Authentizität und Aufrichtigkeit – insbesondere der Aufrichtigkeit des Gefühls – gewinnt in der Aufklärung die Überhand, die jedwede Form von Verstellung und damit auch die Rhetorik als eine Form der Verstellung diskreditiert. Die Aufklärung hält jedoch auf der anderen Seite besonders am Schutz der Privatsphäre und somit an der Undurchschaubarkeit der Gesinnungen und Begehren fest, eine Sphäre, die die Staatstheorie des Absolutismus ja mit dem Diktum ‚Private, is in secret free‘ eröffnet hatte. Inwieweit dieser Schutz des privaten Raums des Denkens und Fühlens in einem auf nahezu allen Ebenen weiterhin zentral ausgerichteten gesellschaftlichen Gebilde Formen der Verstellung als unverzichtbar erachtet, zeigt eine heftige Debatte zwischen dem deutschen Philosophen Immanuel Kant und dem Schriftsteller, Staatstheoretiker und Politiker Benjamin Constant unmittelbar nach der Französischen Revolution, die interkulturelle Dimensionen hat. In seiner Schrift *Grundlegung zur Metaphysik der Sitten* von 1787 hatte Kant einen ethischen Rigorismus vertreten und ganz im Geiste des Augustinus die Verstellung als Lüge und damit als grundsätzliche Unterminierung der Wahrhaftigkeit verurteilt. Er vertritt damit eine stark protestantisch geprägte, fundamentalistische Anschauung, die er später in seinem 1797 veröffentlichten Essay *Über ein vermeindliches Recht aus Menschliebe zu lügen* gegen die Angriffe Constants auf seinen moralphilosophischen Rigorismus verteidigt. Kant hält auch am Argument des Verbots der Lüge selbst bei Gefahr für das eigene Leben fest. Angesichts der Wirren der Französischen Revolution, die die zentralen, vertikal ausgerichteten Hierarchien des Ancien Régimes zerstört hat, hatte sich Benjamin Constant in seiner Schrift *Des Réactions politiques* von 1797 gefragt, wie man am besten auf diese Situation reagiert:

> On oublie [...] que si, lorsqu'il est question de détruire, il ne faut détruire que ce qui est funeste, quand il s'agit de relever, il ne faut relever que ce qui est utile [...][83]

---

82 Vgl. Cavaillé, „Taire", S. 92 f.

83 *Des Réactions politiques*, in: *De la Force du gouvernement actuel de la France et de la nécessité de s'y rallier* (Champs classiques), Paris, Flammarion, 2013; online: hrsg. von Jean Marie

Um nicht in die alten Privilegien und Hierarchien zurückzufallen, muss man laut Constant durchaus über die Prinzipien der Gesellschaft und des Staates nachdenken: „La réhabilitation des principes serait une entreprise à la fois utile et satisfaisante : on sortirait, en s'y livrant, de cette sphère de circonstances dans laquelle on se trouve perpétuellement froissé de tant de manières."[84] Bei ihm zeigt sich allerdings, inwieweit der Habitus der indirekten Kommunikation in Frankreich mental verankert ist, so dass man auch unter den Bedingungen nach der Revolution daran festhält. Die Suche nach den „principes élémentaires de la liberté"[85] führt Constant zu der strikt gegen den „philosophe allemand" gerichteten Feststellung, dass die Beharrung auf dem moralischen Prinzip, stets die Wahrheit zu sagen, ein gesellschaftliches Zusammenleben unmöglich machen würde: „Le principe moral, par exemple, que dire la vérité est un devoir, s'il était pris d'une manière absolue et isolée, rendrait toute société impossible."[86] Die Erkenntnis der Unanwendbarkeit dieses Prinzips („Ce principe isolé est inapplicable"[87]) zwingt dazu, nach weiteren Prinzipien, sprich Anwendungsmöglichkeiten („le moyen d'application"[88]), d.h nach den sprichwörtlichen Ausnahmen von der Regel zu suchen. Auf diese Weise legitimiert Constant utilitaristisch die Möglichkeiten indirekten Sprechens inklusive der Unwahrheit gegen den Rigorismus Kants:

> Dire la vérité est un devoir. Qu'est-ce qu'un devoir? L'idée de devoir est inséparable de celle de droits : un devoir est ce qui, dans un être, correspond aux droits d'un autre. Là où il n'y a pas de droits, il n'y a pas de devoirs.
> Dire la vérité n'est donc un devoir qu'envers ceux qui ont droit à la vérité. Or nul homme n'a droit à la vérité qui nuit à autrui.
> Voilà, ce me semble, le principe devenu applicable. En le définissant, nous avons découvert le lien qui l'unissait à un autre principe, et la réunion de ces deux principes nous a fourni la solution de la difficulté qui nous arrêtait.[89]

An einem ganz anderen Beispiel haben Wolfgang Matzat und Rainer Warning gezeigt, wie unter den veränderten gesellschaftlich-politischen und epistemischen Bedingungen nach der Französischen Revolution der einmal gewonnene mentale Habitus der indirekten Kommunikation bestehen bleibt: und zwar am Beispiel von Stendhals scharfsichtigen Reflexionen über die Äußerungsmöglichkeiten der

---

Tremblay, http://classiques.uqac.ca/classiques/constant_benjamin/des_reactions_politiques/ reactions_politiques.pdf, S. 9.
84 S. 32.
85 S. 33.
86 S. 36.
87 S. 37.
88 Ebd.
89 S. 36.

Affekte in der Romantik. Stendhal realisiert, inwieweit sich zu Beginn des 19. Jahrhunderts die gesellschaftlichen Hierarchien verändert und inwieweit die Episteme des historischen Denkens in die Tiefe die transparente Repräsentation und das taxononomische Denken der klassischen Epoche verdrängt haben. Die Tiefe und Fülle der romantischen Innerlichkeit kann für Stendhal allerdings nur qua gedämpfter Sprache zum Ausdruck gebracht werden. Stendhal hat auf der einen Seite das Ziel, die Qualität der Affekte vor der „Profanierung durch die Sprache"[90] zu schützen. Die Sprache soll einen herausragenden Status behalten, um gegenüber dem jeweiligen Gesprächspartner die exzeptionelle Bedeutung der geäußerten Gefühle deutlich werden zu lassen. Sie muss elliptische Ausdrucksweisen ermöglichen, um auf die Fülle des Geäußerten aufmerksam zu machen und ihn dessen Tiefe qua Konnotationen begreifen zu lassen. Stendhal kann und will sich somit nicht aus dem mentalen Habitus der indirekten Äußerung befreien; er ist laut Matzat „in gewisser Weise Klassizist [en] geblieben"[91]. Warning spricht von einer „unausrotttbare[n] Klassizität"[92] Stendhals.

Auf der anderen Seite beobachtet der Autor den nachrevolutionären Zerfall des klassischen Machtdispositivs und seiner diskursiven Ordnung. Er beobachtet auch den mit diesem Verfall einhergehenden Untergang des „guten Sprachgebrauchs" („bon usage") in der nachrevolutionären Gesellschaft[93]. Unter den nunmehr veränderten Bedingungen einer Konversation über alle möglichen Themen in allen möglichen gesellschaftlichen Bereichen und zwischen unterschiedlichen Gruppen, die im Klassizismus der ‚bienséances' aus dem Rahmen der Kommunikation ausgegrenzt waren, tritt eine ‚bienséance' ganz anderer Art zu Tage: Aus der Angst heraus, mit einem „torrent des passions" konfrontiert zu werden, der mit jedem Wort aus dem Sprecher unkontrolliert herauszubrechen droht, ist die indirekte Äußerung als Schutz des Einzelnen gefragt. Sie bewahrt den Zuhörer vor der unmittelbaren Konfrontation mit unvorhersehbaren Sujets und ungebremsten Leidenschaften der Sprecher, die diese für ihr Thema aufbringen, was Stendhal als ‚hassenswert' („odieux") ansieht:

> Notre conversation est dans une situation bien différente [gegenüber der Klassik, Anm. von Vf.]; nous n'avons que trop de choses intéressantes. [...] il faut retenir [...] le torrent des passions qui, prêtes à s'élancer à chaque mot, menacent de renverser toutes les convenances

---

90 Wolfang Matzat, *Diskursgeschichte der Leidenschaft*. Zur Affektmodellierung im französischen Roman von Rousseau bis Balzac (Romanica Monacensia. 35), Tübingen, Narr, 1990, S. 161.
91 S. 232.
92 Rainer Warning, „Gespräch und Aufrichtigkeit – Repräsentierendes und historisches Bewußtsein bei Stendhal", in: Karlheinz Stierle/R. W. (Hrsg.), *Das Gespräch* (Poetik und Hermeneutik. 11), München, Fink, 1984, S. 425–466, hier: S. 428.
93 Warning, „Gespräch", S. 432 und 428.

et de disperser au loin les habitants du salon. Il faut écarter des sujets si intéressants qu'ils en sont irritants, et le grand art de la conversation d'aujourd'hui, c'est de ne pas se noyer dans l'odieux.[94]

Hier findet – wie Warning gezeigt hat[95] – eine Verlagerung von der Angst vor den „Machtzentren der diskursiven Ordnung" hin auf die Angst vor den „rivalisierenden Diskursen" und ihren dahinter stehenden Machtinteressen statt, die – ließe man ihnen freien Lauf – die Gefahr einer Erodierung von Kommunikation und Konversation mit sich bringen würden. Stendhal negiert somit aus einem klassizistischen Geist heraus die in der Aufklärung vielfach beschworene jedoch letztlich illusionäre Möglichkeit, die Kommunikation ganz an den Anforderungen von ‚vérité', ‚sincérité' und ‚naiveté' einer größeren Allgemeinheit auszurichten. Die Französische Revolution hat zwar dem Einzelnen bis dahin ungeahnte Ausdrucksmöglichkeiten verschafft, die ihm die Ständegesellschaft verwehrt hatte. Da sich aber nach der französischen Revolution die zentralistischen Strukturen der Gesellschaft erhalten, indem sie sich anders konstituieren, zumal die Kultur der Aristokratie auch im 19. Jahrhundert gerade für viele Schriftsteller die Orientierungsgröße darstellt, bleibt der mentale Habitus der indirekten Kommunikation bestehen, obwohl größere soziale Gruppierungen an den öffentlichen Diskursen der Zeit beteiligt sind. Und dieser mentale Habitus herrscht in Frankreich bis heute vor. Er zeigt sich u. a. an der seit 2012 auf der Seite der *Académie française* existierenden Kolumne „Dire, Ne pas dire", die sich in die Tradition der ‚bienséances' einfügt und der Frage widmet: „Quels mots, quelles tournures choisir, retenir ou rejeter parmi ce qui s'entend et se dit?"[96]

---

94 Stendhal, *Racine et Shakespeare* (Les Classiques pour tous. 362), hrsg. von L. Vincent, Paris, Hatier, 1927, S. 34.
95 S. 433.
96 Vgl. online: http://www.academie-francaise.fr/actualites/dire-ne-pas-dire-septembre-2018.

7 Im Vorhof der indirekten Kommunikation: Clément Marot und die Entstehung einer Dichtung der ‚causerie facile' als fingierte mündliche Konversation

7.1 Gesellschaftliche und ideengeschichtliche Bedingungen der Kommunikation im 16. Jahrhundert

Den gängigen historiographischen Untersuchungen zufolge liegen die ersten wichtigen Entwicklungen des neuzeitlichen absolutistischen Machtstaats im 16. Jahrhundert. Die europäischen Herrscher leiten seit dem Mittelalter ihre Macht von Gottes Gnaden ab, waren jedoch an Hoheitsfunktionen der Stände im feudalen System gebunden. Im entstehenden Absolutismus der modernen europäischen Staatensysteme gehen diese Hoheitsfunktionen nach und nach auf den Herrscher über. Die französischen Juristen hatten seit dem 13. Jahrhundert dieser Entwicklung den Boden bereitet und seit der Regentschaft von Ludwig dem Heiligen die Vorstellung verbreitet, dass der König ‚souverain par-dessus tous' sei. Mit dem Renaissancekönig François Ier wird diese Vorstellung maßgeblich vorangetrieben: Franz führt nicht nur Reformen im Finanz- und Verwaltungswesen durch, die der Stärkung der Macht der Krone dienen. Er veranlasst vor allem mit dem Artikel 111 des Edikts von Villiers-Cottérêt 1539 eine Sprachreform, die das Französische als alleinige Verwaltungssprache auf dem Territorium Frankreichs etabliert.

Begleitet werden diese Reformen von zahlreichen Diskussionen unterschiedlicher Staatstheoretiker. Während Claude de Seyssel in seinem Hauptwerk *La Grande Monarchie de France* (1519) die Kirche, die Gerichtshöfe (= ‚les parlements') und den Verwaltungsapparat als Kontrollinstanzen der Monarchie beschreibt, die diese vor dem Fall in die Tyrannei bewahren, befürworten Guillaume Budé und Jean Bodin die absolutistische Zentralherrschaft. In seiner *Institution du Prince* von 1547 (geschr. 1519) erklärt Budé unter Hinweis auf das Gottesgnadentum der Monarchie, dass der König nicht den Gesetzen unterworfen ist (‚de legibus solutus est'). Und im zweiten Buch seiner *Six Livres de la République* von 1576, die während der Religionskriege entstanden und gegen Machiavellis skrupellose Konzeption der Fürstenherrschaft im *Principe* (1513) auf der einen Seite sowie gegen die liberalen Staatskonzepte der protestantischen Monarchomachen auf der anderen Seite gerichtet sind, plädiert Bodin für eine absolute Monarchie, in der der Herrscher allein die Naturgesetze, die natürliche Freiheit und das Recht auf Eigentum, garantieren müsse.

In diese Debatte schaltet sich auch der Dichter Clément Marot ein. Er tut dies in einer Form der Konversation mit dem Herrscher, die es erlaubt, eine grundlegende Kritik an dessen Herrschaft anzubringen. Marot macht die mündliche Konversation mit ihren Formen des indirekten Sprechens zum Maßstab seiner Gedichte und literarischen Episteln. Über seinen Plauderton, von der Literaturgeschichte als ‚causerie facile' gehandelt und auch unter der an seinen Namen angelehnten Bezeichnung ‚poésie marotique' (‚scherzhafte Dichtung') bekannt, praktiziert er eine leichte, scherzhafte Art des Sprechens (‚élégant badinage'), mit der er sich in seinen Versepisteln häufig direkt an den König Franz wendet. Marots Dichtung steht im Kontext der höfischen Kommunikation und damit am Beginn des indirekten Sprechens, das sich dann im Laufe der weiteren zentralstaatlichen Entwicklung als Disposition und dominanter Habitus in Frankreich entwickelt. Seine Episteln und Epigramme ahmen den mündlichen Redestil nach und fügen seine Literatur auf diese Weise in die höfische Kommunikation ein. Dass die aus der mündlichen Konversation hervorgehenden indirekten Formen des Sprechens zu Beginn des 16. Jahrhunderts nicht nur bei Marot in den Rang einer Dichtung erhoben werden, verdankt sich bestimmten historischen und persönlichen Umständen.

Im 16. Jahrhundert liegen noch völlig andere soziale Bedingungen vor, als im darauffolgenden Jahrhundert, in dem sich neben der Hofgesellschaft die städtischen Salons entwickeln und zum Hof in ein Spannungsverhältnis treten. Erst im 17. Jahrhundert führen die Zentralisierungsanstrengungen Richelieus zu einer Konzentration der Macht auf den absoluten Herrscher Louis XIV, was die indirekte Form der Äußerung allein aus Gründen der Selbstbewahrung begünstigt. Die Salons, in denen vielfach Gleichgesinnte und Freunde aufeinander treffen, erlauben einen offeneren Umgangsstil unter den Beteiligten. Anfangs, in der Zeit der Frondeaufstände der Hohen Aristokratie gegen die Zentralisierungsbestrebungen, stehen die Salons sogar im Widerstand gegen den Hof. Auch hier ist allerdings – wie die bereits diskutierten zahlreichen Beispiele zeigen – die indirekte Redeweise an der Tagesordnung, da sich auch die Mitglieder der Salons bei aller freundschaftlichen Verbindung untereinander vor Verrat gegenüber der Zentralgewalt schützen müssen und da auch in den Salons vertikale Beziehungen einzelner Teilnehmer zueinander existieren. Unter den Bedingungen der eher offenen Begegnung im Salon kann die indirekte Redeweise jedoch Züge einer spielerisch-ästhetischen ‚exception culturelle' gewinnen. Im Lauf des Jahrhunderts, nachdem die Salons diese politische Bedeutung durch die immer stärkere Homogenisierung der Kultur verlieren, wird der Hof von Versailles nicht nur Sitz des Staates sondern zugleich Zentrum des mondänen Lebens und der Kultur. Die Umgangsformen der Salons, die ‚bienséances', die aus ihnen resultierenden Formen der ‚politesse' und ‚civilité' werden auch die Umgangsformen am Hof: Es liegt eine „conversion d'une société de salon en société de cour"[1] vor. Dieses Zusammenspiel von Hof und Salons war im 16. Jahrhundert nicht gegeben, zumal der Hof keinen festen Sitz hatte und die Regentschaft des Königs François Ier vom Reisekönigtum geprägt war.

Gleichwohl bildet sich in der an den König gerichteten Dichtung Clément Marots eine indirekte Sprechweise heraus, die ihre Ursachen zunächst einmal im Verhältnis von König und Dichter hat. Clément Marot hatte seit seiner Kindheit enge Verbindungen zu dem nur zwei Jahre älteren François: Sein Vater, der Autor Jean Marot, war Kammerdiener des französischen Königs und Vorgängers von François, Louis XII Clément selbst hatte in seiner Jugend eine Stelle bei der Chancellerie und war auf diese Weise mit dem Hofleben in ständigem Kontakt. 1519 wurde er Kammerdiener und Sekretär von Maguérite de Navarre, bzw. Marguérite d'Angoulême, der Schwester des Königs. 1526 erbte er das Amt seines Vaters und trat seinerseits als Kammerdiener in die Dienste des Königs, dem er über große Strecken seiner Kindheit und Jugend verbunden war. Dies erklärt, warum François Ier bei allen Verfolgungen des Dichters vor allem seitens der damals von den Theologen beherrschten Sorbonne als der obersten Zensurbehörde seine schützende Hand über ihn gehalten hat. Clément Marot hat mit seinen zahlreichen Versepisteln an François Ier ein bemerkenswertes Kunststück vollbracht: Die Episteln sind in der Regel Bittbriefe, in denen der Dichter vom König eine finanzielle Unterstützung erbittet. Auf eine indirekte und höchst amüsante Weise, die sich von den spielerisch-ästhetischen Sprechweisen der Hofgesellschaft inspirieren lässt, üben sie jedoch zugleich Kritik an der Politik des Königs und an den gesellschaftlichen Zuständen. Es ist dieser spielerisch-leichte Ton der Dichtung Marots, der laut Alain Génetiot der Grund dafür ist, dass der König den Dichter letzten Endes immer wieder unterstützt hat:

> Marot s'est ainsi rendu célèbre par son art de la sollicitation spirituelle par où le valet de chambre de François Ier, fort de sa proximité avec le roi, demande et obtient non pas par la supplication, mais en enveloppant sa requête dans la bonne humeur qui dispose favorablement le roi à y accéder.[2]

Der spielerisch-leichte Ton der Marotschen ‚causerie facile‘ begründet eine Richtung der französischen Literatur, die als ‚littérature conversante‘ von der Litera-

---

1 Vgl. dazu Sophie Rollin, „De la société de salon à la société de cour: l'ambivalence du processus de civilisation", in: *FLS*. Civilisation in French and Francophone Literature Bd. 23/2006, S. 131–145, hier: S. 143. Vgl. auch S. 132.
2 Alain Génetiot, „„L'élégant badinage‘: Marot, Voiture et La Fontaine", *Le Fablier*. Revue annuelle des amis de Jean de La Fontaine Bd. 27/2016, S. 39–46, hier: S. 45.

turgeschichtsschreibung beschrieben wird und mit immer neuen Beispielen bis heute virulent ist.

Marot schreibt –dies ist eine weitere historische Spezifik seiner Epoche – aus der Haltung eines seit 1520 sich verbreitenden Evangelismus, der später in den Protestantismus mündet. In dieser Haltung ist er – dies lassen zahlreiche seiner Dichtungen erkennen – von Maguérite de Navarre beeinflusst und bestärkt worden. Sie protegiert neben Marot zahlreiche Intellektuelle und Schriftsteller, die den neuen Glaubensrichtungen positiv gegenüberstehen, darunter den Bibelübersetzer Jacques Lefèvre d'Étaples und die Reformatoren Jean Calvin und Martin Luther. Nach der berühmten *Affaire des Placards* von 1534, dem Anschlag protestantischer Thesen u. a. im Schloss des Königs in Amboise, ist François Ier gezwungen, sich von seiner Schwester zu distanzieren, da er als Herrscher über ein katholisches Land genötigt ist, die neuen Glaubensrichtungen zu bekämpfen. Marot ist seinerseits als Anhänger des Evangelismus gemäß dem Credo der neuen Glaubensrichtung einer grundlegenden Aufrichtigkeit verpflichtet. Evangelisten wie die späteren Protestanten vertreten die Idee der persönlichen Freiheit vor allem in Glaubensfragen. Neben dem Prinzip der ‚sola fide' ist für sie angesichts der Verfolgungen – dies zeigt u. a. die Auswanderung in die ‚Neue Welt' – auch der Gedanke der politischen Freiheit von besonderer Bedeutung. Zudem sehen sie sich auch in puncto wissenschaftlich-theologischer Forschung der Wahrheit verpflichtet, zweifeln sie doch an der Autorität der Kirche, die die Erforschung der biblischen Quellen zu verhindern sucht. All dies verbietet es Marot im Grunde, in seinen Dichtungen die Verstellung und das indirekte Sprechen als literarische Verfahren zu praktizieren.

Dem stehen jedoch die Erfahrungen durch die Bevormundung seitens katholisch-theologischer Autoritäten entgegen, die den Dichter mehrfach verhaften lassen bzw. ihn zur Flucht ins Ausland (Ferrara und Genf) zwingen. Und ein ganz besonderes Problem ist es für Marot, sich einem Herrscher zu beugen, der auf der einen Seite dabei ist, die theologischen Autoritäten im Zuge der Zentralisierung des Staatswesens seiner eigenen Kontrolle zu unterwerfen, um sich als absolute Autorität zu etablieren. Auf der anderen Seite ist dieser Herrscher, den Marot bestens kennt, wie er selbst Dichter und betätigt sich als Mäzen der Künste. Aus dieser Gemengelage heraus, die ein Musterbeispiel für die „Konfessionelle Ambiguität" ist und geradezu die „Uneindeutigkeit und Verstellung als religiöse Praxis in der Frühen Neuzeit"[3] einfordert, entsteht Marots ‚causerie facile'. Sie nimmt sich die indirekte Form der Äußerung aus der Konversation zum Vorbild der Dichtung und

---

3 So der Titel und Untertitel einer Tagung des Excellenzclusters *Religion und Politik* 2010 an der Universität Münster (*Konfessionelle Ambiguität*. Uneindeutigkeit und Verstellung als religiöse

bekräftigt auf diese Weise die Disposition, die die mündliche Konversation bei Hof und in den späteren Salons dominiert und sich ab dem 17. Jahrhundert zu einem allgemeinen kulturellen Habitus mit einer ‚longue durée' entwickelt. Nach Géne-tiot hat der „badinage enjoué" bei Marot nicht nur eine Unterhaltungsfunktion („une fonction tout gratuite de divertissement"); er stammt aus der mündlichen Kommunikation („La conversation orale"), gewinnt jedoch im Zuge seiner Entwicklung zu einem schriftlichen Stil („un style véritablement écrit") maieutische Qualitäten und eine heuristische Funktion („une fonction heuristique par sa vertu maïeutique"[4]).

Nach einhelliger Meinung der Dichter der ersten Hälfte des 16. Jahrhunderts, dem Jahrhundert der Hochblüte der französischen Renaissance, gilt Clément Marot als Dichterfürst seiner Zeit, als „Prince des Poetes Françoys" (Victor Brodeau[5]). Marot ist Übersetzer Vergilscher Eklogen sowie einer Reihe von Psalmen, die 1562 als älteste volkssprachliche Übersetzungen in den reformierten Psalter aufgenommen werden. Er ist Herausgeber des spätmittelalterlichen *Roman de la Rose*. Vor allem betätigt er sich jedoch als Dichter von ‚rondeaux', ‚complaintes', Eklogen, Balladen und insbesondere Epigrammen und Versepisteln.

Der Kanonisierungsprozess Marots durch die Literaturgeschichtsschreibung erfolgt, wie Wolfgang Preisendanz vor einiger Zeit gezeigt hat[6], bis zum Ende der achtziger Jahre wie bei kaum einem Autor der französischen Literatur hauptsächlich unter einem Gesichtspunkt: Marot gilt seit Boileaus Diktum aus dem

---

Praxis in der Frühen Neuzeit, hrsg. von Andreas Nicolaus Pietsch und Barbara Stollberg-Rillinger [Schriften des Vereines für Reformationsgeschichte. 214], Gütersloh, Gütersloher Verlagshaus, 2013).

4 „‚L'élégant badinage'", S. 45.

5 Vgl. dazu den Band *Hecatomphile*. De vulgarie [sic] Italien tourné en langaige Françoys. Les fleurs de Poesie Françoyse, Paris, Galliot du Pré, 1534. Kommentiert in: Clément Marot, *Œuvres poétiques complètes*, 2 Bde, hrsg. von Gérard Defaux (Classiques Garnier), Paris, Garnier, 1993, Bd. 2, S. 1319–1322. Zu den folgenden Textanalysen vgl. auch Vf., „Das Konzept politischer Herrschaft in der Dichtung Clément Marots", in: Marc Föcking/Bernhard Huss (Hrsg.), *Varietas und Ordo*. Zur Dialektik von Vielfalt und Einheit in Renaissance und Barock (Text und Kontext), Stuttgart, Steiner, 2002, S. S. 153–166, sowie „Die Kunst des Streitens. Clément Marots Bittbriefe an François Ier", in: Marc Laureys/Roswitha Simons (Hrsg.), *Die Kunst des Streitens*. Inszenierung, Formen und Funktionen des öffentlichen Streits in historischer Perspektive (Super alta perennis. Studien zur Wirkung der Klassischen Antike. 10), Göttingen, Bonn University Press bei V&R unipress, 2010, S. 245–255.

6 „Gattungshorizont des Epigramms und ‚style marotique'", in: Wolf-Dieter Stempel/Karlheinz Stierle (Hrsg.), *Die Pluralität der Welten*. Aspekte der Renaissance in der Romania (Romanistisches Kolloquium. 4), München 1987, S. 279–300, bes. S. 279 f. Preisendanz bezieht sich auf Yves Girauds „Les jugements de la critique" in der von diesem besorgten Ausgabe: Clément Marot, *Œuvres poétiques* (GF. Texte intégral. 259), Paris, Garnier-Flammarion, 1973, S. 486–491.

Art poétique als Dichter des Elegant-Scherzhaften („élégant badinage"[7]). Laut Sainte-Beuve im 19. und nach ihm Leo Spitzer im 20. Jahrhundert kommt ihm das Verdienst zu, die Plauderei („la causerie facile"[8]) in die Literatur eingeführt zu haben. Natürlichkeit, Charme, Grazie, Zwanglosigkeit und Naivität gelten als Charakteristika des nach dem Dichter benannten ‚style marotique'[9].

Nun stehen ‚causerie facile' und ‚badinage' in der Phase der aristokratisch-höfischen Gesellschaft zur Zeit Ludwigs des XIV. im Zeichen einer Ästhetik der ‚diversité', die sich den normativen Ansprüchen der französischen Klassik widersetzt. Der *Art poétique* eines Boileau zielt auf die Konzentration und auf die Unterordnung der Details unter die Einheit des Ganzen innerhalb eines literarischen Werks. Demgegenüber spiegeln sich in der Regelfreiheit des „Unernst-Unverbindlichen" der ‚causerie facile' – so Fritz Nies in seiner Arbeit über die Briefe der Mme de Sévigné[10] – die Auffassungen einer Aristokratie, die sich den ästhetischen Ordnungsbestrebungen der Klassik und darüber hinaus politisch den Unterwerfungsmechanismen des Absolutismus entzieht[11].

In der Epoche der Frühen Neuzeit gibt es für die Schriftsteller anders als im 17. Jahrhundert noch kein staatlich organisiertes Mäzenatentum, wie es Richelieu mit Unterstützung des Finanzministers Colbert organisiert hatte. Die Epoche der Frühen Neuzeit ist die Hochzeit der Widmungsbriefe und der Bittbriefe, der ‚épîtres dédicatoires' und der ‚lettres de requêtes', mit denen sich die Schriftsteller der Gunst freigebiger Gönner zu versichern trachten. Die Wiederbelebung der schon in der Antike gepflegten Sitte, Schriften einem Gönner zuzueignen oder die Großen in Bittschreiben um Unterstützung anzugehen, hat bis zur Zeit der Regentschaft Ludwigs des XIV. Konjunktur. Eingedämmt durch das flächendecken-

---

7 *Art poétique* I, V. 96.

8 Vgl. dazu Leo Spitzer, „Clément Marot. *Eclogue au Roy, soubs les noms de Pan et robin* (1539)", in: Leo Spitzer, *Interpretationen zur französischen Lyrik*, hrsg. von Helga Jauß-Meyer und Peter Schunck, Heidelberg, Selbstverlag des Romanischen Seminars der Universität Heidelberg, 1961, S. 24–43, hier: S. 42.

9 Vgl. Preisendanz, „Gattungshorizont", S. 279 f. Zu den Ursprüngen der Bezeichnung ‚marotique' bei Furetière im 17. Jahrhundert vgl. Isabelle Landy-Houillon, „Autour d'un marqeur stylistique: le marotique", in: Jean-Charles Montferran (Hrsg.), *Le Génie de la langue française autour de Marot et La Fontaine. L'Adolescence clémentine, Les Amours de Psyché* et de *Cupidon* (Feuillets), Fontenay-aux-Roses/Paris, ENS Éditions, 1997, S. 133–146, bes. S. 134.

10 *Gattungspoetik und Publikumsstruktur. Zur Geschichte der Sévignébriefe* (Theorie und Geschichte der Literatur und der Schönen Künste. 21), München, Wilhelm Fink, 1972, bes. S. 80. Vgl. auch Jean Rousset, *La littérature de l'âge baroque en France*. Circé et le Paon, Paris, José Corti ⁵1965 (¹1954), S. 197 f.

11 Vgl. auch unten, das Kap. 9 über Jean de La Fontaine.

de System staatlicher Pensionen und Zahlungen, das Richelieu dann als Steuerungsinstrument des aufkommenden absolutistischen Staates aufbaut, verlieren die Buchwidmung und der Bittbrief nach und nach ihre Bedeutung, bevor die Aufklärung darin ein Zeichen schriftstellerischer Unmündigkeit sieht.

In seiner grundlegenden Monographie zum Widmungsbrief in der französischen Literatur behandelt Wolfgang Leiner nahezu alle Formen, Formeln, Anlässe und Funktionen der Gattung in der Zeit zwischen 1580 und 1715[12]. Leiner geht jedoch einer Frage überhaupt nicht nach: Kann man einen Widmungsbrief dazu nutzen, mit dem Gönner über grundlegende politische, religiöse und weltanschauliche Probleme zu streiten und sich gleichzeitig seiner Gunst versichern? Um wie viel mehr gilt dies für die Gattung des literarischen Bittbriefes. Wie kann ich den Mäzen, an den ich mich wende, mit Positionen behelligen, die seinen eigenen zuwiderlaufen und dennoch Zuwendungen von ihm erhalten? Und das, wo der literarische Brief aufgrund der spezifischen Kommunikationssituation bei Hof sich zudem noch an ein größeres Publikum wendet und damit einen ausgesprochen performativen Charakter hat. Die Verzweiflung der Autoren angesichts solcher nahezu unüberbrückbaren Widersprüche entlädt sich immer wieder. Ein berühmter Fall ist Pietro Aretinos Widmung seiner Hetärengespräche, die 1548 erschienenen *Ragionamenti*, an seinen Affen Mona. Der Affe sehe aus, so heißt es, wie die Mäzene der Zeit. Wie Mona würden diese ‚Großkotze' nicht nur die Bücher zerfetzen, die ihnen gewidmet sind, sondern sie putzten sich – so Aretino – „mit den Blättern den – fast hätte ich das Wort ausgesprochen [...]"[13]. Nun hat Aretino offenbar nicht die Absicht gehabt, durch ein solches Widmungsschreiben eine Zuwendung von wem auch immer zu erhalten. Das Kunststück mit dem Gönner zu streiten **und** nachweislich gleichwohl dafür immer wieder eine Zuwendung zu erlangen, hat Marot fertig gebracht. Dessen häufig als ‚lettres de requête' angelegte Versepisteln an den französischen König François Ier spielen zudem bei der Auseinandersetzung zwischen Protestanten und Katholiken im öffentlichen Raum der ersten Hälfte des 16. Jahrhunderts eine erhebliche Rolle. Mit welchen persuasiven Strategien der indirekten Kommunikation Marot dabei zu Werke geht, lässt sich an einigen dieser Briefe zeigen.

---

12 Wolfgang Leiner, *Der Widmungsbrief in der französischen Literatur (1580–1715)*, Heidelberg, Winter, 1965, S. 20–26.
13 Pietro Aretino, *I Ragionamenti*, hrsg. von Antonio Foschini (Ammiraglia), Milano, dall'Oglio, 1967, S. 192: „[...] i gran Maestri non pure squarciano le cose che se gli indirizzano, ma se ne forbiscono poco meno ch'io non te lo dissi [...]"

7.2 Marots Testament seines Vaters Jean Marot und die Rolle des Hofdichters

Eine der bekanntesten Versepisteln Clément Marots ist der frühe Brief aus dem Jahr 1527 anlässlich des Todes seines Vaters Jean Marot, der nicht nur als Dichter sondern auch als Historiograph Ludwigs XII. tätig war[14]. In dieser Epistel *Au Roy* an François Ier liefert Marot in Grundzügen sein Verständnis von der angestrebten Rolle als Hofdichter. Vordergründig ist diese Epistel des Dichters, wie zahlreiche andere auch, ein Bittbrief, eine ‚lettre de requête'. Marot wendet sich mit dem gebotenen Respekt an den König, wobei der Brief gleichwohl im Plauderton mündlicher Konversation gehalten ist.

Non que par moy soit arrogance prinse,	Nicht, dass mich die Arroganz ergriffen hat,
Non que ce soit par suieuse emprinse	Nicht aus Neugier heraus
D'escrire au Roy: pour tout cela ma Plume	Dem König zu schreiben: Wegen all dem
D'ardant desir de voller ne s'allume.	Flammt meine Feder nicht auf, um sich aus brennendem Verlangen heraus zu erheben.
5 Mon juste dueil (seulement) l'a contraincte	Mein gerechter Schmerz (allein der) hat sie genötigt
De faire à vous (et non de vous) complaincte.	Euch (und nicht über euch) eine Beschwerde vorzutragen.
Il vous a pleu, Sire, de pleine grâce	Es hat Euch gefallen Herr, wohl mit voller Gnade
Bien commander, qu'on me mist en la place	Anzuordnen, dass man mich an die Stelle
Du Pere mien, vostre serf humble mort:	Meines Vaters, Eures verstorbenen, bescheidenen Dieners setzt.
10 Mais la Fortune, où luy plaist, rit, & mord.	**10** Aber das Schicksal lacht und beißt, wo es ihm gefällt.
Mords, elle m'a, & ne m'a voulu rire,	Gebissen hat es mich und hat mir weder zulachen wollen,
Ne mon nom faire en voz Papiers escrire.	Noch gewollt, dass mein Name in Eure Listen eingetragen wird.
L'Estat est faict, les Personnes rengées,	Der Haushalt ist aufgestellt, die Personen sind eingeordnet,
15 Le Parc est clos, et les Brebis logées	**15** Der Park ist geschlossen und die Schafe untergebracht,
Toutes, fors moy le moindre du Trouppeau,	Alle, außer mir, der geringste der Herde,
Qui n'a Toyson, ne Laine sur la peau.	Der weder Haare noch Wolle auf der Haut hat.
[...]	[...]
20 Certes mon cas pendoyt à peu de chose,	**20** Sicherlich hing mein Fall nur von Wenigem ab,
Et ne falloit, Sire, tant seulement,	Und es bedurfte, Herr, nur des Durchstreichens
Qu'effacer Jan, & escrire Clement.	Von Jean und des Hinschreibens von Clément.

---

14 Zitierte Ausgabe Marot, *Œuvres poétiques complètes*, Bd. 1, S. 327–330.

Or en est Jan par son trespas hor mis,

Et puis Clement par son malheur obmis,

25 C'est bien malheur, ou trop grand oubliance:

Car quant à moy, j'aye ferme confiance,
Que vostre dire est ung divin Oracle,
Où nul vivant n'oseroit mettre obstacle.

Telle tousjours a esté la parolle
30 Des Roys, de qui le bruit aux Astres volle.
Je quiers sans plus, Roy, de los eternel,
Estre heritier du seul bien Paternel.

[...]
Si est il mort, ainsi qu'il demandoit:

40 Et me souvient, quand sa mort attendoit,

Qu'il me disoit, en me tenant la Dextre:

Filz, puis que Dieu t'a fait la grâce d'estre
Vray Heritier de mon peu de sçavoir,

Quiers en le bien, qu'on m'en a faict avoir:

45 Tu congnois, comme user en est decent.
C'est ung sçavoir tant pur, & innocent,
Qu'on n'en sçauroit à creature nuire.
 Par Preschemens, le Peuple on peult seduire:
Par Marchander, tromper on le peult bien:
50 Par Plaiderie, on peult menger son bien:

Par Medecine, on peult l'homme tuer:

Mais ton bel Art ne peult telz coups ruer:

Ains en sçauras meilleur Ouvrage tistre:
Tu en pourras dicter Lay, ou Epistre,
55 Et puis la faire à tes Amis tenir,
Pour en l'Amour d'iceulx t'entretenir.
Tu en pourras traduire les Volumes

Jadis escriptz par les divines Plumes
Des vieulx Latins, dont tant est mention.

Nun ist Jean durch seinen Tod herausgestrichen worden

Und dann Clément durch sein Unglück ausgelassen worden.

25 Es ist wohl ein Unglück, oder zu große Vergesslichkeit:

Denn, was mich angeht, habe ich festes Vertrauen,
Dass Eure Rede ein göttliches Orakel ist,
Dem kein Lebender würde wagen, ein Hindernis entgegenzustellen.

Dergestalt war immer das Wort der Könige,
30 Deren Ruhm bis zu den Sternen fliegt.
Ich ersuche allein, König von ewigem Ruhm,
Das Erbe des einzigen väterlichen Gutes anzutreten.

[...]
Als er gestorben ist, hat er mich [folgendes] gefragt:

40 Und ich erinnere mich, als er seinen Tod erwartete,

Dass er zu mir, indem er meine rechte Hand hielt, sagte:

Sohn, da Gott Dir die Gnade erwiesen hat,
Der wahre Erbe meines geringen Wissens zu sein,

Ersuche das Gut, dass man mir hat zuteil werden lassen:

45 Du weißt, wie sittsam der Umgang damit ist.
Es ist ein so reines und unschuldiges Wissen,
Dass man damit niemand schaden kann.
 Mit Predigen kann man das Volk verführen,
Mit Handeltreiben kann man es wohl täuschen:
50 Mit Prozessieren kann man sein Vermögen aufzehren:

Durch die Heilkunst kann man den Menschen töten:

Aber Deine schöne Kunst kann solche Schläge nicht schlagen:
Vielmehr kannst Du ein besseres Werk weben:
Du kannst Vermächtnisse oder Briefe diktieren
55 Und sie dann Deinen Freunden unterbreiten,
Um Dich in Freundesliebe mit ihnen zu verbinden.
Du wirst Bände der alten Lateiner, um die man jetzt viel
Aufhebens macht, übersetzen können,
Die einst mit Gottes Feder geschrieben worden sind.

60 Apres tu peulx de ton invention
Faire quelcque Œuvre [pour] jecter en lumiere :
Dedans lequel en la Fueille premiere
Doibs invocquer le nom du tout puissant :

Puis descriras le bruit resplendissant
65 De quelcque Roy, ou Prince, dont le nom

Rendra ton Œuvre immortel de renom :

Qui te fera (peult estre) si bon heur,
Que le proffit sera joinct à l'honneur.
Donc pour ce faire, il fauldroit que tu prinses
70 Le droict chemin du service des Princes :
Mesme du Roy, qui cherit, & practique

Par son hault sens ce noble Art Poëtique.
Va donc à luy, car ma fin est presente,
Et de ton faict quelcque Œuvre luy presente,
75 Le suppliant, que par sa grand doulceur,

De mon estat te fasse successeur.
[…]
Ainsi disoit le bon Vieillard mourant :
80 Et aussi tost que vers vous fuz courant,
Plus fut en vous Liberalité grande,
Qu'en moy desir d´impetrer ma demande.
Je l'impetray, mais des fruictz je ne herite.

Vray est aussi, que pas ne les merite,
85 Mais bien est vray, que j'ayd'iceulx besoin.
Or si le cueur, que j'ay de prendre soing

A vous servir, si ceste Charte escripte,

Ou du Deffunct quelcque faveur petite
Ne vous esmeut (ô Sire) à me pourveoir,

90 A tout le moins vous y vueille esmouvoir
Royal promesse, en qui toute asseurance

Doibt consister. Là gist mon esperance,

Laquelle plus au Deffunct ne peult estre,

---

60 Danach kannst Du aus eigener Findung
Ein Werk schaffen und ans Licht bringen,
Auf dessen erster Seite
Du den Namen des Allmächtigen anrufen mußt:

Sodann wirst Du den strahlenden Ruhm
65 Irgendeines Königs, oder Fürsten, beschreiben, dessen
Name Deinem Werk unsterblichen Nachruhm verleihen wird:
Der Dir (vielleicht) so rechtzeitig zuteil wird,
Dass sich Ertrag und Ehre verbinden.
Um dies also zu tun, musst Du den direkten Weg
70 In die Dienste der Fürsten nehmen:
Vor allem des Königs, der aufgrund seiner hohen Geistesart die edle Dichtkunst in Ehren hält und selbst praktiziert.
Geh also zu ihm, denn mein Ende ist gegenwärtig,
und unterbreite ihm ein Werk Deines Schaffens,
75 Bitte ihn, daß er Dich aufgrund seiner großen Milde
Zum Nachfolger meines Etats macht.
[…]
So sprach der gute Alte im Sterben:
80 Und alsbald lief ich zu Euch,
Eure Freigebigkeit war größer als mein Wunsch,
Das Ziel meiner Bitte zu erreichen.
Ich erreichte es, aber Früchte ernte ich daraus nicht.
Wahr ist auch, dass ich sie nicht verdiene.
85 Aber es ist auch wahr, dass ich sie benötige.
Wenn nun das Herz, das darauf bedacht ist, sorgfältig
Euren Dienst zu versehen, wenn dieses Schriftstück,
Oder irgendein kleiner Dienst des Verstorbenen
Euch nicht dazu bewegt (oh Herr), mich zu versorgen,
90 Möge Euch doch wenigstens
das königliche Versprechen bewegen, auf dass ich mich ganz
Verlassen können muss. Darin liegt meine Hoffnung,
Die dem Verstorbenen nicht mehr zuteil werden kann,

Combien qu'il eust double bien, comme ung Prebstre	Obgleich er wie ein Priester ein doppeltes Gut besaß:
95 C'est assçavoir Spiritualité,	**95** Nämlich Geistigkeit
Semblablement la Temporalité	Sowie das Zeitliche.
Son Art estoit son bien Spirituel :	Seine Kunst war sein geistiges Gut:
Et voz Biensfaictz estoient son Temporel.	Und Eure Wohltaten waren sein zeitliches.
Or m'a laissé son Spirituel bien :	Nun hat er mir sein geistiges Gut hinterlassen:
100 Du Temporel jamais n'en auray rien,	**100** Vom zeitlichen werde ich niemals etwas besitzen,
S'il ne vous plaist le commander en sorte,	Wenn es Euch nicht gefällt, einen derartigen Befehl zu geben,
Qu'obeissance (à mon profit) en sorte.[15]	Dass daraus Gehorsam (zu meinen Gunsten) erwächst.

Der König habe versprochen, so heißt es in V. 7–9, dass Clément den Platz seines verstorbenen Vaters als ,valet de chambre du Roi' einnehmen soll. Man habe jedoch leider vergessen, seinen Namen in die königlichen Bestallungslisten einzutragen (die Verse 12 und 20–22). Um François Ier an sein Versprechen zu erinnern (V. 90 f.), berichtet der Brief von einem Gespräch zwischen Clément und seinem Vater an dessen Totenbett, in dem dieser seinem Sohn sein Vermächtnis mit auf den Weg gibt (V. 40–79).

Der Brief ist zumindest äußerlich ganz vom Elegant-Scherzhaften, vom ,style marotique' geprägt. So heißt es ab V. 10, das Schicksal habe Clément bei der Aufstellung des königlichen Haushaltes gebissen und ihn als kleinstes Schäfchen ohne Wolle aus der Herde ausgesperrt.[16] Der Biss des Schicksals wird dramatisch gleich mit dem Tod assoziiert, was spielerisch über das Wortspiel der homophonen Bezeichnungen „La Fortune mord" und „vostre serf humble mort" aus V. 9 f. dem Adressaten nahe gelegt wird. Unter den ,élégant badinage' fällt auch die Äußerung der Verse 25–30, dass das Wort des Königs ein göttliches Orakel sei. Offenkundig, so der ironische Unterton der Stelle, waren die Worte des König allzu orakelhaft, haben die Beamten doch Clément nicht auf die Gehaltsliste gesetzt.

---

15 Clément Marot, *Au Roy*, aus: *La suite de l'adolescence clémentine*, in: *Œuvres poétiques complètes*, Bd. 1, S. 327–330 (Nr. XXIV).

16 „Mais la Fortune, où luy plaist, rit, & mord.
Mords, elle m'a, & ne m'a voulu rire,
Ne mon nom faire en vos Papiers escrire.
L'estat est faict, les Personnes rengées,
Le Parc est clos, et les Brebis logées
Toutes, fors moy le moindre du Trouppeau,
Qui n'a Toyson, ne Laine sur peau."

Die Worte der Könige, die bis zu den Sternen fliegen – so heißt es satirisierend – seien stets derart orakelhaft gewesen:

> C'est bien malheur, ou trop grand oubliance:
> Car quant à moy, j'aye ferme confiance,
> Que vostre dire est ung divin Oracle,
> Où nul vivant n'oseroit mettre obstacle.
> Telle tousjours a esté la parolle
> Des Roys, de qui le bruit aux Astres volle.

Voller Ironie ist dann später ab V. 64 die Empfehlung Jean Marots an seinen Sohn, er müsse als Dichter vom strahlenden Ruhm eines Herrschers berichten, um dessen Namen für den Nachruhm des eigenen Werkes zu nutzen:

> Puis descriras le bruit resplendissant
> De quelcque Roy, ou Prince, dont le nom
> Rendra ton Œuvre immortel de renom [...]

Jean hatte sich nämlich zu Lebzeiten um seine eigenen Werke überhaupt nicht gekümmert. Erst Clément begründet den Nachruhm seines Vaters durch die Herausgabe von dessen ‚Œuvre'. Die Stelle ist überdies aus einem anderen Grund voller Ironie, war François doch kurz zuvor 1525 von seinem Gegenspieler, Kaiser Karl V., in Pavia gefangen genommen und nach Madrid verbracht worden. Das Erbe Jean Marots, so heißt es ab V. 95 in einer weiteren scherzhaften Pointe am Schluss der Epistel, sei geistiger und weltlich-materieller Natur[17]. Geerbt habe Clément vom Vater bislang nur den geistigen Anteil, während der König für die zeitlich-materiellen Wohltaten zuständig sei (V. 97 f.):

> Son Art estoit son bien Spirituel:
> Et voz Biensfaictz estoient son Temporel.
> Or m'a laissé son Spirituel bien:
> Du Temporel jamais n'en auray rien,
> S'il ne vous plaist le commander en sorte,
> Qu'obeissance (à mon profit) en sorte.

Gerade diese scherzhaft-ironisierenden Bemerkungen sind es jedoch, die qua ‚integumentum' die Leitlinien einer stark politisch geprägten Poetik kennzeichnen. Die grundsätzliche Verankerung dieser Poetik Clément Marots in der reformatorisch-evangelischen Bewegung der Zeit ist der Literaturgeschichtsschreibung

---

17 „C'est assçavoir Spiritualité,
 Semblablement la Temporalité."

trotz der eingangs erwähnten Aufklärungsbemühungen seit dem Ende achtziger Jahre[18] bislang nur für wenige Texte gelungen. Schaut man sich das literarische Vermächtnis, das Jean Marot seinem Sohn hinterlässt, genau an, so fällt alsbald auf, dass der Sohn dem Vater nur seine eigenen Vorstellungen in den Mund legt, mit denen er sich von der traditionellen Rolle des Hofdichters abgrenzt. Diese hatte sein Vater an den Höfen von Louis XII und François Ier geradezu mustergültig ausgefüllt.

In den Vorbemerkungen zu seinem bekanntesten Werk *Le Voyage de Gênes*, dem in Versen abgefassten Bericht von der kriegerischen Auseinandersetzung des Königs Ludwig mit den Genuesern im Jahr 1507, sieht Jean Marot seine hauptsächliche Aufgabe neben der Unterhaltung seines Herrn in der Behandlung staatstragender Sujets („matieres graves"[19]). Im Besonderen geht es ihm um die Verherrlichung des Sieges des christlichen Königs („coucher par escript la magnamime victoire du roy treschretiens Loys XIIe"[20]). Als ‚croniqueur' und Hofhistoriograph glorifiziert er die Kriegstaten des Regenten, über die er dessen Namen im kollektiven Gedächtnis der Nachwelt zu verankern sucht. Ein Blick auf das angebliche Vermächtnis des Vaters an seinen Sohn in Cléments *Epître au Roy* zeigt jedoch, dass gerade dieser Aspekt völlig fehlt. Stattdessen heißt es in den eingängigen Versen 69 ff., Clément müsse vor allem in die Dienste des Königs treten, der die Dichtkunst praktiziert:

> [...] il fauldroit que tu prinses
> Le droict chemin du service des Princes :
> Mesme du Roy, qui cherit, & practique
> Par son hault sens ce noble Art Poëtique.

18 Vgl. dazu vor allem die Arbeiten von Gérard Defaux, *Marot, Rabelais, Montaigne*. L'écriture comme présence (Etudes montaignistes. 2), Paris/Genève, Champion/Slatkine, 1987 sowie die Kommentare und die „Introduction" von Defaux zu seiner Marot-Ausgabe (*Œuvres poétiques complètes*, Bd. 1, S. XVII-CLXIX). Vgl. auch die grundlegenden Arbeiten von Paulette Leblanc, *La Poésie religieuse de Clément Marot*, Paris, Klincksieck 2019 ([1]1955), Claude-Albert Mayer, *La Religion de Marot*, Paris, Nizet, 1973 ([1]Genève 1969) sowie Michael A. Screech, *Marot évangélique* (Études de philologie et d'histoire. 4), Genève, Droz, 1967 und ders., *Clément Marot. A Renaissance Poet Discovers the Gospel. Lutheranism, Fabrism and Calvinism in the Royal Courts of France and of Navarra and in the Ducal Court of Ferrara* (Studies in Medieval and Reformation Thought. 54), Leiden/New York/Köln, Brill, 1994.
19 Jean Marot, *Le Voyage de Gênes*, hrsg. von Giovanna Trissolini (Textes littéraires français), Genève, Droz, 1977, S. 83.
20 Ebd.

Die Verherrlichung von François Ier als Musenkönig[21] steht nun im Zentrum der zahlreichen Traktate zur Prinzenerziehung sowie zur Organisation des Staates, in denen zwischen 1510 und 1520 eine Debatte über die Staatsführung geführt wird[22] und in denen sich die Anschauungsmuster der *Epître au Roy* in systematischer Form bis in die Formulierungen hinein wiederfinden. In dieser Debatte geht es auch ganz wesentlich um die Ergründung orakelhafter Worte, um Formen des indirekten Sprechens. Neben der grundsätzlichen Frage, ob der Herrscher absolute Macht besitzt oder den Gesetzen unterworfen ist – veranschaulicht in den Formeln ‚princeps legibus solutus est' bzw. ‚princeps legibus non solutus est' – handeln die Traktate vor allem davon, welche Faktoren die Machtausübung des Fürsten beeinflussen. Während Thomas Morus in seiner *Utopia* von 1516 und de Seyssel in *La Grand Monarchie de France* stärker auf die Organisationsprinzipien und Kontrollmechanismen staatlicher Macht abheben, rücken Erasmus von Rotterdam in der *Institutio principis christiani* von 1516 sowie dann vor allem Budé in seiner Schrift *De l'Institution du Prince* ganz das ungebrochene Vertrauen auf die Bildung und die Vernunft des Herrschers in den Mittelpunkt, was angesichts der starken Betonung des Gottesgnadentums der Königsherrschaft bei Budé nicht weiter verwunderlich ist. Der Rechtsgelehrte, Altertumswissenschaftler und Gründungsvater des *Collège des lecteurs royaux* (1530), des heutigen *Collège de France*, Budé, hatte seit 1508 immer wieder betont, dass der Ruhm des Königs

---

21 François hatte sich zusammen mit Clément Marot als Herausgeber der Werke von François Villon betätigt; vgl. dazu Stephen Bamforth, „Clément Marot, François Ier et les muses", in: Gérard Defaux/Michel Simonin (Hrsg.), *Clément Marot „Prince des poëtes françois" 1496–1996*. Actes du Colloque international de Cahors en Quercy 21–25 mai 1996 (Colloques, congrès et conférences sur la Renaissance. 7), Paris/Genève, Droz, 1997, S. 225–235, bes. S. 229. Darüber hinaus tritt François auch als Verfasser eigener Dichtungen in Erscheinung. Vgl. auch das Lob des Herrschers als „excellent Poëte" in Marots Epistel *Le Valet de Marot contre Sagon*. Frippelines, secretaire de Clément Marot à Françoys Sagon, secretaire de l'Abbé de Sainct Evroul (in: Marot, *Œuvres poëtiques complètes*, Bd. 2, S. 144 [Nr. XXIV]). Zu den Dichtungen des Königs vgl. François Ier, *Œuvres poétiques*, hrsg. von June-Ellen Kane (Textes de la Renaissance. 56), Paris, Garnier, 1984. Vgl. auch Bamforth, „Clément Marot", S. 226–231, sowie Timothy Hampton, „Vergers des Lettres: L'allégorie politique et morale dans *L'Enfer*", in: Defaux/Simonin (Hrsg.), *Clément Marot „Prince des poëtes françois" 1496–1996*, S. 237–248. Zu den zeitgenössischen Vorstellungen vom Bildungsprogramm des „royaulme pacifique" sowie dem berühmten Brief Gargantuas an Pantagruel vgl. François Rabelais, *Pantagruel* (1532), in: F. R., *Œuvres complètes*, 2 Bde., hrsg. v. Pierre Jourda (Classiques Garnier), Paris, Garnier, 1962, Bd. 1, S. 211–387, bes. S. 257 (Kap. 8).

22 Vgl. dazu Michèle Clément, „Marot politique dans *L'Adolescence clémentine* et dans *La Suite*", in: Gérard Defaux (Hrsg.), *La Génération Marot*. Poètes français et néo-latins (1515–1550). Actes du Colloque international de Baltimore 5–7 décembre 1996 (Colloques, congrès et conférences sur la Renaissance. 11), Paris/Genève, Droz, 1997, S. 155–167, bes. S. 163.

durch die Liebe zur ‚sapientia' begründet wird[23]. Budé beruft sich zum Beweis auf die Weisheitsbücher des *Alten Testaments*, insbesondere auf den *Liber proverbiorum Salomonis* 25, 2, wo es heißt, Gottes Ehre sei es, eine Sache zu verbergen, und der Könige Ehre, sie zu ergründen: „Gloria Dei celare verbum et gloria regum investigare sermonem"[24]. Für Budé hat dieser Auftrag zwei grundlegende Konsequenzen: Zunächst verleiht er dem König eine sakrale Stellung. Der als absolut gesehene Herrscher („[...] les Roys [...] ne sont subiects aux lois [...]"[25]) steht auf besondere Art und Weise in einem Filiationsverhältnis zu Gott, der sein natürlicher und geistiger Vater ist: „[...] telz hommes sont filz naturel & adoptifz de DIEV [...]"[26] Die aus dem Mittelalter überlieferte Vorstellung vom ‚princeps imago Dei' bekommt bei Budé messianische Züge: Nicht nur Christus habe in seinem Evangelium in Gleichnissen gesprochen („[...] nostre SEIGNEVR a parlé en son Evangile par paraboles & comparaisons figurées [...]"[27]), um die reine Wahrheit („la pure verité, qui est la lumiere"[28]) an die richtigen Adressaten, die Gläubigen, zu bringen. Auch die Worte des Königs seien orakelhaft („[...] les parolles d'vn Prince sont comme oracles [...]"[29]). Sie verleihen dem Hof einen heiligen Charakter: „[...] la Cour d'vn Roy, est [...] come le sainctuaire de Maiesté [...]"[30]

Aus dem Spruch Salomons ergibt sich jedoch noch eine andere, für Budé weitaus wichtigere Konsequenz: Der Auftrag, Gottes dunkle Worte zu erforschen[31], erfordert eine anstrengende gedankliche Arbeit sowie das nötige Wissen: „[...] pur et infaillible science, qui est Sapience, si peult acquerir [...] par grand labeur, [...] ou par sçauoir [...]"[32] Über diese Qualitäten verfügen vor allem die Gelehrten, die das seit der Antike überlieferte Wissen im Geist der Evangelien aufgearbeitet haben. Der wahre Ruhm des Königs besteht darin, die Bücher dieser Gelehrten zu ehren („[...] c'est gloire royale, que honorer les liures de ceulx, qui ont le sçauoir

---

23 Budé, *De l'Institution du Prince*. Liure contenant plusieurs Histoires, Enseignements, & saiges Dicts des Anciens tant Grecs que Latins, Paris 1547; Nachdruck: Farnborough. Gregg, 1966, S. 86.
24 S. 85.
25 S. 20.
26 S. 84.
27 S. 85.
28 S. 86.
29 S. 83.
30 Ebd.
31 Vgl. dazu Peter von Moos, „Was galt im Mittelalter als das Literarische an der Literatur? Eine theologisch-rhetorische Antwort im 12. Jahrhundert", in: Joachim Heinzle (Hrsg.), *Literarische Interessenbildung im Mittelalter*. DFG-Symposion 1991 (Germanistische Symposion-Beiträge. 14), Stuttgart/Weimar, Metzler, 1993, S. 431–451.
32 S. 85 f.

de composer & escrire saigement [...]"[33]). Zu seiner Ehre gereicht es, wenn er sich ihrer als Berater bedient: „[...] l'honneur du Roy & des Princes est, de porter honneur aux choses honorables, en se servant & aydant des hommes sçauants, & en vsant du conseil de ceulx, qui ont acquis Science & Prudence par grand labeur [...]"[34] Aus dem Spruch Salomons erfolgt somit für Budé eine Verpflichtung des Königs zum Mäzenatentum. Entscheidend ist, inwieweit sich die Könige von ihren Beratern lenken lassen („comment ilz se laissent gouuerner"[35]).

Nun sind es genau diese Anschauungsmuster, auf die die *Epître au Roy* abstellt. Marot pervertiert die Anschauung Budés, der Herrscher sowie die mit ihm verbundenen Theologen und Wissenschaftler seien für die Erforschung der dunklen Sprache Gottes zuständig. Wenn dies so ist, kann er sich ebenfalls einer dunklen, orakelhaften Sprache bedienen, da der König ja – laut Budé – in der Lage ist, diese zu enträtseln. Die Legitimation für sein dunkles, verhülltes Sprechen leitet er somit aus den Lehren der zeitgenössischen Theologen ab. Auch er betont die Sakralität des Königtums: Der Herrscher ist, so suggeriert es die Stelle vom Ausschluss des Schäfchens Clément aus der königlichen Herde, wie König David Hirte seiner Anvertrauten, ‚pastor populi', wie es in den Prinzenerziehungstraktaten heißt[36]. Der gesamte Brief stellt das Prinzip der Filiation, der Übergabe des Erbes vom Vater an den Sohn in den Mittelpunkt und hält dem König somit vor, dass er vor allem Gottes Erbe verwalte: Der ewige Ruhm des Herrschers, so lassen sich die Verse 31 f. lesen, wird allein durch diese Filiation begründet:

> Je quiers sans plus, Roy, de los eternel,
> Estre heritier du seul bien Paternel.

Entsprechend heißt es auch bei Marot – in analoger Verwendung der Formulierung Budés –, das Königswort sei prophetisches Gotteswort: „[...] vostre dire est ung divin Oracle [...]"

Im Mittelpunkt der *Epître au Roy* steht jedoch wie in Budés *De l'institution du Prince* die Einforderung des Mäzenatentums. Hier stellt sich der Dichter neben den Theologen und Wissenschaftler. François I. wird als moderner David, als Sänger angesprochen. Dies erlaubt es dem Autor, sich dem Herrscher auf gleicher

---

33 S. 87.

34 S. 87 f.

35 S. 82.

36 Vgl. Budé, *De l'Institution du Prince*, S. 30. Vgl. dazu auch Pierre Mesnard, *L'Essor de la philosophie politique au XVIe siècle*, Paris, Vrin, 1951, S. 120 f. Zu François als Sängerkönig David vgl. die Widmungsepistel der Psalmenübersetzungen von Clément Marot, *Œuvres poétiques complètes*, Bd. 2, S. 557–561. Vgl. auch Bamforth, „Clément Marot, François Ier et les muses", S. 233 f.

Ebene, sozusagen von Dichter zu Dichter, zu nähern und mit ihm eine Art Konversation unter Humanisten und Freunden zu führen (V. 54-56):

> Tu en pourras dicter Lay, ou Epistre,
> Et puis la faire à tes Amis tenir,
> Pour en l'Amour d'iceulx t'entretenir.

In scherzhafter Anspielung auf die gelasianische Lehre von den zwei Schwertern, die im Protestantismus als Lehre von den zwei Reichen, dem geistigen und dem weltlichen Reich, eine besondere Schärfe gewinnt, sind die Rollen im Gespräch zwischen Herrscher und Dichter für Clément klar verteilt. Ist der König hauptsächlich für die zeitlich-weltlichen Wohltaten zuständig („[...] vos Bienfaictz étoient son Temporel [...]" [V. 98]), so wähnt sich der Dichter als Erbe des spirituellen Wissens des Vaters. Es handelt sich – ganz im Sinne der wiederum für die reformatorische Bewegung zentralen Weisheitsbücher sowie der Briefe des Paulus an die Korinther und die Galater – um ein reines, geradezu evangelisches Wissen, mit dem der Dichter anders als z. B. die an der Universität ausgebildeten Priester und ‚maîtres ès arts', die Kaufleute, die Advokaten und die Ärzte, keinerlei Schaden anrichten könne (die Verse 46-52):

> C'est ung sçavoir tant pur, & innocent,
> Qu'on n'en sçauroit à creature nuire.
> Par Preschemens, le Peuple on peult seduire :
> Par Marchander, tromper on le peult bien :
> Par Plaiderie, on peult menger son bien :
> Par Medecine, on peult l'homme tuer :
> Mais ton bel Art ne peult telz coups ruer [...]

Clément Marot sieht sich als Mahner im Sinne der Bücher zur Prinzenerziehung, der dem hauptsächlich in weltlichen Dingen befangenen König die spirituellen Grundlagen seiner Macht aufzeigt. Dabei schiebt er durch seine orakelhafte, indirekte Sprache dem König die grundlegenden Anschauungen des neuen Glaubens unter: Grundsätzlich sucht sich der Dichter eine grundlegende innere Unabhängigkeit zu bewahren, wenn er ganz unverhohlen **das** zentrale Credo der reformatorischen Bewegung ‚Soli Deo Honor et Gloria' – nach Martin Luther ‚Allein Gott in der Höh sei Ehr'[37] – formuliert. In V. 62–65 heißt es nämlich, an den Beginn eines jeden literarischen Werks gehöre der Name des Allmächtigen, und **erst dann**

---

37 Zur Bedeutung dieses Credos selbst für die Sprachwissenschaft der Zeit vgl. Franz Josef Hausmann, *Louis Meigret. Humaniste et linguiste* (Lingua et Traditio. 6), Tübingen, Narr, 1980, bes. S. 63 f.

könne sich der Dichter dem weltlichen Ruhm **irgend** eines Königs oder Fürsten widmen:

> [...] en la Fueille premiere
> Doibs invocquer le nom du tout puissant :
> Puis descriras le bruit resplendissant
> De quelcque Roy, ou Prince [...]

Der höfische Dichter ist nach Clément Marot nicht länger Berichterstatter der Kriegstaten seines Herrn[38], sondern gelehrter Diskussionspartner des Herrschers[39]. Der Dichter der *Epître au Roy* ist – mit Thomas More gesprochen – „The king's good servant, but God's first"[40]. Dieses Programm wird dem König auf gut gelaunte, indirekte Art im Stil einer Plauderei mitgeteilt.

7.3 Die indirekte Ansprache an den Herrscher: der Bittbrief als politische Satire

Im Laufe der auf die *Epître au Roy* von 1527 folgenden Jahre, in denen Clément Marot Briefe an François Ier verfasst, geht es zunehmend darum, den Herrscher für die Sache der Reformation zu gewinnen. Nicht nur die religiösen und politischen Positionen des Autors werden dabei immer deutlicher. Auch die ironischen Pointen des ‚élégant badinage', über die der Dichter seine Anschauungen transportiert, gewinnen an Schärfe. Von daher ist es unverständlich, warum der Literatur zu Marot der Hintergrund der *Epître au Roy* von 1532, die gemeinhin als *Epître au Roy, pour avoir été dérobé* bekannt ist und als Meisterwerk des style marotique gilt[41], bislang völlig verborgen geblieben ist. Auch diese Epistel ist eine ‚lettre de requête', deren Aufbau alleine zeigt, dass Marot mit juristischen Eingaben bestens vertraut war.

---

38 Vgl. dazu Clément, „Marot politique dans *L'Adolescence clémentine* et dans *La Suite*", S. 157, die von einem „refus de la ‚Muse publicitaire'" spricht.

39 Vgl. Olivia Rosenthal, „Clément Marot : Une poétique de la requête", in: *Clément Marot „Prince des poëtes françois" 1496–1996*, S. 283–299, hier: S. 297, die Marots Briefe als „épître familière" und als „conversation entre amis" sieht.

40 Vgl. dazu Clément, „Marot politique dans *L'Adolescence clémentine* et dans *La Suite*", S. 166.

41 Vgl. dazu Joseph Vianey, *Les Epîtres de Marot*, Paris, Nizet 1962, S. 72, sowie Kenneth Lloyd-James, „Une ‚supercherie' de Marot", *Studi francesi* Jg 22/1978, S. 369–373, bes. S. 372.

On dit bien vray, la maulvaise Fortune
Ne vient jamais, qu'elle n'en apporte une,
Ou deux, ou trois avecques elle (Sire).
Vostre cueur noble en sçauroit bien que dire :
5 Et moy chetif, qui ne suis Roy, ne rien

L'ay esprouvé. Et vous compteray bien,

Si vous voulez, comment vint la besongne.
J'avois ung jour un Valet de Gascongne,
Gourmant, Yvroigne, & asseuré Menteur,
10 Pipeur, Larron, Jureur, Blasphemateur,
Sentant la Hart de cent pas à la ronde,
Au demeurant le meilleur filz du Monde,
Prisé, loué, fort estimé des filles
Par les Bourdeaux, & beau Joueur de Quilles.
15 Ce venerable Hillot fut adverty
De quelcque argent, que m'aviez departy,
Et que ma Bourse avoit grosse apostume :
Si se leva plus tost que de coustume,
Et me va prendre en tapinois icelle :
20 Puis la vous mist tresbien soubz son Esselle,
Argent & tout (cela se doibt entendre),
Et ne croy point, que ce fust pour la rendre,
Car oncques puis n'en ay ouy parler.
Brief, le Villain ne s'en voulut aller
25 Pour si petit : mais encor il me happe
Saye, & Bonnet, Chausses, Pourpoinct, & Cappe :
De mes Habitz (en effet) il pilla
Tous les plus beaulx : et puis s'en habilla
Si justement, qu'à le veoir ainsi estre,
30 Vous l'eussiez prins (en pleinjour)pour
son Maistre.
Finablement, de ma Chambre il s'en va
Droit à l'estable, où deux Chevaulx trouva :
Laisse le pire, & sur le meilleur monte,
Picque, & s'en va. Pour abreger le compte,
35 Soiez certain, qu'au partir dudict lieu
N'oublya rien, fors à me dire Adieu.
Ainsi s'en va chastoilleux de la gorge
Ledict Valet, monté comme ung sainct George :
et vous laissa Monsieur dormir son saoul :
40 Qui au resveil n'eust sceu finer d'un soul.
Ce Monsieur là (Sire) c'estoit moy mesme :
Qui sans mentir fuz au Matin bien blesme,
Quand je me vy sans honneste vesture,

Zurecht heißt es, dass ein Unglück selten alleine
Kommt (Herr):

Euer nobles Herz weiß wohl davon zu berichten.
5 Und ich Armseliger, der ich weder König bin,
Noch Sonst etwas,
Habe es am eigenen Leib erfahren. Ich will Euch
wohl, Wenn Ihr wollt, erzählen, wie die
Angelegenheit (Not ?) entstanden ist.
Ich hatte einst einen Diener aus der Gaskogne,
Schlemmer, Trunkenbold und dreister Lügner,
10 Fallensteller, Dieb, Vielschwörer, Gottesläste-
rer, der den Strick hundert Meter im Umkreis roch,
Übrigens der beste Junge auf der Welt,
Geachtet, gelobt, sehr geschätzt von den Mädchen,
Von den Flausenmachern, und guter Kegelspieler.
15 Dieser ehrwürdige Junge wurde einer
Geldsumme gewahr, die Ihr mir zugeteilt hattet,
und dass meine Börse eine große Geschwulst hatte:
So erhob er sich früher als gewöhnlich,
und nimmt mir diese heimlich ab:
20 Dann tat er sie wohl unter seinen Sattel,
Geld und Alles (das versteht sich von selbst),
Und ich glaube nicht, um es zurückzugeben,
Denn niemals habe ich seitdem wieder davon gehört.
Kurzum, der Übeltäter wollte nicht wegen so
25 Wenig gehen: Darüberhinaus schnappt er
Mir Koller und Mütze, Beinkleider, Wams und Umhang weg.
Von meinen Kleidern stahl er (in der Tat)
Die schönsten: Und dann zog er sich so korrekt
An, dass Ihr ihn, wenn Ihr ihn so gesehen hättet,
30 (am hellichten Tag) für seinen Herrn gehalten hättet.
Schließlich geht er von meinem Zimmer
Direkt in den Stall, wo er zwei Pferde fand:
Er lässt das schlechtere stehen und besteigt das Beste,
Stiehlt es und verschwindet. Um den Bericht abzukürzen,
35 Seid versichert, dass er beim Abschied von besagtem Ort
Nichts vergaß, außer mir 'Auf Wiedersehen´ zu sagen.
So geht besagter Diener dahin, kitzelig am Hals,
Aufgesessen wie ein Heiliger Georg
Und lässt seinen Herrn seinen Rausch ausschlafen,
40 Der beim Erwachen ohne einen Pfennig dastand.
Dieser Herr (Herr) war ich selbst:
Der, ohne zu lügen, am Morgen recht blaß war,
Als ich mich ohne ehrenhafte Bekleidung sah

et fort fasché de perdre ma monture :
45 Mais de l'argent, que vous m'aviez donné,
Je ne fuz point de le perdre estonné,
Car vostre argent (de tresbonnaire Prince)
Sans point de faulte est subject à la pince.
Bien tost apres ceste fortune là,
50 Une aultre pire encores se mesla
De m'assaillir, & chascun jour me assault,
Me menassant de me donner le sault,
Et de ce sault m'envoyer à l'envers,
Rymer soubz terre, & y faire des Vers.
55 C'est une lourde, & longue maladie
De troys bons moys, qui m'a toute eslourdie
La pauvre teste, & ne veult terminer,
Ains me contrainct d'apprendre à cheminer.
Tant affoibly m'a d'estrange maniere,
60 Et si m'a faict la cuisse heronniere,
L'estomac sec, le Ventre plat, & et vague :
Quand tout est dit, aussi maulvaise bague
(Ou peu s'en fault) que femme de Paris,
Saulve l'honneur d'elles, & leurs Maris.
65 Que diray plus ? Au miserable corps
(Dont je vous parle) il n'est demouré fors
Le pauvre esprit, qui lamente, & souspire,
Et en pleurant tasche à vous faire rire.
Et pour aultant (Sire) que suis à vous,
70 De troys jours l'ung viennent taster
mon poulx
Messieurs Braillon, le Coq, Akaquia,
Pour me garder d´aller jusque à quia.

Tout consulté ont remis au Printemps
Ma guerison : mais à ce que j'entends,

75 Si je ne puis au Printemps arriver,
Je suis taillé de mourir en Yver,
Et en danger (si en Yver je meurs)
De ne veoir pas les premiers Raisins meurs.
Voilà comment depuis neuf moys en çà
80 Je suis traicté. Or ce que me laissa
Mon Larronneau (long temps a) l'ay vendu,
Et en Sirops, & Julez despendu :
Ce neantmoins ce que je vous en mande,
N'est pour vous faire ou requeste, ou demande :

85 Je ne veulx point tant de gens ressembler,
Qui n'ont soucy aultre que d'assembler.

Und sehr böse war, mein Gespann verloren zu haben:
45 Ich war allerdings nicht erstaunt, das Geld, das
Ihr mir gegeben hattet, zu verlieren,
Denn Euer Geld (von einem gütigen Herrscher)
Ist ganz gewiss dem Diebstahl unterworfen.
Bald nach diesem Unglück
50 Mischte sich ein anderes ein, mich zu
Attackieren, und es greift mich jeden Tag an,
Indem es mich bedroht, mir den letzten Sprung zu geben,
Um mich mit diesem Sprung auf den Kopf zu stellen,
Unter der Erde zu reimen und dort Verse zu machen.
55 Es handelt sich um eine schwere und langwierige
Krankheit von drei Monaten, die mir
Ganz den armen Kopf beschwert hat und nicht enden will,
Mich gleichwohl zwingt, gehen zu lernen.
Sie hat mich auf sonderbare Weise derart
60 Geschwächt und mir Beine wie ein Reiher, einen trockenen
Magen, einen flachen und leeren Bauch eingebracht:
Kurzum, wie ein falscher Edelstein [wie eine Prostituierte],
Oder (beinahe), wie eine Frau aus Paris;
[meine Krankheit] rettet ihre Ehre und die ihrer Ehemänner.
65 Was soll ich noch sagen? Dem erbarmungswürdigen
Körper, (von dem ich Euch erzähle), ist nichts außer
Einem armseligen Geist, der klagt und seufzt, geblieben,
Und beim Weinen versucht, Euch zum Lachen zu bringen.
Und soviel ich Der Eurige bin,
70 Sind seit drei Tagen die Herren Braillon, Le Coq und
Akaquia gekommen, meinen Puls zu fühlen,
Um mich davor zu bewahren, bis ans Ende zu gehen.

Als sie ihre Konsultationen abgeschlossen hatten, haben sie
Meine Heilung auf das Frühjahr verschoben: Doch, wenn ich,
so
75 Wie ich es verstanden habe, nicht bis zum Frühjahr komme,
Bin ich dazu bestimmt, im Winter zu sterben
Und der Gefahr ausgesetzt, (wenn ich im Winter sterbe),
Die ersten reifen Trauben nicht mehr zu sehen.
Seht wie ich seit neun Monaten in dieser Angelegenheit
80 Behandelt werde. Nun, das, was mir mein Spitzbube
Gelassen hat, habe ich (schon vor langer Zeit) verkauft
Und für Sirop und Heilsäfte ausgegeben.
Nichtsdestotrotz geht es bei dem, worum ich Euch bitte,
Nicht darum, Euch ein Ersuchen oder eine Forderung vor-
zutragen.

85 Ich möchte nicht den vielen Leuten ähneln,
Die keine andere Sorge haben, als aufzuhäufen.

Tant qu'ilz vivront, ilz demanderont eulx,	Solange sie leben, werden sie fordern
Mais je commence à devenir honteux,	Aber ich beginne, mich zu schämen
Et ne veulx plus à vos dons m'arrester.	Und will nicht länger an Euren Gaben haften.
90 Je ne dy pas, si voulez rien prester,	90 Ich sage nicht, wenn Ihr etwas leihen wollt,
Que ne le preigne. Il n'est point de Presteur	Dass ich es nicht nähme. Es gibt keinen Verleiher
(S'il veult prester) qui ne fasse ung Debteur.	(Wenn er leihen will), der sich nicht einen Schuldner macht.
Et sçavez vous (Sire) comment je paye?	Und wißt Ihr (Herr) wie ich bezahle?
Nul ne le sçait, si premier ne l'essaye.	Niemand weiß es, wenn er es nicht als erster ausprobiert.
95 Vous me debvrez (si je puis) de retour:	95 Ich schulde Euch, (wenn ich kann), eine Gegengabe.
Et vous feray encores ung bon tour,	Und ich werde Euch noch einen Dienst erweisen,
A celle fin qu'il ny ayt faulte nulle,	Damit keine Verschuldung bestehen bleibt.
Je vous feray une belle Cedulle,	Ich werde Euch einen schönen Schuldschein ausstellen,
A vous payer (sans usure il s'entend)	Um Euch zu bezahlen (ohne Zins versteht sich),
100 Quand on verra tout le Monde content:	100 Wenn man die ganze Welt zufrieden sieht:
Ou (si voulez) à payer ce sera,	Oder, (wenn Ihr wollt), wird diese Schuld zu bezahlen sein,
Quand vostre Loz, & Renom cessera.	Wenn Euer Ruhm und Ruf nachläßt.
Et si sentez, que soy foible de reins	Und wenn Ihr Anzeichen dafür habt, daß ich finanziell
Pour vous payer, les Deux Princes Lorrains	Schwach auf der Brust bin, werden die beiden Fürsten aus
105 Me plegeront. Je les pense si fermes,	105 Lothringen für mich bürgen. Ich halte sie für so standhaft,
Qu'ilz ne fauldront pour moy à l'ung des termes.	Dass sie für mich an einem Fälligkeitstag nicht wegbleiben werden.
Je sçay assez, que vous n'avez pas peur	Ich bin sicher, daß Ihr keine Angst habt,
Que je m'en fuie, ou que je soys trompeur:	Dass ich fliehe, oder daß ich ein Betrüger bin.
Mais il faict bon asseurer ce, qu'on preste.	Aber man muss das, was man leiht, gut absichern.
110 Brief, vostre paye (ainsi que je l'arreste)	110 Kurzum, Euer Geld (sobald ich es fest in der Hand habe)
Est aussi sceure, advenant mon trespas,	Ist so sicher, wie mein Tod,
Comme advenant, que je ne meure pas.	[oder] wie mein Weiterleben.
Advisez donc, si vous avez desir	Gebt also acht, ob Ihr Lust habt,
De rien prester, vous me ferez plaisir:	Etwas zu leihen, Ihr würdet mir einen Gefallen tun.
115 Car puis ung peu, j'ay basty à Clement,	115 Denn ich habe ein bißchen in Clement gebaut,
Là où j'ay faict ung grand desboursement:	Dort wo ich eine große Ausgabe getätigt habe,
Et à Marot, qui est ung peu plus loing:	Und in Marot, das ein bißchen weiter weg liegt:
Tout tumbera, qui n'en aura le soing.	Alles wird einstürzen, das nicht unterhalten wird.
Voilà le poinct principal de ma Lettre.	Dies der Hauptpunkt meines Briefes.
120 Vous sçavez tout, il n'y fault plus rien mettre:	120 Ihr wißt alles, man muß nichts mehr hinzufügen.
Rien mettre, las! Certes, & si feray,	Nichts hinzufügen, ach! Sicher, und ich mache es so,
En ce faisant, mon stile j'enfleray,	Indem ich es tue, blähe ich meinen Stil auf,
Disant, ô Roy amoureux des neuf Muses,	Indem ich sage, oh König, Liebhaber der neun Musen,
Roy, en qui sont leurs sciences infuses,	König, in den ihr Wissen eingegossen ist,
125 Roy, plus que Mars, d'honneur environné,	125 König, mehr als Mars von Ehre umgeben,
Roy, le plus Roy, qui fut oncq couronné,	König, der größte König, der jemals gekrönt wurde,
Dieu tout puissant te doint (pour t'estrener)	Der allmächtige Gott möge Dir, (um Dich zu beschenken),
Les quatre coings du Monde gouverner,	Die Regierung über die vier Enden der Welt geben,
Tant pour le bien de la ronde Machine,	So sehr wegen des Wohls der runden Maschine,
130 Que pour aultant, que sur tous en es digne.	130 Als auch deswegen, weil Du mehr als alle dessen würdig bist.

Mehr noch als die Epistel *Au Roy* von 1527 nähert sich dieser Brief dem König im Stil einer scheinbar belanglosen Plauderei. Die Epistel enthält ein *exordium* (V. 1–7), in dem der Dichter dem König erklärt, mehrere Schicksalsschläge erlitten zu haben. Die *propositio* beginnt mit der Erzählung des ersten Falls (V. 8–48): Clément ist, als er eines morgens seinen Rausch ausschlief, von seinem gaskognischen Diener um Pferd, Bekleidung sowie eine Geldsumme gebracht worden, die ihm der König kurz zuvor angewiesen hatte. In der *narratio* des zweiten Schicksalsschlages der Verse 49–78 berichtet der Dichter von einer schweren Erkrankung, die ihn nach dem Diebstahl seines Hab und Guts heimgesucht und finanziell endgültig ruiniert habe. Die *argumentatio* der Verse 79–119 fordert alsdann den König auf, dem Dichter das dringend benötigte Geld zu leihen. Der Brief schließt mit der *peroratio* der Verse 119–130, in denen Clément den König scheinbar preist.

Die in Frankreich bis heute beliebte biographische Lesart literarischer Texte hat im Fall dieser *Epître au Roy* Erstaunliches zutage gebracht. Nicht allein, dass der Autor offenkundig an der 1531 im Lande grassierenden Pest erkrankt war[43]. Auch die Begründung des Dichters für die Geldforderung in V. 115 und V. 117, er brauche finanzielle Unterstützung für seine Güter in ‚Clément' sowie in ‚Marot', scheint auf Tatsachen zu beruhen, da es sich um zwei Ortschaften in der Nähe der Geburtsstadt des Autors Cahors en Quercy handelt, in denen Clément Marot in der Tat Häuser besaß[44]. Den König scheinen – so das Fazit dieser Interpretationen – die in ein burleskes Gewand gekleideten realistischen Angaben offenkundig überzeugt zu haben, da er dem Dichter wenige Wochen nach der Absendung der Epistel nachweislich eine größere Geldsumme zur Verfügung gestellt hat.

Gegen solch biographische Lesarten der Epistel spricht allerdings, dass es sich beim Genus der ‚lettre de requête' um eine seit dem späten Mittelalter verbreitete Gattung handelt, deren Anschauungsmuster geradezu topischen Charakter haben. Die Vorstellung vom aufgrund einer Krankheit mittellosen Dichter findet sich bereits in der berühmten, nach 1261 abgefaßten *Complainte Rutebeuf*, einem Bittschreiben an den Grafen von Poitiers[45]. In der Lyrik von Eustache Deschamps aus der zweiten Hälfte des 14. Jahrhunderts, die besonders viele Bittgedichte enthält, gibt es gleich mehrere Balladen über die Diener, die ihren Herrn

---

42 Clément Marot, *Au Roy*, aus: *La suite de l'adolescence clémentine*, S. 320–323 (Nr. XVIII).
43 Vgl. dazu Jean-Luc Dejean, *Clément Marot*, Paris, Fayard, 1990, S. 194.
44 Vgl. dazu Claude-Albert Mayer, *Clément Marot*, Paris, Seghers, 1972, S. 183, mit. Anm. 58.
45 „Car j'ai geü / Trois mois que nului n'ai veü." (Abgedruckt in: Albert Pauphilet, *Poètes et romanciers du Moyen Age* [Bibliothèque de la Pléiade. 52], Paris, Gallimard, 1952, S. 931, V. 94 f.). Dort auch die sprichwörtliche Redensart: „Li mal ne sevent seul venir [...]"(V. 107), derer sich auch Marot zu Beginn der *Epître au Roy* bedient.

Geld und Pferde stehlen[46]. Besonders einschlägig ist jedoch François Villons *Requête à Monseigneur de Bourbon* aus der Mitte des 15. Jahrhunderts, der Marot nicht nur die Reimwörter „assault" und „sault" der Verse 51 und 52 entnimmt, sondern auch die Vorstellung, der König möge dem Dichter Geld borgen, aber selbstverständlich ohne Zins (V. 98–99):

> Je vous feray une belle Cedulle,
> A vous payer (sans usure il s'entend) [...][47]

Bei allen Wahrheitsbekundungen, die die *Epître au Roy, pour avoir été dérobé* von Beginn an durchziehen, ist die Wahrheit doch nur ein ‚effet de réel', den Marot zeitweilig produziert[48]. Auf der einen Seite erzeugt er eine solche Wirklichkeitsillusion z. B. dadurch, dass der Erzähler in den Versen 15–39 den Diebstahl durch den Diener in Gestalt eines Augenzeugenberichts übermittelt. Auf der anderen Seite wird diese Illusion immer wieder durch die Klischeehaftigkeit des Berichteten zerstört, wenn es z. B. ganz unkonkret heißt: „J'avais ung jour un Valet de Gascongne [...]" (V. 8), wobei die Herkunft des Dieners von vornherein nichts Gutes erwarten lässt, da man den Bewohnern der Gaskogne eine sprichwörtliche Verschlagenheit nachsagt[49]. Durch dieses Spiel mit der Illusionierung und der Desillusionierung des Lesers entsteht ein Verfremdungseffekt, der zeigt, dass Marot auch mit dieser Epistel keine vordergründige ‚lettre de requête' verfasst, sondern erneut spielerisch auf indirekte Weise auf etwas ganz anderes aufmerksam machen will.

Interessant ist die auffällige *peroratio* der Epistel ab V. 119, die auf den ersten Blick an Impertinenz kaum zu überbieten ist. Marot hat sein Anliegen, die Bitte um Geld, dem König vorgetragen und schließt mit den Worten:

> Voilà le poinct principal de ma Lettre.
> Vous sçavez tout, il n'y fault plus rien mettre:

---

46 Vgl. z. B. die Ballade DCCCLXXXVII in Eustache Deschamps, *Œuvres complètes de Eustache Deschamps*, hrsg. vom Marquis de Queux de Saint-Hilaire (Société des anciens textes français), Paris 1877, Bd. 5, S. 72 f. Vgl. auch Christine Scollen-Jimack, „Marot and Deschamps: The Rhetoric of Misfortune", *French Studies* Bd. 42/1988, S. 21–32, bes. S. 26–29.

47 In: François Villon, *Œuvres*, 3 Bde., hrsg. von Louis Thusane, Paris, Picard, 1923, Bd. 1, S. 278 (V. 36 und V. 39). Vgl. auch S. 276 f. (V. 6 und V. 9).

48 Vgl. dazu Annwyl Williams, *Clément Marot: Figure, Text and Intertext* (Studies in Renaissance Literature. 8), Lewiston/Queenston/Lampeter, The Edwin Mellen Press, 1990, S. 59.

49 Marots Epistel ruft unter anderem ein zeitgenössisches Gedicht auf, dessen Verfasser sich über diese Beleidigung der Gaskogner beschwert (vgl. dazu Philipp August Becker, *Clément Marot. Sein Leben und seine Dichtung* [Sächsische Forschungsinstitute in Leipzig. Forschungsinstitut für neuere Philologie IV. Romanistische Abteilung. 1], München, Kellerer, 1926, S. 269).

Die folgende Aposiopese macht deutlich, dass dem Brief offenbar doch noch etwas fehlt, nämlich die Huldigung des Herrschers, die Clément im Verlauf der Eingabe angeblich vergessen hatte und die er nun unter Aufbietung aller rhetorischen Mittel nachholt:

> Rien mettre, las! Certes, & si feray,
> En ce faisant, mon stile j'enfleray,
> Disant, ô Roy amoureux des neuf Muses,
> Roy, en qui sont leurs sciences infuses,
> Roy, plus que Mars, d'honneur environné,
> Roy, le plus Roy, qui fut oncq couronné,
> Dieu tout puissant te doint (pour t'estrener)
> Les quatre coings du Monde gouverner,
> Tant pour le bien de la ronde Machine,
> Que pour aultant, que sur tous en es digne.

Der Hinweis in V. 122 auf den Stil dieser *peroratio*, der durch die rhetorischen Verfahren geradezu aufgebläht werde: „[...] mon stile j'enfleray [...]", zeigt, dass es Marot mit dieser Art der Panegyrik nicht allzu ernst ist. Dass er insbesondere den von der klassischen Mythologie durchtränkten Stil der Rhétoriqueurs parodiert[50], zu denen auch sein Vater gehörte, ist an der satirischen Spitze in V. 125 erkennbar, in der François Ier mehr Ehre als dem Kriegsgott Mars zugeschrieben wird.

Bekanntlich ist François Ier in seinen Bemühungen um die universelle Herrschaft durch die Wahl des Habsburgers Karls des Fünften zum Kaiser im Jahre 1519 gescheitert. 1525 wird er in der Schlacht von Pavia gefangengenommen und von Karl für längere Zeit in Madrid festgesetzt. Diese Gefangennahme löst in Frankreich ein regelrechtes Trauma aus, zumal die Sorbonne und die Parlements die Abwesenheit des Königs zur aktiven Verfolgung der reformatorischen Bewegungen im Lande nutzen. Wenn es daher in V. 125 der *Epître au Roy* wie schon in der Versepistel von 1527 in satirischer Anspielung auf diesen Hintergrund heißt, der König habe mehr Ehre als der Kriegsgott und wenn es bereits zu Beginn der Epistel in V. 4 geheißen hatte, auch François wisse von Schicksalsschlägen zu berichten: „Vostre cueur noble en sçauroit bien que dire [...]", so wird deutlich, dass Clément auch hier jedwede Huldigung kriegerischer Taten verweigert und den diesem Sujet angemessenen pathetisch-hohen Stil parodiert.

Im Scherzhaft-Spielerischen dieser Stelle steckt jedoch bei genauerer Betrachtung wiederum eine ernsthafte Aussage. Die Feststellung, François Ier habe **mehr** Ruhm, als der Kriegsgott Mars, lässt sich auch so deuten, dass die Meriten des Königs auf einem anderen Feld liegen, auf dem nach Ansicht des Sprechers größerer

---

50 Dejean, *Clément Marot*, S. 201.

Ruhm zu erwerben ist. Es handelt sich erneut um die Dichtkunst, die Musen, deren Wissen dem König eingegossen („leurs sciences infuses" [V. 124]), d. h. per göttlichem Gnadenakt zuteil wurde. Aus dieser Gabe – so fährt die *peroratio* in V. 127 fort – leitet sich der Anspruch auf die Universalherrschaft des Königs ab, die das Gemeinwohl, das aus der aristotelischen *Politik* bekannte ‚bonum commune', zum Ziel hat[51]:

> Dieu tout puissant te doint (pour t'estrener)
> Les quatre coings du Monde gouverner,
> Tant pour le bien de la ronde Machine [...]

Welcher Art dieses per Gnadenakt in den Herrscher eingegossene Wissen ist, wird nun erneut in Budés *De l'Institution du Prince* sowie in Erasmus *Institutio principis christiani* ausführlich erörtert. Für Budé gibt es eine weltliche Weisheit, die allein darauf ausgerichtet ist, Güter und Ruhm zu erwerben („Par sapience mondaine, on acquiert opulence de biens, & renommée glorieuse, qui est le dernier but & limite de cupidité [...]"[52]) Demgegenüber gibt es eine spirituelle Weisheit, die an den jenseitigen Dingen orientiert ist: „[...] par spirituelle sapience, on a intelligence des biens eternelz, & de la vie qui est à venir en l'aultre siecle [...]"[53] Einige der modernen Monarchen – gemeint ist vor allem François Ier – seien im Gegensatz zu den Herrschern der Antike von dieser gottgegebenen Weisheit erfüllt: „[...] ceulx qui sont iourdhuy participans de la Philosophie inspirée, qui nous a esté transmise du ciel, & communicquée par l'oracle de Sapience, & de vérité [...]"[54] Diese Weisheit bedeutet für die Könige vor allem die Verpflichtung zur tätigen Nächstenliebe: „Charité & amour enuers le peuple"[55].

Auch für Erasmus stehen Wissen und Weisheit des Königs ganz im Zeichen der Nächstenliebe. Erasmus benutzt die überlieferte Metapher vom König als Arzt, der die Krankheiten der Gesellschaft heilt[56]. Das beste Heilmittel ist die Freigebigkeit des Herrschers, der Erasmus ein eigenes Kapitel seiner *Institutio* widmet[57]. In der Freundlichkeit und Großzügigkeit, so heißt es dort, liegt der spezielle Ruhm des guten Fürsten: „[...] propria bonorum Principum laus [est] benignitas ac be-

---

51 Vgl. dazu Mesnard, *L'Essor de la philosophie politique*, S. 120.
52 Budé, *De l'Institution du Prince*, S. 32.
53 Ebd.
54 Ebd.
55 S. 30. Vgl. auch S. 32.
56 Erasmus von Rotterdam, *Institutio principis christiani*, in: Desiderii Erasmi Roterodami, *Opera omnia*, 10 Bde., hrsg. von Joannes Clericus, Leiden, 1703–1706; Nachdruck: Meisenheim am Glan, Olms, 1961–1962, Bd. 4, Sp. 559–612, Sp. 582 A (Kap. 2).
57 Sp. 595 f. (Kap. 5).

neficentia [...]"[58] Das Vorbild dieser Großzügigkeit ist die universelle Wohltätigkeit Gottes. Als Abbild des ewigen Herrschers ist der Fürst zum Geben ohne den Wunsch nach einer Gegengabe aufgefordert („Deus cum sit in omnia beneficus [...] Ita vere magni Principis est, ut aeterni Principis imaginem referentis, vel gratis bene mereri de omnibus, nullo vel emolumenti vel gloria respectu.").[59]

Nun behandelt Clément Marots *Epître au Roy, pour avoir été dérobé* genau dieses Problem. Seine Selbstdarstellung als ein von seinem Diener ausgeraubter Herr sowie als krank daniederliegender Patient greift zentrale Bilder der Beschreibung der öffentlichen Zustände aus der zeitgenössischen politischen Rhetorik auf. Im Fall des Diebstahls durch den Diener wird dieser Bezug von privatem Schicksal und öffentlicher politischer Situation explizit hergestellt, wenn Marot in V. 47–48 auf die ständigen Unregelmäßigkeiten bei der Verwaltung des königlichen Haushaltes hinweist:

> Car vostre argent (de tresbonnaire Prince)
> Sans point de faulte est subject à la pince.

Die Epistel mündet in einen Appell an die Freigebigkeit des Königs. Vor diesem Hintergrund mutet die scherzhaft-spielerische Bemerkung der Verse 93–94, ob der Dichter das geforderte Geld zurückzahlen könne, wisse niemand zu sagen, der es nicht ausprobiert habe, erneut als Impertinenz an:

> Et sçavez vous (Sire) comment je paye?
> Nul ne le sçait, si premier ne l'essaye.

Nun hat auch diese Bemerkung einen evangelischen Hintergrund, heißt es doch in der Bergpredigt nach *Matthäus* 5, 42, die von der Erfüllung des Gesetzes handelt: „[...] dem der dich bittet, gib, und wer bei dir borgen will, von dem wende dich nicht ab [...]" („[...] qui petit a te da ei / et volenti mutuari a te ne avertaris [...]"), und noch deutlicher bei *Lukas* 6, 35: „[...] tut Gutes und leihet, / ohne etwas zurückzuerhalten [...]" („[...] benefacite et mutum date / nihil desperantes [...]"). Marot appelliert im Sinne dieser Erfüllung des Gesetzes an die Freigebigkeit des französischen Königs, die nach Budé und Erasmus die Grundeinstellung des modernen Fürsten sein muss. Um den König nicht ganz in Unsicherheit über die Rückzahlung der geliehenen Summe zu lassen, gibt Marot in den Versen 104 und 105 als Bürgen die Fürsten von Lothringen an. Auch diese Bemerkung hat eine scherzhafte und eine ernste Seite: Einerseits sind Claude und Jean de Lorrai-

---

58 Sp. 595 A.
59 Sp. 570 A (Kap. 1).

ne ihrerseits beim König hoch verschuldet, ohne diese Schulden zurückzahlen zu können: „les Deux Princes Lorrain" reimt sich auf „foible de reins"[60]. Andrerseits sind beide Fürsten wegen ihrer Mildtätigkeit berühmt, insbesondere der auch als Mäzen wirkende Kardinal Jean de Lorraine, bei dem sich ein in Rom von ihm reichlich beschenkter Blinder mit den Worten bedankt hat: „Si tu n'est pas le Christ, tu es le cardinal de Lorraine."[61]

Clément Marots *Epître au Roy, pour avoir été dérobé* wie auch schon die Epistel *Au Roy* von 1527 basieren somit ganz auf reformatorischen Anschauungen. Durch den Vortrag der bemitleidenswerten Existenz des Dichters ist sie gerade so aufgemacht, als wolle Marot dem Herrscher Gelegenheit geben, von der göttlichen Gabe der ‚sapientia' und der aus ihr resultiernden ‚caritas' Gebrauch zu machen[62]. Ihr Stil ist im Gegensatz zur rhetorischen *peroratio* einfach: Vor allem durch das sprichwörtliche Material, das Reden in Anakoluthen sowie durch zahlreiche, die Künstlichkeit des Versbaus zerstörende Enjambements erzeugt Marot den Eindruck spontanen Sprechens als Ausdruck innerer Aufrichtigkeit[63]. Die Äußerungen beider Briefe sind repräsentativ für die Dichtung Clément Marots, insbesondere die Dichtungen an François Ier. In einigen Episteln verlieren sie ihren allusiven Charakter und gewinnen geradezu programmatische Gestalt, insbesondere in der *Déploration de Florimond Robertet* von 1527, dem Brief an den König aus dem Exil in Ferrara von 1535 (*Au Roy, du temps de son exil à Ferrare*) und dem Widmungsbrief der Psalmenübersetzung an François Ier von 1541 (*Au Treschrestien Roy de France, Françoys premier de ce Nom, Clemant Marot, Salut*). Der ‚élégant badinage' und die ‚causerie facile' haben bereits in ihrer Entstehungsphase die Funktion einer subtilen Auseinandersetzung mit der Legitimation königlicher Autorität, in der der Autor die überlieferte Rolle vom Hofdichter als epischer Berichterstatter sowie als Panegyriker der Taten des Herrschers aufgibt und sich ei-

---

60 Vgl. die entsprechende Anmerkung von Defaux, *Œuvres poétiques complètes*, Bd. 1, S. 725, Anm. 11.

61 Zu dieser bei Brantôme überlieferten Bemerkung vgl. Henry Guy, *Histoire de la poésie française au XVIᵉ siècle*, 2 Bde. (Bibliothèque littéraire de la Renaissance. Série 2. 4 und 12), Paris, Champion, 1926, Bd. 2, S. 69.

62 Diese Auffassung vertritt Clément, „Marot politique", S. 167: „Marot est [...] le ‚despourveu' qui peut aider le Roi à faire don de sa grâce [...]" Vgl. auch Ullrich Langer, „L'Ethique de la louange chez Marot: La Ballade De paix, & de victoire", in: Defaux/Simonin (Hrsg.), *Clément Marot „Prince des poëtes françois"*, S. 268-S. 281, bes. S. 275.

63 Zu den Besonderheiten des Marotschen Stils vgl. insbesondere Gérard Defaux, „Rhétorique, silence et liberté dans l'œuvre de Marot. Essai d'explication d'un style", *Bibliothèque d'Humanisme et de Renaissance* Bd. 46/1984, S. 299–322, sowie ders., „Clément Marot: une poétique du silence et de la liberté", in: Jerry C. Nash, *Pre-Pléiade Poetry* (French Forum Monographies. 57), Lexington, Ken. 1985, S. 44–64.

ne kritische Distanz zur Macht bewahrt. Die Epistel liefert in der Form indirekten Sprechens angelehnt an die mündliche Konversation eine profunde Kritik der Zustände im Reich des Königs. Die spielerische Sprache hält die ‚bienséances' ein, die sich insbesondere wegen ihres Adressaten gebieten. Zugleich eröffnet das indirekte Sprechen Marot auch jene Freiräume, seine Distanz zur königlichen Politik zum Ausdruck zu bringen. Ganz offenbar hat François Ier diese Angriffe aufgrund ihrer ästhetischen Perfektion goutiert und Clément Marot letztlich nicht nur weitgehend vor Verfolgungen in Schutz genommen, sondern ihn auch noch mit Zuwendungen ausgestattet.

8 Madame de La Fayette, *La Princesse de Clèves* – ein Roman über die Unmöglichkeit von Aufrichtigkeit und direkter Äußerung

Die Epoche der Renaissance, für die Clément Marot als einer der herausragenden Autoren der französischen Literatur steht, rezipiert zahlreiche Vorstellungen der lateinischen Literatur und Kultur. Eine dieser Vorstellungen ist die römische ‚urbanitas‘, von der der der Dichtung der Rhétoriqueurs zugehörige Jean Lemaire de Belges sagt:

> La propre diffinition de ceste vertu est telle : Vrbanité, est vne élégance, vne courtoisie ou vne gaillardise de deuiser plaisamment en rejouissant les assistans, sans les facher [...]¹

Marots ‚élégant badinage‘ gehört in das Umfeld dieser Anschauung. Bei Marots Briefen und Epigrammen handelt es sich nicht um traditionelle Satiren. Sie bedienen sich zwar zahlreicher Themen und Verfahren dieser Gattung, insbesondere der Kritik an der Macht durch besondere Formen des Sprechens in Gestalt von Hyperbel, Bathos, Antiphrasis u. a. Die Neuerung des ‚élégant badinage‘ ist die Überführung der aristokratischen Konversation aus dem Feld der ‚urbanitas‘ in die Dichtung. Wenn ein Jahrhundert später Nicolas Boileau, der in seinem *Art poétique* (1674) Normen und Regeln für die unterschiedlichen Gattungen der Dichtung aufstellt, dazu auffordert: „Imitons de Marot l'élégant badinage [...]"², dann ruft er damit zur Begründung einer Literatur auf, die sich explizit an die mündliche Konversation und deren Konventionen anlehnt. Marot wird durch Boileau zur Gründungsfigur jener Richtung der ‚littérature conversante‘ in der französischen Literatur, die durch die Jahrhunderte hindurch bis heute Bestand hat³.

1678 erscheint Madame de Lafayettes wichtigstes, bereits sechs Jahre zuvor begonnenes Werk: der historische Roman *La Princesse de Clèves*, der von der Literaturgeschichtsschreibung als erster moderner französischer Roman angesehen wird. Die Handlung spielt gegen 1560, also kurz nach der Zeit der Marotschen Episteln. Die Autorin siedelt die Geschichte der Liebe der verheirateten Mme de Clèves zum Duc de Nemours am Hof von Henri II an, dem Nachfolger von Fran-

---

1 *La Couronne Margaritique.* Composée par Jean Le Maire, Indiciaire et Historiographe de Mme Marguerite d'Austriche et de Bourgongne, Duchesse de Sauoye, Dame de Bresse &c., Lyon 1549, S. 47.

2 Nicolas Boileau, *L'Art poétique*, in: N. B., *Œuvres*, 2 Bde., hrsg. von Jérôme Vercruysse (Text intégral. GF), Paris, Garnier-Flammarion, 1969, Bd. 2, S. 85–115, hier: S. 88 (I, V.96).

3 Vgl. dazu Alain Génetiot, „„L'élégant badinage'", S. 39–46.

çois Ier. Aus Treue zu ihrem Gatten gibt Mme de Clèves ihrem Begehren auch dann nicht nach, als ihr Ehemann aus Gram verstirbt, da sie ihre mittlerweile gefundene innere Ruhe nicht aufgeben möchte. Obgleich der Roman im 16. Jahrhundert unter den Bedingungen des sich erst herausbildenden Absolutismus spielt, ist er letztlich vollends durch die Verhältnisse der zweiten Hälfte des 17. Jahrhunderts geprägt. Ohne die Erfahrungen der Salonkonversation sowie der Kommunikation am Hof unter der dort konzentrierten Aristokratie wäre das eigentliche Thema des Romans so nicht virulent: die Frage, ob eine Sprache der Aufrichtigkeit jenseits der Verstellung möglich ist. Mme de Lafayette war als Mitglied der Salons der Marquise de Rambouillet, der Madelaine de Scudéry und der Marquise de Sablé mit den bedeutendsten Zusammenkünften dieser Art in der Epoche bestens vertraut. Dies hat sogar dazu geführt, dass man ihre Autorschaft am Roman in Frage gestellt hat und das Werk als Gemeinschaftsprodukt einer Salonkonversation von ihr und dem Duc de la Rochefoucauld angesehen hat[4]. Inwieweit das Thema des indirekten Sprechens der zeitgenössischen Konversation das dominante Sujet des Romans ist, zeigt allein die Häufigkeit der Begriffe ‚cacher‘, ‚tromper‘, ‚feindre‘, ‚faire semblant‘, dissimulation‘ und ‚paraître‘[5].

Der Roman ist in jüngerer Zeit durch eine Debatte wieder stark ins öffentliche Bewusstsein Frankreichs gerückt: Am 10. Juni 2006 hält der damalige Innenminister Nicolas Sarkozy eine Rede in Lyon, in der er die Bedeutung der fest im französischen Kanon der Schullektüre verankerten *Princesse de Clèves* in Frage stellt. Sarkozy greift das System der in Frankreich zentral gesteuerten ‚examens‘ und ‚concours‘ für die Ausbildung im öffentlichen Dienst an, in denen u. a. eine Frage nach dem Roman von Mme de La Fayette gestellt wurde:

> Dans la fonction publique, il faut en finir avec la pression des concours et des examens. Je regardais l'autre jour quelque chose de passionnant : le programme pour passer de rédacteur à attaché principal. Figurez-vous qu'il y a un sadique qui avait mis une question dans le programme demandant si le candidat avait lu la *Princesse de Clèves*...
> Je ne sais pas si vous êtes souvent allés au guichet d'une administration pour demander à la guichetière si elle avait lu la *Princesse de Clèves*... En tout cas, je l'ai lu il y a tellement longtemps qu'il y a de fortes chances que j'aie raté l'examen![6]

---

4 Vgl. dazu bes. Geneviève Mouligneau, *Madame de La Fayette, romancière?*, Bruxelles, Editions de l'Université de Bruxelles, 1980.
5 Vgl. dazu insbes. Jeanine Anseaume Kreiter, *Le problème du paraître dans l'œuvre de Madame de Lafayette*, Paris, Nizet, 1977, S. 241–243 und S. 255.
6 Nicolas Sarkozy, „Discours sur le projet politique et les enjeux électoraux de la droite"; online: http://discours.viepublique.fr/notices/063002197.html. Die Debatte ist dokumentiert und analysiert bei François-Ronan Dubois, „*La Princesse de Clèves* est une œuvre sans avenir", *Littératures* 2011, S. 1–147; hier: S. 34; online: https://dumas.ccsd.cnrs.fr/dumas-00626756.

Die Antwort des sozialistischen Senators Jean-Pierre Sueur im *Journal officiel du Sénat* vom 30. November 2006 löst dann eine Debatte aus, die bis 2009 andauert, wo sie im Kontext der angestrebten Universitätsreform durch die seinerzeitige Kulturministerin Valérie Précresse wieder aufflammt und auf besonders fruchtbaren Boden fällt. Sueur fragt Sarkozy, ob der Roman nicht eine besondere Aktualität habe:

> Il lui demande, en outre, si la lecture attentive de la description de la cour du roi Henri II que propose Mme de La Fayette dans son ouvrage La Princesse de Clèves ne confère pas à ce livre une singulière actualité qui pourrait, tout au contraire, l'inciter à en recommander sa lecture. Mme de La Fayette y expose, en effet, qu'il y avait dans cette cour beaucoup d'„intérêts" et de „cabales différentes", que „toutes ces cabales avaient de l'émulation et de l'envie les unes contre les autres" et que „les intérêts de grandeur et d'élévation se trouvaient souvent joints" à d'„autres intérêts moins importants, mais qui n'étaient pas moins sensibles".[7]

Der Senator geht davon aus, dass die im Roman geschilderte Situation am Hof des Königs Henri II in wesentlichen Punkten nicht signifikant von der der aktuellen politischen Lage abweicht, was die Behandlung des Romans als Schullektüre rechtfertigt. Angesichts der im Roman geschilderten ‚cabales', ‚émulations' und ‚intérêts' gilt dies gerade für die dort thematisierten Formen der Kommunikation. Die Debatte um den Roman von Mme de la Fayette dreht sich alsbald um die grundlegende Frage, ob ein Minister – und ab 2007 Präsident – Frankreich um seine ‚exception culturelle', seine Stellung als herausragende Kulturnation bringen darf:

> Il y a l'école où l'enseignement de la Princesse de Clèves encourt un sarcasme comme celui qu'a instillé l'an dernier M. Sarkozy à Lyon quand il s'est exclamé qu'il était inutile de chercher les problèmes de la France quand on savait que l'on enseignait encore Mme de Lafayette – le patrimoine littéraire, qui est pourtant le vrai corps de cette nation avant tout littéraire qu'est la France, étant sans doute, pour M. Sarkozy, un obstacle à la dissolution définitive de la France dans le Grand Bleu euro-atlantique.[8]

Frankreich, dies zeigt diese Debatte, mobilisiert immer noch starke Kräfte, die die Beibehaltung der schulischen und universitären Bildung im Geist des Klassizismus gegen jede Globalisierung bzw. Amerikanisierung der Kultur fordern. Inwieweit die Analyse der *Princesse de Clèves* dabei grundlegende Einsichten in die in

---

7 Question écrite n° 25526 de M. Jean-Pierre Sueur (Loiret – SOC), publiée dans le JO Sénat du 30/11/2006 – p. 2990; online: http://www.senat.fr/basile/visio.do?id=qSEQ061125526&idtable= q178292|q86052|q326306&_nu=25526&rch=qs&de=20000430&au=20200430&dp=20+ans&radio =dp&aff=sep&tri=dd&off=0&afd=ppr&afd=ppl&afd=pjl&afd=cvn.

8 Paul-Marie Couteaux, Rede vom 31. März 2007 in Paris; online: http://www.pmcouteaux.org/ tribunes/discours%20pmc%20palais%20congres%2031%2003%202007.htm.

Frankreich stets zum Kulturverständnis gehörende indirekte Kommunikation liefert, wird schon bei einem ersten Blick auf den Roman klar.

Wie bewusst der Autorin die Bedeutung des indirekten Sprechens ist und wie weit sie diese Form der Kommunikation reflektiert, zeigt bereits der Anfang des Romans. Der Erzähler praktiziert selbst den Stil der indirekten Äußerung, so wie es dem Erwartungshorizont der Hof- bzw. Salonkonversation entspricht. In einem scheinbar unverbindlichen, leichten Konversationsstil führt er den Leser in die Situation am französischen Hof ein, die als Gesellschaft spielerischer Lebensfreude aufgrund der Überfülle an höfischen Vergnügungen präsentiert wird. Die Superlative der Beschreibung suggerieren eine zeitliche Unveränderlichkeit und Immergleichheit des Geschehens, welche die höfische Lebenswirklichkeit wie ein ideales, andauerndes Fest erscheinen lässt:

> La magnificence et la galanterie n'ont jamais paru en France avec tant d'éclat que dans les dernières années du règne de Henri second. Ce prince était galant, bien fait et amoureux; quoique sa passion pour Diane de Poitiers, duchesse de Valentinois, eût commencé il y avait plus de vingt ans, elle n'en était pas moins violente, et il n'en donnait pas des témoignages moins éclatants.[9]

Wie wenig ideal und spielerisch die Epoche ist, wird hier allerdings auch schon klar: In einem scheinbar belanglosen Nebensatz wird neben dem König nicht etwa die Königin, sondern wie selbstverständlich zunächst die Geliebte des Königs, Diane de Poitiers, Duchesse de Valentinois, erwähnt. Die indirekte Botschaft dieses eher beiläufigen Verweises auf die Liebesbeziehung der beiden, die wie ferner ebenfalls eher beiläufig festgestellt wird, trotz ihres nunmehr 20–jährigen Bestehens immer noch von heftiger Leidenschaft bestimmt sei, fordert den Leser auf, hinter der Fassade des auch im Weiteren superlativisch als fortdauerndes Fest beschriebenen höfischen Lebens nach den eigentlichen Beziehungen der Personen untereinander, den Machtverhältnissen und wirklichen Hierarchien zu suchen. Hinter der Festgesellschaft scheint in der beiläufigen Beschreibung sehr schnell auf, wer die mächtigen Personen und was ihre Triebkräfte sind, um den Leser in die wahren Strukturen dieser Gesellschaft einzuführen, die eine Verquickung von Ehrgeiz, Liebe und dem Zwang zur Verstellung charakterisiert. Der an der Oberfläche des Textes immer wieder betonte Festcharakter einer regelrechten Vergnügungsepoche („C'étai[en]t tous les jours des parties de chasse et de paumes, des ballets, des courses de bagues ou de semblables divertissements [...]", ebd.) wird durch eine ganze Reihe indirekter Bemerkungen entlarvt, die dem Leser zeigen,

---

9 Zitierte Ausgabe: Mme de Lafayette, *La Princesse de Clèves*, hrsg. von Antoine Adam (Texte intégral. GF), Paris, Garnier-Flammarion, 1966, 35. Die Seitenangaben im laufenden Text beziehen sich auf diese Ausgabe.

dass diese Gesellschaft vor allem von Machtinteressen bestimmter Protagonisten getragen ist. Von der erst im Anschluss an die Geliebte erwähnten Königin heißt es mit einer erneut äußerst interpretationsbedürftigen Bemerkung, sie sei ambitioniert und verschaffe dem Herrscher auf diese Weise ein großes Vergnügen an der Regentschaft: „L'humeur ambitieuse de la reine lui faisait trouver une grande douceur à régner [...]" (ebd.) Da die Königin in erster Linie politische Ambitionen verfolgt, so die indirekte Botschaft, kann der König sich der Liebe zu Diane de Poitiers hingeben, was ihm jene „douceur" beschert, die das Regieren angenehm macht. Zudem muss der König seine Geliebte nicht verstecken:

> La présence de la reine autorisait la sienne. [...] il semblait qu'elle souffrît sans peine l'attachement du roi pour la duchesse de Valentinois, et elle n'en témoignait aucune jalousie; mais elle avait une si profonde dissimulation, qu'il était difficile de juger de ses sentiments, et la politique l'obligeait d'approcher cette duchesse de sa personne, afin d'en approcher aussi le roi. (Ebd.)

Die Königin ist gezwungen, die Geliebte ihres Gatten an sich zu binden, um sich aus Machtgründen die Nähe des Königs zu erhalten. Sie scheint die eigentliche Machtinstanz im Staat zu sein. Ihre wahren Gefühle verbergen sich hinter einer Fassade der Verstellung („profonde dissimulation"), da angesichts der Machtkonstellation öffentliche Äußerungen der wahren Affekte Verwerfungen mit sich bringen würden. Wie diese erzwungene Verstellung die Sprache wie auch die Körpersprache der Betroffenen formt, ist unter anderem Gegenstand der literarischen Reflexionen des Romans.

Nun ist es das Ziel jeder guten Literatur, Mehrbödigkeit zu schaffen, um den Leser zu animieren, hermeneutische Überlegungen anzustellen und nach und nach die Dimensionen des Textes in ihrer Tiefe zu erschließen. Es ist also kein Wunder, dass sich der Erzähler einer indirekten Ausdrucksweise befleißigt, die Räume für unterschiedliche Deutungen des Geschehens ermöglicht. Dass es sich bei der indirekten Kommunikation aber um ein maßgebliches Charakteristikum der sozialen Wirklichkeit der Epoche handelt, zeigen die Kommunikationen der Protagonisten untereinander, die ebenfalls dem Prinzip der indirekten Äußerung verpflichtet sind. Sie bilden jene Konversationen ab, die in den Traktaten der Zeit intensiv beschrieben werden. Warum dies so ist, bringt der Erzähler gleich zu Beginn des Romans ebenfalls zum Ausdruck. Der König, so heißt es, nach der Einführung in die Gemengelage zwischen Königin und Geliebter, nehme an jeder Gesprächsrunde teil, bei der Frauen und Männer zusammenkommen:

> Ce prince aimait le commerce des femmes, même de celles dont il n'était pas amoureux: il demeurait tous les jours chez la reine à l'heure du cercle, où tout ce qu'il y avait de plus beau et de mieux fait, de l'un et de l'autre sexe, ne manquait pas de se trouver. (S. 35 f.)

Die indirekte Äußerung wird hier auf ihren Gipfel getrieben: Wenn es heißt, der König liebe den Umgang mit den Frauen, selbst mit denen, die er nicht mag, so ist mit letzterer Bemerkung in erster Linie die Königin gemeint. An deren Zirkeln nimmt er nur deshalb teil, weil sich hier die schönsten jungen Leute der Gesellschaft versammeln. Die Liebe zum „commerces des femmes" erfordert ein Verhalten, welches in den Gesprächskreisen des 17. Jahrhunderts entwickelt, in vielfältiger Form diskutiert und dann modellhaft reflektiert wird: die Galanterie. Der Roman führt somit auf indirekte Weise in ein für die Epoche grundlegendes Verhaltensideal ein. Dem König wird nicht nur zu Beginn gleich mehrfach bescheinigt, er sei galant. Der Roman eröffnet dem Leser auf der ersten Seite auch gleich die positiven wie die negativen Seiten der Galanterie: einerseits den Eindruck des festlichen Charakters der Gesellschaft aufgrund des galanten Verhaltens ihrer Mitglieder und andrerseits den Zwangscharakter dieses Verhaltens, das im Fall des Königs dessen starkes Interesse am Umgang mit den Jugendlichen und Schönen des Hofs bedingt, im Fall der Königin die unbedingte ‚dissimulatio' ihrer Gefühlswelt nach sich zieht. Die ‚Galanterie' und die ‚causerie facile' im Stil des ‚élégant badinage' gehen bei Mme de La Fayette eine Verbindung ein. Beide Bezeichnungen, ‚badinage' und ‚galanterie', hatten ursprünglich einen negativen Beigeschmack: Bezeichnet das Substantiv ‚badin' bzw. ‚badaud', den Dummkopf, so assoziiert man mit der ‚galanterie' Verführung und Täuschung. Spätestens im 17. Jahrhundert sind beide Begriffe dann positiv besetzt: ‚Badinage' ruft die Konnotation ‚Heiterkeit' auf und passt sich damit in den Kontext der ‚convivialité' der sozialen Zusammenkunft ein. ‚Galanterie' gewinnt in den Diskussionen im Zusammenhang mit den Romanen der Madelaine de Scudéry Dimensionen einer ästhetisch-moralischen Haltung. Diese Haltung gilt über lange Zeit bis heute als typisch französisches Verhalten. Daraus hat sich über die Zeit die Nationalstereotype der ‚galanterie française' entwickelt[10].

8.1 Indirektes Sprechen zwecks Verführung durch den ‚galant homme'

Mme de La Fayettes Roman reflektiert ganz unterschiedliche Formen und Funktionen des indirekten Sprechens[11]. Insofern ist die *Princesse de Clèves* auch ein Initiationsroman in die Varianten der Kommunikation der Zeit. Nach der Einfüh-

---

10 Zu den Umwertungen dieser beiden Begriffe vgl. Génetiot, „L'élégant badinage", S. 40 und S. 46.

11 Vgl. dazu auch grundlegend Željka Janković, „Une femme extraordinaire peut-t-elle dire la vérité? *La Princesse de Clèves* et le mensonge", *Revue Chameaux*. Revue des études littéraires

rung der Protagonistin am Hof sowie der Heirat mit dem Prince de Clèves triff sie bei einem Ball im Louvre auf den illustren Duc de Nemours, eine Szene, in der sich beide ineinander verlieben. Als ihre Mutter, die sie mehrfach vor dem Herzog warnt, plötzlich verstirbt, stattet dieser Mme de Clèves einen unerwarteten Kondolenzbesuch ab. Die Unterhaltung zwischen beiden wird zu einem Musterbeispiel der indirekten Form der Äußerung, bei der eine Form der männlichen Galanterie ins Bild gesetzt wird. Damit wird zugleich die indirekte Form der galanten Rede reflektiert.

Das Adjektiv ‚galant' stammt vom Verb ‚galer', welches ‚sich vergnügen' bedeutet und noch im 16. Jahrhundert vor allem die Assoziation von ‚Verführung' und ‚Ausschweifung' hervorruft. Der französische König Henri IV hatte aufgrund seiner zahlreichen Affären bekanntlich den Spitznamen ‚le vert galant', was mit ‚der im Saft stehende Ausschweifende' zu übersetzen wäre. Im 17. Jahrhundert findet sich dagegen vorzugsweise eine positive Bedeutung von ‚galant'. Der *Dictionnaire de l'Académie française* verzeichnet unter dem Eintrag „Galant/ Galante": „adj. Honneste, qui a de la probité, civil, sociable, de bonne compagnie, de conversation agréable."[12] Wie Alain Viala in seiner fundierten Studie *La France galante* gezeigt hat, wird die Galanterie zu einem Verhaltensmodell, welches die ‚urbanité', die ‚civilité' und die ‚courtoisie' in ihrer Perfektion umfasst. In den Worten des Chevalier de Méré:

> Un galant homme n'est autre chose qu'un honnête homme un peu brilliant qu'à son ordinaire et qui sait faire en sorte que tout lui sied bien.[13]

Dieses „savoir faire en sorte que tout lui sied bien" lässt den allumfassenden Charakter galanten Verhaltens erkennen, da es die Anpassung des Betreffenden an jede Situation auf der Basis einer vollendeten Distinktion beinhaltet[14]. Die Galanterie ist somit eine Frage der Einhaltung der ‚bienséances'. Viala zeigt, dass die Traktate und die Diskussionen über die Galanterie im 17. Jahrhundert in diesem Sinne stets die wahre von der falschen, d. h. das neue positive Verständnis vom

---

de l'Université Laval Bd. 10/2008, S. 1–13, sowie Béatrice Didier, *L'Écriture-femme* (puf écritures), Paris, PUF, 1999 (¹1981), S. 88. Vgl. auch Christian Garaud, „Le geste et la parole: remarques sur la communication amoureuse dans *La Princesse de Clèves*", *XVIIe Siècle* H. 121/1978, S. 257–268.

12 Vgl. dazu die grundlegende Arbeit von Alain Viala, *La France galante*. Essai historique sur une catégorie culturelle, de ses origines jusqu'à la Révolution (Les Littéraires), Paris, PUF, 2008, S. 32.

13 Antoine Gombaud de Méré, *Les conversations*, in: *Œuvres complètes*, 3 Bde., hrsg. von Charles H. Boudhors, Paris 1930, Bd. 1, S. 20 („Première conversation"). Vgl. dazu Viala, *La France galante*, S. 33. Vgl. auch S. 35.

14 Vgl. Viala, *La France galante*, S. 33.

älteren abzugrenzen suchen. Wahre Galanterie ist somit für den Chevalier de Méré Ausdruck eines Gleichgewichts von Geist und Herz:

> La vraie galanterie […] ne dépent que fort peu des avantages du corps […] le plus important consiste à donner l'ordre dans sa tête et dans son cœur. Aussi n'est-on jamais galant homme sans avoir un bon cœur et bien de l'esprit.[15]

Der ‚galant homme' bildet einen Habitus heraus, der erkennen lässt, dass sein Verhalten seinem Wesen entspricht:

> […] en construisant un *habitus*, il s'agit de fonder un ethos, d'acquérir des réflexes grâce auxquels les manières de se comporter concordent avec une manière d'être.[16]

Der Habitus, das intrinsisch gewordene Verhalten, führt zu einer Ästhetisierung der Person, Ausdruck eines inneren Gleichgewichts und einer inneren Harmonie, mit dem Ziel von allen geliebt zu werden. In diesem Sinne zielen die meisten Traktate des 17. Jahrhunderts auf die Bestimmung des wahren ‚galant homme'.

Die Galanterie des Liebhabers steht nun bei Mme de La Fayette in jener Szene auf dem Prüfstand, in der der Duc de Nemours Mme de Clèves aufsucht, um ihr zum Tod der Mutter zu kondolieren:

> **Cette princesse était sur son lit**; il faisait chaud, et la vue de monsieur de Nemours acheva de lui donner une rougeur qui ne diminuait pas sa beauté. Il s'assit vis-à-vis d'elle, avec cette crainte et cette timidité que donnent les véritables passions. […] Il demeura quelque temps sans pouvoir parler. Madame de Clèves n'était pas moins interdite, de sorte qu'ils gardèrent assez longtemps le silence. Enfin monsieur de Nemours prit la parole, et **lui fit des compliments sur son affliction**; madame de Clèves, étant bien aise de continuer la conversation sur ce sujet, parla assez longtemps de la perte qu'elle avait faite; […]
> – **Les grandes afflictions et les passions violentes, repartit monsieur de Nemours, font de grands changements dans l'esprit**; et pour moi, je ne me reconnais pas depuis que je suis revenu de Flandre. Beaucoup de gens ont remarqué ce changement, et même madame la dauphine m'en parlait encore hier.
> – Il est vrai, repartit madame de Clèves, qu'elle l'a remarqué, et je crois lui en avoir ouï dire quelque chose.
> – Je ne suis pas fâché, Madame, répliqua monsieur de Nemours, qu'elle s'en soit aperçue; **mais je voudrais qu'elle ne fût pas seule à s'en apercevoir.** Il y a des personnes à qui on n'ose donner d'autres marques de la passion qu'on a pour elles, que par les choses qui ne les regardent point; et, n'osant leur faire paraître qu'on les aime, on voudrait du moins qu'elles vissent que l'on ne veut être aimé de personne. L'on voudrait qu'elles sussent qu'il n'y a point de beauté, dans quelque rang qu'elle pût être, que l'on ne regardât avec indifférence, et qu'il n'y a point de couronne que l'on voulût acheter au prix de ne les voir jamais. Les femmes

---

15 S. 113.
16 S. 139.

jugent d'ordinaire de la passion qu'on a pour elles, continua-t-il, par le soin qu'on prend de leur plaire et de les chercher ; mais ce n'est pas une chose difficile pour peu qu'elles soient aimables ; ce qui est difficile, c'est de ne s'abandonner pas au plaisir de les suivre ; c'est de les éviter, par la peur de laisser paraître au public, et quasi à elles-mêmes, les sentiments que l'on a pour elles. Et ce qui marque encore mieux un véritable attachement, c'est de devenir entièrement opposé à ce que l'on était, et de n'avoir plus d'ambition, ni de plaisir, après avoir été toute sa vie occupé de l'un et de l'autre. **Madame de Clèves entendait aisément la part qu'elle avait à ces paroles.** Il lui semblait qu'elle devait y répondre, et ne les pas souffrir. Il lui semblait aussi qu'elle ne devait pas les entendre, ni témoigner qu'elle les prît pour elle. Elle croyait devoir parler, et croyait ne devoir rien dire. **Le discours de monsieur de Nemours lui plaisait et l'offensait quasi également** ; elle y voyait la confirmation de tout ce que lui avait fait penser madame la dauphine ; **elle y trouvait quelque chose de galant et de respectueux, mais aussi quelque chose de hardi et de trop intelligible.** L'inclination qu'elle avait pour ce prince lui donnait un trouble dont elle n'était pas maîtresse. **Les paroles les plus obscures d'un homme qui plaît donnent plus d'agitation que les déclarations ouvertes d'un homme qui ne plaît pas.** Elle demeurait donc sans répondre, et monsieur de Nemours se fût aperçu de son silence, dont il n'aurait peut-être pas tiré de mauvais présages, si l'arrivée de monsieur de Clèves n'eût fini la conversation et sa visite. (S. 84 f.; Hervorhebungen von Vf.)

Nemours hält sich bei seinem Kondolenzbesuch zunächst an die Regeln der ‚bienséance': Er spricht mit Mme de Clèves über den Verlust ihrer Mutter, ein Thema, welches sie dankend aufgreift. Doch allein die Situation der Szene deutet an, dass sie einen ganz anderen als den der ‚bienséance' gemäßen Verlauf nehmen wird: Die Protagonistin sitzt auf ihrem Bett und der galante Verführer Nemours beginnt, Mme de Clèves mit seinen Gefühlen für sie zu unterhalten. Diese Rolle des ‚galant homme' ist im Text von langer Hand vorbereitet worden: Seit seiner Rückkehr aus Flandern ist der Herzog wie verändert, eine Veränderung, die mehrere Personen zuvor registrieren. Die Veränderung führen sie auf eine neue Liebe des Herzogs zurück, für die er sogar die geplante Heirat mit der englischen Königin Elisabeth aufs Spiel setzt. Gemeint ist natürlich die Liebe zur Princesse de Clèves, was die meisten Außenstehenden aber noch nicht ahnen. Vor allem die Reine Dauphine, der einige Höflinge fälschlicherweise unterstellen, sie sei der Grund für die Veränderung Nemours', erzählt Mme de Clèves vom Herzog:

> Nous parlions de monsieur de Nemours, lui dit cette reine en la voyant [= Mme de Clèves], et nous admirions combien il est changé depuis son retour de Bruxelles. Devant que d'y aller, il avait un nombre infini de maîtresses, et c'était même un défaut en lui ; car il ménageait également celles qui avaient du mérite et celles qui n'en avaient pas. Depuis qu'il est revenu, il ne connaît ni les unes ni les autres ; il n'y a jamais eu un si grand changement […] (S. 66)

Nemours hat somit von vornherein, schon vor dem Kondolenzbesuch bei Mme de Clèves, den Ruf eines Verführers, eines ‚galant homme' im alten Sinn. Diese Erkenntnis sowie die Warnungen ihrer Mutter, die die Liebe der Princesse zu Nemours erkannt hatte, sich auf kein „galantes Abenteuer" („aventure de galante-rie", ebd.) einzulassen, sind der Hintergrund des Gesprächs, das Nemour mit der Princesse de Clèves führt.

Nach der quasi lästigen Pflicht des Kondolierens, von der der Erzähler gleich-sam en passant bei seiner Einleitung des Gesprächs berichtet, kommt der Duc de Nemours schnell auf den Punkt: Wie in solchen Situationen typisch, spricht der Galan monologartig, im mittleren Stil einer gewissen Vertrautheit und ohne Un-terbrechung seines Redeflusses über seine Gefühle[17]. Der Duc de Nemours äußert sich auf einer propositionalen Ebene und damit auf indirekte Weise: Er spricht über große Leidenschaften im Allgemeinen und über seine Veränderung nach sei-nem Aufenthalt in Brüssel im Besonderen. Unklar ist dabei zunächst, ob sich die großen Gefühle und die Veränderungen auf die dortigen Erlebnisse der Vorberei-tung der Hochzeit mit der englischen Königin beziehen, oder auf seine Liebe zu Mme de Clèves. Die sprachlichen und rhetorischen Verfahren zur Erzeugung der Indirektheit sind für diese Szene in der Sekundärliteratur minutiös untersucht worden, von der Verschleierung des sprechenden ‚Ich' hinter abstrakten Anga-ben wie „les grandes afflictions", über die Vermeidung der Bezeichnung konkre-ter Personen durch Pluralisierungen („il y a des personnes") oder die Verwendung von Metonymien wie „beauté" oder „couronne", bis hin zur vorsichtig eingesetz-ten Litotes wie „je ne suis pas fâché" (für ‚je suis très content') und „ce n'est pas une chose difficile" (für ‚c'est très aisé'[18]). Die lange Rede des Duc im vierten Ab-satz der Szene ist – dies bemerkt schließlich auch Mme de Clèves – eine verdeckte Liebeserklärung an die Princesse, die im Kern die Aufforderung beinhaltet, Mme de Clèves möge die Anzeichen der Verliebtheit des Duc erkennen. Äußerlich re-det der Duc jedoch nur darüber, was man an Leidenschaften zeigen darf und was besser verborgen bleiben sollte. Die höchste Kunst sieht er darin, sich dem „ge-wöhnlichen Urteil der Frauen" zu entziehen, indem er die Anzeichen seiner Liebe zu einer Frau derart verbirgt, dass die Öffentlichkeit diese gar nicht und die Ge-liebte selbst sie kaum erkennt:

> Les femmes jugent d'ordinaire de la passion qu'on a pour elles, continua-t-il, par le soin qu'on prend de leur plaire et de les chercher; mais ce n'est pas une chose difficile pour peu qu'elles soient aimables; ce qui est difficile, c'est de ne s'abandonner pas au plaisir de les suivre; c'est de les éviter, par la peur de laisser paraître au public, et quasi à elles-mêmes, les sentiments que l'on a pour elles.

---

17 Zum Stil der galante Rede sowie zur ‚fluidité' galanten Sprechens vgl. Viala, *La France galante*, S. 53–55 („Le Langage galant").

18 Vgl. dazu insbesondere Anne-Marie Garagnon, „Étude de style: *La Princesse de Clèves*, Tome deuxième (Classiques Garnier, édition Magne, p. 293–294)", *L'Information Grammaticale* H. 45/1990. S. 26–33, bes. S. 28 f.

Mme de Clèves' Reaktion auf diesen Monolog ist zwiespältig: „Le discours de monsieur de Nemours lui plaisait et l'offensait quasi également." Auf der einen Seite werden ihre Leidenschaften für den Herzog angesprochen, die sich ohne ihr Zutun – Liebe ist eine ‚passio‘ nach dem Verständnis des 17. Jahrhunderts – von alleine regen. Sie findet die galante Rede respektabel, auch weil sie ihr durch ihre Indirektheit die Möglichkeit lässt, nicht zu reagieren. Auf der anderen Seite ist der galante „discours" jedoch zu kühn und zu durchdacht („hardi et de trop intelligible") und lässt damit das Kalkül des Verführers erkennen. Der ‚Dialog‘ mündet in eine bemerkenswerte Feststellung über die Wirkungen des indirekten Sprechens: „Les paroles les plus obscures d'un homme qui plaît donnent plus d'agitation que les déclarations ouvertes d'un homme qui ne plaît pas." Aufgrund der Leidenschaft für den Duc de Nemours ist dessen „dunkle Rede" bei aller Erkenntnis ihres Kalküls gleichwohl besonders wirkungsvoll[19].

Dieses erste der beiden galanten Gespräche zwischen dem Duc und der Princesse reflektiert den indirekten Diskurs des ‚galant homme‘, der allein durch die Situation der Szene bereits diskreditiert ist, da Nemours die durch den Tod der Mutter aufgewühlte Emotionslage der Protagonistin auszunutzen sucht. Indirektes Sprechen des ‚galant homme‘ ist eine Form der Verstellung und der strategisch angelegte Versuch der Täuschung. Die Konsequenz, die die Princesse de Clèves daraus zieht, ist das Bekenntnis zur Offenheit. Ob diese Offenheit gelingt, zeigt die zentrale Szene des Romans, in der die Heldin ihrem Ehemann ihre Liebe gesteht.

8.2 Der ‚aveu‘ der Madame de Clèves im Zeichen der ‚sincérité‘ und die Unmöglichkeit der Überwindung des indirekten Sprechens

Auch diese Szene ist im Roman von langer Hand vorbereitet. Mme de Clèves' Verhältnis zu ihrer Mutter ist geprägt von Ehrlichkeit und Offenheit (‚sincérité‘). Immer wieder ist sie im Verlauf der Handlung versucht, ihrem Ehemann die Gefühle für den Duc de Nemours zu gestehen, anfangs noch in der indirekten Form, es gehe das Gerücht um, der Herzog sei in sie verliebt:

---

19 Vgl. Garagnon, „Étude de style", S. 28: „Par cette évaluation métadiscursive autant que metaénonciative, Mme de Lafayette délègue à son personnage le soin d'expliciter les tensions internes de la tentative de Nemours, faite de témérité et de timidité, de ruse et de respect; en dépit de cette délégation, c'est la fonction idéologique du narrateur qui est à l'œuvre, et qui émet une observation autorisée, d'ordre à la fois explicatif et justificatif."

> Elle fut prête de lui dire que le bruit était dans le monde, que monsieur de Nemours était amoureux d'elle; mais elle n'eut pas la force de le nommer. (S. 86 f.)

Hinzu kommt, dass auch M. de Clèves mehrfach betont, wie sehr er die Aufrichtigkeit schätzt. Dies treibt die Protagonistin in immer neuen Schüben dazu, ihrem Ehemann ihre Liebe zu Nemours zu gestehen, ein Gedanke, den sie dann wieder als ‚folie' verwirft:

> Ce que monsieur de Clèves lui avait dit sur la sincérité, en parlant de madame de Tournon, lui revint dans l'esprit; il lui sembla qu'elle lui devait avouer l'inclination qu'elle avait pour monsieur de Nemours. Cette pensée l'occupa longtemps; ensuite elle fut étonnée de l'avoir eue, elle y trouva de la folie, et retomba dans l'embarras de ne savoir quel parti prendre. (S. 93)

Mehrfach erkennt sie jedoch auch, wie sehr sie dabei ist, sich zu verlieren („[...] elle trouva qu'elle n'était plus maîtresse de ses paroles et de son visage [...]", ebd.) und wie leicht sie Außenstehenden durch diesen Kontrollverlust ihre Leidenschaften verraten kann: „Ce lui était une grande douleur, de voir qu'elle n'était plus maîtresse de cacher ses sentiments, et de les avoir laissé paraître [...]", S. 97. Als der Duc de Nemours einen Liebesbrief verliert, der – wie sich später herausstellt – gar nicht an ihn adressiert war, kommt bei Mme de Clèves trotz der Aufklärung dieses Missverständnisses zusätzlich die Erkenntnis auf, durch welche Zufälle sie in ihrer Liebe enttäuscht werden könnte:

> Quoique les soupçons que lui avait donnés cette lettre fussent effacés, ils ne laissèrent pas de lui ouvrir les yeux sur le hasard d'être trompée [...] (S. 119)

Diese Überlegungen zeigen, inwieweit das schließlich folgende Geständnis der Mme de Clèves' eher von zweckrationalen Verhaltensregeln geprägt ist als von moralischen Gesichtspunkten. Selbst die mehrfachen Beteuerungen ihrer aufrichtigen Gesinnung gegenüber ihrem Ehemann („[...] je n'ai rien de fâcheux dans l'esprit [...]", S. 121) sowie die der Unschuld ihres Handelns liefern dafür Belege:

> Contentez-vous de l'assurance que je vous donne encore, qu'aucune de mes actions n'a fait paraître mes sentiments, et que l'on ne m'a jamais rien dit dont j'aie pu m'offenser. (S.124)

Mme de Clèves' Reflexionen sind ausschließlich pragmatischen Charakters im Hinblick auf den Verhaltenskodex der Epoche, der jede Form des ‚paraître' von Emotionen verbietet. Zu keinem Zeitpunkt steht ihre Leidenschaft zu Nemours zur Debatte, sondern allein die Frage, wie man sich normenkonform angesichts der Situation am besten verhält. Die Feststellung, sie habe niemals durch ihre Taten die Leidenschaft erkennen lassen, wird dem Ehemann dadurch bewiesen, dass

sie niemand auf diese Leidenschaft angesprochen habe. Unter diesen Voraussetzungen kommt es dann zu jener außergewöhnlichen, neuen und unzeitgemäßen
Form der Äußerung, die auf den ersten Blick ganz im Zeichen der Aufrichtigkeit,
der Unverstelltheit, zu stehen scheint. Noch ein letztes Mal zögert Mme de Clèves
dieses Geständnis hinaus, als sie ihren Ehemann bittet, sie nicht allzu sehr zu
bedrängen und ihn um Erlaubnis bittet, den Hof für eine Zeit zu verlassen:

> Ne me contraignez point à **vous avouer** une chose que je n'ai pas la force de vous avouer,
> quoique j'en aie eu plusieurs fois le dessein. Songez seulement que la **prudence** ne veut pas
> qu'une femme de mon âge, et **maîtresse de sa conduite**, demeure exposée au milieu de la
> cour. (S. 122; Hervorhebungen von Vf.)

Mme de Clèves wird zu keiner Zeit, dies zeigen diese Überlegungen, den Habitus
des Verbergens aufgeben. Zu sehr ist sie in den Verhaltenskodex der Epoche eingebunden. Es geht ausschließlich um die „prudence", die Phronesis, die die unterschiedlichen antiken Philosophien als intellektuelle Fähigkeit, das Passende
zu tun, definiert haben. Nicht eine säkularisierte christlich-moralische Aufrichtigkeit, wie sie später die Aufklärung und insbesondere Rousseau fordern werden,
steht hier als Alternative zur zeit- und situationsgemäßen Verstellung auf der Tagesordnung, sondern eine zweckrationale ‚sincérité', die es der Protagonistin erlaubt, „maîtresse de sa conduite" zu bleiben.

Wenn der Erzähler dann Mme de Clèves den ‚aveu' als geradezu ungeheuerli-
chen Akt des Sprechens ankündigen lässt, dann folgt daraus noch nicht, dass die
Sprachhandlung die Ankündigung auch vollumfänglich einlöst:

> Eh bien, Monsieur, lui répondit-elle en se jetant à ses genoux, je vais vous faire un aveu que
> l'on n'a jamais fait à son mari, mais l'innocence de ma conduite et de mes intentions m'en
> donne la force. Il est vrai que j'ai des raisons de m'éloigner de la cour, et que je veux éviter
> les périls où se trouvent quelquefois les personnes de mon âge. Je n'ai jamais donné nulle
> marque de faiblesse, et je ne craindrais pas d'en laisser paraître, si vous me laissiez la liberté
> de me retirer de la cour, ou si j'avais encore madame de Chartres pour aider à me conduire.
> (Ebd.)

Selbst im Akt des Gestehens befleißigt sich Mme de Clèves der indirekten Rede:
Betont wird hier vor allem die Aufrichtigkeit des Verhaltens, niemals aus „faiblesse" die Liebe nach außen sichtbar gemacht zu haben; ein mögliches Einge-
ständnis, sich in den Duc de Nemours verliebt zu haben, welches die Aufklärung später als Untreue und moralisches Fehlverhalten ausgelegt würde, findet nicht statt. Stattdessen ist in der traditionellen Sprechweise der ‚bienséances'
und ‚politesses' von den Gefahren des Hofs die Rede, in denen sich Personen ihre
Alters „manchmal" befänden. Die Aussage gegenüber ihrem Ehemann: „Je vous
demande mille pardons, si j'ai des sentiments qui vous déplaisent, du moins je

ne vous déplairai jamais par mes actions" (Ebd.) passt geradezu perfekt in die Logik des Absolutismus: ‚Private is in secret free.' Mme de Clèves' ‚sincérité' bezieht sich vor allem auf ihr Handeln, und da hat sie Monsieur de Clèves keinen Anlass zur Klage gegeben. Ihre Gefühle jedoch bedauert sie nicht; die stehen gar nicht zur Disposition. Sie bedauert allein, dass diese Ihrem Gatten Missfallen und Eifersucht verursachen. Folgerichtig steht denn auch die mehrfach vorgetragene Forderung des Ehemanns, ihr den Namen des Liebhabers zu gestehen, der ‚prudence' im Wege:

> Je vous supplie de ne me le point demander, répondit-elle; je suis résolue de ne vous le pas dire, et je crois que la prudence ne veut pas que je vous le nomme. (S. 121)

Sie sieht sich ohnehin zu diesem Geständnis nahezu gegen ihren Willen getrieben, ein Geständnis, welches nach den Usancen der Epoche bereits die Grenzen der ‚prudence' gesprengt hat:

> Lorsque ce prince fut parti, que madame de Clèves demeura seule, qu'elle regarda ce qu'elle venait de faire, elle en fut si épouvantée, qu'à peine put-elle s'imaginer que ce fût une vérité. [...] Elle se demandait pourquoi elle avait fait une chose si hasardeuse, et elle trouvait qu'elle s'y était engagée sans en avoir presque eu le dessein. La singularité d'un pareil aveu, dont elle ne trouvait point d'exemple, lui en faisait voir tout le péril. (S. 125)

Das Geständnis der Mme de Clèves ist den Regeln der höfischen Diskurspraxis unterworfen, wie Matzat seinerzeit gezeigt hat[20]. Diese Praxis verhindert die Entwicklung einer intersubjektiven Intimität; sie beschränkt das Geständnis durch die Zwänge der ‚bienséances' auf die bloße Nennung der Leidenschaften und somit auf „Signifikanten ohne inhaltliche Füllung"[21]. Dies setzt in der Folge des Geständnisses aufgrund des letztlich geringen Ausmaßes an ‚sincérité' Phantasien und Vermutungen frei, an denen M. de Clèves zugrunde geht. Mme de Clèves, so Matzat, macht letztlich nur die Erfahrung der „Macht der Zeichen", die „auf den fatalen Mechanismus der höfischen Diskurspraxis"[22] verweisen. Die indirekten Formen der Äußerung, die „Allgemeinheit" und „geringe Intension der

---

20 „Affektrepräsentation", S. 252.
21 Ebd. Vgl. auch Nathalie Fournier, „Affinités et discordances stylistiques entre les *Désordres de l'amour* et *La Princesse de Clèves*: Indices et enjeux d'une écriture", *Littératures classiques* Bd. 3/2006, H. 6, S. 259–274, hier: S. 267: „[...] l'aveu de Mme de Clèves est marqué par le non-dit; le lexique comme les constructions syntaxiques effacent non seulement l'identité mais même l'existence de l'être aimé, et créent un vide référentiel et actantiel par l'emploi d'un terme collectif (la cour), dans lequel se dissout l'individu, et par l'effacement des compléments indiquant le bénéficiaire des procès (donner, laisser paraître, avoir des sentiments) [...]"
22 „Affektrepräsentation", S. 255.

begrifflichen Inhalte" lassen nur eine Repräsentation der Leidenschaften in „un-
persönlicher Weise"[23] zu. Sie bergen ein „hohes Kommunikationsrisiko". Sie sind
allenfalls ein „erregendes Gesellschaftsspiel", „in das jedes Mitglied dieser Gesellschaft mit seinen Affekten verstrickt ist und das ständig auf die [...] Grenzsituati-
on hintreibt [...]"[24]. Positiv daran ist allein, dass dem einzelnen die Möglichkeit
geboten wird, sich virtuos an diesem Spiel zu beteiligen und sich als Person mit
ästhetischer Kompetenz einzubringen.

Die Zeitgenossen haben in mehrfacher Weise heftig auf diese Szene reagiert.
Unmittelbar nach dem Erscheinen des Romans startet der Herausgeber des *Mercure galant* Donneau de Visé unter seinen Lesern eine Umfrage, die allein durch ihre
Formulierung die Akzente der höfischen Interaktion verrät: ‚Soll eine tugendhaf-
te Frau ihrem Ehemann, der ein perfekter Ehrenmann ist und den sie über alles
schätzt, ihre Leidenschaft zu einem anderen Mann, die sie mit allen Mitteln zu
bekämpfen sucht, gestehen, damit sie sich an einen Ort zurückziehen kann, an
dem sie dem Geliebten nicht mehr ausgesetzt ist – oder soll sie lieber diese Leidenschaft verschweigen, auf die Gefahr hin, sich weiterhin ständig der Gegenwart
des Geliebten auszusetzen, die sie nur vermeiden kann, wenn sie das Geständnis macht?' Der sich über drei Ausgaben des *Mercure* erstreckenden Diskussion
folgt 1679 eine Auseinandersetzung mit dem Roman durch Jean-Baptiste Henry
de Trousset de Valincourt in fiktiven Briefen unter dem Titel *Lettres à Mme la Mar-
quise*** sur le sujet de „la Princesse de Clèves"*, der im gleichen Jahr der Abbé de
Charnes mit seinen *Conversations sur la critique de la Princesse de Clèves* eine weitere Reaktion folgen lässt. Die vom *Mercure galant* gestellte Frage, die die ‚querelle
de l'aveu' ausgelöst hat, zeigt, dass vor allem zweckrationale Formen des Verhaltens in der Diskussion um den ‚aveu' zur Debatte stehen. Es geht um das Problem,
ob ein Liebesgeständnis der richtige Weg ist, um die Begegnung mit dem Geliebten in Zukunft zu vermeiden. Die Tatsache, dass der Duc de Nemours das Geständnis mithört, wird besonders kritisiert und als romaneske Erfindung der Autorin
abgetan, weil sie die Handlung unwahrscheinlich mache. Die Situation verdeutlicht aber eigentlich etwas ganz anderes: Der Duc wird zum Auge des Lesers, der
qua Schlüssellochperspektive an einer für die Epoche unüblichen Sprachhandlung teilnimmt. Die Irritationen um diese Szene verdeutlichen die Sehnsucht der
Zeitgenossen, hinter die Kulisse der höfischen Interaktion, und damit hinter die
indirekte Form der Äußerung zu schauen.

---

23 S. 266.
24 S. 257.

8.3 Mme de Clèves als ‚femme galante‘: Indirektes Sprechen als Selbstanalyse

Nach dem Geständnis der Mme de Clèves und dem Tod ihres Ehemanns, der an seiner Eifersucht zugrunde geht, ist der Roman von Mme de La Fayette allerdings noch nicht zu Ende. Aus Sicht des Duc de Nemours wäre der Weg für eine Verbindung zwischen ihm und der Protagonistin nun frei („[…] il n'y a plus de devoir qui vous lie […]", S. 77) Obgleich die Princesse den festen Entschluss zum Liebesverzicht gefasst hat – „un effet de sa raison et de sa vertu" (S. 74), wie es heißt –, ist ihr Herz weiterhin leidenschaftlich dem Herzog verbunden („[…] son cœur […] demeurait attaché à M. de Nemours […]", ebd.). Und so kommt es zu einem letzten Gespräch zwischen beiden, welches Nemours und sein ‚ami intime‘, der vidame de Chartres, als Zufallstreffen arrangieren. Im Verlauf dieses langen Gesprächs wird die Situation der ersten galanten Begegnung der beiden umgekehrt: Nicht der ‚galant homme‘ hält hier eine lange Verführungsrede, sondern die Protagonistin spricht. Daran hatte sich bereits der zeitgenössische Kritiker des Romans, Valincourt, gestört:

> Il […] semble […] que Madame de Clèves dit icy tout ce que devroit dire Monsieur de Nemour […] L'on diroit qu'elle n'est venüe là que pour parler, & Monsieur de Nemours pour écouter, au lieu que ce devroit estre tout le contraire.[25]

Nach mehreren Anläufen bekennt sich Mme de Clèves gegenüber dem Duc de Nemours zu ihren Gefühlen für ihn und begründet schließlich ihren Liebesverzicht. Damit wird ein weiteres Geständnis abgelegt.

Für diese Form der weiblichen Galanterie gibt es allerdings ein Modell: Mlle de Scudéry hatte in ihrem Roman *Artamène, ou le Grand Cyrus* (1649–1653) die auf der Insel Lesbos lebende Dichterin Sapho vorgestellt, gemäß der Technik des aristokratischen Schlüsselromans ein ‚alter ego‘ der Autorin. Die antike Dichterin wird als „La plus sensible Personne du monde"[26] vorgestellt, die die Qualitäten beider Geschlechter in sich vereine: „l'art d'unir toutes les vertus, et toutes les bonnes qualitez des deux Sexes, en une seule Personne"[27]. Sie weiß all das,

---

25 Jean-Baptiste Henry du Trousset Valincourt, *Lettres à Mme la Marquise*** sur le sujet de „la Princesse de Clèves"*, Paris, Mabre-Cramoisy, 1678, S. 269 f.
26 Madeleine de Scudéry, *Artmène ou le Grand Cyrus*, 10 Bücher, Paris, Courbé, 1656; online: hrsg. von C. Bourqui/A. Gefen, S. 6915: https://artflsrv03.uchicago.edu/philologic4/cyrus/query?report=concordance&method=proxy&q=la%20plus%20sensible%20Personne&start=0&end=0.
27 S. 6916.

was man wissen kann, ohne es pedantisch-gelehrt nach außen zu tragen („[…]
Sapho [sait] presques tout ce qu'on peut sçavoir, elle ne fait pourtant point la sça-
vante […][28]). Ihre Lebensgemeinschaft auf Lesbos ist ein galanter Hof, wie man
ihn sonst nirgendwo kennt und an dem dank Sapho ein besonderer Geist der Höflichkeit waltet: „[…] cette petite Cour estoit si galante, que nulle autre ne le pou-
voit estre davantage. En effet l'admirable Sapho, avoit inspiré un certain esprit
de politesse, à tous ceux qui la voyoient […]"[29]. Dem in sie verliebten Tisandre
erklärt Sapho, sich niemals der Tyrannie einer Ehe beugen zu wollen:

> […] il y a des hommes fort honnestes gens, qui meritent toute mon estime, et qui pourroient
> mesme aquerir une partie de mon amitié: mais […] dés que je les regarde comme Maris, je
> les regarde comme des Maistres: et comme des Maistres si propres à devenir Tirans […][30]

Überhaupt würde sie, sollte sie sich über die Maßen verlieben, niemals ihre Freiheit aufgeben: „[…] je sçay bien qu'à moins que d'aimer jusques à perdre la raison, je ne perdrois jamais la liberté […]"[31] So weist Sapho denn auch Tisandre mit
weiblicher Galanterie zurück. Diese entpuppt sich als eine besonders raffinierte
Form der indirekten, höflichen und zugleich bestimmten Rede, die den Liebenden
klaglos zur Aufgabe zwingt:

> […] enfin Sapho agit avec tant d'art, qu'elle fit comprendre à Tisandre qu'elle n'estoit pas
> coupable de ce qu'elle ne respondoit point à son amour: et elle luy persuada presques qu'elle
> avoit apporté autant de soin à tascher de forcer son cœur à avoir de l'affection pour luy, qu'il
> en avoit apporté luy mesme à se faire aimer d'elle: de sorte que de cette maniere il se separa
> de Sapho sans s'en pleindre, quoy qu'il fust le plus malheureux de tous les hommes.[32]

Mit der Person der Sapho beschreibt Mlle de Scudéry neben der Galanterie des
Mannes (hier des Tisandre), die vor allem darauf ausgerichtet ist, der Dame zu
gefallen, eine weitere Form der Galanterie, die über die Liebe hinaus moralische
und ästhetische Qualitäten ins Spiel bringt:

> […] je fais [=Sapho] un discernement assez juste de cette espece de galanterie sans amour,
> qui se mesle mesme quelques fois aux choses les plus serieuses: et qui donne un charme
> inexpliquable à tout ce que l'on fait, ou à tout ce que l'on dit.[33]

---

28 S. 6922.
29 S. 6918.
30 S. 6916.
31 S. 6916.
32 S. 6925.
33 S. 7095. Vgl. auch Viala, *La France galante*, S. 128 f.

Diese Galanterie ist eine Angelegenheit der Frauen. Es sind laut Sapho die Frauen, die die Disposition zur – richtig verstandenen – Galanterie haben und diese an die Männer weitergeben:

> [...] il faut que la Nature mette du moins dans l'esprit, et dans la personne de ceux qui doivent avoir l'air galant, une certaine disposition à le recevoir : il faut de plus que le grand commerce du monde, et du monde de la Cour, aide encore à le donner : et il faut aussi que la conversation des Femmes le donne aux hommes : car je soustiens qu'il n'y en a jamais eu qui ait eu l'air galant, qui ait fuy l'entretien des Personnes de mon Sexe [...][34]

An diese Vorstellungen knüpft Mme de La Fayette an. So hatte der Erzähler zu Beginn der *Princese de Clèves* auf den „commerce des femmes" als einer besonderen Vergnügung des Königs hingewiesen. Unter den Prämissen der Sapho aus *Artamène* führt Mme de Clèves eine Generation später ihre abschließende Unterhaltung mit dem Duc de Nemours, die bezogen auf das indirekte Sprechen aufschlussreich ist:

> L'on ne peut exprimer ce que sentirent monsieur de Nemours et madame de Clèves, de se trouver seuls et en état de se parler pour la première fois. Ils demeurèrent quelque temps sans rien dire ; enfin, monsieur de Nemours rompant le silence [...] (S. 169)

Recht schnell kommt es von Seiten des Duc zu einer klaren Liebeserklärung, die er nunmehr nach dem Tod des Monsieurs de Clèves problemlos machen kann:

> Ecoutez-moi, madame, écoutez-moi ; si ce n'est par bonté, que ce soit du moins pour l'amour de vous-même, et pour vous délivrer des extravagances où m'emporterait infailliblement une passion dont je ne suis plus le maître. [...] Quoique je ne vous aie jamais parlé, je ne saurais croire, Madame, que vous ignoriez ma passion, et que vous ne la connaissiez pour la plus véritable et la plus violente qui sera jamais. (Ebd.)

Die Äußerung „Quoique je ne vous aie jamais parlé" zeigt die Funktion des indirekten Sprechens: Bei seiner galanten Werbung um Mme de Clèves im ersten längeren Gespräch kann sich der Duc darauf zurückziehen, gar keine Liebeserklärung gemacht zu haben, da er ja nur allgemein über die Leidenschaften gesprochen hat. Zugleich lässt das indirekte Sprechen dem Adressaten den Freiraum, nur das zu verstehen, was er verstehen will. Vom Duc und dessen Offenheit bedrängt, macht ihm nun Mme de Clèves ihrerseits ein Liebesgeständnis, erneut unter Hinweis auf ihre „sincérité":

> Puisque vous voulez que je vous parle, et que je m'y résous, répondit madame de Clèves en s'asseyant, je le ferai avec une sincérité que vous trouverez malaisément dans les personnes de mon sexe. Je ne vous dirai point que je n'ai pas vu l'attachement que vous avez eu pour

---

[34] S. 7096.

moi; peut-être ne me croiriez-vous pas quand je vous le dirais. Je vous avoue donc, non seulement que je l'ai vu, mais que je l'ai vu tel que vous pouvez souhaiter qu'il m'ait paru. (S.170)

Man gewinnt unmittelbar den Eindruck, dass dort, wo die Aufrichtigkeit des Sprechens besonders betont wird, die indirekte Form der Äußerung eine besonders große Rolle spielt. Für ihr Geständnis sieht Mme de Clèves nicht sich selbst verantwortlich, sondern das Drängen des Herzogs („vous voulez que je parle"). Erst dadurch habe sie sich entschlossen zu sprechen („je m'y résous"). Die Direktheit der ‚sincérité' dieses Geständnisses wird dadurch abgemildert – mit den Worten Leo Spitzers ‚gedämpft' –, dass die Betrachtungsperspektive von der Offenheit ihrer Person auf die allgemeine Frage verlegt wird, dass man eine solche Offenheit bei weiblichen Sprecherinnen schwerlich finden werde. Die eigentliche Liebeserklärung wird dann vollends ‚gedämpft': Sie beginnt mit einer doppelten Verneinung, der Litotes „Je ne vous dirai point que je n'ai pas vu", die eine Liebeserklärung kaum indirekter machen kann und die die Erklärung zudem ins Futur verlegt. Zudem redet Mme de Clèves gar nicht über ihre eigene Leidenschaft, sondern über die des Duc und die Frage, ob sie diese Leidenschaft bemerkt hat. Der mit „peut-être" eingeleitete Satz verlagert die Perspektive weg von der Person der Sprecherin auf den Adressaten und verlegt das Geschehen zusätzlich in die Virtualität des Konditionals. Die ostentativ bekundete Offenheit dieses Geständnisses läuft somit vollends ins Leere: Der abschließende, mit einem „Je vous avoue donc" eröffnete Satz treibt das Schauspiel der indirekten Form der Äußerung geradezu auf die Spitze. Mme de Clèves ‚gesteht', die Leidenschaft des Herzogs bemerkt zu haben und zwar so, („je l'ai vu tel"), wie der Herzog es sich habe wünschen können, dass sie ihr erscheinen solle. Das Spiel der indirekten Rede besteht im Wechsel von ‚voir' und ‚paraître', von Indikativ, Konjunktiv und Konditional.

Nachdem der Herzog Mme de Clèves verrät, dass er sie bei dem Gespräch mit ihrem Ehemann belauscht hat und somit ohnehin von ihrer Liebe zu ihm weiß, was bei der Princesse die unwillkürliche körpersprachliche Form des Errötens („rougissant", ebd.) hervorruft[35], erfolgt das eigentliche Liebesgeständnis der Protagonistin. Auch hier gibt die ‚bienséance' die Form der Äußerung vor:

Mais puisque vous avez appris par moi-même ce que j'avais eu dessein de vous cacher toute ma vie, je vous avoue que vous m'avez inspiré des sentiments qui m'étaient inconnus devant que de vous avoir vu, et dont j'avais même si peu d'idée, qu'ils me donnèrent d'abord une surprise qui augmentait encore le trouble qui les suit toujours. Je vous fais cet aveu avec

---

35 Vgl. zu den körpersprachlichen Äußerungen in der *Princesse de Clèves* vgl. Irene Albers, „Das Erröten der Princesse de Clèves. Körper–Macht–Emotion", in: Ingrid Kasten (Hrsg.), *Machtvolle Gefühle* (Trends in Medieval Philology), Berlin/New York, De Gruyter, 2010, S. 263–296.

> moins de honte, parce que je le fais dans un temps où je le puis faire sans crime, et que vous
> avez vu que ma conduite n'a pas été réglée par mes sentiments. (S. 171)

Doch auch bei diesem Geständnis in relativer Offenheit geht es nicht um eine Liebeserklärung: Mme de Clèves spricht nicht von Liebe, sondern von ihren Gefühlen[36]. Ihre Rede ist eine psychologische Analyse dieser Gefühle. Sie erklärt, in welchem Maß die Gefühle für sie unbekannt und neu waren und wie sie dadurch überrascht wurde. Diese Gefühle habe sie jedoch bereits durch ihr rationales Verhalten überwunden („ma conduite n'a pas été reglée par mes sentiments"). Gleichsam zur Bestärkung dieser Entscheidung wird unterstellt, auch der Herzog habe dies so wahrgenommen („vous avez vu"). Schließlich zeigt sich Mme de Clèves beglückt, dieses ‚Geständnis' abgelegt zu haben, da die Äußerungen ohnehin eher an ihre eigene Adresse als an die des Herzogs gerichtet sind. Auch dies wird mit der gebotenen ‚politesse' gesagt, wiederum in indirekter Form ‚gedämpft' durch die negative Formel „je ne sais même si":

> Il est vrai, lui dit-elle, que je veux bien que vous le sachiez, et que je trouve de la douceur à
> vous le dire. **Je ne sais même si je ne vous le dis point, plus pour l'amour de moi que
> pour l'amour de vous.** (Ebd.; Hervorhebung von Vf.)

Mme de Clèves bleibt ihrer Haltung bis zum Schluss treu; sie gibt ihrer Leidenschaft für den Duc de Nemours nicht nach. Somit bleibt das Geständnis folgenlos:

> [...] enfin cet aveu n'aura point de suite, et je suivrai les règles austères que mon devoir
> m'impose. (Ebd.)

Sie kommt zu ähnlichen Erkenntnissen wie die antike Dichterin Sapho bei Mlle de Scudéry, die fast wortgleich formuliert:

> J'avoue, répondit-elle, que les passions peuvent me conduire; mais elles ne sauraient
> m'aveugler. (S. 174)

In der *Princesse de Clèves* werden diese Konsequenzen jedoch nicht als Befreiung wahrgenommen.

> [...] je crois que je ne vaincrai jamais mes scrupules, et je n'espère pas aussi de surmonter
> l'inclination que j'ai pour vous [...] **la seule bienséance interdit tout commerce entre
> nous.** (S. 175; Hervorhebung von Vf.)

---

36 Vgl. dazu Elisabeth Schulze-Witzenrath, „Die ‚klassische Dämpfung' der Rede in der Tragödie und im Roman des französischen 17. Jahrhunderts", in: Ilse Nolting-Hauff/Joachim Schulze (Hrsg.), *Das fremde Wort*. Festschrift für Karl Maurer zum 60. Geburtstag, Amsterdam, Gründer, 1988, S. 236–256, bes. 252.

Die Protagonistin bleibt nach ihrem Gespräch mit dem Herzog in einem paradoxen Zustand; sie stellt wie Viala es formuliert eine exemplarische, allerdings nicht nachahmbare Tugend („une vertu exemplaire mais inimitable"[37]) unter Beweis. Das Thema des Romans ist nicht die Liebe, sondern die „manière de contrôler les effets des sentiments et de se bien comporter socialement"[38]. Der Rückzug der Princesse ist eine Kapitulation vor der ‚bienséance'; die Revolte gegen die Macht des Diskurses ist gescheitert[39].

---

37 *La France galante*, S. 267.

38 S. 269.

39 Die von Matzat vertretene These wird von Albers auf die unwillkürlichen Äußerungen der Körpersprache ausgedehnt. Die Princesse de Clèves entscheidet sich am Ende für den Rückzug ins Kloster, nicht, weil sie rational die Leidenschaft besiegt hätte, sondern weil sie sich dem Bedeutungszwang all ihrer non-verbalen Äußerungen entziehen will. Albers sieht im Verhalten der Princesse zurecht eine Selbstermächtigung um den Preis des Selbstverlusts und keinen, wie in der Literatur zum Roman immer wieder behaupteten – feministischen Akt der Autonomie (Vgl. „Das Erröten der Princesse de Clèves, S. 295).

9 ‚Diversité, c'est ma devise':
La Fontaine und die Vielfalt der Formen indirekten Sprechens

Kaum ein Autor des 17. Jahrhunderts beschäftigt sich so sehr mit den Formen und Funktionen des indirekten Sprechens wie Jean de La Fontaine[1]. In seiner Totenrede auf den verstorbenen Fabeldichter charakterisiert François de Salignac de La Mothe-Fénélon dessen Fabeln und Erzählungen und hebt deren auffälligste Merkmale hervor:

> Hélas! il n'est plus, cet écrivain à l'esprit enjoué [*facetus*], ce nouvel Ésope, cet heureux rival de Phèdre dans l'art du badinage [*nugarum*]. [...] Ô douleur! les Jeux, railleurs malicieux, le Rire folâtre, les Grâces élégantes, les Muses savantes [*Joci dicaces, lascivi Risus, Gratiae decentes, doctae Camenae*] meurent avec lui. Pleurez, vous qui aimez le naïf enjouement [*ingenuus lepos*], le langage naturel, simple et sincère [*natura nuda et simplex*], l'élégance sans apprêt et sans fard [*incompta et sine fuco elegantia*]. C'est à lui seul que les doctes permettaient la négligence. Chez lui, combien cette charmante négligence [*aurea negligentia*] l'emporte sur le soin excessif du style![2]

La Fontaine wird hier als Dichter des Konversationsstils ausgewiesen, indem Fénelon auf die natürliche und einfache Sprache, die scheinbare, daher elegante Nachlässigkeit der Fabeln verweist, die bei aller Gelehrtheit („Muses savantes") vor allem Belustigung („badinage") hervorrufen. Damit stellt er La Fontaine nicht nur in die Nachfolge Clément Marots, sondern auch der lateinischen Antike unter Nennung der Attribute des sogenannten ‚attischen Stils' aus Ciceros Schrift *Orator*[3]. Das spielerische Gespräch mit seinen Formen des indirekten Sprechens, dies hatte schon das Beispiel Marot gezeigt, wird im Frankreich des 17. Jahrhunderts als wesentlicher Bestandteil des alltäglichen höfischen Lebens wie auch der Literatur angesehen. Es ist vor allem bei La Fontaine zu einer Kunst vorangetrieben geworden, die es ermöglicht, über die Belustigung der Konversationspartner hinaus, Umwege zu gehen, um besonders problematische Botschaften an den Mann zu bringen:

---

1 Das bekannte Motto La Fontaines: „Diversité, c'est ma devise" stammt aus der Erzählung *Paté d'anguille*, in: *Œuvres complètes*, 2 Bde., hrsg. von Pierre Clarac und Jean-Pierre Collinet (Bibliothèque de la Pléiade. 62. 10), Paris, Gallimard, 1941–1991, Bd. 1, S. 863, V. 4.

2 Zitiert in den *Œuvres complètes*, Bd. 1, S. 1041.

3 Vgl. *Orator* XXIII, 78. Vgl. dazu Génetiot, „L'élégant badinage"', S. 44.

En effet le badinage enjoué, loin de n'avoir qu'une fonction toute gratuite de divertissement, peut également servir de cheval de Troie dans une stratégie du détour pour faire céder les réticences devant [...] les allusions satiriques des Fables. La raillerie devient alors un moyen au service de la dissimulation [...][4]

Nun ist kaum eine literarische Gattung wie die Fabel so gut geeignet, die höfische Interaktion zu hinterfragen und den vorherrschenden Diskurs der Zeit zu konterkarieren. Fabeln sind kurze, gleichnishafte und oftmals lehrreiche Erzählungen. In ihnen treten vernunft- und sprachbegabte Tiere als Personifikationen von Menschen auf, um allgemeine menschliche Verhaltensweisen zu thematisieren. Die wichtigsten Gattungskriterien der Fabel sind Kürze ('brevitas') und Prägnanz ('concinnitas') des Erzählten. Als Begründer der Fabel gilt Äsop und nach ihm der lateinische Dichter Phädrus. Beide waren Sklaven, deren Fabeln oft obrigkeitskritische Perspektiven entwickeln. Dieser Gattung hat La Fontaine nun eine grundlegende Wendung gegeben: Er poetisiert die Fabel durch die Reimform und reichert sie trotz der geforderten Kürze und Prägnanz stark mit Dialogen an. Die Fabeln gehörten im 17. Jahrhundert in den Kontext der mündlichen Konversation. Sie erfüllen die von Horaz ins Spiel gebrachten Kriterien des 'prodesse' und 'delectare' und sind von La Fontaine für diesen gesellschaftlichen Kontext und nicht als Lesedichtung konzipiert[5]. Daher spielt das Thema der Redeform in der Fabel sowie die Reflexion dieses Themas eine erhebliche Rolle in einer Zeit, in der sich der Habitus des indirekten Sprechens in Frankreich zum dominanten Kommunikationsverhalten herausbildet.

Auf den ersten Blick scheinen die Fabeln La Fontaines die Anforderungen an die rationale Ordnung des Wissens im Zeitalter der Repräsentation mustergültig zu erfüllen. Die Fabeln haben einen geradezu taxonomischen Charakter. Der Diskurs der Fabel ist linear. Die vielfältigen Verweisungen auf heilsgeschichtliche Zusammenhänge, die die mittelalterlichen *Bestiarien* den Tieren zugewiesen haben, sind bei La Fontaine weitgehend getilgt. Auch was die affektische Sinnfülle des Erzählten angeht, scheint sich La Fontaine an die Spielregeln der Zeit zu halten. Im Vorwort der Fabeln erklärt der Autor, man finde dort nur eine inoffensive Fröhlichkeit: „Je n'appelle pas gaieté ce qui excite le rire; mais un certain charme, un

---

4 Génetiot, „L'élégant badinage'", S. 45.
5 Zur Mündlichkeit der Fabel bei La Fontaine vgl. Jean-Pierre Collinet, „L'Art de dire La Fontaine: naissance et développement d'une tradition", in: Wolfgang Leiner/Pierre Ronzeaud (Hrsg.), *Correspondances. Mélanges offerts à Roger Duchêne* (Etudes littéraires française. 51), Tübingen, Narr, 1992, S. 81–91, bes. S. 81.

air agréable qu'on peut donner à toutes sortes de sujets, même les plus sérieux."[6]
Sieht man La Fontaine als einen Autor, der sich der epistemologischen Implikationen seiner Dichtung bewusst ist, der die Ordnungsbestrebungen der Repräsentation als Herrschaftsgesten entlarvt, so zeigt seine Schreibweise jedoch auch eine andere Seite. Der Autor praktiziert einen doppelten Diskurs. Auf der einen Seite handelt es sich um eine Rede, die den Anforderungen der Zeit entspricht. Sie folgt den Regeln der Repräsentation und der Ordnung. Häufig handelt es sich um eine Repräsentation, die Zeichen der Ergebenheit produziert, wie sie die Epoche verlangt. In diesen Diskurs ist allerdings in der Regel ein zweiter, versteckter Diskurs eingewebt, der in den meisten Fällen ein Nicht-Diskurs ist, ein Diskurs ohne feste Regeln, wie man ihn aus dem Kommentar der Renaissance kennt. Es ist ein Diskurs im ursprünglichen Sinne des Begriffs, des ‚discurrere‘, des ziellosen Hin- und Herlaufens der Gedanken. Ein solcher Diskurs operiert mit Analogien. Er setzt Bilder frei, die simultane Reaktionen hervorrufen. In den Fabeln ist die logische Ordnung des Erzählten durch hieroglyphische, mit vielfältigen Sinnverweisungen aufgeladene Zeichen gestört. La Fontaine selbst hat sich – wie bereits oben gezeigt wurde – in seinem *Discours à Madame de la Sablière* dazu geäußert. In diesem *Discours* erweist er sich als Anhänger des zeitgenössischen Epikurismus. Unter dem Einfluss von Gassendi und den Verbreitern seiner Lehre spricht er sich gegen die kartesianische Theorie vom Tier als Maschine aus und hält ein Plädoyer für den tierischen Instinkt. Anders als Descartes, der das menschliche Subjekt der Klassik vom Standpunkt des ‚cogito‘ aus definiert, ist das Ich für La Fontaine ein atomisch organisierter, individuell stets unterschiedlich ausgeprägter Organismus. Passend zu dieser Vorstellung produziert der dichterische Diskurs der Fabeln häufig scheinbar beiläufige Äußerungen, die gedanklich vielfältig und emotional aufgeladen sind.[7] Solche Äußerungen verstoßen gegen die transparente Struktur des Zeichens, wie sie die zeitgenössische Episteme definiert. Sie sind geradezu ein Musterfall des indirekten Sprechens.

---

6 „Préface", in: *Œuvres complètes*, Bd.1, S. 7.
7 Vgl. dazu die bereits oben Kap. 5.2, S. 88–90. analysierte Stelle aus dem *Discours à Madame de la Sablière*: „Iris, je vous louerais, il n'est que trop aisé; / Mais vous avez cent fois notre encens refusé, / [...] / D'autres propos chez vous récompensent ce point, / Propos, agréables commerces, / Où le hasard fournit cent matières diverses, / Jusque-là qu'en votre entretien / La bagatelle a part: le monde n'en croit rien. / Laissons le monde et sa croyance: / La bagatelle, la science, / Les chimères, le rien, tout est bon: Je soutiens / Qu'il faut de tout aux entretiens: [...]" (in: *Œuvres complètes*, Bd. 1, S. 383, V. 1–20).

Die Bilder, die die neuere Literaturwissenschaft vom Fabeldichter zeichnet, haben diesen Hintergrund nur unzureichend erhellt. Nach der Kritik der Aufklärung an einem Dichter, der durch seine Schwatzhaftigkeit weit hinter das Vorbild der antiken Fabelautoren zurückfällt, gilt La Fontaine dem 19. Jahrhundert als ein naiver, im Volk verwurzelter Naturdichter. Erst Paul Valéry entdeckt auf der Suche nach Vorläufern der ‚poésie pure' die sprachliche Virtuosität des frühen Werks *Adonis* (1658). Damit ist der Weg für positive Bewertungen des Poetischen auch der Fabeln geebnet. Das Poetische wird nunmehr von der Kritik nicht mehr als Zierrat abgelehnt, sondern als Signum einer Wirkungsästhetik des komplexen Gefühlseindrucks angesehen. Die Poesie der Fabeln La Fontaines hat die Funktion, so Karlheinz Stierle, „eine unideale Welterfahrung in die Distanz des Ästhetischen zu bringen, um die innere Freiheit der Reflexion zu gewinnen". Und weiter: „Die Reflexion vom Blickpunkt der subjektiven Erfahrung aus ist das Neue, das La Fontaine in die Geschichte der Fabel einbringt."[8] La Fontaines poetisch überformte Fabeldichtung steht offenbar im Widerspruch zu der in der Klassik geforderten Transparenz. Sie ist letztlich opak, wodurch der Autor sich die Unabhängigkeit subjektiver Reflexion sichern will. Dabei wird schon in der ersten und der zweiten Fabel der Sammlung das Thema des indirekten Sprechens reflektiert.

9.1 Die direkte Form der Äußerung als ‚divertissement': *La Cigale et la fourmi*

In *La Cigale et la fourmi*, der ersten Fabel seiner Sammlung *Les Fables* (1668), thematisiert La Fontaine die Form der direkten Aussage in einer für ihn typischen unnachahmlichen Art, die zentrale Merkmale französischer Konversation der Zeit reflektiert:

> La cigale ayant chanté
> Tout l'été,
> Se trouva fort dépourvue
> Quand la bise fut venue.
> 5 Pas un seul petit morceau
> De mouche ou de vermisseau.
> Elle alla crier famine
> Chez la Fourmi sa voisine,
> La priant de lui prêter

---

8 Karlheinz Stierle, „Poesie des Unpoetischen. Über La Fontaines Umgang mit der Fabel", *Poetica* Bd. 1/1967, S. 508–533, hier S. 533.

10 Quelque grain pour subsister
   Jusqu'à la saison nouvelle.
   Je vous paierai, lui dit-elle,
   Avant l'août, foi d'animal,
   Intérêt et principal.
15 La Fourmi n'est pas prêteuse,
   C'est là son moindre défaut.
   Que faisiez-vous au temps chaud?
   Dit-elle à cette emprunteuse.
   Nuit et jour à tout venant,
20 Je chantais, ne vous déplaise.
   Vous chantiez? j'en suis fort aise,
   Eh bien! dansez maintenant.
   (I, 1⁹)

Die Fabel besteht nach einer kurzen ‚expositio' aus einer ‚narratio' und einem Dialog: Erzählt wird, dass es der Grille zu Beginn der Wintersaison an Vorräten zum Überleben fehlt, da sie ihre Zeit nur mit Gesang verbracht hat. Im Gespräch mit der Ameise bittet sie diese daher um Unterstützung, was die Ameise ablehnt. Diese Fabel dürfte die wohl am meisten kommentierte Fabel der Weltliteratur sein. Die Zahl der Kommentare und wissenschaftlichen Arbeiten ist unübersehbar; gleichwohl lassen sich jedem Text, auch wenn er noch so oft analysiert wurde, doch neue, relevante Aspekte abgewinnen, nähert man sich ihm mit einer spezifischen Fragestellung.

Einige zentrale Erkenntnisse der vorliegenden Arbeiten über die Fabel lassen sich kurz zusammenfassen: So ist der Text in allen Details sprachlich beschrieben worden. Die Sprache ist einfach, klar und gradlinig. In ungewöhnlich kurzen Versen, bis auf Vers 3 (‚trisyllable') allesamt ‚heptasyllables', erzählt La Fontaine den Konflikt zwischen der Grille und der Ameise. Die kurze Form des Verses erlaubt eine hohe Erzählgeschwindigkeit. Sie bringt eine Musikalität in die Fabel ein, die dem Anliegen des Autors nach einer Poetisierung der Gattung Rechnung trägt. Die Reduzierung auf zwei Tiere, die menschliches Verhalten an den Tag legen, zeigt an, dass es La Fontaine hauptsächlich um die Konfrontation zweier unterschiedlicher Welten geht. Diese Opposition kann man auf mehreren Ebenen beschreiben: Zunächst stehen unterschiedliche Lebensweisen und deren Werte auf dem Spiel. Die Welt der Kunst, des Gesangs der Grille, trifft hier unvermittelt auf die Welt der Arbeit und der Ökonomie, da die fleißige Ameise für den Winter vorgesorgt hat. Es stellt sich konkret die Frage, was die Welt der Arbeit an die Welt der Kunst abtre-

---

9 Die Stellenangaben im laufenden Text beziehen sich auf die zitierte Ausgabe der *Œuvres complètes*, Bd.1, der Bibliothéque de la Pléiade, hier: S. 31.

ten sollte. Es lässt sich aber auch die Opposition zwischen der Welt des nutzlosen Zeitvertreibs (,divertissement') und der Welt der Arbeit aus dem Text herauslesen, was Lebensweisen der Aristokratie und des Bürgertums spiegelt. Nimmt man an, dass die Fabel als Gattung gesellschafts- und zeitkritische Perspektiven beinhaltet, so lässt sich eine versteckte Kritik an der Verschwendungssucht der Versailler Hofgesellschaft und eines Staates erkennen, dessen oberste Gesellschaftsschicht fortwährend dem ,divertissement' nachgeht und zugleich im Gegenzug, für die Zeit zwischen 1656 und 1672 gut dokumentiert, Bettler und Vagabundierer gnadenlos verfolgt. Die abschließende Formel „Eh bien, dansez maintenant!" deutet darauf hin, bezeichnet ,dansez' doch auch die Gehängten und Geräderten. Schließlich lässt sich die Opposition auch autobiographisch lesen: Der Autor La Fontaine ist nach der Verhaftung seines Gönners, des Financiers Nicolas Fouquet, mittellos, da der Finanzminister Colbert in dem von ihm aufgebauten staatlichen Mäzenat keine Pension für ihn vorsieht. Dies würde erklären, warum der Erzähler offenbar Sympathien für die Grille aufbringt und der Ameise gegenüber ironisch mit Verachtung begegnet. In jüngster Zeit hat die Fabel sogar eine interkulturelle Deutung erfahren: Unter dem Stichwort ,La cigale française et la fourmi allemande' haben die Tiere bei der Charakterisierung der beiden Länder ,Frankreich' und ,Deutschland' im Kontext der Ordnung der Staatsfinanzen seit der europäischen Finanzkrise besondere Berühmtheit in den politischen Kommentaren erlangt. Dabei löst die auf La Fontaines Fabel zurückgehende Ikonographie die ältere bildliche Darstellung beider Länder als Marianne und Germania des 19. Jahrhunderts ab. Bei allen Fragen zum Staatshaushalt seit 2008 in Frankreich kommt der Vergleich mit La Fontaines Fabeltieren erneut wieder auf, so z. B. bei der Rede von den Regierungchefs Angela Merkel und François Hollande als *La fourmi Merkel et la cigale Hollande"* oder anlässlich der geplanten Reform des öffentlichen Dienstes von Emmanuel Macrons *Action publique 2022* und der in der Presse gestellten Frage „Macron, [...] cigale ou fourmi?"[10] Auch die politische Karikatur hat sich dieser Perspektive angenommen:

---

10 https://www.lopinion.fr/edition/economie/macron-an-apres-cigale-fourmi-gerard-dussillol-institut-thomas-more-150454.

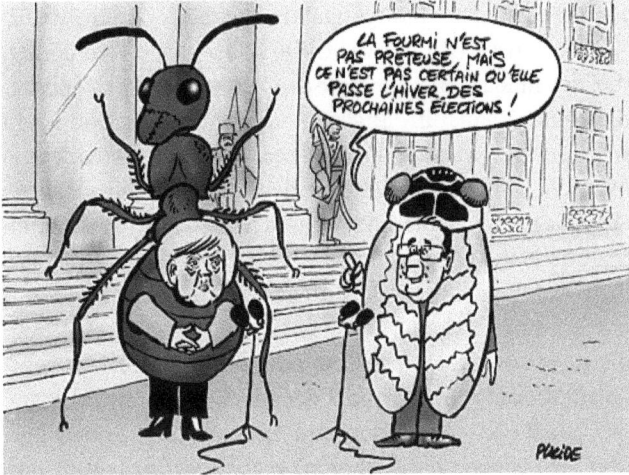

Placide actualité 28. Juni 2012[11]

Das Internet ist überdies voll mit Nachdichtungen der Fabel, bald aus französischer, bald aus deutscher Sicht.

Für die Fragestellung der vorliegenden Untersuchung sind jedoch der Aufbau und die Entwicklung der Fabel interessant, die im Dialog der beiden Kontrahenten gipfelt. Die unglaublich rasante Erzählung der beiden ersten Sätze (V. 1–7) mündet in eine indirekte Rede über die Bitte der Grille (V. 7–11), die dann in einen Dialog mit zwei unterschiedlichen Redeweisen übergeht: Die Grille bittet um Körner, um die kalte Jahreszeit überstehen zu können. Sie tut dies angesichts ihrer prekären Lage unverschleiert, jedoch unter Einhaltung der Regeln der ‚politesse': „priant" (V. 9) und „ne vous déplaise" (V. 20) lauten die Höflichkeitsformeln, die die direkte Anfrage an die Ameise dämpfen. Die Antwort der Ameise ist jedoch der Gipfel der direkten und unverschleierten Form der Äußerung. Sie verzichtet auf jedwede Höflichkeit und äußert sich jenseits aller ‚bienséance': „Que faisiezvous au temps chaud ?" (V. 17) lautet die grobschlächtig vorgetragene Frage verbunden mit der Aufforderung, die Grille möge vor Hunger tanzen („dansez maintenant", V. 22). Diese Unhöflichkeit quittiert der Erzähler mit einer abwertenden Einlassung zur mangelnden Freigebigkeit der Ameise. Die Fabel hat somit eine

---

11 Online: http://www.leplacide.com/caricature-Concertation-Merkel-Hollande-avant-le-somm et-européen-7883-84-social.html. Vgl. dazu auch den Artikel von Sylvie Goulard, „Die Grille und die Ameise. Frankreich prescht voran – Deutschland zögert, das erschwert das Krisenmanagment für Europa", *Süddeutsche Zeitung* vom 26.11.2008; online: https://www.sylviegoulard.eu/ wp-content/uploads/2009/09/26.11.08-SZ-Grille-und-die-Ameise.pdf.

klare Progression der Sprechweisen: der indirekten Wiedergabe der Bitte der Grille durch den Erzähler folgt die direkte, durch die Grille selbst gleichwohl höflich vorgetragene Anfrage bei der Ameise, auf die diese direkt und unhöflich antwortet. Dies zeigt, wohin die direkte Rede führt: Diese Form der Äußerung bringt rein gar nichts ein. Es wird vorgeführt, was die direkte Form der Äußerung in extremis bedeuten kann: eine grobschlächtige Verletzung der Regeln der ,bienséance'. Die Form der Äußerung dürfte den auf Unterhaltung und Belustigung orientierten Mitgliedern der Konversation in der gehobenen Gesellschaft der Epoche insofern Vergnügen bereitet haben, bestätigt sie doch Vorurteile über die soziale Herkunft und über mangelndes höfliches Verhalten.

Dass es La Fontaine ganz wesentlich um diese Formen des Sprechens geht, zeigt auch, wie wenig realitätshaltig die ,narratio' der Fabel ist. Da Grillen keine Fliegen, Würmer und auch keine Körner fressen und Ameisen keine Körner horten, fallen die Inhalte der Äußerungen selbst eher ins Fach der Unterhaltung qua Groteske, und das bei einem Autor, der eine ,charge' als Forstverwalter geerbt hatte und sich somit in der Tierwelt auskennt. Belustigend für die Hörer bzw. Leser der Fabel dürften auch die Äußerungen der Grille ausgefallen sein, wenn sie sich im ökonomischen Fach versucht: „Je vous paierai, lui dit-elle, / Avant l'août, foi d'animal, / Intérêt et principal" (V. 12–14). Vor August, also vor der Ernte, Körner zurückzuzahlen, zeugt von einer unbekümmerten Ahnungslosigkeit in landwirtschaftlichen Abläufen und macht die scheinbar ökonomische Kompetenz, Kapital und Zinsen zurückzuzahlen, nicht plausibler, auch wenn dies durch einen Schwur ,foi d'animal', ,auf Treu und Glauben', bekräftigt wird, was als quasi-juristischer Akt angesehen werden kann. Offenes Sprechen bringt nichts ein, das ist eine Erkenntnis der Fabel. Und so ist es nicht verwunderlich, dass La Fontaine in der zweiten Fabel, *Le Corbeau et le Renard*, das Gegenteil des offenen direkten Sprechens zum Thema macht und zeigt, wie gewinnbringend die indirekte Form der Äußerung sein kann.

9.2 Die indirekte Form der Äußerung als Schmeichelei und vergiftetes Lob: *Le Corbeau et le renard*

Die Fabel *Le Corbeau et le renard* (I, 2) ist kaum weniger oft kommentiert worden als die Eröffnungsfabel der Sammlung. Sie ist stets als Musterbeispiel des indirekten Sprechens in Gestalt der Schmeichelei gelesen worden, und zwar in Form einer besonderen Verstellung, als vergiftetes Lob.

> Maître Corbeau, sur un arbre perché,
> Tenait en son bec un fromage.

Maître Renard, par l'odeur alléché,
Lui tint à peu près ce langage:
5   Bonjour, Monsieur du Corbeau.
Que vous êtes joli! que vous me semblez beau!
Sans mentir, si votre ramage
Se rapporte à votre plumage,
Vous êtes le Phénix des hôtes de ces bois.
10 À ces mots, le Corbeau ne se sent pas de joie;
Et pour montrer sa belle voix,
Il ouvre un large bec, laisse tomber sa proie.
Le Renard s'en saisit, et dit: Mon bon Monsieur,
Apprenez que tout flatteur
15 Vit aux dépens de celui qui l'écoute.
Cette leçon vaut bien un fromage, sans doute.
Le Corbeau honteux et confus
Jura, mais un peu tard, qu'on ne l'y prendrait plus.
(S. 32)

Auch hier erzählt La Fontaine mit erheblicher Geschwindigkeit und kommt noch schneller als in der ersten Fabel zum Kern der Erzählung: der Ansprache des Fuchses an den Raben. Während dessen Bezeichnung ‚Maître Renard' gleichsam topisch ist und auf den spätmittelalterlichen *Roman de renard* (ca. 1170) verweist, rückt die Bezeichnung des Raben als ‚maître' diesen aus der Sicht der zeitgenössischen Aristokratie von Beginn an in ein wenig schmeichelhaftes Licht. ‚Maître', die Berufsbezeichnung der Anwälte, die in schwarzer Robe vor Gericht auftreten, konnotiert jene ‚robins', mit denen sich die stets Geld benötigende Aristokratie ständig herumärgern muss und deren metaphorische Berufsbezeichnung Assoziationen an die Räuber (‚robins') freisetzt. Der Rabe, der es wegen seiner Eitelkeit aber auch wegen der genannten Konnotationen geradezu verdient hat, düpiert zu werden, fällt auf eine Rede herein, die in ihrer indirekten Form mit schmeichlerischer Absicht ein Sprachkunstwerk in sich darstellt. Die Formel des Erzählers in V. 4: „Lui tint à peu près ce langage [...]" suggeriert einen Kontext der Mündlichkeit, sieht es doch so aus, als berichte der Sprecher in einer lockeren Konversationsrunde von dem Vorfall, ohne sich noch genau erinnern zu können. Nicht so sehr in der schmeichlerischen Anrede des Raben als Träger eines Adelstitels liegt das vergiftete Lob. Der folgende Vers 6 ist geradezu ein Lehrbeispiel der Verstellung, so dass man ihn allein wegen seiner Rhetorik ästhetisch genießen kann: Das Adjektiv ‚joli' löst nämlich nicht nur positive Konnotation aus. ‚Jolie' im Sinn von ‚hübsch' sagt aus, dass es nicht um Schönheit geht. Und so wird die Steigerung von ‚joli', das Adjektiv ‚beau', durch „que vous me semblez" eingeschränkt: der Sprecher, der Fuchs, schaut sich den Raben schön, der allenfalls hübsch ist. Die einleitende Floskel des siebten Verses, das im mündlichen, vertraulichen Sprachstil vorgetragene „sans mentir", zeigt dem amüsierten Außenstehenden gerade an, dass hier gelogen wird. Der dann folgende Konditionalsatz steigert die indirekte schmeichlerische Rede geradezu ins Immense. Sie gibt dem Zuhörer zunächst ein Rätsel auf, um ihn dann auf die Höhe des zentralen Verses genau in der Mitte der Fabel zu heben, der die Rede des Fuchses beendet und der als Kompliment sofort zu verstehen ist. „Si votre ramage se rapporte à votre plumage" – „Wenn Euer [Vogel-]Gesang Eurem Gefieder entspricht" (V. 7) – besagt nicht, dass der Rabe so schön singt, wie er aussieht. Der Satz formuliert die Aussage nur als Bedingung, er unterstellt dies als Möglichkeit. Die Lobrede des Fuchses mündet in die asyndetische Formulierung: „Vous êtes le Phénix des hôtes de ces bois" (V. 9). Die Lobrede geht hier vom mittleren Konversationsstil in den hohen Stil des ‚genus sublime' über. Das Lob schwingt sich zum Vergleich des Raben mit dem mythischen Phönix auf, was wiederum eine indirekte Äußerung mit ironischer Pointe ist: La Fontaine hat die christlichen allegorischen Bedeutungen seiner Tiere aus dem Mittelalter getilgt, und so steht hier nicht der am Ende seines Lebenszyklus wiederauferstehende Phönix zur Debatte, der für das Christentum eine Allegorie des Auferstandenen ist, sondern der Rabe als unverwüstlicher, immer wieder in großer Zahl auftauchender schwarzer Vogel mit unförmigem Schnabel („un large bec", V. 12). Die „Gäste dieser Wälder" ist eine poetische Bezeichnung im ‚pluralis majestatis', um den Angeredeten als Stellvertreter jener Vielzahl an Tieren entsprechend zu würdigen. Die Bezeichnung „hôtes" bezieht dann doch wieder ihre Dignität aus dem biblischen Kontext, sind doch alle Lebewesen nur Gast auf Erden. Zudem ist der Vers durch seine Struktur von hoher Musikalität, was erkennen lässt, dass sich der Fuchs ohnehin als besserer Sänger sieht. Die Fabel zeigt auf spielerische Weise, wie viel mehr die indirekte Form des Ausdrucks einbringt: „Cette leçon vaut bien un frommage" (V. 15), heißt es. Indirektes Sprechen ermöglicht es, auf Kosten anderer zu leben („tout flatteur / Vit aux dépens celui qui l'écoute.", V. 14 f.)

Nun hat die Fabel *Le Corbeau et le renard* eine lange und weithin bekannte Rezeptionsgeschichte in der Aufklärung, der die Reflexionen La Fontaines über die indirekte Form des Sprechens nicht entgangen ist und die ihr eigene Überlegungen entgegensetzt. Allen voran der Schweizer Jean-Jacques Rousseau in seinem Erziehungsroman *Emile, ou de l'éducation* (1762). Im zweiten Buch dieses Romans unterzieht Rousseau die Fabel einer genauen Prüfung. Der Kontext der Betrachtung ist die Frage, mit welcher Form der Rede man Kinder konfrontieren darf und sollte. Rousseau geht – wie wenig später Kant[12] – mit einem ähnlichen aufkläre-

---

12 Vgl. dazu oben, Kap. 6.2, S. 124 f.

rischen, zugleich protestantisch anmutenden ethischen Rigorismus an die Frage der Ehrlichkeit und Offenheit des Sprechens heran. Ganz besonders beim Sprechen zu Kindern verbittet er sich jedwede Form der Sprache, die diese nicht verstehen und die sie so mit „Worten" belasten, die ihnen keinen „Nutzen" einbringen:

> [...] si la nature donne au cerveau d'un enfant cette souplesse qui le rend propre à recevoir toutes sortes d'impressions, ce n'est pas pour qu'on y grave des noms de rois, des dates, des termes de blason, de sphére, de géographie, et tous ces mots sans aucun sens pour son âge et sans aucune utilité pour quelque âge que ce soit [...][13]

Die Fabel als Literatur für Kinder lehnt Rousseau grundsätzlich schon allein deshalb ab, weil hier mit indirekten Formen des Ausdrucks in Gestalt der Tierallegorien operiert wird, um menschliches Verhalten zu beschreiben. Diese Form der indirekte Ansprache an die Hörer/Leser ist für ihn unaufrichtig und stellt eine Verfälschung der Wahrheit dar:

> Comment peut-on s'aveugler assés pour appeller les fables la morale des enfants? sans songer que l'apologue en les amusant les abuse, que, seduits par le mensonge ils laissent échapper la vérité, [...] Les fables peuvent instruire les hommes, mais il faut dire la vérité nüe aux enfans; sitôt qu'on la couvre d'un voile ils ne se donnent plus la peine de le lever. (S. 351 f.)

Rousseau überprüft dann am Beispiel von *Le Corbeau et le renard* die einzelnen Verse im Hinblick darauf, ob sie die Wahrheit sagen oder nicht. Wie sehr er dem Gedanken der ‚sincérité' im Sinne moralischer Aufrichtigkeit verpflichtet ist, zeigt sein völliges Unverständnis des Verses „Que vous êtes charmant [sic!]! que vous me semblez beau!", dessen ironische Untertöne er gar nicht erkennt und meint, es handle sich um eine bloße Wiederholung, die einem Kind schlechtes Sprechen vermittle: „Cheville, redondance inutile. L'enfant voyant répéter la même chose en d'autres termes apprend à parler lâchement." (S. 354) Personifikationen wie den Vogel ‚Phönix' lehnt er im Sinne der aufklärerischen Kritik an der antiken Mythologie, wie sie Fontenelle in seinem Essay *De l'origine des fables* (1724) vorgetragen hatte, als bloße Täuschungen ab: „*Le phénix*! Qu'est-ce qu'un Phénix? Nous voici tout à coup jettés dans la menteuse antiquité [...]" (ebd.) Und die poetisch erhabene Subsummierung des Raben unter die „hôtes de ces bois" wird von

---

13 *Émile, ou de l'éducation*, in: J.-J. R., *Œuvres complètes*, hrsg. von Bernard Gagnebin, und Marcel Raymond (Bibliothéque de la Pléiade. 11.153.169.208), 5 Bde., Paris, Gallimard, 1959–1999, Bd. 4, S. 53–868, hier: S. 351. Die Stellenangaben im laufenden Text beziehen sich auf diese Ausgabe.

Rousseau als „discours figuré" verworfen. Rhetorik gilt in der Aufklärung bei zahlreichen Autoren ohnehin als Kunst der Verstellung und Verführung; umso mehr lehnt Rousseau die Rhetorisierung der Sprache bei der Erziehung von Kindern ab:

> *Les hôtes de ces bois*! Quel discours figuré! Le flateur ennoblit son langage et lui donne plus de dignité pour le rendre plus séduisant. Un enfant entendra-t-il cette finesse? Sait-il seulement, peut-il savoir ce que c'est qu'un stile noble et un stile bas? (Ebd.)

Grundsätzlich gilt für Rousseau, dass man Kinder nicht mit Personen, die schmeicheln und für ihre Zwecke lügen, konfrontieren sollte: „Je demande si c'est à des enfants de dix ans qu'il faut apprendre qu'il y a des hommes qui flâtent et mentent pour leur profit?" (S. 356) Rousseau geht felsenfest davon aus, dass sich die Kinder nur mit den Gewinnern identifizieren, im konkreten Fall mit dem Fuchs, im Fall der Fabel *La Cigale et la fourmi* mit der Ameise:

> [...] ils penchent à aimer le vice avec lequel on tire parti des défauts des autres. [...] On n'aime point à s'humilier; ils prendront toujours le beau rolle, c'est le choix de l'amour-propre, c'est un choix très naturel. Or, quelle horrible leçon pour l'enfance! Le plus odieux de tous les monstres seroit un enfant avare et dur, qui sauroit ce qu'on lui demande et ce qu'il refuse. La fourmi fait plus encore, elle lui apprend à railler dans ses refus. (Ebd.)

Rousseaus Forderung lautet daher: "Il faut une morale en paroles [...]"(S. 357)

Mit einem ebenso moralischen Anspruch ganz unabhängig von Rousseau tritt wenige Jahre zuvor der deutsche, aus einer lutherisch-orthodoxen Familie stammende Dichter Gotthold Ephraim Lessing den Fabeln La Fontaines gegenüber. Er kritisiert, dass La Fontaine die Fabel auf Kosten des Wahrheitsgehaltes poetisch umgeformt habe. Seine Fabelsammlung erscheint 1759 und enthält eine Version der Fabel vom Raben und Fuchs, die er genau in die Mitte der Sammlung rückt. Wiederum in der Mitte der Fabel steht dann auch bei ihm die schmeichlerische Rede des Fuchses, die aber hier nicht deren Höhepunkt darstellt.

Der Rabe und der Fuchs

Ein Rabe trug ein Stück vergiftetes Fleisch, das der erzürnte Gärtner für die Katzen seines Nachbars hingeworfen hatte, in seinen Klauen fort. Und eben wollte er es auf einer alten Eiche verzehren, als sich ein Fuchs herbeischlich und ihm zurief: „Sei mir gesegnet, Vogel des Jupiters!"

„Für wen siehst du mich an?" fragte der Rabe. „Für wen ich dich ansehe?" erwiderte der Fuchs. „Bist du nicht der rüstige Adler, der täglich von der Rechten des Zeus auf diese Eiche herabkommt, mich Armen zu speisen? Warum verstellst du dich? Sehe ich denn nicht in der siegreichen Klaue die erflehte Gabe, die mir dein Gott durch dich zu schicken noch fortfährt?"

Der Rabe erstaunte und freute sich innig, für einen Adler gehalten zu werden. Ich muss, dachte er, den Fuchs aus diesem Irrtum nicht bringen. – Großmütig dumm ließ er ihm also seinen Raub herabfallen und flog stolz davon.

Der Fuchs fing das Fleisch lachend auf und fraß es mit boshafter Freude. Doch bald verkehrte sich die Freude in ein schmerzhaftes Gefühl; das Gift fing an zu wirken, und er verreckte. Möchtet ihr euch nie etwas anders als Gift erloben, verdammte Schmeichler![14]

Wie Helmut Schneider seinerzeit gezeigt hat, ändert Lessing die Fabel La Fontaines in einigen entscheidenden Punkten. Bei ihm ist das Fleisch, welches der Rabe in seiner großmütigen, jedoch nicht verurteilten Dummheit fallen lässt, vergiftet. Dies gibt dem Erzähler die Möglichkeit, voller Hass den „verdammten Schmeichler" in Gestalt des Fuchses „verrecken" zu lassen. Wie wenig die schmeichlerische, indirekte und die Intentionen des Sprechers verstellende Rede des Fuchses Lessing liegt, zeigt deren rhetorische Ausgestaltung. Anders als bei La Fontaine, wo man die Rede ästhetisch und vor allem musikalisch als Meisterwerk schöner Worte genießen kann, auch wenn man die Schmeichelei durchschaut, geht es hier nicht um die Vorführung der besonders gekonnten indirekten Form der Äußerung. Es geht auch nicht um die Entlarvung der Rede, die Verhüllung der Lüge, die das eigentliche Anliegen des Sprechers völlig undurchsichtig macht. Lessing verlagert das Thema auf die Frage der Macht, indem er dem Raben den Status eines mächtigen Wohltäters verleiht[15]. Seine Gestaltung der Ansprache des Fuchses verzichtet auf Musikalität und eine allzu schöne Sprache und stellt den inhaltlichen Aspekt des großzügigen Gottes in den Mittelpunkt, der die Bedürftigen mit Speisen bedenkt. Gleich drei Mal wird der Rabe in die Rolle des gebenden Gottes gerückt, als Adler, der den freigebigen Jupiter, Zeus bzw. Gott symbolisiert. So wird das eigentliche Thema der Fabel herauskristallisiert: der aufklärerische Optimismus von der gerechten Welt, in der der Gärtner die den Garten (das Paradies) zerstörenden Tiere mit einem giftigen Köder zu vertreiben sucht, der dem Schmeichler letztlich zum Verhängnis wird. Die Lüge, verhüllt durch die verführerische indirekte Rede, die in der höfischen Gesellschaft noch erlernbar war und als Verhalten das Überleben garantierte, wird hier unter den eher bürgerlichen, protestantisch geprägten Lebensbedingungen der deutschen Aufklärung geradezu ausgemerzt. Die Welt ist so organisiert, das ein Zufall – der giftige Köder des Gärtners – den Schmeichler und seine Rede zu Fall bringt[16]. Dichten ist bei Lessing aufrichtiges Sprechen. Jegliche Sympathien und Begeisterungen für die gekonnte Rede des Fuchses, die Rousseau beim Erzähler der Fabel La Fontaines im Detail untersucht,

---

14 Zitierte Ausgabe: Gotthold Ephraim Lessing, *Werke*, 8 Bde., hrsg. von Herbert G. Göpfert, München, Hanser, 1970–1979, Bd. 1, S. 251.
15 Vgl. dazu Helmut Schneider, „Der Schmeichler und der Geschichtsphilosoph. Lessings Fabel vom „Raben und Fuchs" und La Fontaine", in: Willi Jung/Birgit Tappert (Hrsg.), *Heitere Mimesis*. Festschrift für Willi Hirdt zum 65. Geburtstag, Tübingen, Francke, 2003, S. 571–581; auch online: http://www.uni-bonn.de/~hschneid/fabel_hirtfestschrift_fin.pdf, S. 1–12, bes. S. 8.
16 Vgl. Schneider, „Der Schmeichler", S. 8.

sind hier aus dem Spiel genommen. So verkörpert auch diese Fabel eine interkulturelle Spannung zwischen Frankreich und Deutschland: Der Verstellung und dem Genuss einer spielerischen Sprache der französischen höfischen Welt stellt der deutsche Dichter der Aufklärung – und mit ihm zugleich der Schweizer Autor und fortwährende Fremdkörper in der französischen Aufklärung Rousseau – die moralisch motivierte Aufrichtigkeit gegenüber, die als Ausdruck eines geordneten Weltenlauf angesehen wird. Dieser Pfeiler deutscher Aufrichtigkeit stellt einen der Gründungsmythen der deutschen Nation in Abgrenzung zur höfischen, französischen Sprache der Verstellung gegen Ende des 18. Jahrhunderts dar[17].

9.3 *Le pouvoir des fables*: Ein frühes Beispiel des ‚storytelling‘

Die indirekte Form der Äußerung hat zwei extreme Seiten: Zum einen kann eine solche Rede rhetorisch besonders gelungen sein und vom Zuhörer als sprachliche und literarische Kunst goutiert werden. Auf der anderen Seite kann sie der Verstellung dienen, sei es, um sich in prekären Machtsituationen zu schützen oder wie im Fall des *Corbeau et le renard* selbst Macht auszuüben. Der erstere Fall wird von La Fontaine mit der Fabel *Le pouvoir des fables* (VII, 4) thematisiert, deren Titel bereits verrät, dass es sich hier um eine Metafabel handelt. Die Fabel geht auf Äsops Apolog über den griechischen Redner Demades zurück, der wegen seiner rhetorischen Künste gepaart mit einer großen Skrupellosigkeit berühmt war. La Fontaines ganz anders akzentuierte Version dieser Fabel ist dem französischen Botschafter in England, Jean-Paul de Barillon, gewidmet, der kurz vor Beginn des niederländisch-französischen Kriegs 1672–1678 die wichtige Aufgabe hat, England in der Allianz mit Frankreich zu halten. Im Prolog wendet sich der Erzähler an den Diplomaten mit dem Wunsch, diesem möge die Fabel als Aufforderung dienen, um mit all seinem Verhandlungsgeschick und seiner Redekunst den englischen König zu besänftigen, damit er die Allianz mit Frankreich nicht verlässt:

21 Si votre esprit plein de souplesse,
    Par éloquence, et par adresse,
    Peut adoucir les cœurs, et détourner ce coup,
24 Je vous sacrifierai cent moutons […]
    (S. 295 f.)

Die eigentliche Fabel beginnt dann mit einer ersten ‚narratio‘: Sie erzählt, wie einst in Athen angesichts einer drohenden Gefahr („sa patrie en danger", V. 35)

---

17 Vgl. dazu oben, Kap. 4.3, S. 60–63.

ein Redner mit allen Mitteln des gehobenen ‚stilus sublimis/gravis‘ die Bürger warnen will, ihm jedoch niemand Aufmerksamkeit schenkt. Die Athener interessieren sich viel mehr für die Raufereien unter spielenden Kindern als für seine Rede. Daraufhin ändert der Redner seine Strategie und berichtet in einer zweiten ‚narratio‘ davon, wie die Göttin des Ackerbaus, Ceres, ein Aal und eine Schwalbe die schier unüberwindliche Aufgabe zu lösen versuchen, zu dritt einen Fluss zu überqueren:

> Que fit le harangueur? Il prit un autre tour.
> Cérès, commença-t-il, faisait voyage un jour
> 50   Avec l'Anguille et l'Hirondelle:
> Un fleuve les arrête; et l'Anguille en nageant,
> Comme l'Hirondelle en volant,
> Le traversa bientôt. L'assemblée à l'instant
> Cria tout d'une voix: Et Cérès, que fit-elle?
> 55   Ce qu'elle fit? un prompt courroux
> L'anima d'abord contre vous.
> Quoi, de contes d'enfants son peuple s'embarrasse!
> Et du péril qui le menace
> Lui seul entre les Grecs il néglige l'effet!
> 60   Que ne demandez-vous ce que Philippe fait?
> A ce reproche l'assemblée,
> Par l'apologue réveillée,
> Se donne entière à l'Orateur:
> Un trait de fable en eut l'honneur.
> (S. 296)

Der Redner praktiziert hier eine Form der indirekten Rede, die seit den letzten Jahrzehnten des 20. Jahrhunderts vor allem in den USA als ‚storytelling‘ bezeichnet wird. ‚Storytelling‘ macht sich die Erkenntnis zunutze, dass Geschichten nicht nur von Kindern geliebt werden. Geschichten können auf allen möglichen Gebieten gewinnbringend eingesetzt werden. Eine gute Story erheischt die **Aufmerksamkeit** der Zuhörer. Dies kann bei der Wissensvermittlung pädagogisch fruchtgemacht werden, aber auch im Management, um Produkte zu verkaufen. Die Werbung greift immer häufiger auf ‚stories‘ zurück, die oftmals mit dem beworbenen Produkt rein gar nichts zu tun haben und zunächst einmal nur Aufmerksamkeit erzeugen. Zu den primären Zielen des ‚storytelling‘, der Aufmerksamkeitserheischung, zählt besonders die **Emotionalisierung** des Zuhörers. Dabei können negative Gefühle geweckt werden wie Angst und Schrecken oder positive wie Empathie oder Freude. In beiden Fällen wird der Zuhörer durch die ‚story‘ gefesselt und emotional mitgenommen. Wichtig ist es, den Zuhörer aber auch **intellektuell** auf die ein oder andere Art zu **begeistern**. Seine Aufmerksamkeit muss auf Elemente der ‚story‘ gelenkt werden, welche neben der emotionalen Beteiligung auch seine **gedankliche Mitwirkung** erfordern. In der Koppelung an bestimmte Themen werden solche ‚stories' dann besonders gut **memoriert**. Sie sind fest mit bestimmten Ereignissen verbunden, die Anlass zum Erzählen der ‚story' gegeben haben, und können später immer wieder in diesem Zusammenhang abgerufen werden. Sie werden auch mit den Personen verbunden, die die ‚story' erzählt haben. Bindungsverhältnisse sind für das ‚storytelling' von Bedeutung. ‚Storytelling' ist somit eine besondere Form der indirekten Äußerung.

La Fontaines Fabel verdeutlicht nahezu alle Kriterien dieser Form des Sprechens. Gleich an zwei Stellen wird erklärt, dass Geschichten nicht nur Kinder sondern auch Erwachsene faszinieren. Der Redner reagiert auf die Beobachtung, dass seine Zeitgenossen offenbar kindlichen Raufereien mehr Beachtung schenken als seiner warnende Rede angesichts der drohenden Gefahr für das Land: „Tous regardaient ailleurs : il [= das Volk] en vit s'arrêter / A des combats d'enfants, et point à ses paroles." (V. 46.f) Und als das Athener Volk – „L'animal à têtes frivoles" (V. 44) – nicht etwa seiner Warnung sondern zunächst einmal nur seiner kuriosen ‚story' Gehör schenkt, ruft der Redner, obgleich er es besser weiß, scheinheilig empört aus: „Quoi, de contes d'enfants son peuple s'embarasse !" (V. 57) Anders als die drohend-warnende Rede im hohen, erhabenen Stil schafft es die belanglose ‚story', die ganze Aufmerksamkeit der Athener zu erheischen. Diese Aufmerksamkeit entsteht allein schon dadurch, dass die Zuhörer wissen wollen, was es mit der völlig grotesken Zusammenstellung der Protagonisten auf sich hat. Sie werden hier gedanklich mitgenommen, wenn auch dieses Rätsel nicht gelöst wird. Zudem werden sie emotional mitgenommen, weil sie ja wissen wollen, wie es Ceres ergeht und wie die Göttin des Landbaus das Flusshindernis überqueren wird. Offenbar schafft es die ‚story', eine emotionale Anteilnahme zu erzeugen, ganz so, wie es der Erzähler im Prolog vom Botschafter Frankreichs in England gefordert hatte, um den englischen König an Frankreich zu binden („Par éloquence, et par adresse / [...] adoucir les cœurs [...]", V. 23 f.). Dem Redner gelingt es durch einen besonderen Trick, seine Athener Zuhörer letztlich doch für seine Warnungen zu interessieren. Er bricht mitten in der ‚story' ab und überlässt die Lösung, die Überquerung des Flusses durch die Göttin, wie auch die Frage, wie es zu der wundersamen Reisegruppe kommt, der Phantasie seiner Zuhörer.

Die Auswertung der Fabel durch den Erzähler zeigt, wie sehr das ‚storytelling' eine probate Methode ist, zum eigentlichen Ziel zu kommen:

65   Nous sommes tous d'Athène en ce point [...]
      Le monde est vieux, dit-on : je le crois, cependant
      Il le faut amuser encore comme un enfant.
      (S. 296 f.)

Diese Quintessenz zeigt allerdings auch, dass ‚storytelling' nicht erst ein rezentes Phänomen ist. Das Bewusstsein für die Bedeutungen von Erzählungen, welches La Fontaine offenbar hatte und in seiner Metafabel als uraltes Phänomen ausweist („Le monde est vieux"), ist flächendeckend erst in den letzten Dezennien des 20. Jahrhunderts entstanden, und zwar just in dem Moment, in dem man erkennt, dass selbst die ‚master narratives' der angeblich der Wahrheit verpflichteten Historiographie nur Erzählungen sind und keine Wahrheiten abbilden[18]. In den USA, in denen wie in keinem anderen Land der Gründungsmythos der seit den Anfängen immer wieder neu erzählten ‚story' vom ‚american dream' seine Bedeutung hat, ist es besonders verwunderlich, dass dieses Bewusstsein für die Bedeutung scheinbar belangloser Geschichten sich erst spät verbreitet. Seit der Entstehung der Erzählforschung in der zweiten Hälfte des 20. Jahrhunderts sind Erkenntnisse über die Bedeutung von Geschichten für die Erfassung und Strukturierung der Welterfahrung durch das Individuum allgemein akzeptiert. Die Proliferierung von ‚stories' erfolgt durch neue Medien wie das Internet, die dem Einzelnen eine Überfülle an Informationen und Erfahrungen vermitteln, welche erst durch Geschichten beherrscht werden können[19]. La Fontaine jedenfalls reflektiert in seiner Fabel ein Beispiel einer Form des indirekten Sprechens, die bewusst nur auf Aufmerksamkeitserheischung setzt und das Bedürfnis nach dem ‚divertissement' der Zuhörer befriedigt.

9.4 Sprechen im Angesicht der absoluten Macht und Sprechen über die absolute Macht

Indirektes Sprechen in der Begegnung mit den Mächtigen verlangt von vorneherein die hohe Kunst der Verstellung. Die Fabel *La cour du lion* (VII, 6) macht dies auf einprägsame, einfache und kurze Weise klar. Sie handelt von ihrer Majestät, dem Löwen, der in einer plötzlichen Eingebung „eines Tages" („un jour", S. 260, V. 1) wissen will, über welches Reich er überhaupt herrscht. Dieser kurze Eingang in den beiden ersten Versen satirisiert den absoluten Herrscher, weiß dieser doch offenkundig wenig über sein Reich. Der Löwe sendet Abgeordnete aus, um die Vertreter aller Teile des Reichs zu einem großen Fest einzuladen und um Hof zu halten („Cour plénière", V. 9). Wie wenig es dabei um die Untergebenen geht, die auf

---

18 Vgl. dazu Roland Barthes, „Le discours de l'histoire", *Poétique* Bd. 13/1982, S. 1321. Vgl. auch Hayden White, *Metahistory*. The Historical Imagination in Ninteeth-Century Europe, Baltimore/London, The Johns Hopkins University Press 1973.
19 Zum ‚storytelling' vgl. grundsätzlich Christian Salmon, *Storytelling*. La machine à fabriquer des histoires et à formater les esprits (Cahiers libres), Paris, La Découverte, 2007.

dem Fest durch die Späße der Affen unterhalten werden sollen, sondern um die Selbstdarstellung des Herrschers und seiner absoluten Macht, zeigen die beiden Verse vom Ende des Prologs der Fabel (V. 1–14): „Par ce trait de magnificence / Le Prince à ses sujets étalait sa puissance." (V. 12 f.). Im Palast des Königs („son Louvre", V. 14) versammelt, ist dieser aufgrund des Zusammentreffens so vieler Tiere voller unangenehmer Gerüche. Die Fabel führt die unterschiedlichen Reaktion dreier Tiere auf diesen Gestank vor: Der Bär hält sich die Nase zu und wird wegen dieser Grimasse vom Herrscher umgebracht, was der Erzähler mit den hochpoetischen Versen umschreibt: „[...] Le Monarque irrité / L'envoya chez Pluton faire le dégoût." (V. 18 f.). Der Affe versucht es mit Schmeichelei: Er lobt nicht nur die gerechte Bestrafung des Bären durch den Herrscher, sondern preist auch den Geruch im Palast als Parfüm- und Blumenduft. Diese platte Form der Schmeichelei („Sa sotte flatterie", V. 24) geht für ihn ebenfalls schlecht aus. Die Fabel mündet in ein Gespräch zwischen dem Monarchen und dem Fuchs. Da sich der Herrscher („Ce Monseigneur-là", V. 26), so der Erzähler distanzierend, als wahrer Caligula („Fut parent de Caligula", V. 27) entpuppt, ist die Sache prekär. Der Fuchs wird vom Herrscher aufgefordert, seine Meinung zu sagen, und zwar ehrlich und ohne Verstellung: „Que sens-tu? dis-le-moi: parle sans déguiser." (V. 29). Dieser verweist auf seinen Schnupfen sowie den damit verbundenen fehlenden Geruchssinn und verschwindet. Das Fazit, das der Erzähler aus diesen Vorgängen zieht, ist eine Anweisung zum Sprechen im Angesicht der Macht, hier wiederum in indirekter Form, verhüllt in einem Sprichwort:

> Ne soyez à la cour, si vous voulez y plaire,
> Ni fade adulateur, ni parleur trop sincère;
> Et tâchez quelquefois de répondre en Normand.
> (V. 34–36)

Wie dieses indirekte Sprechen im Angesicht der Macht dann weiterhin aussehen kann, zeigt anschaulich die Fabel *Le Lion, le loup et le renard* (VIII, 3), die ein Musterbeispiel verhüllten Sprechens darstellt. Ein altersschwacher, gichtkranker Löwe – die Anspielung auf den an Gicht leidenden Louis XIV ist nicht zu übersehen – zitiert sämtliche Ärzte unter den Tieren herbei, um sich Heilung zu verschaffen. Der Fuchs entzieht sich unter einem Vorwand dieser Einladung, worauf ihn sein Rivale, der Wolf, beim Herrscher anschwärzt. Dieses für die Hofgesellschaften typische Verhalten des ‚mal-disant' wird grausam bestraft, als der Fuchs in seinem Bau ausgeräuchert und gewaltsam an den Hof geholt wird. Mit seiner Rede rächt sich der Fuchs an seinem Rivalen für dessen üble Nachrede:

---

15 Je crains, Sire, dit-il, qu'un rapport peu sincère,
    Ne m'ait à mépris imputé

D'avoir différé cet hommage;
Mais j'étais en pèlerinage;
Et m'acquittais d'un vœu fait pour votre santé.
20 Même j'ai vu dans mon voyage
Gens experts et savants; leur ai dit la langueur
Dont votre Majesté craint à bon droit la suite.
Vous ne manquez que de chaleur:
Le long âge en vous l'a détruite:
25 D'un Loup écorché vif appliquez-vous la peau
Toute chaude et toute fumante;
Le secret sans doute en est beau
Pour la nature défaillante.
Messire Loup vous servira
30 S'il vous plaît, de robe de chambre.
(S. 293 f.)

Zunächst setzt der Fuchs den Wolf ins Unrecht: Er wirft ihm im Namen der Aufrichtigkeit vor, einen unwahren Bericht über seine Abwesenheit abgeliefert zu haben („un rapport peu sincère"). Dadurch nimmt er auf indirekte Weise im Umkehrschluss für sich selbst in Anspruch, ehrlich und aufrichtig zu sein. Dies wird zusätzlich durch die Behauptung bekräftigt, er sei auf einer Pilgerreise gewesen und habe für die Gesundheit des Königs gebetet. ‚Wer derart religiös ist, kann unmöglich lügen!' lautet die implizite Botschaft an den Herrscher. Dann geht er zum Generalangriff auf den Wolf über: Gefordert war, dass die herbeigerufenen Ärzte eine Diagnose der königlichen Erkrankung stellen und eine Arznei verordnen. Die Behauptung des Fuchses, auf seiner Pilgerreise sei ihm durch Fachkundige mitgeteilt worden, der König litte aufgrund seines hohen Alters an Wärmeverlust, der wiederum besonders gut durch eine wärmende Wolfshaut geheilt werden könne, kostet den Wolf das Leben. Die Mehrbödigkeit dieser verhüllten Rede ist kaum zu übertreffen. Der Fuchs erteilt dem König einen medizinischen Rat. Insofern erfüllt seine Rede auf ihrer wörtlichen Ebene, dem ‚sensus litteralis', das Ziel der Einladung. Ein erster Nebensinn (‚integumentum') der Rede liegt in ihrer ruchlosen Autosakralisierung aus Gründen der Plausibilisierung seiner Aussage. In Wirklichkeit interessiert sich der Fuchs nicht für die Gesundheit des Herrschers, sondern nur für seine Rache am Wolf. Dass diesem sprichwörtlich das Fell über die Ohren gezogen wird, ist nun ein Ergebnis der Rede, welches zugleich einen weiteren Sinn auf einer Metaebene veranschaulicht. ‚Style is the dress of thought': Dieses angeblich auf Philip Stanhope, den vierten Earl of Chesterfield zurückgehende Diktum, zeigt, worum es La Fontaine geht. So wie der Stil wie ein Kleid den Gedanken verhüllt, so verhüllt die Haut den Körper der Person. Die zweite Haut, wie das Kleid auch genannt wird, hier der Stil, ist ein ‚involucrum' des Gedankens. Dass in diesem Fall die üble, verhüllte Rede des Wolfs damit bestraft wird, dass ihm seine Hülle, seine Haut, übertragen sein Stil als ‚mal-disant' („daube" und „daubeur" bei La Fontaine, V. 10 und V. 38), genommen wird, ist besonders pikant: Die Rede des Fuchses ist ungleich vielschichtiger und zugleich bösartiger; sie ist in ihrer Verstellung erheblich kunstvoller und damit aber auch wiederum ästhetisch genießbar. Eigentlich müsste dem ungleich raffinierteren und bösartigeren Fuchs das Fell über die Ohren gezogen werden. Die Fabel fokussiert auf die Hülle des Sprechens: Und hier liegt denn auch die größte Pointe, da es nicht nur um das raffinierte, indirekte Sprechen im Angesicht der Macht geht, sondern auch um das Sprechen über die Macht: Indem sich der König dadurch zu heilen versucht, dass er sich nun mit einem Wolfsfell kleidet, wird mehr als deutlich, was der Erzähler von der königlichen Macht hält: ‚homo homini lupus est', heißt es in Thomas Hobbes' *Leviathan* (1651), der Schrift, die die Notwendigkeit des absolutistischen Machtstaats beschreibt. Und dies gilt nach Meinung des Erzählers offenbar nicht nur für den Kampf aller gegen alle, sondern im Besonderen für die Einstellung des absoluten Herrschers zu seinen Untertanen. La Fontaine hat die prekäre Thematik in mehreren Fabeln reflektiert, ganz besonders jedoch im Hinblick auf die Formen der Äußerung in *Le Berger et le roi* (X, 9).

Der Inhalt auch dieser Fabel ist schnell erzählt: Berichtet wird von einem Hirten, den der Herrscher aufgrund seiner großen Fürsorge für die Herde zum höchsten Richter befördert: „Juge Souverain" (S. 408, V. 17). Man beachte die Großschreibung! Die Geschichte nimmt ihren erwartbaren Verlauf: Die Arglosigkeit des neuen Richters ist den Höflingen suspekt. Sie unterstellen ihm persönliche Bereicherung. Trotz seiner Unschuld verlässt der neu ernannte Richter den Hof und wird wieder Hirte. Die Erzählung hat eine Einleitung, in der der Erzähler erklärt, er wolle ein Beispiel weltlicher Ambition vorführen. Dies tut er dann mit der auf der einfachen Form von Aufstieg und Fall basierenden Geschichte vom Hirten. In diese Geschichte fügt La Fontaine jedoch eine weitere Erzählung ein. Es handelt sich um die Rede eines Einsiedlers, der dem Hirten begegnet und ihm sein zukünftiges Schicksal als Richter voraussagt.

Die Fabel kontrastiert letztlich zwei Herrschaftsformen, die der Pastoralmacht und die der Souveränität. Als „Berger" (V. 14) hütet der Protagonist seine Schafe wie ein David, voller Fürsorge und mit wirtschaftlichem Erfolg. Er verdient es, so der Herrscher, „Pasteur des gens" (V. 15) zu sein. Hier handelt es sich um die ältere königliche Herrschaftsform, wie sie in der Renaissance immer wieder unter Bezugnahme auf den biblischen Hirten David, der zum König aufsteigt, beschrieben wird. Diese pastorale Herrschaft über seine Herde gibt der Hirte auf; er tritt sein Amt unter den Bedingungen der Souveränität an. Damit ist die dominante Herrschaftsform des 17. Jahrhunderts thematisiert. Und diese absolute Herrschaft wird durch die in die Fabel eingelegte Geschichte des Eremiten beschrieben, dem der Hirte eines Tages begegnet.

Die Erzählung von der Begegnung mit dem Eremiten hat die Form einer Parabel. Der Eremit erzählt dem Hirten von einem Blinden auf Reisen, der seine Peitsche verloren hat. Der Blinde meint, eine neue Peitsche gefunden zu haben, hebt aber in Wirklichkeit eine in Winterstarre daliegende Schlange vom Boden auf. Ein Passant warnt den Blinden, der nicht auf die Warnung hört und von der Schlange tödlich gebissen wird. Der „Prophète Ermite", wie es heißt (V. 51), bedient sich einer Form der Rede, die besonders typisch für die Bibel ist, einer Parabel. Das berichtete Geschehen hat ähnlich der Allegorie eine übertragene Bedeutung. In einer bildlichen Sprache werden Verweisungsstrukturen geschaffen, die der Zuhörer/Leser entschlüsseln muss. Im Fall der Erzählung des Eremiten geht es um die absolute Herrschaft: Der Blinde ist die Personifkation des absoluten Herrschers. Er ist blind, weil er keine Kenntnisse über die Einstellungen seiner Untertan besitzt. Diese sind allein dem Gesetz gegenüber zu Gehorsam verpflichtet, in ihren Einstellungen und Meinungen jedoch frei: ‚in secret free', hatte Hobbes ja festgestellt[20]. Der absolute Herrscher befindet sich wie der reisende Blinde in ständiger Mobilität, da er sich auf dem schlüpfrigen Terrain des Neids bewegt: „Vous n'en parlez que par envie.", warnt der Eremit den neuen „Juge Souverain" (V. 44). Die Peitsche – Symbol für die Forderung nach Einhaltung der Gesetze – ist sein Herrschaftsinstrument, das er nun ersetzen will. Dass er für dieses verlorene Herrschaftsinstrument eine Schlange ergreift, zeigt, was von diesem Instrument zu halten ist. Die Herrschaftsform der Souveränität steht demnach im Zeichen von Verrat und Verderben: „cet animal traître et pernicieux", heißt es in V. 39. Sie wendet sich schließlich gegen den Souverän selbst.

Indem La Fontaine seine Parabel durch einen Eremiten erzählen lässt, um über die Souveränität zu sprechen, spielt er auf die Parabeln des *Neuen Testaments* an. Biblisches Sprechen macht die Reflexion über die Souveränität ein Stück weit unangreifbar. Wie in den biblischen Parabeln werden die Hörer in der Erzählung mit einer unerwarteten Wendung des Geschehens überrascht, die sie zwingt, sich Gedanken zu machen, hier über die aktuelle Herrschaftsform. Das Sprechen über die Macht erfolgt auf diese Weise in der Fabel La Fontaines auf eine besonders indirekte und zugleich unanfechtbare Weise, da es sich ja um eine Art biblisches Sprechen durch einen Eremiten handelt. *Le berger et le roi* macht deutlich, inwieweit der Autor die ältere Herrschaftsform der Pastoralmacht dem Absolutismus vorzieht. Er macht damit zugleich deutlich, woher die Zwänge zu indirekten Formen des Sprechens kommen.

---

20 Vgl. oben, Kap. 6.2, S. 107.

10 Molières Komödie über das aufrichtige Sprechen: *Le Misanthrope*

Der unbestrittene Höhepunkt der literarischen Reflexion über die Form der indirekten Kommunikation im 17. Jahrhunderts ist Molières Komödie *Le Misanthrope* (1666). Indirektes Sprechen ist das Thema des Stücks. Der Protagonist der Komödie, Alceste, sucht ein Leben jenseits der Heuchelei zu führen. Sein Ideal ist die Wahrhaftigkeit. Zwischen ihm, seinem Freund Philinte, der von ihm verehrten Célimène sowie den weiteren Personen des Stücks entspinnt sich über den gesamten Verlauf der Komödie eine Diskussion über die Notwendigkeit der Anpassung an gesellschaftliche Normen und speziell über die Frage, ob man sich den Regeln der zeitgenössischen Kommunikation bei Hof und in den Salons unterwerfen soll. Am Ende des Stücks erklärt Alceste, dass er sich nun endgültig aus der Gesellschaft zurückzuziehen gedenkt. In Molières Komödie werden durch die Diskussionen und Reflexionen grundlegende Wertvorstellungen des ‚honnnête homme‘ einer Prüfung unterzogen: Ist die Wahrhaftigkeit des Alceste ein Verstoß gegen die ‚bienséance‘ und den guten Geschmack? Sind die Forderungen der ‚politesse‘ und ‚bienséance‘ ethisch-moralischer, ästhetischer Natur oder Zwänge, den Einzelnen gesellschaftlichen Normen zu unterwerfen? Verkörpert Alceste eher jene Anschauungen der alten schwertadeligen Territorialfürsten, die der Gradlinigkeit und Aufrichtigkeit verpflichtet sind, oder bereits bürgerliche Vorstellungen von Ehrlichkeit, über die sich das Bürgertum vom Adel abzugrenzen sucht? Auch der *Misanthrope* hat eine prominente Rezeptionsgeschichte: Nachdem Rousseau kritisiert, dass Molière seinen Helden Alceste dem Gespött der Zuschauer preisgibt, verfasst Jean-François Marmontel eine moralische Erzählung mit dem Titel: *Le Misanthrope corrigé* (1765), die von Charles-Albert Demoustier als Komödie *Alceste à la campagne, ou le Misanthrope corrigé* 1790 in eine Bühnenfassung übersetzt wird[1]. Im gleichen Jahr schreibt einer der Protagonisten der Französischen Revolution, Philippe-François-Nazaire Fabre, genannt Fabre d'Eglantine, eine von ihm als Fortsetzung deklarierte Version des Stücks: *Philinte, ou la suite du Misanthrope* (1790[2]).

---

1 Vgl. dazu Joseph Harris, *Marmontel and Demoustier*, Le Misanthrope corrigé. Two Eighteenth-Century Sequels to Molière's *Le Misanthrope* (Modern Humanities Research Association. Critical Texts. 65), Cambridge, The Modern Humanities Research Asscociation, 2019.

2 Vgl. dazu Jürgen von Stackelberg, „Zu Fabre d'Eglantines *Le Philinte de Molière*", *Romanische Forschungen* Bd. 97/1985, S. 390–401, sowie Ronald W. Tobin, „*Le Misanthrope* revu et corrigé: *Le Philinte* de Fabre d'Églantine", in: Martial Poirson (Hrsg.), *Ombres de Molière*. Naissance d'un mythe littéraire à travers ses avantars du XVIIe siècle à nos jours, Paris, Colin, 2012, S. 367–380.

Die Forschung über Molières *Misanthrope* hat sich naturgemäß zumeist auf die Frage konzentriert, mit welchen Verfahren welche Art von Komik im Stück erzeugt wird. Dass der Held der Komödie als „atrabilaire amoureux", wie es im Untertitel heißt, also als acharnierter Melancholiker und zugleich als Verliebter, somit als ein widersprüchlicher Charakter, angelegt ist, hat die Auslegungen des Stücks besonders erschwert, welches bald mit der Betonung auf den komischen bald auf den tragischen Aspekten inszeniert wird[3]. Die hier interessierende Fragestellung liegt jenseits der Beschäftigung mit der komischen oder tragischen Wirkung des Stücks: Molières *Misanthrope* ist ein Theaterstück über die Formen der indirekten Kommunikation und reflektiert die Frage, welche Situationen diese erfordern und ob die indirekte Kommunikation überhaupt zu umgehen ist.

Das Stück ist geradezu systematisch aufgebaut: Die Komödie wird durch ein langes Gespräch der beiden Freunde Alceste und Philinte eröffnet, ein ‚entretien familier', der die größtmögliche Offenheit in der zeitgenössischen Konversation erlaubt. In dieser Eingangskonversation werden die beiden konträren Positionen abgesteckt, die das Stück in seinem Verlauf durchspielt und reflektiert. Die zentrale Frage lautet, ob man stets ehrlich und offen sprechen soll, oder ob die gesellschaftlichen Gebote der höflichen Gefälligkeit (‚complaisance') indirekte Formen der Kommunikation erfordern und die allzu große Offenheit verbieten. Dabei geht Molière wie bei einer mittelalterlichen, scholastischen Untersuchung (‚quaestio') vor: Zunächst werden im Eingangsgespräch die Positionen vorgestellt und es werden die Argumente zusammengetragen, die für und gegen die jeweilige Position sprechen. Alsdann zeigt sich im Laufe des Stücks, dass weder die eine noch die andere Position in ihrer eingangs vertretenden Form zu halten ist. Dabei verfährt Molière nach dem Prinzip der Steigerung, die Positionen in einer immer groteskeres Licht zu rücken. In seiner literarischen Behandlung der ‚quaestio' lässt er, wie man das bereits aus dem Partimen der mittelalterlichen Liebesdichtung kennt[4], die letztendliche Beantwortung der Fragen offen und überlässt es dem Zuschauer, die freigesetzten Reflexionen für sich zu bewerten.

---

3 Vgl. dazu Peter Schunck, „Zur Wirkungsgeschichte des *Misanthrope*", *Germanisch-Romanische-Monatsschrift* Bd. 21/1971, S. 1–15, wieder abgedruckt in: Renate Baader (Hrsg.), *Molière* (Wege der Forschung. 261), Darmstadt, Wissenschaftliche Buchgesellschaft, 1980, S. 384–405.
4 Vgl. dazu das Buch von Sebastian Neumeister, *Das Spiel mit der höfischen Liebe. Das Altprovenzalische Partimen* (Beihefte zu *Poetica*. 5), München, Fink, 1969.

10.1 Aufrichtiges oder verdecktes Sprechen? Das Gespräch zwischen Alceste und Philinthe zu Beginn des *Misanthrope*

Der Misanthrop Alceste macht seinem Freund Philinte Vorhaltungen wegen dessen allgemeiner Gefälligkeit ('complaisance') gegenüber Dritten. Die 'complaisance' steht hier für die indirekten Formen des Sprechens aus Höflichkeit. Alceste sieht in diesem Verhalten eine Heuchelei und gibt gleich zu Beginn sein eigenes Credo preis:

> Je veux qu'on soit sincère, et qu'en homme d'honneur,
> On ne lâche aucun mot qui ne parte du cœur.
> (V. 35 f.)[5]

Der Protagonist offenbart ein Verständnis vom 'honnête homme', welches dem der Epoche diametral zuwider läuft: Der 'honnête homme' muss seiner Meinung nach stets offen und aufrichtig sprechen. Damit eröffnet Alceste eine Debatte, die das gesamte folgende Jahrhundert, die Aufklärung, prägen wird, und deren Aporien er nicht im Mindesten erahnt. Alceste ist jede Form des Sprechens verhasst, die in verdeckter Form erfolgt. Der Ehrenmann folgt – so der Protagonist des Stücks – der Sprache seines Herzens. Wenig später wird dies von ihm präzisiert:

> Je veux que l'on soit homme, et qu'en toute rencontre,
> Le fond de notre cœur, dans nos discours, se montre ;
> Que ce soit lui qui parle, et que nos sentiments
> Ne se masquent jamais, sous de vains compliments.
> (V. 69 f.)

Nun haben wir es bei Alceste noch nicht mit jener Forderung nach Aufrichtigkeit zu tun, die die moralischen Qualitäten des sprechenden Subjekts unter Beweis stellt. Seine Forderung nach der Sprache des Herzens ist noch nicht die der Aufklärung, die in der Übermittlung der – im 18. Jahrhundert als aufrichtig geltenden – Gefühle des Sprechers den Ausweis seiner Integrität zu erkennen vermeint. „Le mot qui part du cœur" bedeutet bei Alceste nichts anderes, als sich ohne ausschweifende Höflichkeitsfloskeln der direkten Rede zu bedienen. Seine 'sincérité' ist – so versteht das 17. Jahrhundert den Begriff – eine Äußerung ohne 'dissimulation'. Eine solche bedingungslose Aufrichtigkeit wird in der Epoche jedoch

---

5 Zitierte Ausgabe: Moliere, *Œuvres complètes*, 2 Bde., hrsg. von Georges Couton (Bibliothèque de la Pléiade. 8. 9), Paris, Gallimard, 1971, Bd. 2, S. 141–218, hier: S. 143. Die Versangaben im laufenden Text beziehen sich auf diese Ausgabe.

als Verstoß gegen die Geselligkeitsregeln gesehen, und genau davon handelt der Streit von Alceste mit seinem Freund Philinte zu Beginn des Stücks wie auch der weitere Verlauf der gesamten Komödie.

Alceste wirft Philinte vor, sich aus Höflichkeit völlig unbekannten Dritten gegenüber allzu gefällig zu verhalten:

> Je vous vois accabler un homme de caresses,
> Et témoigner, pour lui, les dernières tendresses;
> De protestations, d'offres, et de serments,
> Vous chargez la fureur de vos embrassements:
> Et quand je vous demande après, quel est cet homme,
> À peine pouvez-vous dire comme il se nomme,
> [...] (V. 17–22)

Für Alceste gleicht ein solches Verhalten der Prostitution (V. 54). Er vermag in der ‚complaisance' nur eine oberflächliche, formelle zwischenmenschliche Beziehung zu erkennen, welche alle Unterschiede einebnet und den Wert des Einzelnen herabsetzt. Dieser Gleichmacherei widersetzt er sich und sie ist es, die ihn letztlich zum Misanthropen hat werden lassen:

> Je refuse d'un cœur la vaste complaisance,
> Qui ne fait de mérite aucune différence:
> Je veux qu'on me distingue, et pour le trancher net,
> L'ami du genre humain n'est point du tout mon fait.
> (V. 61–54)

Demgegenüber betont Philinte den Wert des indirekten Sprechens, den die Höflichkeit und die ‚bienséance' erfordert. Für ihn gilt, eine höfliche Ansprache auch mit gleicher Münze zu bezahlen:

> Lorsqu'un homme vous vient embrasser avec joie,
> Il faut bien le payer de la même monnoie,
> Répondre, comme on peut, à ses empressements,
> Et rendre offre pour offre, et serments pour serments.
> (V. 37–40)

Auffällig ist bereits hier die Begründung des höflichen Umgangs und der höflichen Kommunikation mit ökonomischen Kategorien („il faut bien payer" / „rendre offre pour offre"), eine Sprache, der sich Molière im weiteren Verlauf bei der Entlarvung des indirekten Sprechens als Täuschung des Konversationspartners aus Eigennutz mehrfach bedient und somit den Nutzcharakter der ‚complaisance' freilegt. Offenheit wird von Philinte als Verstoß gegen die ‚bienséance' gewertet:

Serait-il à propos, et de la bienséance,
De dire à mille gens tout ce que d'eux, on pense?
(V. 77 f.)

Die Offenheit sei oftmals einer der großen ‚faux pas' des ‚honnête homme' und des ‚bel esprit'. Sie führe dazu, dass der Sprecher sich lächerlich („ridicule") mache und – so beschreiben es auch die zahlreichen Traktate höfischen Verhaltens – gesellschaftlich diskreditiert sei. Deshalb rät Philinthe Alceste mit Nachdruck, davon abzulassen:

Il est bien des endroits, où la pleine franchise
Deviendrait ridicule, et serait peu premise;
(V. 73 f.)
Non, tout de bon, quittez toutes ces incartades,
Le monde, par vos soins, ne se changera pas;
Et puisque la franchise a, pour vous, tant d'appas,
Je vous dirai tout franc, que cette maladie,
Partout où vous allez, donne la comédie,
Et qu'un si grand courroux contre les mœurs du temps,
Vous tourne en ridicule auprès de bien des gens.
(V. 102–108)

Grundsätzlich gilt – dabei beruft sich Philinte auf die menschliche Natur – dass das menschliche Verhalten anpassungsfähig und geschmeidig bleiben soll und dass die „vertu traitable" niemals den Maßstäben einer rigiden Vernunft unterworfen werden darf. Philinte greift damit neustoische Positionen an, die aus der in der Epoche viel diskutierten stoischen Tugendlehre stammen. Er tritt für eine ‚zeitgemäße Weisheit' ein, die vor allem danach trachtet, andere nicht zu belehren:

Mon Dieu, des mœurs du temps, mettons-nous moins en peine,
Et faisons un peu grâce à la nature humaine;
Ne l'examinons point dans la grande rigueur,
Et voyons ses défauts, avec quelque douceur.
Il faut, parmi le monde, une vertu traitable,
À force de sagesse on peut être blâmable,
La parfaite raison fuit toute extrémité,
Et veut que l'on soit sage avec sobriété.
Cette grande raideur des vertus des vieux âges,
Heurte trop notre siècle, et les communs usages,
Elle veut aux mortels, trop de perfection,
Il faut fléchir au temps, sans obstination;
Et c'est une folie, à nulle autre, seconde,
De vouloir se mêler de corriger le monde.
(V. 145–158)

Die von Philinte geforderte und praktizierte ,complaisance' orientiert sich am Ist-Zustand der Gesellschaft. Dieser ist, wie es der Theoretiker des absolutistischen Machtstaats Hobbes formuliert hatte, ein ,bellum omnium contra omnes'. Sogar Hobbes berühmtes Diktum vom ,homo homini lupus est' taucht in den Überlegungen Philintes auf:

> Je prends, tout doucement, les hommes comme ils sont,
> J'accoutume mon âme à souffrir ce qu'ils font;
> [...] (V. 163 f.)
> Et mon esprit, enfin, n'est pas plus offensé,
> De voir un homme fourbe, injuste, intéressé,
> Que de voir des vautours affamés de carnage,
> Des singes malfaisants, et des loups pleins de rage.
> (V. 175–178)

Der weitere Verlauf des *Misanthrope* führt nun auf der einen Seite Beispiele dieser ,complaisance' vor, die deren moralische und ästhetische Seite als Tarnung entlarven und in vollem Umfang hervortreten lassen, wie sehr die indirekten Formen des Sprechens mit ihren Formeln der ,complaisance' und ,politesse' der Eigenliebe (,amour propre') und dem Nutzen des Sprechers dienen. Auf der anderen Seite wird jedoch auch Alcestes Haltung unbedingter Offenheit einer Prüfung unterzogen und letztendlich als nicht haltbar entlarvt.

10.2 Indirektes Sprechen und die Sprache der Literatur: Alcestes Kritik am Sonett des Oronte

Der erste Akt des Stücks steht mit dem Gespräch zwischen Alceste und Philinte sowie dem zwischen Oronte und Alceste auch im Zeichen des Themas ,Freundschaft'. Oronte, ein aristokratischer Verehrer Célimènes, um die auch Alceste wirbt, sucht sich mit einer schmeichlerischen Ansprache zum Schein der Freundschaft des Protagonisten zu versichern:

> J'ai monté, pour vous dire, et d'un cœur véritable,
> Que j'ai conçu pour vous, une estime incroyable;
> Et que, depuis longtemps, cette estime m'a mis
> Dans un ardent désir d'être de vos amis.
> Oui, mon cœur, au mérite, aime à rendre justice,
> et qu'un nœud d'amitié nous unisse [...]
> (V. 253–258)

Nachdem Alceste versucht, mit dem Argument, einen neuen Freund erst besser kennen lernen zu müssen, das Ansinnen aufzuschieben, um es letztlich ablehnen zu können, erhöht Oronte den Druck mit dem Angebot, er könne dem Protagonisten dank seiner Beziehungen bei Hof manche Tür öffnen:

> S'il faut faire à la cour, pour vous, quelque ouverture,
> On sait, qu'auprès du Roi, je fais quelque figure,
> Il m'écoute, et dans tout, il en use, ma foi,
> Le plus honnêtement du monde, avecque moi.
> (V. 289–292)

Mit diesem Argument für die Freundschaft hat Oronte die hierarchischen Relationen zwischen den beiden Sprechern umgekehrt: Nach der zunächst unterwürfigen indirekten Ansprache gegenüber Alceste, den er angeblich über die Maßen schätzt („estime incroyable"), versetzt sich Oronte mit dem Angebot, ihm dank seiner Beziehungen wichtige Kontakte bei Hof zu verschaffen, auf einen Schlag in eine Alceste überlegene Rolle. Letzten Endes beabsichtigt er, sich Vorteile beim Werben um die Gunst der Célimène zu verschaffen und sich die Bewunderung eines von ihm verfassten Sonetts durch Alceste einzuholen. Als er dann Alceste sein Sonett vorträgt, wird erneut das zentrale Thema der Komödie ins Spiel gebracht:

> L'espoir, il est vrai, nous soulage,
> Et nous berce un temps, notre ennui :
> Mais, Philis, le triste avantage,
> Lorsque rien ne marche après lui !
>
> Vous eûtes de la complaisance,
> Mais vous en deviez moins avoir ;
> Et ne vous pas mettre en dépense,
> Pour ne me donner que l'espoir.
>
> S'il faut qu'une attente éternelle
> Pousse à bout, l'ardeur de mon zèle,
> Le trépas sera mon recours.
>
> Vos soins ne m'en peuvent distraire ;
> Belle Philis, on désespère,
> Alors qu'on espère toujours.

Die Literatur zum *Misanthrope* hat stets behauptet, das Thema dieses Sonetts sei die Hoffnung[6]. Im Stil der petrarkistischen Dichtung, die in immer neuen Varianten die widersprüchlichen Leidenschaften der Liebenden (‚contrari affetti') durch-

---

6 Vgl. dazu stellvertretend Frank W. Lindsay, „Alceste and the Sonnet", *The French Review* Bd. 28/1955, H. 5, S. 395–402, Richard J. Wayne, „Contradiction in the Sonnet Scene of *Le Misanthrope*", in: *Esprit créateur* Bd. 15/1975, H. 1–2, S. 154–163. Vgl. auch Norman Henfrey, „Towards a View of Molière's *Misanthrope*: The Sonnet Scene Reconsidered", *The Cambridge Quaterly* Bd. 18/1989, H. 2, S. 160–186.

spielt, dreht sich die Reflexion hier in der Tat um die gegensätzlichen Befindlichkeiten von Hoffnung („espoir", V. 1) und Niedergeschlagenheit („ennui", V.
2). Schaut man jedoch etwas genauer hin, knüpft das Sonett eher an das Thema
des ersten Akts an: die „complaisance" (V. 5). Célimène wird von Alceste wie von
Oronte gleichermaßen verehrt und hält beide durch indirekte und uneindeutige
Äußerungen hin. Ausgerechnet Oronte, der sich mit seinen Formeln der ,comp-
laisance' als ein auffälliger Vertreter der Verstellung erweist und dessen als ,po-
litesse' getarnte Annäherungen an den Protagonisten ausschließlich auf den eigenen Vorteil beim Werben um Célimène ausgerichtet sind, dichtet ein Sonett, in
dem ,Phillis' – gemeint ist natürlich Célimène – aufgefordert wird, weniger ,com-
plaisance' zu praktizieren („vous en deviez moins avoir", V. 6), da der Sprecher
ansonsten dem Tod verfallen würde („Le trépas sera mon recours", V. 11). Oronte
sieht sich somit in seinem Sonett als Opfer der ,complaisance' seiner Dame. Und
so bezieht sich denn auch die offen vorgetragene Kritik des Alcestes am Sonett,
zu der Oronte ihn hartnäckig drängt, auf die ,complaisance' des Gedichts:

> Franchement, il est bon à mettre au cabinet;
> Vous vous êtes réglé sur de méchants modèles,
> Et vos expressions ne sont point naturelles.
> Qu'est-ce que *nous berce un temps, notre ennui,*
> Et que *rien ne marche après lui?*
> Que *ne vous pas mettre en dépense,*
> *Pour ne me donner que l'espoir?*
> Et que *Philis, on désespère,*
> *Alors qu'on espère toujours?*
> Ce **style figuré**, dont **on fait vanité**,
> **Sort** du bon caractère, et **de la vérité**;
> Ce n'est que **jeu de mots, qu'affectation pure**,
> Et ce n'est point ainsi, que parle la nature.
> Le méchant goût du siècle, en cela, me fait peur,
> [...] (V. 376–389; Hervorhebungen von Vf.)

Durch Orontes Gedicht über die ,complaisance' wird gezeigt, inwieweit auch die
zeitgenössische Literatur in die Reflexion über die Formen des indirekten Sprechens eingebunden ist. Literatur ist per se eine Form der indirekten Äußerung. Alceste kritisiert am Beispiel einiger Floskeln des Gedichts den „style figuré", in dem
er nur Wortspiele und Affektiertheit zu erkennen vermag. Diese indirekte Form
des Sprechens ist für ihn Zeichen der Eitelkeit ihres Verfassers. Alceste kritisiert
somit das, was die literarische Sprache ausmacht als unnatürlich und als Angst
erzeugenden schlechten Geschmack der Zeit. Reden in indirekter Form – und damit ist vor allem die alltägliche Rede der Epoche im Zeichen der ,complaisance'
gemeint – ist somit für ihn grundsätzlich literarische Rede. Diese Offenheit bringt

ihm seitens des Oronte eine Aufforderung zum Duell ein, die letztlich vor einem Schiedsgericht verhandelt wird, da Richelieu bekanntlich das Duell verboten hatte. Der weitere Verlauf des Stücks bringt nun in gesteigerter Form Beispiele des indirekten Sprechens ins Spiel.

10.3 Das Scheitern des indirekten Sprechens im Zeichen der ‚complaisance‘: die ‚scène des portraits‘ und das Gespräch zwischen Célimène und Arsinoé im zweiten und dritten Akt des *Misanthrope*

Der zweite Akt des Stücks erweitert den Blickwinkel von der Freundschaft auf das Thema der Liebe und des Liebeswerbens. Er beginnt mit einem längeren Gespräch zwischen Alceste und Célimène, der der Protagonist vorwirft, mit ihrer ‚complaisance‘ allzu viele Erwartungen bei allzu vielen Verehrern zu erwecken. Célimène, die die jungen sie umschwärmenden Aristokraten hinhält, macht keinen Hehl daraus, dass ihre uneindeutigen Ansprachen an die Verehrer allein der Verfolgung ihrer Interessen dienen. Auf die Frage Alcestes, warum sie Clitandre mit ihren ‚complaisances‘ bedenkt, antwortet sie:

> Ne savez-vous pas bien, pourquoi je le ménage?
> Et que, dans mon procès, ainsi qu'il m'a promis,
> Il peut intéresser tout ce qu'il a d'amis?
> (V. 490–492)

Berühmt geworden ist die Szene der ‚portraits‘, vor allem weil es sich dabei um eine Modeerscheinung der zeitgenössischen Salonkonversation handelt. Célimène wird jeweils der Name eines zumeist männlichen Aristokraten genannt, worauf sie eine kurze Charakteristik der Person gibt. Auf diese Weise steht sie nicht nur als Einladende im Mittelpunkt der Konversation ihres Salons; sie hat auch eine Schiedsrichterfunktion und kann ihre geradezu meisterliche Kunst der Personendarstellung zum Besten geben. Dabei steht die gesamte Szene unter dem Aspekt der ‚maldisance‘: Bei jeder Person wird ein auffälliges Fehlverhalten (‚défaut‘) thematisiert, jedoch in einer Form, die vermeidet, allzu sehr den Tatbestand einer beleidigenden Beschreibung zu erfüllen. Einige wenige Beispiele aus der lange Reihe der Porträts können dies verdeutlichen:

> CLITANDRE
> Timante encor, madame, est un bon caractère.
>
> CÉLIMÈNE
> C'est de la tête aux pieds un homme tout mystère,

qui vous jette en passant un coup d'œil égaré,
et, sans aucune affaire, est toujours affairé.
Tout ce qu'il vous débite en grimaces abonde ;
à force de façons, il assomme le monde ;
sans cesse il a, tout bas, pour rompre l'entretien,
un secret à vous dire, et ce secret n'est rien ;
(V. 585–612)

Timante ist ein im Grunde uninteressanter Mensch, der sich eine Aura des Geheimnisvollen und Undurchdringlichen gibt, um als interessant zu erscheinen. Insofern ist er eine ‚personificatio' eines bestimmten Typs des indirekten Sprechens: der verklausulierten Rede, um deren geringen Gehalt zu überdecken. Auf diese Weise werden nach und nach diverse Typen ins Spiel gebracht und mit ihren Fehlern entlarvt: „Cléonte, le ridicule achevé" (V. 567 f.), der sich durch seine ostentativ zur Schau gestellte Extravaganz überall lächerlich macht, „Damon, le raisonneur" (V. 577), der sein Gegenüber zwingt, seinen unerträglich weitschweifigen Ausführungen zuzuhören, „Géralde, l'ennuyeux conteur" (V. 594 f.), der seine langweiligen Erzählungen durch die Nennung hochgestellter Persönlichkeiten zu nobilitieren versucht, „Bélise, „le pauvre esprit de femme" (V. 604 f.), die mit ihrer sterilen Ausdrucksweise („la stérilité de son expression", V. 607) das genaue Gegenstück zu Célimène darstellt, „Adraste, un homme gonflé de soi-même" (V. 618), der stets gegen den Hof wettert, „Damis, [qui] veut avoir trop d'esprit" (V. 634), dessen Geschmack grundsätzlich nichts standhalten kann („Rien ne touche son goût, tant il est difficile;", V. 638). All diese Formen des Fehlverhaltens fallen in den Bereich der Konversation und der Sprache, selbst dort wo es vom „jeune Cléonthe" (V. 623) heißt, er rühme sich seines Kochs, obwohl dieser die Speisen verderbe („il gâte, à mon goût, tous les repas qu'il donne", V. 630), stehen doch das Menü und die Zubereitung der Speisen traditionell allegorisch für die Rede und die Konversation des Gastgebers.

Sprechen aus ‚complaisance' wird auch im Folgenden als heuchlerisch entlarvt, wenn es im dritten Akt zu einem Dialog zweier weiterer Rivalen beim Werben um die Gunst der Célimène, Clitandre und Acaste, kommt. Als Letzterer seinem Rivalen die lange Reihe seiner Vorzüge vor Augen führt, die ihm bei den Damen Chancen einbringen, verfällt er ungewollt und von ihm unbemerkt in eine entlarvende ökonomische Sprache:

Mais les gens de mon air, Marquis, ne sont pas faits,
Pour aimer à **crédit**, et faire tous les **frais**.
Quelque rare que soit le **mérite** des belles,
Je pense, Dieu merci, qu'on **vaut son prix**, comme elles ;
Que pour se faire honneur d'un cœur comme le mien,
Ce n'est pas la raison qu'il ne leur **coûte** rien ;

Et qu'au moins, à tout mettre en de **justes balances,**
Il faut, qu'à **frais communs, se fassent les avances.**
(V. 815–822; Hervorhebungen von Vf.[7])

Die Sprache über die Damen des jungen Aristokraten, deren dahinter liegendes Denken sich selbst entlarvt, wird nur noch übertroffen durch die der weiblichen Protagonistinnen. Gipfelpunkt ist der Dialog zwischen Célimène und Arsinoé am Ende des dritten Akts[8]. Nach anfänglichem indirekten Sprechen mündet diese Konversation alsbald in eine offene Auseinandersetzung, in der die Schleier der verdeckten Rede fallen gelassen werden. Molière zeigt mit dieser Szene, dass die Rede im Zeichen von ‚bienséance‘, ‚politesse‘ und ‚complaisance‘ nicht immer durchzuhalten ist.

Arsinoé nähert sich der Protagonistin und Herrin des Salons als vermeintliche Freundin, die Célimène aus Ehrerbietung („honneur") und Wohlanständigkeit („bienséance") anvertraut, wie man anderweit in Gesellschaft schlecht über sie gesprochen habe. In Wirklichkeit will Arsinoé jedoch Alceste umwerben und ihm einen Brief übergeben, den Célimène an Oronte geschrieben hat, um auf diese Weise den Beweis der Untreue von Célimène zu liefern.

[…] comme il n'en est point de plus grande importance
Que celles de l'honneur, et de la bienséance,
Je viens, par un avis qui touche votre honneur,
Témoigner l'amitié que, pour vous, a mon cœur.
Hier, j'étais chez des gens, de vertu singulière,
Où, sur vous, du discours, on tourna la matière ;
Et là, votre conduite, avec ses grands éclats,
eut le malheur, qu'on ne la loua pas.
(V. 881–888)

Kritisiert wurde in der Gesellschaft jene ‚complaisance‘, die Célimène nach Meinung der Konversationsteilnehmer allzu vielen zukommen lässt:

Cette foule de gens, dont vous souffrez visite,
Votre galanterie, et les bruits qu'elle excite,
Trouvèrent des censeurs plus qu'il n'aurait fallu,
Et bien plus rigoureux que je n'eusse voulu.
Vous pouvez bien penser quel parti je sus prendre ;
(V. 889–893)

---

7 Darauf verweist auch Renée-Claude Lorimier, „Le Secret dans *Le Misanthrope* de Molière : agrément courtois ou arme politique ?", *Études littéraires* Bd. 28/1995, H. 2, S. 97–106, hier: S. 101 f. mit Anm. 7.
8 Zur Figur der Arsinoé vgl. James L. Sheperd, III, „Arsinoé as Puppeteer", *The French Review* Bd. 42/1968, H. 2, S. 262–271.

Arsinoé behauptet zunächst, dass sie Célimène verteidigt habe, erklärt dann jedoch heuchlerisch, sie sei letztlich in die Enge getrieben worden und habe ein Stück weit den Kritikern zustimmen müssen:

> Vous pouvez bien penser quel parti je sus prendre;
> Je fis ce que je pus, pour vous pouvoir défendre,
> Je vous excusai fort sur votre intention,
> Et voulus, de votre âme, être la caution.
> Mais vous savez qu'il est des choses dans la vie,
> Qu'on ne peut excuser, quoiqu'on en ait envie;
> Et je me vis contrainte à demeurer d'accord,
> Que l'air dont vous viviez, vous faisait un peu tort.
> (V. 893–900)

Célimène kontert diese immer offensichtlichere und offener geführte Attacke, indem sie ihrerseits berichtet, wie anderweit von der so prüden Arsinoé gesprochen werde. In dem als verbales Duell angelegten Gespräch entlarvt Célimène auf eine sprachlich unnachahmliche Art ihre sich als Freundin tarnende Rivalin:

> En un lieu, l'autre jour, où je faisais visite,
> Je trouvai quelques gens, d'un très rare mérite,
> Qui parlant des vrais soins d'une âme qui vit bien,
> Firent tomber, sur vous, Madame, l'entretien.
> Là, votre pruderie, et vos éclats de zèle,
> Ne furent pas cités comme un fort bon modèle:
> [...]
> Cette hauteur d'estime où vous êtes de vous,
> Et ces yeux de pitié, que vous jetez sur tous;
> Vos fréquentes leçons, et vos aigres censures,
> Sur des choses qui sont innocentes, et pures;
> Tout cela, si je puis vous parler franchement,
> Madame, fut blâmé, d'un commun sentiment.
> À quoi bon, disaient-ils, cette mine modeste,
> Et ce sage dehors, que dément tout le reste?
> [...]
> Dans tous les lieux dévots, elle étale un grand zèle,
> Mais elle met du blanc, et veut paraître belle;
> Elle fait des tableaux couvrir les nudités,
> Mais elle a de l'amour pour les réalités.
> (V. 921–926; 931–938; 940–943)

Die Berufung auf die „gens d'un très rare mérite" sucht der Argumentation eingangs die nötige Autorität zu verleihen. Die gesamte Rede ist eine Entlarvung der verdeckten Sprache und Körpersprache der Rivalin mit dem Ziel, sie als moralisch fragwürdig darzustellen. Der Gestus ist der der zunehmenden Enthüllung: Arsi-noés Sprache ist die des ‚paraître‘ (V. 941), hinter der letztlich die ‚nudités‘ (V. 942) aufscheinen. Nach außen hin gibt sich Arsinoé prüde, dahinter ist sie jedoch der Realität zugetan („l'amour pour les réalités", V. 943), wobei die Konnotation, die die Floskel auslöst, lautet: Arsinoé schätzt die ‚réalités de l'amour‘. Arsinoé ver-meint zu erkennen, dass ihre Offenheit Célimène beleidigt hat: „Madame, je vois bien [...] / Que mon sincère avis vous a blessée au cœur" (V. 963f). Célimène er-klärt ihr jedoch ganz pragmatisch, dass man solch offene Äußerungen zum bei-derseitigen Vorteil handhaben solle, um der generellen Verblendung durch das indirekte Sprechen zu entgehen. Sie dementiert damit ihre eigenen Regeln, die normalerweise auf eine ‚complaisance‘ ausgerichtet sind und den Gesprächspart-ner im Unklaren lassen:

> Au contraire, Madame, et si l'on était sage,
> Ces avis mutuels seraient mis en usage;
> On détruirait, par là, traitant de bonne foi,
> Ce grand aveuglement, où chacun est pour soi.
> Il ne tiendra qu'à vous, qu'avec le même zèle,
> Nous ne continuions cet office fidèle;
> Et ne prenions grand soin de nous dire, entre nous,
> Ce que nous entendrons, vous de moi, moi de vous.
> (V. 965–972)

Célimène macht Arsinoé klar, dass es für das menschliche Verhalten keine festen Regeln geben kann, sondern dass jede Situation Regeln eigener Art erfordert. Und dies gilt auch für das Sprechen. Sie ermöglicht damit Arsinoé, dem Streit unter Wahrung ihres Gesichts zu entkommen. Gleichzeitig wird deutlich, wie wenig die Position indirekter Kommunikation durchgehend zu halten ist:

> Madame, on peut, je crois, louer, et blâmer tout,
> Et chacun a raison, suivant l'âge, ou le goût:
> Il est une saison pour la galanterie,
> Il en est une, aussi, propre à la pruderie;
> On peut, par politique, en prendre le parti,
> Quand de nos jeunes ans, l'éclat est amorti;
> Cela sert à couvrir de fâcheuses disgrâces.
> Je ne dis pas, qu'un jour, je ne suive vos traces,
> L'âge amènera tout, et ce n'est pas le temps,
> comme on sait, d'être prude à vingt ans.
> (V. 975–984)

10.4 Das Scheitern der ‚sincérité' im Fall des Alceste

Was für die Übertreibung der ‚complaisance' gilt, gilt mehr noch für Alceste und seine Offenheit. Das Stück liefert gleich zu Beginn ein Beispiel für diesen Befund: Der Eingang der Komödie erfolgt abrupt in medias res, ohne dass die Personen in der üblichen Weise eingeführt werden. Es beginnt mit einer schroffen Gesprächsverweigerung, die zeigt, was Alcestes' Offenheit im sozialen Kontext bedeutet: die Zerstörung jeglicher Geselligkeit. Molière führt auf diese Weise vor, wie eine schroffe ‚Aufrichtigkeit' aussieht und was sie bewirkt, ohne dass er das Thema des Stücks bereits angesprochen hat:

> PHILINTE
> Qu'est-ce donc? Qu'avez-vous?
> ALCESTE
> Laissez-moi, je vous prie.
> PHILINTE
> Mais, encor, dites-moi, quelle bizarrerie...
> ALCESTE
> Laissez-moi là, vous dis-je, et courez vous cacher.
> PHILINTE
> Mais on entend les gens, au moins, sans se fâcher.
> ALCESTE
> Moi, je veux me fâcher, et ne veux point entendre.
> (V. 1–5)

Der *Misanthrope* endet auf die gleiche Weise. Mit geradezu beleidigenden Worten erklärt der Protagonist Célimène, er wolle ihre Verbrechen (also ihre ‚complaisances') als Jugendsünde entschuldigen, vorausgesetzt sie lasse die Gesellschaft hinter sich und gehe mit ihm in die ‚retraite':

> Oui, je veux bien, perfide, oublier vos forfaits,
> J'en saurai, dans mon âme, excuser tous les traits,
> Et me les couvrirai du nom d'une faiblesse,
> Où le vice du temps, porte votre jeunesse;
> et votre cœur veuille donner les mains
> Au dessein que j'ai fait de fuir tous les humains,
> Et que, dans mon désert, où j'ai fait vœu de vivre,
> Vous soyez, sans tarder, résolue à me suivre.
> (V. 1757–1764)

Da sie sich weigert, sich „mit ihm in der Wüste zu begraben" („dans votre désert aller m'ensevelir", V. 1770) zieht sich der Protagonist unversöhnt und allein zurück:

Je vais sortir d'un gouffre où triomphent les vices;
Et chercher sur la terre, un endroit écarté,
homme d'honneur, on ait la liberté.
(V. 1804–1806)

Das Stück führt auch vor, dass Alceste seine Einstellung nicht durchhalten kann. Daraus resultiert eine „Komik des inkonsequenten Handelns"[9]. Elisabeth Schulze-Witzenrath hat diese Inkonsequenzen im Verhalten des Protagonisten detailliert beleuchtet. Alcestes Wunsch, durch seine Offenheit als Individuum gewürdigt zu werden („Je veux qu'on me distingue [...]", V. 63), steht im Widerspruch zu seiner trotzigen Reaktion auf Philintes Mahnung, er mache sich überall lächerlich:

Tant mieux, morbleu, tant mieux, c'est ce que je demande,
Ce m'est un fort bon signe, et ma joie en est grande:
[...] (V. 109 f.)

In Wirklichkeit ist auch er ein Mensch bestehend aus Vernunft und Gefühl und somit eine widersprüchliche Figur:

Il est vrai: ma raison me le dit chaque jour;
Mais la raison n'est pas ce qui règle l'amour.
(V. 247 f.)

So liegt denn auch ein Widerspruch darin, dass ausgerechnet er als Vertreter einer bedingungslosen Offenheit Célimène zugetan ist, die sich ihrerseits ganz dem Prinzip der Verstellung verpflichtet fühlt. Mit einer ironischen Bemerkung hält ihm Philinte im Eingangsgespräch diesen Widerspruch vor:

Mais cette rectitude
Que vous voulez, en tout, avec exactitude,
Cette pleine droiture où vous vous renfermez,
La trouvez-vous ici, dans ce que vous aimez?
(V. 205–208)

Besonders auffällig ist dieser Widerspruch, wenn Alceste durch die Situation bedingt seinerseits dazu gedrängt wird, sich der ‚complaisance' und damit der indirekten Formen des Sprechens zu bedienen, um der direkten Konfrontation auszuweichen. Schulze-Witzenrath hat gezeigt, wie Molière dies im Fall der Konver-

---

9 Vgl. Elisabeth Schulze-Witzenrath, „Konversation und Komik in Molières *Misanthrope*. Warum sich eine Komödie des 17. Jahrhunderts heute nicht mehr erfolgreich aufführen lässt", *Poetica* Bd. 27/1995, S. 273–313, hier: S. 285.

sation zwischen Oronte und Alceste nach und nach entwickelt: Als ihm Oronte schmeichlerisch die Freundschaft anträgt, beruft sich Alceste als Vertreter der Offenheit ausgerechnet auf das Geheimnisvolle freundschaftlicher Verbindungen, welches es erst zu entdecken gelte („L'amitié demande un peu plus de mystère […]", V. 278). Seine lehrhaften Sätze über die Freundschaft treffen mit Oronte auf einen Gesprächspartner, der auf einen schmeichlerischen Austausch von Höflichkeiten aus ist, jedoch keinerlei ‚conversation sérieuse' über die Freundschaft im Allgemeinen erwartet und entsprechend verblüfft reagiert: „Parbleu? c'est làdessus parler en homme sage […]" (V. 285)[10]. Und schon gar nicht erwartet Oronte, dass Alceste eine ehrliche und offene Kritik seines Sonetts abliefert, obwohl er aus Höflichkeit bekundet, dessen Offenheit zu schätzen und eine offene Kritik zu wollen. Als Alceste dann zu seiner Kritik gedrängt wird, bringt er es zunächst nicht fertig, offen zu sprechen. Er erfindet einen Fall, in dem er jemand geraten hat, seine Verse nicht zu veröffentlichen (V. 341–350).

Das Stück ist somit ein Beleg für die von vielen Traktaten geforderte ‚souplesse' des Verhaltens. Weder die übermäßige ‚complaisance' noch die schroffe ‚sincérité' des Alceste bleiben von Molières Gespött verschont. Die Figuren werden jeweils in ein Verhalten getrieben, welches nicht ihren eigenen Regeln und schon gar nicht denen der Gesellschaft entspricht. Molière führt nicht nur vor, wie Übertreibungen des Verhaltens aussehen. Er führt auch vor, wie die Figuren situationsbedingt gezwungen sind, die sich selbst verordneten Regeln aufzugeben, z. B. wenn Célimène und Arsinoé die Regeln des indirekten Sprechens zugunsten einer immer schrofferen und verletzenden Offenheit durchbrechen und Alceste im Gespräch mit Oronte in die ‚complaisance' getrieben wird, die er verabscheut. Allein Philintes mäßigende Worte an den Protagonisten können als Maßstab eines vernünftigen, d. h. geschmeidigen Verhaltens der Epoche dienen, an dem die Übertreibungen gemessen werden können. Dies wird zu Beginn im Gespräch mit dem Misanthrope offenbar und tritt am Ende des Stücks erneut zutage. Komik entsteht somit durch die Abweichung vom normgerechten Verhalten, und dies trifft die indirekte Form des Sprechens gleichermaßen wie die ohnehin weitgehend verpönte Form der Offenheit.

---

10 Vgl. Schulze-Witzenrath, „Konversation und Komik", S. 293.

11 Kommunikation im Zeichen der Aufrichtigkeit: Jean-Jacques Rousseau versus Denis Diderot

11.1 Die veränderten Vorzeichen der Kommunikation in der Aufklärung

[…] the most eminent instance of the flourishing of learning in absolute governments, is that of France, which scarcely ever enjoyed any established liberty, and yet has carried the arts and sciences as near perfection as any other nation. The English are, perhaps, greater philosophers; the Italians better painters and musicians; the Romans were greater orators: But the French are the only people, except the Greeks, who have been at once philosophers, poets, orators, historians, painters, architects, sculptors, and musicians. With regard to the stage, they have excelled even the Greeks, who far excelled the English. And, in common life, they have, in a great measure, perfected that art, the most useful and agreeable of any, *l'Art de Vivre*, the art of society and conversation.

David Hume, *Of Civil Liberty*[1]

‚Le masque! le masque!' je donnerais un de mes doigts pour avoir trouvé le masque.

Denis Diderot, *Le Neveu de Rameau*[2]

David Humes Erklärung der französischen ‚sociabilité' und Konversation zum Musterfall des ‚art de vivre', dessen Vertreter umfassende Kenntnisse der Philosophie, der Dichtung, der Redekunst, der Historiographie, der Malerei, der Architektur, der Bildhauerei und der Musik vorweisen, entspricht dem Selbstbild großer Teile der französischen Aufklärung. Die grundlegenden Arbeiten zur französischen Konversation im 20. Jahrhundert verzeichnen für das 18. Jahrhundert eine erhebliche Entwicklung des Kommunikationsgeschehens. Die Konversation der Aufklärung steht – so Godo in seiner *Histoire de la conversation* – zunächst ganz im Zeichen einer zunehmend unverstellten Geselligkeit:

Le XVIIIᵉ siècle est l'autre grand moment de la conversation à la francaise. Il prolonge l'ideal d'honnêteté du XVIIᵉ siècle mais l'infléchit davantage vers une éthique du plaisir.[3]

---

1 In: *Hume's Political Essays*, hrsg. von Knut Haakonssen (Cambridge Texts in the History of Political Thought), Cambridge, Cambridge University Press, ⁴2003 (¹1994), S. 51–57, hier: S. 53.
2 *Le Neveu de Rameau* (1761), in: Denis Diderot, *Œuvres*, hrsg. von André Billy (Bibliothèque de la Pléiade. 25), Paris, Garnier, 1951, S. 432.
3 S. 197.

Alain Montandon spricht von einer „allmählichen Aufweichung des rigiden aristokratischen ‚Verhaltensapparates', seiner Liberalisierung und Flexibilisierung durch den verstärkten Einlaß des Natürlichen", um dann allerdings zu zeigen, inwieweit das Vergnügen Formen libertiner Verführung mit sich bringt und damit ganz andere Varianten und Notwendigkeiten der Verstellung hervorruft.[4]

Die Zeit des ‚bel esprit'-Ideals im Rokoko der ersten Hälfte des 18. Jahrhunderts sowie des geselligen Philosophengesprächs nach 1750 ist geprägt von einer Urbanität, die weniger reglementierte Formen der Kommunikation als im 17. Jahrhundert auszeichnet. Anders als das 17. Jahrhundert hat die Aufklärung eine grundsätzlich positive Sicht auf den Menschen. Im Artikel „Sociabilité" des Chevalier de Jaucourt aus der *Encyclopédie* heißt es:

> Si d'un côté le Créateur y a mis l'amour de nous-mêmes, de l'autre la même main y a imprimé un sentiment de bienveillance pour nos semblables […][5]

Die Aufklärung entschärft somit die negative Anthropologie des 17. Jahrhunderts: Auf der einen Seite wird – z. B. bei Rousseau – betont, dass der ‚amour de soi' für den Menschen überlebenswichtig sei, während der ‚amour-propre' eine degenerierte Form der Selbstliebe darstellt, die verurteilt wird. Damit wird eine Unterscheidung aufgegriffen, die schon die mittelalterliche Scholastik zwischen ‚amour sui' und ‚amor usque ad contemptum Dei' getroffen hatte. Auf der anderen Seite, dies zeigt das Zitat Jaucourts, nimmt man darüber hinaus grundsätzlich an, dass der Mensch mit jener ‚bienveillance' ausgestattet ist, die aus ihm ein grundsätzlich empathiefähiges Wesen macht. Legt man diese Annahmen zugrunde, so steht einer offenen und auf Soziabilität ausgerichteten Konversation nichts mehr im Wege. Im Artikel „Conversation" erklärt Jean le Rond d'Alembert, der Mitherausgeber der *Encyclopédie*, dass ein Zuviel an ‚amour-propre' und an Verstellung stets einen Ansehensverlust mit sich bringe:

> La conversation est peut être la circonstance où nous sommes le moins les maîtres de cacher notre amour-propre; & il y a toûjours à perdre pour lui à mortifier celui des autres […][6]

---

4 „Konversation und Gastlichkeit in der französischen Aufklärung: zur Konzeptualisierung sozialer Interaktion zwischen Kontinuität und Umbruch", in: Jörn Garber/Heinz Thoma (Hrsg.), *Zwischen Empirisierung und Konstruktionsleistung*. Anthropologie im 18. Jahrhundert (Hallesche Beiträge zur Europäischen Aufklärung. 24), Tübingen, Niemeyer, 2004, S. 339–362, hier: S. 339.

5 In: *Encyclopédie, ou Dictionnaire raisonnée*, Bd. 15, S. 250 f., hier: S. 250.

6 In: *Encyclopédie, ou Dictionnaire raisonnée*, Bd. 4, S. 165 f., hier: S. 165.

Für ihn ist die Konversation ein Ort der geselligen Entspannung, an dem die Teilnehmer jedwede Rivalität hintan stellen und ihren Gedanken freien Lauf lassen:

> Les lois de la conversation sont en général de ne s'y appesantir sur aucun objet, mais de passer legerement, sans effort & sans affectation, d'un sujet à un autre; de savoir y parler de choses frivoles comme de choses sérieuses; de se souvenir que la *conversation* est un délassement, & qu'elle n'est ni un assaut de salle d'armes, ni un jeu d'échecs; de savoir y être négligé, plus que négligé même, s'il le faut: en un mot de laisser, pour ainsi dire, aller son esprit en liberté, & comme il veut ou comme il peut; de ne point s'emparer seul & avec tyrannie de la parole; de n'y point avoir le ton dogmatique & magistral; rien ne choque davantage les auditeurs, & ne les indispose plus contre nous.[7]

Brunhilde Wehinger hat gezeigt, dass mit dem Hinweis auf das Rededuell der Gedanke der Konversation als Feld der Auseinandersetzung zum Zwecke hierarchischer Positionsbestimmungen „im semantischen Horizont des Konversationsbegriffs [...] als aktualisierbar vorausgesetzt"[8] wird. Sie zeigt jedoch auch, wie mit den Äußerungen d'Alemberts und anderer Autoren der *Encyclopédie* „ein antihöfisches Ideal des vielstimmigen Gesprächs"[9] entworfen wird, welches eine erheblich größere Offenheit und Aufrichtigkeit als Voraussetzung idealer Geselligkeit propagiert[10]. Dennoch – darauf geht Wehinger nicht ein, – verschließen die Zeitgenossen nicht die Augen vor der Realität. Im Artikel „Dissimulation" des Berliner Philosophen Johann Heinrich Samuel Formey der *Encyclopédie* heißt es ganz nüchtern, dass selbst die guten Fürsten wie Ludwig der XI., der den Beinamen „le prudent" („der Umsichtige"), aber auch „le rusé" („der Listige") trug, die Verstellung als notwendiges Übel und letztlich als Tugend erachtet haben („Les bons princes ont regardé la dissimulation comme un mal nécessaire [...] & s'en paroient comme d'une vertu [...]"[11]). Und der Chevalier de Jaucourt stellt in seinem *Encyclopédie*-Artikel „Sincérité" den laschen Umgang seiner Zeitgenossen mit der Aufrichtigkeit fest und behauptet, dass bei den meisten letzten Endes doch das Eigeninteresse im Vordergrund stehe und man sich „halbamtlicher Täuschungen" bediene:

---

7 Ebd.

8 *Conversation um 1800*. Salonkultur und literarische Autorschaft bei Germaine de Staël, Berlin, Frey, 2002, S. 38.

9 Ebd.

10 Vgl. auch die Ausführungen von Wehinger zur ‚sociabilité' als Kompensation des ‚amour propre'. Wehinger beschreibt, wie bei Jaucourt das ältere ‚conversable' durch ‚sociable' abgelöst wird (*Conversation um 1800*, S. 36, mit Anm. 28).

11 In: *Encyclopédie, ou Dictionnaire raisonnée*, Bd. 4, S. 1048.

La morale de la plûpart des gens, en fait de *sincérité*, n'est pas rigide : on ne se fait point une affaire de trahir la vérité par intérêt, ou pour se disculper, ou pour excuser un autre : on appelle ces mensonges *officieux* ; on les fait pour avoir la paix, pour obliger quelqu'un, pour prévenir quelqu'accident.[12]

Als Kristallisationspunkt der aufklärerischen Anschauungen zur Konversation lassen sich zwei Autoren ausmachen, die nicht nur den Höhepunkt der Epoche repräsentieren, sondern auch „antagonistische Positionen" vertreten: Rousseau und Diderot[13].

11.2 Rousseaus Kritik an der Konversation der Pariser Salons

Mit Molières Komödie *Le Misanthrope* hatte sich bereits auf dem Höhepunkt der Versailler Gesellschaft angedeutet, auf welche Weise die Mentalität des indirekten Sprechens als hof- und salonbestimmte Konvention durchbrochen werden kann: Die Forderung nach Aufrichtigkeit (,sincérité') hat das Zeug, ein historisches Gegenmodell zur Kommunikation in der Welt des zentralstaatlich organisierten Absolutismus zu etablieren, um den überlieferten Äußerungsformen des Hofes sowie der Salons zu entrinnen. Dazu kommt es in Frankreich jedoch nicht.

Den Höhepunkt der Forderung nach Transparenz, Authentizität und Aufrichtigkeit beim Sprechen stellen zweifellos Jean-Jacques Rousseaus Schriften dar. Rousseau ist der Kritiker des Hofs sowie der Pariser Salongesellschaften par excellence, deren – aus seiner Sicht degenerierte – Kommunikationsformen er von seinem Helden Saint-Preux im Roman *La Nouvelle Héloïse* minutiös analysieren lässt[14]. Rousseau tut dies vor dem Hintergrund seines aufklärerischen Ziels, zu einer ursprünglichen, durch die Zivilisation noch nicht verstellten Sprache der Natur zurückzufinden. Die Analyse Saint-Preux' zeigt allerdings auch, dass die indirekten Formen des Sprechens in den Pariser Salons ganz offenbar weiter vorherrschen und dass die Forderungen nach Aufrichtigkeit, obwohl wir uns bereits auf dem Höhepunkt der Aufklärung befinden, in Frankreich nicht durchgedrungen sind. Rousseau ist Schweizer und in der französischen Aufklärung ein Einzelgänger und Außenseiter, der den sozialen Kontakt meidet. In gewisser Weise

---

12 In: *Encyclopédie, ou Dictionnaire raisonnée*, Bd. 15, S. 207.
13 Vgl. dazu den Artikel von Mechthild Albert, „Unterhaltung/Gespräch", in: Karlheinz Barck/ Martin Fontius/Dieter Schlenstedt/Burkhart Steinwachs/Friedrich Wolfzettel (Hrsg.), *Ästhetische Grundbegriffe*. Historisches Wörterbuch in sieben Bänden, Stuttgart, Metzler/Pöschl, 2005, Bd. 6, S. 260–281, bes. S. 273. Albert verweist auf die Frontstellung beider Autoren bei der Konzeption des Konversationskonzepts.
14 Vgl. dazu bereits oben, Kap. 5.2, S. 95–98.

ist er genau jener Misanthrop, den Molière beschreibt und für den er offenkundig Sympathien aufbringt, wie seine Kritik an dessen Verspottung durch Molière zeigt. Seine Theorien zur Aufrichtigkeit fallen vor allem in der deutschen Aufklärung auf fruchtbaren Boden, wo die Forderung nach Transparenz und Aufrichtigkeit sich nicht nur zu einem flächendeckenden Ideal entwickelt, sondern zugleich die Konturen eines nationalen Abgrenzungskriteriums von der Affektiertheit und Verstellung der französischen Hofgesellschaft gewinnt.

Rousseaus gesamte Schriften stehen im Spannungsfeld der Auseinandersetzung mit den kommunikativen Bedingungen der höfischen Welt: Das höfische Sprechen ist indirekt, somit distanziert und entindividualisiert; es suggeriert rationale Kontrolle des Gesagten. Die primäre Funktion des indirekten Sprechens unter den hierarchischen Bedingungen des absolutistischen Zentralismus ist die Reduktion der affektiven Komponenten der Rede, um den Eindruck zu vermitteln, die Rede sei frei vom Begehren des ‚amour-propre'. Goutiert wird daher als ästhetisch perfekte Rede jene Form der Äußerung, die das Begehren des Sprechers hinter einem Schleier versteckt. Diese Art des Sprechens gilt als höchste Kunst der Zeit (‚art de plaire'). Inwieweit diese Form des Sprechens jedoch dazu führt, aufgrund der Anspielungen und Verstellungen konnotative Vorstellungen freizusetzen und somit eine „affektive Semiotisierung"[15] zu erzeugen, ist bereits an mehreren Beispielen gezeigt worden. Rousseaus Forderung nach Aufrichtigkeit will diesen Nexus durchbrechen. Schon im ersten seiner beiden frühen *Discours* zeigt sich dieser Impetus.

Der *Discours sur les sciences et les arts*, mit dem Rousseau 1750 den Preis der Akademie von Dijon gewinnt und die gestellte Frage: „Si le Rétablissement des Sciences & des Arts a contribué à épurer les mœurs" beantwortet, erklärt, dass die Wissenschaften und Künste zu einer Entfremdung des Menschen geführt haben, die es ihm nicht länger ermögliche, offen zu sprechen[16]. Während die Höflinge des vorangegangen Jahrhunderts aus hierarchischen Notwendigkeiten Wohlverhalten und Verstellung praktiziert und dies als ‚art de plaire' beschrieben haben, sind für ihn im gegenwärtigen Zeitalter, in dem die Gelehrten und Künstler die stark ausgeweiteten Szenerien der gesellschaftlichen Kommunikation beherrschen, die Verhältnisse unverändert. Maßgebliches Verhalten ist weiterhin die „fureur de

---

15 Wolfang Matzat, *Diskursgeschichte der Leidenschaft* (Romania Moncensia. 35), Tübingen, Narr, 1990, S. 29. Vgl. oben Kap. 6.2, S. 109 f. Matzats Ausführungen stützen sich auf das grundlegende Buch von Jean Starobinski, *J.-J. Rousseau. La Transparence et l'obstacle suivi de sept essais sur Rousseau* (Bibliothèque des idées), Paris, Gallimard, 1971.
16 Zum Folgenden vgl. die kompetente Darstellung bei Ursula Geitner, *Die Sprache der Verstellung*. Studien zum rhetorischen und anthropologischen Wissen im 17. und 18. Jahrhundert (Communicatio. 1), Tübingen, Niemeyer, 1992, S. 209–214.

se distinguer"[17], die den Einzelnen aufgrund der gesellschaftlichen Situation allerdings zwingt, sich dem Diktat der „bienséance" zu unterwerfen. Der „Art de plaire" sei sozusagen zum allgemeinen, stark formalisierten Verhaltensmodell geworden:

> Aujourd'hui que des recherches plus subtiles et un goût plus fin ont réduit l'Art de plaire en principes, il régne dans nos mœurs une vile et trompeuse uniformité, et tous les esprits semblent avoir été jetés dans un même moule : sans cesse la politesse exige, la bienséance ordonne : sans cesse on suit des usages, jamais son propre génie. On n'ose plus paraître ce qu'on est ; et dans cette contrainte perpétuelle, les hommes qui forment ce troupeau qu'on appelle société, placés dans les mêmes circonstances, feront tous les mêmes choses si des motifs plus puissants ne les en détournent. (S. 19)

Zu diesem Zustand haben die Wissenschaften und Künste für Rousseau maßgeblich beigetragen. Überall lernen die Menschen seit ihrem Kindesalter eine Sprache der Verstellung, der indirekten Kommunikation, mit der Rousseau – deutlich sichtbar am distanzierenden „Vos" – nichts zu tun haben will:

> Si la culture des sciences est nuisible aux qualités guerriéres, elle l'est encore plus aux qualités morales. C'est dès nos premières années qu'une éducation insensée orne notre esprit et corrompt notre jugement. Je vois de toutes parts des établissements immenses, où l'on éleve à grands frais la jeunesse pour lui apprendre toutes choses, excepté ses devoirs. Vos enfants ignoreront leur propre langue, mais ils en parleront d'autres qui ne sont en usage nulle part : [...] ils sauront composer des Vers qu'à peine ils pourront comprendre : sans savoir démêler l'erreur de la vérité, ils posséderont l'art de les rendre méconnoissables aux autres par des arguments spécieux [...] (S. 24)

Rousseau stemmt sich in all seinen Schriften gegen diese Entwicklung. Seine Analyse ist eine vernichtende Kritik der indirekten Sprache, die nicht mehr der „propre langue" der Kindheit entspricht und die die Entfremdung der zeitgenössischen Gesellschaft sichtbar macht:

> Plus d'amitiés sinceres ; plus d'estime réelle ; plus de confiance fondée. Les soupçons, les ombrages, les craintes, la froideur, la réserve, la haine, la trahison se cacheront sans cesse sous ce voile uniforme et perfide de politesse, sous cette urbanité si vantée que nous devons aux lumieres de notre siècle. (S. 8 f.)

In seinen Schriften spielt er mögliche Modelle durch, wie man diesem Zustand entrinnen kann. Sein Ziel ist es dabei stets, zu einem Zustand der Aufrichtigkeit zurückzufinden, den die Menschheit in einem – von ihm als Fiktion angenomme-

---

17 *Discours sur les sciences et les arts*, in: *Œuvres complètes*, Bd. 3, hrsg. von François Bouchardy, S. 1–33, hier: S. 19. Die Seitenangaben im laufenden Text beziehen sich auf diese Ausgabe.

nen – Urzustand vor der Zivilisation angeblich kannte. Dabei geht es Rousseau nicht, wie vielfach behauptet wurde, um einen ‚retour à la nature'. Sein Ziel ist es, unter den Bedingungen der Zivilisation die äußere Erscheinung des Individuums („sa contenance extérieure", S. 7) mit den inneren Einstellungen des Herzens („dispositions du cœur", ebd.) möglichst weitgehend in Deckung zu bringen. Von sich selbst behauptet er allerdings ungeniert, der Stimme seines Herzens und damit einer natürlichen Erleuchtung, die er als Wahrheit ausgibt, zu folgen:

> […] ce motif […] me détermine : c'est après avoir soutenu, selon ma lumière naturelle, le parti de la vérité ; quel que soit mon succès, il est un Prix qui ne peut me manquer : je le trouverai dans le fond de mon cœur. (S. 5[18])

Diese Frage wird in zahlreichen ganz unterschiedlichen Schriften durchgespielt: Während die *Dialogues. Rousseau juge de Jean Jacques* (1776) eine Welt der ungehinderten Kommunikation konstruieren, die als Ideal entworfen wenig mit der Wirklichkeit zu tun hat[19], wird in Rousseaus Erziehungsroman *Emile, ou de l'éducation* (1762) das pädagogische Modell entwickelt, welches den kleinen Émile unter Anleitung seines Tutors quasi in eine Zwiesprache mit der unverfälschten Natur treten lässt, um von ihr zu lernen und um ihn vor den Verstellungen der Gesellschaft zu bewahren. Am weitestgehenden spielt Rousseau seine Konstruktionen einer Kommunikation jenseits der Verstellung in seinem Roman *Julie ou la Nouvelle Héloïse* aus. Hier werden der Welt der von Saint-Preux beobachteten Pariser Salongesellschaft versuchsweise die beiden Gegenwelten der leidenschaftlichen Liebe zwischen Julie und Saint-Preux im schweizerischen Vevey zu Beginn des Romans sowie der „passions douces" des Zusammenlebens von Saint-Preux, Julie und deren Ehemann M. de Wolmar in der ebenfalls schweizerischen Idylle von Clarens gegenübergestellt.

Als Saint-Preux Julie das Salonleben in Paris als Lug und Trug schildert („On y apprend à plaider avec art la cause du mensonge […]", S. 233, II, 14) und feststellt, dass hier niemand die aufrichtige Sprache des Herzens spricht („leurs cœurs n'avoient rien à se dire", S. 248, II, 17), anwortet ihm Julie, dass dies für ihre beiden empfindsamen Seelen nicht gelte, um dann allerdings sogleich Bedenken anzumelden:

> Oui, mon ami, nous serons unis malgré notre éloignement ; nous serons heureux en dépit du sort. C'est l'union des cœurs qui fait leur véritable félicité ; leur attraction ne connaît point

---

18 Vgl. dazu die grundlegende Arbeit Geitner, *Die Sprache der Verstellung*. Geitner schreibt dazu: „[…] was Rousseau eigentlich am Herzen liegt [ist] die Erkundung der Möglichkeiten unverfälschter und naiver Kommunikation inmitten falscher, verstellter Verhältnisse" (S. 215).
19 Vgl. dazu Geitner, *Die Sprache der Verstellung*, S. 218.

> la loi des distances, et les notres se toucheroient aux deux bouts du monde. […] Mais toi, sais-tu t'arrêter à ces situations paisibles? sais-tu goûter un amour tranquille et tendre qui parle au cœur sans émouvoir les sens, et tes regrets sont-ils aujourd'hui plus sages que tes desirs ne l'étoient autrefois? Le ton de ta premiere lettre me fait trembler. (S. 236, II, 15)

Julie vermeint zu erkennen, dass Saint-Preux von seiner neuen Umgebung bereits angesteckt wurde. Sie glaubt am Stil seines Briefs zu erkennen, dass ihr Geliebter seine empfindsame Seele bereits verloren hat. Das seinerzeit ruhige Gefühl („ce sentiment si calme et si doux que tu connus une fois", S. 237, II, 15) sowie Saint-Preux' anrührender Tonfall („un ton si touchant et si tendre", ebd.) scheinen ihr einer trügerischen Aufregung („emportement trompeur", ebd.) gewichen zu sein, die durch die grenzenlose Einbildungskraft befeuert wird. Im Tonfall seines Briefes vermeint sie, die Sprache der Pariser Gesellschaft und des ‚bel esprit' zu erkennen:

> Dis-moi, je te prie, mon cher ami, en quelle langue ou plutôt en quel jargon est la rélation de ta dernière Lettre? Ne seroit-ce point là par hasard du bel esprit? Si tu as dessein de t'en servir souvent avec moi, tu devrois bien m'en envoyer le dictionnaire. Qu'est-ce, je te prie, que le sentiment de l'habit d'un homme? Qu'une âme qu'on prend comme un habit de livrée? Que des maximes qu'il faut mesurer à la toise? Que veux-tu qu'une pauvre Suissesse entende à ces sublimes figures? Au lieu de peindre comme les autres des ames aux couleurs des maisons, ne voudrais-tu point déjà donner à ton esprit la teinte de celui du pays? (Ebd.)

Julie schließt mit einer bemerkenswerten interkulturellen Einschätzung: Die Sprache der Franzosen sei eine sorgfältige Studie wert, zumal diese selbst bei ihren Reisen ins Ausland die Formen des Sprechens anderer minutiös auf deren Schein und Sein hin untersuchen würden:

> Observer en trois semaines toutes les sociétés d'une grande ville; assigner le caractere des propos qu'on y tient, y distinguer exactement le vrai du faux, le réel de l'apparent, et ce qu'on y dit de ce qu'on y pense; voila ce qu'on accuse les François de faire quelquefois chez les autres peuples, mais ce qu'un étranger ne doit point faire chez eux; car ils valent la peine d'être étudiés posément. (S. 238, II, 15)

Nun hat Matzat gezeigt, dass die Pariser Episode und die Kritik an der degenerierten Kommunikation der Salons Rousseau hauptsächlich dazu dienen, die beiden Lebensformen in Vevey und Clarens als ‚natürlich' auszuweisen und als Experimentierfeld einzurichten, auf dem er seine Ideen von einem Leben durchspielen kann, welches sich dem Naturzustand unter den Bedingungen der modernen Zivilisation wieder annähert. In Vevey, wo sich Julie und Saint-Preux verlieben, wird das Leben unter den Bedingungen der ‚passions' ins Szene gesetzt, in Clarens, wo Julie zusammen mit ihrem Ehemann M. de Wolmar und Saint-Preux eine häusliche Gemeinschaft eingeht, wird die Lebensform der ‚passions douces' ausgelotet.

Die Leidenschaften sind naturbedingt: Saint-Preux spricht von ihnen zu Beginn der *Nouvelle Héloïse* in einem Brief an Julie als „les penchans de la nature" (S. 32, I, 1). Diese Erkenntnis widerspricht der ansonsten von Rousseau behaupteten Entstehung der Leidenschaften als Folge der Vergesellschaftung und der Zivilisation. Aus diesem Grund verlegt der Autor die Szene in Vevey in einen weitgehend von der Urbanität verschonten, gleichsam naturbelassenen Raum. Matzat hat nun minutiös gezeigt, wie und warum Rousseau die Lebensform der leidenschaftlichen Beziehung von Julie und Saint-Preux scheitern lässt. Von Beginn an zeigt sich nämlich, dass sich bei einem „leidenschaftlichen Dialog alle festen Sinnbezüge auflösen"[20]. Die Sprache der Leidenschaften ermöglicht für Rousseau keine Transparenz und Aufrichtigkeit. Der Roman beginnt mit dem Satz von Saint-Preux: „Il faut vous fuir, Mademoiselle [...]" (S. 31, I, 1). Einerseits will sich Saint-Preux aus Respekt gegenüber den sozialen Konventionen – er ist der Hauslehrer Julies und damit standesmäßig unterlegen – zurückziehen, andrerseits beruft er sich auf die Natürlichkeit seiner ‚passions'. Letztlich will er Julie mit dieser Rückzugsdrohung nur dazu bewegen, sie umso mehr an sich zu binden[21]. Der Roman beginnt somit gleich mit einer besonderen Form des indirekten Redens: Die widersprüchlichen Äußerungen des Hauslehrers verdecken den Wunsch, eine erwünschte Reaktion der Adressatin zu erzwingen, damit sie sein Begehren anerkennt und entsprechend reagiert[22]. Und so ist auch gleich von Beginn an das zentrale Problem des indirekten Sprechens aufgerufen: die Verstellung. Julies Reaktion auf Saint-Preux' Drohung, sich zu absentieren, wird von ihr als Täuschung ausgelegt, worauf der Geliebte antwortet: „Je n'ai rien feint, qu'une passion modérée dans un cœur au desespoir" (S. 38, I, 3). Die naturähnliche Lebensform von Vevey ist, was die Aufrichtigkeit unter den Liebenden angeht, somit von vorneherein zum Scheitern verurteilt: „Rousseau führt in seinem Roman vor, wie die Illusionen der Liebenden ständig durch die unerbittliche Logik der Leidenschaften zerstört werden."[23]

In dieser Phase keimt daher immer wieder der Wunsch beider Liebenden auf, sich zu mäßigen und ein Zusammenleben im Zuge kontrollierter Leidenschaften einzugehen. Dieses Modell wird zur Realität, als Julie eine von ihrem Vater erzwungene Vernunftehe mit M. de Wolmar eingeht und dieser den früheren Geliebten seiner Ehefrau einlädt, an der Hausgemeinschaft in Clarens teilzunehmen. Julie sieht in diesem Leben in der Idylle von Clarens eine Rückkehr zum „orde de

---

20 Ebd.
21 Vgl. Matzat, *Diskursgeschichte*, S. 61.
22 Vgl. Ebd.
23 Vgl. Matzat, *Diskursgeschichte*, S. 65.

la nature" und zu den „règles de la raison" (S. 357, III, 18²⁴). Es ist ein Raum, in dem absolute Transparenz gefordert ist. Die Maxime der Kommunikation ist die bedingungslose Offenheit: „Ne fais ni ne dis jamais rien que tu ne veuilles que tout le monde voye et entende [...]" (S. 424, IV, 6²⁵) Damit ist jedwedes Begehren von vorneherein ausgeschlossen; den Imaginationen, die die alten Leidenschaften freigesetzt haben, ist der Boden entzogen. Dieses Modell funktioniert ebenso wenig wie das natürliche Leben im Zustand der Leidenschaft. Die Protagonistin stellt gegen Ende des Romans fest, dass sie das Glück langweilt („le bonheur m'ennuye", S. 694, VI, 8): „Malheur à qui n'a plus rien à désirer! il perd pour ainsi dire tout ce qu'il possede [...]" (S. 693, VI, 8). Das Glück der ‚passions douces' verliert jeglichen Reiz, wenn man es besitzt. Damit ist auch gesagt, das die totale Aufrichtigkeit und Offenheit die Vernichtung jeglichen Begehrens mit sich bringt und der Imagination keine Spielräume mehr lässt. In der *Nouvelle Héloïse* erklärt der unerbittliche Denker Rousseau, der seine Gesellschaftsentwürfe bis in die letzten Konsequenzen durchspielt, das Modell des stets aufrichtigen Sprechens für dauerhaft nicht realisierbar.

11.3 Diderots begeisterte Schilderung der Salonkonversation und ihrer Kehrseiten

Wie Wehinger gezeigt hat, gibt es im 18. Jahrhundert jedoch eine andere bedeutende Beschreibung der Kommunikation, die der anfängliche Vertraute und Freund Rousseaus, Denis Diderot, vornimmt. Während Rousseau sein Modell des Zusammenlebens auf der Basis der ‚passions douces' jenseits der urbanen Gesellschaft im Zeichen der ‚Langeweile' für gescheitert erklärt, so setzt Diderot als Grundbedingung einer intensiven Kommunikation die Situation der Salons voraus. In einem vielschichtigen Brief an seine langjährige Geliebte Sophie Volland vom 20. Oktober 1760, den Wehinger als programmatischen Beleg der Beschreibung eines idealen antihöfischen Konversationsideals der Aufklärung ansieht, schildert Diderot einen Aufenthalt auf dem Landsitz Grandval des Baron d'Holbach im Kreis einiger Vertrauter und Freunde. Diderot beschreibt Sophie seine täglichen Erlebnisse mit den dort Versammelten. Das in den Artikeln ‚conversation' und ‚sociabilité' beschriebene Modell des geselligen Zusammenseins wird durch seine Beobachtungen auf den ersten Blick bestätigt. Es erfährt sogar zusätzlich eine phi-

---

24 Vgl. Matzat, *Diskursgeschichte*, S. 72.
25 Vgl. Matzat, *Diskursgeschichte*, S. 73.

losophische Begründung. Diderot scheint geradezu überschwänglich eine ideale Konversation im Salon zu beschreiben.

Mehrfach wird betont, dass sich die Gesellschaft auf dem Land befindet, dass es sich also um einem Kreis geladener Freunde handelt, die von vorneherein zwangloser miteinander umgehen können als die Gesellschaften in den Pariser Salons, von denen Rousseaus Saint-Preux berichtet. Diderot bildet – wie Wehinger zeigt – die Konversationen in seinem Briefstil ab:

> Diderots Transkriptionen der Konversationsfragmente, die die Schnelligkeit der Wechselrede durch die kommentarlose Kürze der direkten Rede besonders hervorheben, vermitteln den Eindruck, sie seien weniger zum Lesen bestimmt als zum Hören.[26]

Der Brief ist „ein vielgestaltiges Geflecht aus Erzählungen, Porträts, Scherzen, Kommentaren, Reflexionen und diversen Gesprächen"[27]. Die Themen der freigeistigen Gesellschaft reichen von banalen alltäglichen Fragen bis hin zur Frage eines Lebens nach dem Tode, eine Frage, die in dem atheistischen Kreis um den Baron d'Holbach auf besonderes Interesse stößt. Es handelt sich um ein „discourir", im ursprünglichen Sinn des Begriffs, bei dem die Gesprächsteilnehmer ihren Gedanken freien Lauf lassen können: „Et puis nous voilà discourant de la vie, de la mort, du monde et de son auteur prétendu."[28] Dabei stellt sich an mehreren Stellen – mit zirkulär-wiederkehrenden – Reflexionen die zentrale Frage nach der Variabilität und dem Abwechslungsreichtum des Gesprächs auf der einen Seite sowie dessen Ordnung auf der anderen Seite. Diderot berichtet, wie mit Friedrich Melchior Grimm und dem Physiker Jean-Baptiste Le Roy zwei völlig unterschiedliche Typen aufeinanderstoßen. Während Le Roy im Streitgespräch zwischen beiden die Notwendigkeit der ordnenden Methode vertritt, spricht sich Grimm für das „génie" (S. 5) aus, das stets seinen bizarren Eingebungen folgt und dadurch immer Neues hervorbringt. Der Abbé Ferdinando Galiani versucht mit einer Fabel über den Gesang der Nachtigall und des Kuckucks den Streit zwischen beiden zu schlichten: Während der Kuckuck aufgrund der wenigen Laute, die er hervorbringt, diese wohl zu ordnen weiß, sieht sich die Nachtigall mit ihrem spontanen und variablen Gezwitscher ganz in der Nähe des intuitiven Künstlers. Ein Esel mit besonders langen Ohren wird als Richter eingesetzt, um den Streit zu schlichten, und ergreift die Partei des Kuckucks. Mit Blaise Pascal gesprochen,

---

26 Wehinger, *Conversation*, S. 49.
27 S. 51.
28 *Lettre à Sophie Volland* (Br. XLVII), in: *Œuvres complètes de Diderot*, 20 Bde., hrsg. von Jules Assézat und Maurice Tourneux, Paris, Garnier, 1875–1877, Bd. 18, S. 10; online: https://fr. wikisource.org/wiki/Lettres_à_Sophie_Volland/48. Die Seitenangaben im laufenden Text beziehen sich auf diese Ausgabe.

wird hier zunächst zugunsten des ‚esprit géométrique' gegen den ‚esprit de finesse' entschieden. Wenig später wird dieser Disput jedoch mit philosophischen
Argumenten anders gelöst: Die unendlich vielen Dinge, die in einem Gespräch
zur Sprache kommen („une infinité de choses diverses", S. 13), werden immer
wieder durch kaum wahrnehmbare Kettenglieder („chaînons imperceptibles")
per Assoziation der Ideen zusammengehalten:

> C'est une chose singulière que la conversation, surtout lorsque la compagnie est un peu
> nombreuse. Voyez les circuits que nous avons faits; les rêves d'un malade en délire ne sont
> pas plus hétéroclites. Cependant, comme il n'y a rien de décousu ni dans la tête d'un homme
> qui rêve, ni dans celle d'un fou, tout se tient aussi dans la conversation; mais il serait quel-
> quefois bien difficile de retrouver les chaînons imperceptibles qui ont attiré tant d'idées dis-
> parates. (S. 12 f.[29])

Diderot beruft sich im weiteren Verlauf mit dieser Theorie auf Gottfried Wilhelm
Leibniz, der en passant als „aussi grand poëte que profond philosophe" (S. 12)
genannt wird. Dieser hatte anders als Descartes seine Erkenntnistheorie nicht auf
die ‚idées claires et distinctes' gegründet, sondern eine Theorie der angemessenen
Erkenntnis aufgrund der Wahrnehmung von ‚petites perceptions' formuliert.

Ohne dies explizit angesprochen zu haben, liefert Diderot mit diesen Konzep-
tionen einen eindrucksvollen Beleg für das indirekte Sprechen: Die Konversation
auf dem Landsitz des Baron d'Holbach verläuft an der Oberfläche, zunächst für
niemanden direkt sichtbar, scheinbar aleatorisch und sprunghaft. Sie hat aber eine Ordnungsdimension, da die wechselnden Themen durch kaum wahrnehmbare Verbindungen („chaînons imperceptibles") miteinander verbunden sind. Die
Teilnehmer der Konversation bevorzugen allein aus ästhetischen Gründen weiterhin das indirekte Sprechen, welches ihnen offenbar zur unhinterfragten Mentalität geworden ist. Sie sind dazu aufgefordert, in den Äußerungen der anderen
jene kaum wahrnehmbaren Verbindungen zu suchen und zu erkennen, die an
der Oberfläche nicht zu sehen sind und die die Ordnung der Konversation ausmachen. Diderot formuliert somit die Pascalsche Dialektik von ‚esprit de finesse' und
‚esprit géométrique' neu: Jede neue ‚finesse' des Gesprächs ist doch immer mit
einer ihr unterliegenden Ordnung (‚géométrie') verbunden. Der Brief zeigt überdies, dass Diderot den so beschaffenen mündlichen Konversationsstil zum Maßstab seiner ‚écriture' macht: Der Brief ist wie die wechselhafte Konversation ein
Liebesbrief an Sophie, eine philosophische Reflexion über das Leben nach dem
Tod, eine Theorie der Konversation, die zunächst indirekt durch die Fabel des Abbé Galiani ins Spiel gebracht wird, und vieles mehr.

---

29 Vgl. dazu auch Albert, „Unterhaltung/Gespräch", S. 273.

Nun handelt dieser Brief aber auch – darauf geht Wehinger gar nicht ein – von der Kehrseite der Konversation und zeigt die ganz und gar unidealen Seiten der Geselligkeit und des Gesprächs, die ebenfalls kaum sichtbar miteinander verbunden sind: Und diese unidealen Seiten werden ganz im Stil der Marotschen ‚causerie facile' eher beiläufig und somit indirekt, verdeckt angesprochen. Entgegen der Forderung d'Alemberts, eine Konversation nicht als „assaut de salle d'armes" zu betrachten, wird genau dies gleich zu Beginn vorgeführt: So heißt es in einem übermittelten Gesprächsfetzen im Stil einer klassischen ‚maldisance': „J'aime la physionomie de M. R... S'il avait seulement la moitié de l'esprit qu'elle promet!" (S. 2) Und weiter im gleichen Stil: „Mme R. était vêtue d'un rouge foncé qui lui sied mal, et notre ami lui disait: „Comment, chère soeur, vous voilà belle comme un œuf de Pâques!" (S. 3) Das kaum wahrnehmbare Kettenglied, welches die Einlassungen dieser Art verbindet, heißt: ‚plumer quelqu'un', ‚jemanden rupfen'. Die Verbindung wird gegen Ende des Briefs deutlich, wo Diderot das Prinzip wieder aufnimmt und Sophie zwei scheinbar zusammenhanglose Vorkommnisse berichtet, die in dieser atheistischen Gesellschaft weit über den ‚libertinage d'esprit' hinausgehen und wo man sich zunächst fragt, wieso Diderot diese Anekdoten überhaupt erzählt: Mme d'Aine bemerkt, dass sie die Glut des Kamins nicht gelöscht hat, und aus Angst vor einem Brand steigt sie aus ihrem Schlafzimmer nur im Nachthemd bekleidet zum Kaminzimmer hinab. Auf ihrem Weg begegnet sie dem zuvor so auf Ordnung bedachten M. Le Roy, der sogleich über sie herfällt:

> Mme d'Aine se sauve, M. Le Roy la poursuit, l'atteint, et le voilà qui la saisit par le milieu du corps, et qui la baise [...] (S. 14)

Dass es sich hierbei nicht nur um einen ‚harmlosen' Kuss handelt, zeigt Mme d'Aines nur undeutlich vernehmbarer Ausruf, da Le Roy ihr den Mund zuhält:

> [...] on entendait à peu près: *À moi, mes gendres! s'il me fait un enfant, tant pis pour vous.* (S. 15)

Beim Anblick der ‚arg gerupften' Mme d'Aine („fort en désorde", ebd.) bricht der Briefschreiber Diderot in ein homerisches Gelächter aus und versteigt sich zu der libertinen, sarkastischen Bemerkung:

> [...] vous conviendrez qu'il est plus plaisant de voir une femme grasse, blanche et potelée, presque nue, entre les bras d'un jeune homme insolent et lascif, qu'un vilain boiteux, maladroit, versant à boire à son père et à sa mère après une querelle de ménage assez maussade. (Ebd.)

Um den wörtlichen Sinn des ‚plumer quelqu'un' geht es dann in der anderen Anekdote, die Diderot Sophie berichtet: Der Sohn der Mme d'Aine begeht eine „impertinence du premier ordre" (Ebd.) Er ergreift den Arm der Mme de C..., schiebt ihren Ärmel hoch und beginnt, ihr nach und nach die schwarzen Haare aus ihrer weißen Haut auszuziehen: „[...] il se mit à lui plumer le bras [...]"[30] Unter großem Gelächter der libertinen Gesellschaft erklärt Mme d'Aine : „Qui est-ce qui a jamais épluché une femme à table ?" (S.16)

Rousseau hatte offenbar mit seinen Beobachtungen der Pariser Salongesellschaften nicht ganz Unrecht: Der vielgepriesene ‚libertinage d'esprit' der Philosophen, der es ermöglicht, frank und frei zu reden, öffnet keineswegs den Weg zu mehr Aufrichtigkeit. Den Teilnehmern der Konversation bei Diderot ist der Salon als ‚salle d'armes' offenbar so vertraut, dass sie die notwendigen Formen des Sprechens verinnerlicht haben. Man riskiert fortwährend, ‚gerupft zu werden'. Andere lächerlich zu machen sowie das Risiko, sich selbst lächerlich zu machen, steht dabei offenbar mehr auf der Tagesordnung als im Jahrhundert zuvor. Und das zumal der ‚libertinage d'esprit', wie die Beispiele der gerupften Damen zeigen, offenbar längst in viel handfestere Formen des ‚libertinage' übergegangen ist. Dieser hat das Stadium der ‚petit-maîtres' aus dem Rokoko schon hinter sich gelassen und befindet sich auf dem geraden Weg zu dem der ‚roués'[31].

Was das offene Sprechen angeht, zieht der Artikel „Civilité" der *Encyclopédie* das passende Fazit. Die Liebenswürdigkeit („affabilité"), die der Autor, der Chevalier de Jaucourt, als Synonym zur ‚civilité' beschreibt, ist in der Regel nur eine „[...] vertu artificieuse qui sert à [des] projets d'ambition, une bassesse d'ame qui cherche à se faire des creatures [...]"[32]. Von ‚civilité' spricht man, so Jaucourt, anders als von der ‚politesse' der gehobenen Gesellschaft, wenn man das Verhalten einer größeren Zahl an Bürgern niederen Standes beschreibt, und dieses Verhalten ist vor allem durch die Angst geprägt („une espèce de crainte"[33]). Ganz im Sinne der Theorien von Elias führt die Angst zu einer zivilisatorischen Bremse, die den Betroffenen davor bewahrt, als Grobian („homme grossier"[34]) in Erscheinung zu treten. Diese Verhältnisse erlauben keine allzu große Offenheit des Sprechens. Zur grundsätzlichen Einstellung der französischen Aufklärungsgesellschaft zum offenen Sprechen hält Godo in seiner *Histoire de la conversation* fest:

> Les masques doivent tomber, et peu importe si, sous les masques de la respectabilité, on trouve *d'autres masques* – ceux de la mondanité ou de la coquetterie –, sous la comédie des

---

30 S. 15 f.
31 Vgl. dazu das Buch von Philippe Laroch, *Petits-Maîtres et roués. Évolution de la notion de libertinage dans le roman français du XVIIIe siècle*, Québec, Presses Université Laval, 1979.
32 In: *Encyclopédie, ou Dictionnaire raisonnée*, Bd. 3, S. 497.
33 Ebd.
34 Ebd.

intérêts et des affaires une *autre* comédie – celle, plus insouciante et plus enjouée, de la conversation: l'essentiel est *qu'autre chose* advienne, la fête des regards, des paroles, des pensées, des rires et des gestes.[35]

11.4 Die deutsche Reaktion der Aufklärung auf die indirekte Kommunikation in Frankreich

Die aufklärerische Forderung nach ‚sincérité' in der Kommunikation fällt anders als in Frankreich in Deutschland auf fruchtbaren Boden. Rousseaus Kritik an der Verstellung in den Pariser Salons und Diderots Begeisterung für die Salonkonversation, die zur allseitigen Belustigung der Gesellschaft in libertines Handeln entgleist, sind gleichermaßen Anlass genug, die indirekten Formen des Sprechens als höfische Affektiertheit und Verstellung, somit als nationaltypische Künstlichkeit der Franzosen abzutun. Diese nationalstereotype Denkweise kann, wie Ingo Stöckmann gezeigt hat, schon auf vereinzelte Anschauungen aus dem 17. Jahrhundert zurückgreifen. „Aufrichtigkeit zählt nicht zu den Begriffen, die ins Zentrum des 17. Jahrhunderts führen [...]" – stellt Stöckmann zunächst grundsätzlich fest[36]. Gleichwohl finden sich Äußerungen zur „Deutschen Aufrichtigkeit", die das Potential haben, eine „Gemeinschaft der Deutschen" zu begründen und somit im Prozess der Nationenbildung eine signifikante Rolle einnehmen[37]. Die Rede von der Aufrichtigkeit richtet sich im deutschen 17. Jahrhundert gegen die „rationalisierten Sozialbeziehungen der Territorialhöfe und ihrer alamodischen Lebensführung"[38]. Nationalstereotypische Dikta wie Johann Michael Moscheros „Welsche Untrew gegen Teutsche Redlichkeit"[39] gründen auf einem retrospektiven Geschichtsbild: Im Umfeld der Rezeption der *Germania* des Tacitus werden nach dem Schema der ‚renovatio' mythisierte germanisch-altdeutsche Tugenden bemüht, zumal das Heilige Römische Reich deutscher Nation keine staatlich homogene Identifikationsperspektive bietet[40]. Wenn Martin Opitz von den Germanen sagt: „Nicht Eide bürgten bei ihnen für Verträge und Versprechen, sondern

---

35 S. 198.
36 „Deutsche Aufrichtigkeit Rhetorik, Nation und politische Inklusion im 17. Jahrhundert", *DVjs* Bd. 78/2004, H. 3, S. 373–39, hier: S. 373. Vgl. auch ders., „Die Gemeinschaft der Aufrichtigen. Die Sprache der Nation und der redliche Grund des Sozialen im 17. Jahrhundert", in: Claudia Benthien/Steffen Markus (Hrsg.), *Die Kunst der Aufrichtigkeit im 17. Jahrhundert* (Frühe Neuzeit. 114), Tübingen, Niemeyer, 2006, S. 207–230.
37 Vgl. S. 376.
38 Ebd.
39 S. 377.
40 S. 382.

ihr unverdorbenes Herz [...]"[41], dann werden mit der mytho-motorischen Kraft der Aufrichtigkeit des Herzens „Naturformen des Sozialen" begründet, die repräsentativen Verfassungsgebungen gleichsam vorausliegen[42].

In der deutschen Aufklärung des folgenden Jahrhunderts nehmen solche Anschauungen zunehmend nationaltypische Konturen an. Das in der Aufklärung stark veränderte Kommunikationsgeschehen führt zu einer Abwertung der Rhetorik, da diese als Anleitung zur Verstellung angesehen wird. Diese Abwertung geht auch auf die Entdeckung der Natürlichkeit zurück, die in Deutschland aufgrund der fehlenden zentralstaatlichen Prägung des Landes und der Wertschätzung der natürlichen Regionen eine besondere Rolle spielt. Im Zuge der Propagierung der Natürlichkeit des Menschen erfreut sich die empfindsame Literatur einer besonderen Bedeutung, was wiederum zu einer hohen „Selbstreflexion" und zu einer „persönlicheren, gefühls- und empathiebetonteren Gestaltung sozialer Nähebeziehungen" führt. Dies zieht Formen der Kommunikation nach sich, bei der „individuelle Gefühlszustände wahrhaftig und transparent vermittelt" werden[43]. In diesem Zusammenhang sind die

> [...] Argumentationsfiguren der altdeutschen Bewegung [...] auch in den Quellentexten des 18. Jahrhunderts anzutreffen, wobei das Offenheitsideal oftmals die Rolle des Ehrlichkeitsideals übernimmt oder es zumindest ergänzt: Von den Deutschen wird behauptet, dass sie lobens-werterweise offen seien, die Franzosen bilden dagegen den Prototyp der fälschlicherweise nicht-offenen Nation: „Ich will nur erinnern, daß wir Deutschen nicht nöthig haben, unser offenherziges und redliches Wesen, da wir in unserm Aeusserlichen nicht viele Umstände machen, gegen die leichtsinnigen und flüchtigen Geberden und Ceremonien der Franzosen zu vertauschen", so stellt ein anonymer Autor der „Neuen Beyträge zum Vergnügen des Verstandes und Witzes" 1745 den offenen, ehrlichen Nationalcharakter der Deutschen als positiv heraus.[44]

In der rationalistischen Sprachtheorie der deutschen Aufklärung gewinnen dann auch Begriffe wie ‚Deutlichkeit' und ‚Eindeutigkeit' besondere Bedeutung. Wie Moritz Wullen anhand der deutschen *Moralischen Wochenschriften* gezeigt hat, löst das Kriterium der ‚Deutlichkeit' zugleich die Konnotation von ‚Wahrhaftigkeit' aus. Beide Kriterien werden als Charakteristika für die Deutschen in einen Gegen-

---

41 Martin Opitz, *Aristarch oder wider die Verachtung der deutschen Sprache* (1617), in: Herbert Jaumann (Hrsg.), *Buch von der deutschen Poeterey*. Studienausgabe, Stuttgart 2002, S. 77–94, hier: S. 77 f. Vgl. Stöckmann, „Deutsche Aufrichtigkeit", S. 384.
42 S. 383 f.
43 Juliane Schröter, *Offenheit. Die Geschichte eines Kommunikationsideals seit dem 18. Jahrhundert*, Berlin/New York, De Gruyter, 2011, S. 19.
44 S. 141.

satz zur höfisch-französischen Barockrhetorik gestellt[45]. Den Höhepunkt dieser Anschauung stellt dann Mme de Staëls Bemerkung dar, die deutsche Sprache sei für die Lüge ungeeignet. Während das Französische Sätze bilde, bei denen aufgrund ihrer Formulierung der propositionale Gehalt nicht klar zu Tage trete, sei das Deutsche für die Lüge völlig ungeeignet. Es weise nicht jene Geschmeidigkeit des Französischen auf und sperre sich gleichsam gegen jedwede Form der Unwahrheit:

> Il y a bien des phrases en effet dans notre langue, pour dire en même temps et ne pas dire, pour faire espérer sans promettre, pour promettre même sans se lier. L'allemand est moins flexible, et il fait bien de rester tel, car rien n'inspire plus de dégoût que cette langue tudesque, quand elle est employée aux mensonges, de quelque nature qu'ils soient. Sa construction traînante ,ses consonnes multipliées, sa grammaire savante, ne lui permettent aucune grâce dans la souplesse ; et l'on dirait qu'elle se roidit d'elle-même contre l'intention de celui qui la parle, dès qu'on veut la faire servir à trahir la vérité.[46]

Wie sehr sich dagegen das Französische als Sprache der Verführung eignet, zeigt ein exemplarischer Blick auf die so zahlreichen Texte der französischen libertinen Literatur, die das Jahrhundert hervorgebracht hat, und aus der ein Beispiel besonders herausragt: Choderlos de Laclos' *Liaisons dangereuses* (1782).

---

45 Vgl. Moritz Wullen, *Was ist ,deutsch'?* Funktionen ,deutscher' Redlichkeit und Deutlichkeit in der Kommunikation des 18. Jahrhunderts (Edition Wissenschaft. Reihe: Kunstgeschichte 19), Marburg, Tectum, 1999, S. 111 f. Vgl. auch Schröter, *Offenheit*, S. 138.
46 *De l'Allemagne*, S. 67. Vgl. auch Markus Fauser, *Das Gespräch im 18. Jahrhundert*. Rhetorik und Geselligkeit in Deutschland (Schriftenreihe für Wissenschaft und Forschung), Stuttgart, M&P, 1991, S. 122. Vgl. bereits oben, Kap. 5.1, S. 77.

12 Der ‚libertinage‘ als Hohe Schule des indirekten Sprechens

Das Beispiel von Diderots *Lettre à Sophie Volland* vom 20. Oktober 1760 hat gezeigt, in welchem Maß der sogenannte ‚libertinage‘ eine profunde Bedeutung in der französischen Konversation eingenommen hat. Die Teilnehmer des Gesprächs, von dem Diderot berichtet, sprechen nicht nur über religiöse Themen wie über ein Leben nach dem Tod. Ihr wechselseitiger Umgang (‚conversatio‘) ist zugleich moralisch und sexuell freizügig. Damit beschreibt Diderot gleich beide Varianten des ‚libertinage‘: den sogenannten ‚libertinage d’esprit‘ oder ‚libertinage érudit‘ und den ‚libertinage des mœurs‘. Diderots Brief hat überdies mit seiner subtilen ‚causerie facile‘ gezeigt, dass das Moment der Freiheit im Begriff ‚libertinage‘ keineswegs bedeutet, dass man frei spricht, sondern eher die ‚galanterie‘ entgrenzt. Der ‚libertinage‘, der in dieser Form in keinem anderen Land außerhalb Frankreichs verbreitet ist, bedingt ganz besondere Formen des indirekten Sprechens, die weit bin ins zwanzigste Jahrhundert, z. B. bis in die Filme der *Nouvelle vague* eines Jean-Luc Godard, François Truffaut, Jacques Rivette, Claude Chabrol und darüber hinaus hineingewirkt haben.

Lat. ‚libertinus‘ bezeichnet bei den Römern einen befreiten Sklaven. Damit setzt der Begriff von vorneherein die Konnotation der Befreiung aus zwanghaften Verhältnissen frei. In der italienischen Spätrenaissance sowie im französischen 17. Jahrhundert wird ‚libertin‘ als Bezeichnung für einen Freigeist gebraucht, der sich über die Dogmatik der katholischen Kirche hinwegsetzt. Gestützt auf die Philosophie Epikurs leugnet der ‚libertinage d’esprit‘ der Renaissance und des 17. Jahrhunderts die von der Kirche zugedachte Rolle Gottes und betont die Bedeutung des menschlichen Verstandes bei der Ergründung der Gesetze einer einzig in ihrer Materialität wahrgenommenen Welt. Eine politische Dimension gewinnt der ‚libertinage d’esprit‘ durch die Anschauung, dass die Priester das Volk qua Förderung des Aberglaubens im Sinne der Fürsten kontrollieren. Vor allem in den Schriften von François de La Mothe le Vayer, Gabriel Naudé und Pierre Gassendi der ersten Hälfte des 17. Jahrhunderts[1] werden diese Aspekte zum Ausdruck gebracht. In der Literatur finden sie ihren Niederschlag bei den atheistischen Dichtern François le Métel de Boisrobert, François Tristan L’Hermite, Marc-An-

---

1 Vgl. dazu die grundlegenden Arbeiten von René Pintard, *Le libertinage érudit dans la première moitié du XVIIe siècle*, 2 Bde., Paris, Boivin, 1943; Nachdruck: Genève/Paris, Slatkine, 1983, sowie von Jean-Pierre Cavaillé, *Dis/simulations*. Religion, morale et politique au XVIIe siècle. Jules-César Vanini, François La Mothe Le Vayer, Gabriel Naudé, Louis Machon et Torquato Accetto, Paris, Champion, 2002.

toine Girard de Saint-Amant et Théophile de Viau zu Beginn des 17. Jahrhunderts. Da der absolutistische Staat seine Legitimation aus dem Gottesgnadentum (‚par la grâce de Dieu‘) bezieht und auf die Zwänge der Religion, der Tradition und der mit der Zivilisierung der Gesellschaft entstandenen Verhaltenskodizes wie der ‚bienséance‘ angewiesen ist, ist es kaum verwunderlich, dass sich innerhalb der Aristokratie eine solche Bewegung wie der ‚libertinage‘ herausbildet, zumal die Aristokratie bis zur Mitte des 17. Jahrhunderts in den Frondeaufständen um ihre Freiheitsrechte kämpft. Zugleich ist es jedoch unmöglich, unter den Bedingungen des Absolutismus frei zu reden. Gerade der ‚libertinage d'esprit‘ ist daher auf indirekte Äußerungen angewiesen, die die freiheitlichen Meinungen eher diskret zum Ausdruck bringen:

> La contrepartie de cette exigence de liberté est la discrétion, le secret maintenu autour d'une pensée qu'ils [= les libertins] considèrent comme dangereuse si elle venait à se répandre, car essentiellement démystificatrice, dans un système qui repose sur la supercherie des prêtres au service des politiques, pour reprendre le langage hérité de Machiavel, qui est celui des libertins érudits. Si la liberté de penser est totale, il n'en est pas de même de la liberté d'expression qui doit s'imposer quelques règles.[2]

In besonderer Weise gilt dies für den ‚libertinage des mœurs‘ des 18. Jahrhunderts. Im 18. Jahrhundert gewinnt der Begriff ‚libertinage‘ die Bedeutung moralischer Freizügigkeit. Der ‚libertin‘ der Aufklärung widmet sich sinnlich-erotischen Vergnügungen und lässt – legitimiert durch die aufklärerische Entdeckung der menschlichen Natur – die Schranken der Moral hinter sich. Auch er ist ganz an die aristokratische Welt gebunden und bewegt sich in der Regel in einem geschlossenen Milieu männlicher Dominanz. Im ‚roman libertin‘ geht es um Verführung und um das Ausleben von Erotik. Die Rollen sind von vornherein festgelegt[3]: Auf der einen Seite finden sich die Verführer, die, wenn sie noch jung sind, von erfahrenen Aristokraten initiiert werden. Ihre älteren, routinierten Begleiter und Lehrer agieren stets planmäßig und mit Vorsatz. Auf der anderen Seite befinden sich die Frauen, die mit wenigen Ausnahmen in konventionellen Rollen verhaftet und den ‚bienséances‘ unterworfen sind. Sie müssen dies auch sein, da der ‚libertinage‘ sonst gar nicht möglich wäre: Sein Ziel ist es vor allem, die ‚bienséances‘ durch die männlichen Freigeister zu pervertieren, welche sich von allen moralischen Regeln befreien. Der ‚libertinage des mœurs‘ ist eine Weiterentwicklung des höfischen ‚divertissement‘: Die Suche nach Abwechslung scheint in der Befriedi-

---

2 Françoise Charles-Daubert, „Spinoza et les libertins"; online: http://hyperspinoza.caute. lautre.net/Spinoza-et-les-libertins-par-Francoise-Charles-Daubert, S. 1–25, hier: S. 2.
3 Zur folgenden Darstellung des ‚libertinage‘ siehe die konzise Beschreibung bei Raymond Trousson, „Libertin, libertinage", in: *www.bon-à-tirer.com.* Revue littéraire en ligne 8/2003, S. 1–21.

gung der erotischen Leidenschaften ihre höchste Erfüllung zu finden. Er ist auch eine Weiterentwicklung und Pervertierung der ‚galanterie‘. Eine ganz besondere Erfüllung bietet dabei die virtuose Handhabung der Sprache. Als Kompensation der vielbeschriebenen Langeweile (‚ennui‘) entwickelt sich diese Sprache aus der im 17. Jahrhundert entwickelten ‚galanterie‘ und degeneriert zum Jargon der Verführung und Macht. Die Gesellschaft der ‚libertins‘ ist vor allem eine Gesellschaft der Sprache, wie sie Raymond Trousson zutreffend beschrieben hat:

> Cette société mondaine est [...] une société de la parole, du discours ininterrompu, mais d'une parole [...] dénaturée. En effet, si le langage est ici souverain, loin d'instaurer une communication ou une compréhension, il est à la fois l'image sonore d'un vide et un instrument d'oppression et d'aliénation.[4]

Diese Sprache der ‚galanterie‘ mit dem Ziel der Unterwerfung erfordert besondere indirekte Formen:

> [...] le roman galant, chez Crébillon ou Voisenon par exemple, ne renonce jamais à la décence verbale : littérature de la litote et de la périphrase, allusive et suggestive. [...] Reparaît ainsi l'importance du ton, du style, du niveau de langue. Un roman libertin veille à l'élégance de l'expression, à l'honnêteté des termes [...][5]

Der ‚libertin‘ klammert sich zum Schein an Konventionen. Er befleißigt sich einer Sprache, die, voller Konventionen in ihrem Jargon, jedoch zu keiner Zeit auf klare Aussagen festzulegen ist:

> Aux attitudes convenues, aux comportements obligés s'allie en effet l'usage d'un jargon intelligible aux seuls initiés qui véhicule les pseudo-valeurs de ce monde. Dans un salon, à la promenade, à l'Opéra, il convient d'abord de ne jamais paraître penser. L'homme du monde sera attentif à ne rien approfondir, à ne parler que de choses sans conséquence, à ne s'appesantir sur aucun sujet, à papillonner toujours d'une idée à l'autre. Le langage devient ainsi une fin en soi, se vide de tout message.[6]

Am „Geschwätz" des Verführers lässt sich ein gesellschaftlich-soziales Problem ablesen: Die vormals stolze ‚noblesse d'épée‘ ist vollends zur funktionslosen Klasse abgestiegen. Im inhaltsleeren Gerede der Verführer und ihrem mentalen, auf das Erotische begrenzten Residuum der Eroberung kristallisiert sich die bemitleidenswerte Lage der Aristokratie des ausgehenden Absolutismus:

---

4 „Libertin, libertinage", S. 12.
5 S. 3.
6 S. 12.

238 —— 12 Der ‚libertinage' als Hohe Schule des indirekten Sprechens

Caquetage et vacuité de la pensée ne sont pas que l'affectation d'une coterie inquiète de singularité. Ils traduisent aussi l'essoufflement d'une classe oisive, démobilisée, improductive et consciente de tourner à vide, produit de l'histoire et d'une politique absolutiste de l'asservissement de l'aristocratie.[7]

Das indirekte, die unmoralischen Absichten verdeckende Sprechen des ‚libertin' drückt auf der einen Seite einen Protest gegen die sinnentleerte Gesellschaft aus, die für ihre Mitglieder keine Funktionen mehr bereit hält, und ist zugleich ein Akt der Befreiung von deren Konventionen. Auf der anderen Seite verrät diese Form des Sprechens, welchen Zwängen die Mitglieder der zentralistischen Gesellschaft ausgesetzt sind und inwieweit die Unterwerfung unter die ‚bienséances' die gesamte Kommunikation formt.

Alain Montandon hat diese Entwicklungen bezogen auf das gesamte Kommunikationsgeschehen des 18. Jahrhunderts vor dem Hintergrund gesellschaftlicher Umbrüche beschrieben. Er stellt für die Konversation des 18. Jahrhunderts generell eine Verlagerung des „sozialen Zeremoniells auf das Gebiet der Erotik"[8] fest:

> Dabei werden Formen der Geselligkeit, wie Konversation, Dialog oder Briefwechsel dazu genutzt, um das physische Verlangen zu verschleiern und seinen Ausbruch hinauszuzögern. Der Libertin bedient sich einer Maske, eines Lächelns, einer graziösen Geste, um nur noch leichter an sein Ziel zu gelangen. Die Zweckfreiheit der Konversation erscheint als Waffe der Verführung.[9]

Die im 17. Jahrhundert zur hohen Kunst entwickelte Höflichkeit biete den Libertins ein sprachliches sowie semiotisches Modell, den „Diskurs über soziales Wohlverhalten zu jenem der erotischen Verführung"[10] zu verkehren: „An die Stelle der Lust am Umgang tritt der Umgang mit der Lust"[11]. Für Montandon gewinnt die Höflichkeit im 18. Jahrhundert individuell-pragmatische Dimensionen. Statt die Teilnehmer einer Konversation in ein soziales System zu integrieren, degeneriert die Konversation im ‚libertinage' zur Ausrichtung am egoistischen Nutzen: „[...] soziale Interaktion wird nicht länger dem Nutzen der Gemeinschaft, sondern der individuellen Bedürfnisbefriedigung unterstellt, die Regeln der Höflichkeit finden pragmatische Anwendung."[12] Auch in der kommunikativen Verwendung der

---

7 Ebd.

8 „Konversation und Gastlichkeit in der französischen Aufklärung: zur Konzeptualisierung sozialer Interaktion zwischen Kontinuität und Umbruch", in: Garber/Thoma (Hrsg.), *Zwischen Empirisierung und Konstruktionsleistung*, S. 339–362, hier: S. 346.

9 Ebd.

10 S. 347.

11 Ebd.

12 Ebd.

Sprache schlägt sich das nieder. Der Protagonist einer Verführungsrede bedient sich einer preziösen Sprache, die unpersönlich ist und den Sprecher ungreifbar macht:

> Sie bringt Strategien des Ausweichens und der Unentschiedenheit in Anschlag, um die zur Steigerung des Verlangens nötige Distanz zu schaffen und zu erhalten. Konversation über Liebe bedeutet zugleich bereits Liebesvollzug, der Einlaß auf das Thema selbst heißt schon, sich dessen Risiken auszusetzen. Jedes Wort wie jede rhetorische Figur simuliert gleichsam den Liebesakt, und so ist die Konversation schließlich nichts anderes als das Schüren eines Verlangens.[13]

Dies lässt sich jeweils an einem Beispiel aus der frühen Phase des ‚libertinage des mœurs' sowie der späten besonders gut ablesen: Claude-Prosper Jolyot de Cré-billons Roman *Les Égarements du cœur et de l'esprit ou Mémoires de M. de Meil-cour* (1736–1738) veranschaulicht mustergültig die Konversation der ‚petits-maî-tres' des Rokoko, während Choderlos de Laclos' Roman *Les Liaisons dangereuses* (1782) aus der Spätphase des ‚libertinage' das ganze Ausmaß der strategischen Überlegungen der sogenannten ‚roués' kurz vor der Revolution ins Bild setzt und dem Leser einen Einblick in die Hintergründe dieser Kommunikation liefert.

12.1 Die Erotik des indirekten Sprechens bei Claude-Prosper Jolyot de Crébillon

Crébillons Roman besteht nahezu vollständig aus Dialogen. Demnach ist die Handlung auch schnell erzählt: Der junge und unerfahrene Chevalier de Meilcour trifft im Salon seiner Mutter auf die ältere Marquise de Lursay, der er Gefühle ent-gegenbringt, die diese erwidert. Bei einem Opernbesuch verliebt er sich jedoch in die junge, schöne Hortense de Théville, die ihm allerdings auch bei weiteren Be-gegnungen reserviert gegenübertritt. Anlässlich eines Salonbesuchs macht ihm die wesentlich ältere Marquise de Senanges Avancen, deren zweifelhafter Ruf auf der Vielzahl ihrer Liebhaber beruht. Hier begegnet er dem Comte de Versac, einem routinierten ‚petit-maître', der sich Meilcour als Lehrmeister im Umgang mit den Frauen anbietet. Am Ende gelingt es Meilcourt, die lange umworbene Marquise de Lursay zu erobern.

Crébillons Roman fällt genau in jene Phase der französischen Geschichte, in der die ‚courtoisie' sich als Wertgefüge und als ästhetisches Ideal durch die Be-teiligung weiterer Schichten der Bevölkerung am öffentlichen Leben verändert.

---

13 S. 348.

Es ist die Phase, in der das Bürgertum nach und nach die aristokratischen Werte übernimmt und diese mit eigenen Wertvorstellungen anreichert. Für Bernadette Fort befindet sich die französische Gesellschaft auch moralisch in einer Phase des Übergangs, die sich an den Werken Crébillons ablesen lässt:

> Les dérobades de l'auteur sont voulues et s'inscrivent parfaitement [...] dans son esthétique générale de l'équivoque et de la litote, mais elles ont également une fonction pratique : celle de présenter dans toute son ambiguïté le conflit d'une société prise entre une morale traditionnelle solidement ancrée dans un fonds de valeurs chrétiennes jusque-là inébranlables et, d'autre part, une morale d'émancipation dominée par des notions de tolérance et de liberté allant jusqu'au libertinage.[14]

Den Verfall der alten Werte der ‚politesse‘ im ‚libertinage‘ des Rokoko setzt Crébillons Roman mustergültig ins Bild. Von Beginn an lässt der Comte de Meilcour bei der Erzählung seiner Memoiren ein geschärftes Bewusstsein für die kulturellen Veränderungen seiner Epoche erkennen. Er gibt sich ganz „der Idee des Vergnügens" hin, was er selbst auf die Beschäftigungslosigkeit der aristokratischen Jugend seiner Zeit zurückführt:

> L'idée du plaisir fut, à mon entrée dans le monde, la seule qui m'occupât. La paix qui régnait alors me laissait dans un loisir dangereux. Le peu d'occupation que se font communément les gens de mon rang et de mon âge, le faux air, la liberté, l'exemple, tout m'entraînait vers les plaisirs [...][15]

Der ständige Umgang mit den Frauen scheint ihm der einzige, wenn auch letztlich vergebliche Weg zu sein, die innere Langeweile zu überwinden („[...] m'étourdir en vain sur l'ennui intérieur dont je me sentais accablé [...]", S. 9). Liebe ist für ihn ein Umgang der Geschlechter, der vor allem von Interessen bestimmt ist und den man oftmals ohne Engagement eingeht („une sorte de commerce où l'on s'engageait, souvent même sans goût, où la commodité était toujours préférée à la sympathie, l'intérêt au plaisir [...]", S. 10). Dementsprechend hat man nun eher kurzlebige Affären, die bereits am nächsten Tag keinen Bestand mehr haben und die in der Regel einen bitteren Geschmack hinterlassen[16]. Die Sitten seiner Epoche, so Meilcourt, seien gegenüber früheren Zeiten völlig verändert („Les mœurs

---

14 *Le Langage de l'ambiguïté dans l'œuvre de Crébillon fils*, Paris, Klincksiek 1978, S. 12.
15 Crébillon fils, *Les Égarements du cœur & de l'esprit*, Paris, Éditions du Boucher, 2002, S. 8.f.; online: http://www.leboucher.com/pdf/crebillon/egarement.pdf. Die Seitenangaben im laufenden Text beziehen sich auf diese Ausgabe.
16 „La première vue décidait une affaire, mais, en même temps, il était rare que le lendemain la vît subsister; encore, en se quittant avec cette promptitude, ne prévenait-on pas toujours le dégoût." (S. 10)

ont depuis ce temps-là si prodigieusement changé [...]", S. 11). Mittlerweile gebe man die ‚bienséances' immer weiter auf („[...] on en supprimera les bienséances [...]", S. 10). Die Frauen voriger Epochen hätten sich mit ihrer hartnäckigen Verweigerung Respekt verschafft; heute gingen sie gar nicht mehr davon aus, dass man sich überhaupt verweigern könne:

> [...] les femmes étaient autrefois plus flattées d'inspirer le respect que le désir; et peut-être y gagnaient-elles. [...] Alors elles imaginaient qu'elles ne devaient jamais se rendre, et en effet elles résistaient. Celles de mon temps pensaient d'abord qu'il n'était pas possible qu'elles se défendissent, et succombaient par ce préjugé, dans l'instant même qu'on les attaquait. (Ebd.)

Dies hat naturgemäß auch Auswirkungen auf die Konversation. Crébillons Roman liefert eine ganze Reihe an Momentaufnahmen, die den „ton de la bonne compagnie" wiedergeben. Gleich mehrere Protagonisten des Romans betonen, dass man sich diese ‚gute Gesellschaft' nicht aussuchen könne. Selbst wenn man sich nur einen geringen Einfluss bei Hofe sichern wolle, müsse man bestimmte Leute regelmäßig einladen[17]. Dementsprechend zeigen sich bei solchen Gelegenheiten alle Schattenseiten der Zwänge des indirekten Sprechens. Eine Abendgesellschaft im Hause der Mme de Théville, bei der die ältere, höchst erfahrene Mme de Senanges dem jungen Protagonisten den Hof macht, zeigt dies überdeutlich:

> L'esprit qu'on emploie ordinairement dans le monde est borné, quoi qu'on en dise, et ce ton charmant, qu'on appelle le ton de la bonne compagnie, n'est le plus souvent que le ton de l'ignorance, du précieux et de l'affectation. Ce fut le ton de notre souper: Madame de Senanges et Monsieur de Pranzi parlant toujours, et laissant rarement à la raison de quelques-uns d'entre nous, et à l'enjouement de Versac, le temps de paraître et de briller.
> Tout occupée qu'était Madame de Senanges de son esprit, elle me faisait des agaceries sans ménagement. Soit que ce fût sa coutume de ne se contraindre jamais davantage, ou qu'elle le fît à dessein de tourmenter Madame de Lursay, à qui je m'apercevais qu'elles ne plaisaient pas, d'autant moins que j'avais en effet la fatuité de m'y prêter un peu. Ce n'était pas que je ne fusse extrêmement prévenu contre Madame de Senanges, mais j'étais comme tous les hommes du monde, qu'une conquête de plus, quelque méprisable qu'elle puisse être, ne laisse pas de flatter: d'ailleurs, j'imaginais par là me venger de Mademoiselle de Théville, que j'affectais alors de regarder avec autant d'indifférence que j'avais cru lui en remarquer pour moi.
> [...] Madame de Lursay, tourmentée par la jalousie que lui causait Madame de Senanges, et par les propos indécents, équivoques et familiers que lui tenait Monsieur de Pranzi, était malgré son attention sur elle-même d'une tristesse mortelle. La perte de mon cœur, qu'elle

---

17 Von Mme de Meilcour heißt es z. B. „[...] elle ne le [=Versac] souffrait qu'impatiemment; mais les égards qu'on se doit dans le monde et qui, entre personnes d'un rang distingué, s'observent avec une extrême exactitude, l'obligeaient de se contraindre."(S. 65 f.)

> craignait de faire, sa réputation cruellement compromise, et entre les mains de deux étour-
> dis qu'elle voyait conjurés contre elle et qu'elle était forcée de ménager : pouvait-il être pour
> elle de situation plus affreuse ? (S. 89 f.)

Die Situation liefert ein beeindruckendes Bild der Degeneration des Salonlebens. Sie ist bestimmt von Verführungsabsichten, Eifersucht und Rachegelüsten, die allein den „ton de la bonne compagnie" vergiften: Es handelt sich um eine Sprache voller „équivoques", „affectations" und „agaceries". Für die Frauen gilt die Forderung nach indirektem Sprechen in besonderer Weise. So hat Mme de Lursay sich als Witwe den Ruf zugelegt, prüde und demnach tugendhaft zu sein. Die indirekte Kommunikation hat für sie die Funktion, sich vor möglicher übler Nachrede in der Gesellschaft zu schützen. Durch den Libertin Versac erfährt der unerfahrene Meilcour sehr zum Ärger der Gastgeberin bei eben jenem Essen jedoch, dass sie in der Vergangenheit zahlreiche Liebhaber hatte. Als erfahrene Frau von 45 Jahren hat sie sich eine ganz bestimmte, auf ihre Situation hin orientierte Sprache zugelegt. Deren leitende Kriterien sind bei aller zur Schau gestellten Lebendigkeit, Leichtigkeit, Redegewandtheit, Aufmerksamkeit und Sanftmut vor allem eine durch und durch rational motivierte Vorsicht und Verstellung:

> Elle avait l'esprit vif, mais sans étourderie, prudent, même dissimulé. Elle parlait bien, et
> parlait aisément ; avec beaucoup de finesse dans les pensées, elle n'était pas précieuse. Elle
> avait étudié avec soin son sexe et le nôtre, et connaissait tous les ressorts qui les font agir.
> Patiente dans ses vengeances comme dans ses plaisirs, elle savait les attendre du temps,
> lorsque le moment ne les lui fournissait pas. Au reste, quoique prude, elle était douce dans
> la société. (S. 13)

Um den Protagonisten zu erobern, hält sie ihn zunächst einmal über einen sehr langen Zeitraum hin:

> Elle crut qu'il lui était important pour m'acquérir, et même me fixer, de me dissimuler le plus
> longtemps qu'il lui serait possible son amour pour moi [...] (Ebd.)

Meilcour gewinnt dadurch den Eindruck, dass die Frauen ihr Vergnügen eher darin finden, über die Liebe zu sprechen, als sie zu praktizieren. Sie haben sich dabei ein spezielles Wissen und eine spezielle Sprache über die Liebe zurecht gelegt:

> J'ignorais entre beaucoup d'autres choses que le sentiment ne fût dans le monde qu'un sujet
> de conversation ; et j'entendais les femmes en parler avec un air si vrai, elles en faisaient des
> distinctions si délicates, méprisaient avec tant de hauteur celles qui s'en écartaient, que je
> ne pouvais m'imaginer qu'en le connaissant si bien elles en fissent si peu d'usage. (Ebd.)

Als Mme de Lursay schließlich nach langem Drängen Meilcours ihrerseits ein Liebesgeständnis ihm gegenüber ablegt, führt dies zunächst keineswegs zu einer Vereinigung der Liebenden, sondern zu einer langen Diskussionen über den ‚aveu' und seine Gefahren für die Frau sowie die Frage, ob es sich für einen Mann geziemen würde, ein Liebesgeständnis abzulegen (S. 52). Es geht ihr um die indirekte Konversation über die Liebe als solche, die nicht nur einen ästhetischen sondern zugleich auch einen erotischen Wert hat, wie es der Weggefährte von Diderot, der Jurist und Schriftsteller Vincent-François Toussaint, in seinem verbotenen skandalträchtigen Buch über die Sitten der Zeit formuliert:

> Pour s'exprimer sur les matières dont la pudeur peut s'alarmer, il est deux langues tout-à-fait différentes. L'une est celle des Medecins, des Matrones & des Rustres : ses expressions sont crues, énergiques & choquantes. L'autre a des mots choisis, des périphrases mystérieuses, des tournures énigmatiques, des termes entortillés. Elle donne aux sujets un fard qui les embellit, ou qui du moins leur ôte ce qu'ils avoient de rebutant : elle les couvre d'une gase légere, qui sans les cacher aux yeux, en rend la vûe plus supportable. C'est cette langue que les gens bien nés parlent devant le beau sexe. Quoiqu'elle puisse sembler obscure, au fond elle ne l'est pas ; on est convenu de s'entendre à demi-mot. Nos Dames ont l'intelligence aisée & l'oreille delicate : ce seroit leur faire injure que de s'exprimer, devant elles, avec trop de clarté ; leur imagination, *dit un Ecrivain moderne*, aime à se promener à l'ombre.[18]

Demgegenüber ist der ‚libertin' Versac ein einzigartiges Produkt einer auf autodidaktischem Weg erlernten Verstellung mit einer speziellen Sprache und speziellen Haltung:

> Il s'était fait un jargon extraordinaire qui, tout apprêté qu'il était, avait cependant l'air naturel. Plaisant de sang-froid et toujours agréable, soit par le fond des choses, soit par la tournure neuve dont il les décorait, il [...] avait composé les grâces de sa personne comme celles de son esprit, et savait se donner de ces agréments singuliers qu'on ne peut ni attraper ni définir. (S. 65)

Er hat die Spielregeln der ‚courtoisie' zugunsten seiner erotischen Ziele umfunktioniert und sich ein ‚Weltwissen' („science du monde", S. 143) zugelegt, welches die ‚politesse' in all ihren Details seinen Zielen dienstbar macht und sie auf diesem Wege pervertiert:

> Je sais que cette science n'est, à proprement parler, qu'un amas de minuties, et que beaucoup de ses principes blessent l'honneur et la raison ; mais, en la méprisant, il faut l'apprendre et s'y attacher plus qu'à des connaissances moins frivoles, puisque, à notre honte, il est moins dangereux de manquer par le cœur que par les manières. (S. 143)

---

18 François-Vincent Toussaint, *Les Mœurs*, o. O., Barbier, 1748, S. 189–191. Vgl. dazu Philipp Stewart, *Le Masque et la parole*. Le Langage de l'amour au XVIIIe siècle, Paris, Corti, 1973, S. 95 und Fort, *Le Langage de l'ambiguïté*, S. 33.

Versac dient sich dem jungen Meilcour als Lehrmeister an und gibt ihm Ratschläge, welche Wege er zu beschreiten hat („conseils sur les chemin à prendre dans le monde", S. 146). In erster Linie vermittelt er ihm die Grundeinstellungen der Verstellung, die auf der Fähigkeit aufbauen, sein Gegenüber zunächst einmal genau zu analysieren:

> [...] vous devez apprendre à déguiser si parfaitement votre caractère que ce soit en vain qu'on s'étudie à le démêler. Il faut encore que vous joigniez à l'art de tromper les autres celui de les pénétrer; que vous cherchiez toujours, sous ce qu'ils veulent vous paraître, ce qu'ils sont en effet. [...] Il vaut souvent mieux [...] cacher, sous un air inappliqué et étourdi, le penchant qui vous porte à la réflexion, et sacrifier votre vanité à vos intérêts. Nous ne nous déguisons jamais avec plus de soin que devant ceux à qui nous croyons l'esprit d'examen. Leurs lumières nous gênent. (S. 146)

Dann liefert er in seinen Ausführungen gegenüber Meilcour, die er selbst als „traité de morale" (S. 155) bezeichnet, seine eigene Definition des ‚bon ton de la société':

> Ce que nous appelons le ton de la bonne compagnie, nous, c'est le nôtre, et nous sommes bien déterminés à ne le trouver qu'à ceux qui pensent, parlent, et agissent comme nous. [...] Une négligence dans le maintien, qui, chez les femmes, aille jusques à l'indécence, et passe, chez nous, ce qu'on appelle aisance et liberté; tons et manières affectés, soit dans la vivacité, soit dans la langueur; l'esprit frivole et méchant, un discours entortillé: voilà ce qui, ou je me trompe fort, compose aujourd'hui le ton de la bonne compagnie. (S. 152)

Versac geht weiter ins Detail und beschreibt mehrere Punkte, die in der Konversation seiner Epoche seiner Meinung nach zum guten Ton gehören. Als erstes müsse man sich eine besondere Art des Spotts zulegen, die von den meisten Gesprächsteilnehmern der Zeit goutiert werde. Die „ridicules en crédit" – wie Versac sie nennt – sind die Analysten der Epoche, die mit Feingefühl erkennen, welche Stimmung gerade en vogue ist:

> [...] il faut être ridicule. Il faut étudier avec soin le ton du monde où notre rang nous a placés, les ridicules qui conviennent le plus à notre état, ceux, en un mot, qui sont en crédit, et cette étude exige plus de finesse et d'attention qu'on ne peut l'imaginer. [...] J'entends, reprit-il, ceux qui, dépendant du caprice, sont sujets à varier, n'ont, comme toutes les modes, qu'un certain temps pour plaire, et qui, pendant qu'ils sont en règne, effacent tous les autres. C'est dans le temps de leur vogue qu'il faut les saisir [...] (S. 144 f.)

Der Geist der Zeit, so Versac, ist die ‚maldisance'; diese mache den guten Ton aus. Eine gut dosierte üble Rede sichere dem Redner Überlegenheit, zumal die Gesprächsteilnehmer, allein aus der Angst heraus, selbst Gegenstand des Geredes zu werden, vom Redner eine hohe Meinung gewinnen und ihm so seine Distinktion in der Gesellschaft sichern:

> Comme c'est à la médisance uniquement que se rapporte aujourd'hui l'esprit du monde, on s'est appliqué à lui donner un tour particulier, et c'est plus à la façon de médire qu'à toute autre chose, que l'on reconnaît ceux qui possèdent le bon ton. Elle ne saurait être ni trop cruelle, ni trop précieuse. [...] Rien n'embarrasse les autres davantage, ni ne donne une plus haute opinion de votre enjouement et de votre esprit. Avec de pareils secours, quelque peu de mérite qu'on ait d'ailleurs, on se distingue parce qu'on se fait craindre [...] (S. 153)

So sei es denn auch – ganz anders als es die Traktate des 17. Jahrhunderts vorsehen – notwendig, sich in der Konversation selbst fortwährend ins rechte Licht zu rücken:

> Surtout, parlons toujours, et en bien, de nous-mêmes: ne craignons point de dire et de répéter que nous avons un mérite supérieur. (S. 147)

Entgegen den Gepflogenheiten des guten Benehmens bei Hof und in den Salons aus dem Jahrhundert zuvor könne man gar nicht genug von sich selbst sprechen. In einer Konversation müsse man den Ton angeben, sich dieser sozusagen bemächtigen:

> Je vous ai dit que vous ne pouviez point trop parler de vous. À ce précepte, j'en ajoute un que je ne crois pas moins nécessaire: c'est qu'en général vous ne pouvez assez vous emparer de la conversation. (S. 150)

Die Kommunikation der guten Gesellschaft, so Versac, beruht nicht auf Wissen und Kultur. Sie basiert allein auf dem Schein:

> Ignorer tout, et croire n'ignorer rien; ne rien voir, quelque chose que ce puisse être, qu'on ne méprise ou ne loue à l'excès; se croire également capable du sérieux et de la plaisanterie; ne craindre jamais d'être ridicule, et l'être sans cesse; mettre de la finesse dans ses tours et du puéril dans ses idées; prononcer des absurdités, les soutenir, les recommencer: voilà le ton de l'extrêmement bonne compagnie. (S. 154[19])

Auf die erstaunte Frage seines Schülers Meilcourt, wie denn dann all diese langen, nie versiegenden Gespräche in den Gesellschaften zustande kämen, hat Versac eine einfache Antwort:

---

19 Vgl. dazu Carole Dornier, „Le traité de mondanité d'un mentor libertin: la ‚leçon de l'Étoile' dans les *Egarements du cœur et de l'esprit* de Crebillon fils (1738)", in: Montandon (Hrsg.), *L'honnête homme et le dandy*, S. 107–121, S. 119: „Le moi apparaît alors comme un espace vide qu'il faut remplir de simulacres de passions qu'on agite à sa guise selon des visées strategiques. L'ideal du mondain défini par Versac est un homme qui, dépossédé de sa nature propre par une sorte d'ascèse, retrouve lucidité et puissance dans sa capacité à feindre et à manipuler."

> — Une chose m'embarrasse, interrompis-je. Comment des personnes qui n'ont rien appris, ou se sont cru dans l'obligation de tout oublier, peuvent-elles se parler sans cesse ? Il faut nécessairement avoir l'esprit bien fécond pour soutenir, sans les ressources que fournissent les diverses connaissances, une conversation perpétuelle. Car enfin, je vois que dans le monde on ne tarit pas.
> — [...] Vous avez remarqué qu'on ne tarissait point dans le monde : ne vous seriez-vous pas aperçu aussi qu'on s'y parle toujours sans se rien dire ? Que quelques mots favoris, quelques tours précieux, quelques exclamations, Eh bien ! oui, répondit-il, on y disserte sans raisonner, et voilà ce qui fait le sublime du bon ton. (Ebd.)

Der ‚libertinage' – dies kann man an den *Égarements du cœur et de l'esprit* Crébillons ablesen – ist im Rokoko vor allem eine Kultur des Sprechens. Das Reden über die Leidenschaften ist ein Sprachspiel, bei dem die Teilnehmer ihre Rollen besetzen und wie in einer Manege agieren („Toute la soirée se passa dans ce manège [...]", S. 26). Die Sprache hat die Funktion, die eigene Überlegenheit zu sichern. Sie wird zum Instrument einer Selbstbehauptung, die die Prämissen der absolutistischen Staatstheorie von Hobbes akzeptiert und dem Realitätsprinzip verpflichtet ist:

> L'anti-idéalisme de Hobbes, appliqué à la question du droit naturel trouve ici son parallèle dans le domaine des règles du savoir-vivre : les normes de comportement ne doivent pas se déduire de la fin où de la perfection de l'homme mais des conduites effectives de celui-ci. L'homme, en général, cherche à se conserver et, pour le mondain, survivre signifie acquérir, maintenir, voire accroître sa reputation. [...] L'art de plaire devient donc l'acceptation stratégique du phenomene de l'aliénation sociale.[20]

12.2 Verstellung und erotische Intrigue bei Choderlos de Laclos

Den Höhepunkt des erotischen Sprechens über die Liebe im Zeitalter der Aufklärung stellt zweifellos Choderlos de Laclos' Roman *Les Liaisons dangereuses* dar. Im Zentrum dieses Romans steht die verwitwete Marquise de Merteuil aus höchsten Kreisen der Pariser Gesellschaft, die Liebesbeziehungen knüpft bzw. manipuliert und so im Hintergrund auf perfide Weise zur Befriedigung ihrer von Erotik, Macht und Rache bestimmten Leidenschaften die Fäden zieht. Ihr Helfer ist der Vicomte de Valmont, ihr früherer Geliebter und Vertrauter. Die Marquise fordert von Valmot, die junge Cécile de Volanges zu verführen, die einen Grafen heiraten soll, mit dem die Marquise ein Verhältnis hatte. Als Revanche für diese Rache bie-

---

20 Dornier, „Le traité de mondanité", S. 112.

tet sie ihrerseits an, den Ruf des Rivalen Valmonts namens Prévan zu ruinieren. Valmont versucht seinerseits darüber hinaus die hartnäckig sich weigernde Ehefrau eines Gerichtspräsidenten, die das empfindsame Tugendideal verkörpernde Mme de Tourvel, zu verführen, was ihm nicht zufriedenstellend gelingt, da er sich in sie verliebt. Diese Affäre bedingt den endgültigen Bruch zwischen den Protagonisten und führt zum tragischen Ende des Romans. Nicht nur die Nebenfiguren scheitern: Cécile geht ins Kloster, Mme de Tourvel stirbt aus Gram. Auch die Hauptfiguren gehen unter: Valmont fällt im Duell und die Marquise wird öffentlich diskreditiert. Sie verliert in einem Prozess ihr Vermögen sowie durch die Erkrankung an den Pocken auch ihre gutes Aussehen.

Laclos wählt die im 18. Jahrhundert so beliebte Form des Briefromans, die nach Ansicht der Zeit Garant für die Offenheit und Authentizität der Gefühlsschilderungen steht. Briefe sind Zeugnisse des intimen Austauschs von Personen; sie erlauben im Grunde die direkte Form des Sprechens. Bei Laclos wird diese ,sincérité' jedoch parodiert: Die Briefe der Mertueil an Valmont und umgekehrt geben nicht etwa authentische Gefühle sondern nur kalkulierte Intrigen gegen Dritte und Boshaftigkeiten über beteiligte Personen wider. Es sind diese Briefe der Merteuil an Valmont, die ihr am Ende zum Verhängnis werden, da sie mit ihnen gegen eines ihrer Grundprinzipien verstößt, niemals schriftliche Spuren zu hinterlassen. Der Roman illustriert und reflektiert wie kaum ein anderer die indirekte Sprechweise. Er zeigt, dass die Durchsetzung der Machtinteressen der Protagonisten ganz besonders das indirekte Sprechen erfordert. Er zeigt darüber hinaus, inwieweit diese Machtausübung erotische Dimensionen gewinnen kann.

Im Zentrum des Romans steht der berühmte Brief 81, in dem die Marquise de Merteuil dem Chevalier de Valmont von ihrem Werdegang berichtet. Ihr Interesse war es, sich von Beginn ihres Eintretens ins öffentliche Leben an von den anderen Frauen zu unterscheiden und sich der Dominanz der Männer zu entziehen. Die Marquise hat sich selbst strikte Verhaltensregeln auferlegt, die ihr dann im Laufe der Zeit zum Habitus geworden sind. Voraussetzung dafür war eine lange Zeit gründlicher Beobachtung der Vorgänge in den zeitgenössischen Salongesellschaften: „Entrée dans le monde dans le temps où, fille encore, j'étais vouée par état au silence et à l'inaction, j'ai su en profiter pour observer et réfléchir."[21] Sie habe auf diese Weise geradezu von Grund auf die Kunst der Verstellung erlernt: „[...] Cette utile curiosité, en servant à m'instruire, m'apprit encore à dissimu-

---

21 Pierre Choderlos de Laclos, *Les Liaisons dangereuses ou Lettres recueillies dans une société, et publiées pour l'instruction de quelques autres,* in: Laclos, *Œuvres complètes,* hrsg. von Laurent Versini (Bibliothèque de la Pléiade. 6), Paris, Gallimard, 1979, S. 1–386, hier: S. 170 f. Die Stellenangaben im laufenden Text beziehen sich auf diese Ausgabe.

ler [...]" (Ebd.) Ihr ursprüngliches Augenmerk galt nicht der Auslebung der Leidenschaften sondern dem Wissen um die unterschiedlichen Verhaltensweisen in
der Gesellschaft („[...] je ne désirais pas de jouir, je voulais savoir; le désir de
m'instruire m'en suggéra les moyens [...]“, S. 172) Bei ihrem Lernprozess habe sie
ständig an der Kontrolle ihrer Rede sowie Ihrer Körpersprache gefeilt und immer
wieder neue Rollen ausprobiert:

> [...] je tâchai de régler de même les divers mouvements de ma figure. Ressentais-je quelque
> chagrin, je m'étudiais à prendre l'air de la sérénité, même celui de la joie; j'ai porté le zèle
> jusqu'à me causer des douleurs volontaires, pour chercher pendant ce temps l'expression du
> plaisir. Je me suis travaillée avec le même soin et plus de peine pour réprimer les symptômes
> d'une joie inattendue. [...] Munie de ces premières armes, j'en essayai l'usage; non contente
> de ne plus me laisser pénétrer, je m'amusais à me montrer sous des formes différentes; sûre
> de mes gestes, j'observais mes discours; je réglais les uns et les autres suivant les circons-
> tances ou même seulement suivant mes fantaisies: dès ce moment, ma façon de penser fut
> pour moi seule et je ne montrai plus que celle qu'il m'était utile de laisser voir. (S. 171)

Auf eine besonders perfide Weise – der blasphemische Unterton ist nicht zu
übersehen – habe Sie ihr Wissen über die Vergnügungsgesellschaft erweitert: Sie
beichtet einem Pfarrer, ‚das getan zu haben, was die Frauen so tun‘, worauf dieser
ihr in den schillerndsten Farben ausmalt, um was es sich handelt:

> [...] je m'accusai d'avoir fait *tout ce que font les femmes*. Ce fut mon expression, mais en
> parlant ainsi, je ne savais en vérité, quelle idée j'exprimais. Mon espoir ne fut ni tout à fait
> trompé, ni entièrement rempli: la crainte de me trahir m'empêchait de m'éclairer; mais le
> bon Père me fit le mal si grand que j'en conclus que le plaisir devait être extrême; et, au désir
> de le connaître, succéda celui de le goûter. (S. 172)

Auf diese Art gerüstet, angespornt durch einen Mann der Kirche, verlässt die Marquise die Stätte der ländlichen Langeweile („Je commençais à m'ennuyer de mes
plaisirs rustiques [...]“, S. 173) und sucht das Vergnügen, welches gepaart mit
einem maßlosen Wunsch nach Machtausübung ab jetzt ihr Verhalten bestimmt:
„L'amour, la haine [...] tout couche sous le même toit [...]“ (S. 147). Inwieweit dieses Verhalten durch eine ‚souplesse‘ der Sprache und Köpersprache bestimmt ist,
zeigt mustergültig die Szene, in der die Marquise den Chevalier Prévan verführt.

Der junge, gut aussehende Chevalier hat den Ruf besonderer galanter Fähigkeiten. Sein Meisterstück, gemeinhin bekannt als „la triple aventure" (S. 138), hat
er mit der Verführung von drei Damen abgeliefert, die unter der Bezeichnung „la
société des inséparables" (S. 160) in der Gesellschaft in aller Munde sind. Die drei
abgeschieden lebenden Freundinnen, von denen man voller Neid munkelt, sie
teilten sich untereinander sogar ihre drei Liebhaber, werden innerhalb eines Tages und einer Nacht nacheinander von Prévan verführt. Diesem gelingt in der Folge sogar das Kunststück, die drei Liebhaber der Damen davon zu überzeugen, dass

die Freundinnen ihrer nicht wert sind, und dass man die Affäre öffentlich machen muss, um die Damen zu diskreditieren und der Lächerlichkeit preiszugeben. Als dieser jugendliche Chevalier zum ersten Mal in der Salongesellschaft der mit der Mertueil befreundeten Maréchale de *** auftaucht, führt er sich sogleich mit einer ‚maldisance' gegen die Mertueil ein: Er äußert öffentlich seine Zweifel an ihrer Tugendhaftigkeit („sagesse", S. 78) und beendet seine Schmährede mit einem Satz geradezu sprichwörtlicher Dimension: „[...] je ne croirai à la vertu de Mme de Merteuil, qu'après avoir crevé six chevaux à lui faire ma cour [...]" (Ebd.). Dies allein ist für die Marquise Grund genug, sich zu rächen, zumal sie damit auch dem Wunsch ihres Vertrauten Valmont nachkommen kann, ihm einen Rivalen aus dem Weg zu schaffen: „Il veut, dit-il, crever six chevaux à me faire sa cour! Oh! je sauverai la vie à ces chevaux-là [...]" (S. 146).

Nach einem langen Vorgeplänkel bestellt die Marquise Prévan eines Nachts zu einem Stelldichein, von dem es von vornherein ironisch heißt: „[...] je voulais bien lui prouver mon amour, mais non pas satisfaire le sien [...]" (S. 190). Auf dem Höhepunkt des Geschehens platzt – von der Merteuil angeordnet – ihre Bedienstete namens ‚Victoire' in das Zimmer und ein weiterer Diener entwaffnet Prévan, als er gerade zum ‚Schwert' greifen will. Victoire wird ausgesandt, den Vorfall überall zu erzählen. Als Folge ist der Chevalier de Prévan in der Öffentlichkeit als Eindringling diskreditiert und wird sogar von seinem Regimentskommandanten ins Gefängnis geworfen.

Die Verführung Prévans ist das Ergebnis einer einzigartigen sprachlichen und vor allem körpersprachlichen Verstellung: „[...] nos yeux parlèrent beaucoup. Je dis nos yeux: je devrai dire les siens, car les miens n'eurent qu'un langage, celui de la surprise [...]" (S. 186). Als der Chevalier ihr die Hand beim Gang zu Tisch reicht, täuscht die Marquise eine körperliche Erregung vor, die Prévan sogleich als Zeichen seines bevorstehenden Triumphs wertet:

> Étranger dans ma société, qui ce soir-là était peu nombreuse, il me devait les soins d'usage, aussi, quand on alla souper, m'offrit-il la main. J'eus la malice, en l'acceptant, de mettre dans la mienne un léger frémissement et d'avoir, pendant la marche, les yeux baissés et la respiration haute. J'avais l'air de pressentir ma défaite et de redouter mon vainqueur. Il le remarqua à merveille; aussi le traître changea-t-il sur-le-champ de ton et de maintien. Il était galant, il devint tendre. (S. 187)

Auch die weiteren Blicke, die sie ihm zuwirft, täuschen Leidenschaft und zugleich Angst vor der bevorstehenden Unterwerfung vor:

> De mon côté, je devins rêveuse, à tel point qu'on fut forcé de s'en apercevoir; et quand on m'en fit le reproche, j'eus l'adresse de m'en défendre maladroitement et de jeter sur Prévan un coup d'œil prompt, mais timide et déconcerté, et propre à lui faire croire que toute ma crainte était qu'il ne devinât la cause de mon trouble. (Ebd.)

Die Marquise ist jedoch jederzeit auf der Höhe des Geschehens. Gegenüber Valmont analysiert sie ihre strategisch eingesetzte indirekte Körpersprache. Das Vorgehen des Chevaliers liegt wie ein offenes Buch vor ihr; auch seine Reaktionen auf ihre körpersprachlichen Verstellungen erfolgen wie bestellt:

> Qu'il est commode d'avoir affaire à vous autres, *gens à principes!* quelquefois un brouillon d'Amoureux vous déconcerte par sa timidité, ou vous embarrasse par ses fougueux transports; c'est une fièvre qui, comme l'autre, a ses frissons et son ardeur et quelquefois varie dans ses symptômes. Mais votre marche réglée se devine si facilement, le maintien, le ton, les discours, je savais tout dès la veille. (S. 188)

Kurz bevor die Marquise Prévan den Todesstoß versetzt, setzt sie als Steigerung ihrer Verstellung ihre Tränen ein und bedenkt, dass es sich um ein aus der Literatur erlerntes und von ihr einstudiertes Verfahren handelt. Passend zum melodramatischen Kontext der Szene fällt ihr Voltaires Eifersuchtsdrama *Zaïre* (1732) ein, welches im orientalischen Harem des Sultans Orosmane, des Nachfolgers von Saladin, spielt. Die körpersprachlichen Verstellungen der Merteuil werden auf diese Weise als einstudierte literarische Verhaltensweisen parodiert:

> Mais voulant frapper le coup décisif, j'appelai les larmes à mon secours. Ce fut exactement le *Zaïre, vous pleurez.* Cet empire qu'il se crut sur moi, et l'espoir qu'il en conçut de me perdre à son gré, lui tinrent lieu de tout l'amour d'Orosmane. (S. 189)

Besonders bemerkenswert an Laclos' Roman ist aber nun, dass er einen epistemischen Paradigmenwechsel der Epoche thematisiert. Die Sprache der Verführer Valmont und Merteuil ist mit Metaphern und Bildern der zeitgenössischen Militärtheorien durchsetzt, was bei einem Autor, der Berufsoffizier ist, zunächst nicht verwundert[22]. Die Methapern und Bilder zeigen jedoch zwei klar voneinander unterscheidbare Strategien: Die eine dieser Strategien ist in der zeitgenössischen Militärtheorie als Ermattungsstrategie geläufig. In der Renaissance hatte diese militärische Strategie den mittelalterlichen Kampf ‚Mann gegen Mann‘ abgelöst. Die Organisation des Kriegswesens in Söldnerheeren sowie die Motive der zumeist dynastischen Kriege hatten zu mühsam geplanten Manöverschlachten geführt, die diese festen Regeln unterwarfen. Die genaue Kenntnis des Terrains, der ‚coup d'œil‘ des Feldherrn, die Berechnung des Zeitfaktors bei der Bewegung der Truppen, die Sicherung der ‚retraite‘ waren zentrale Gesichtspunkte, mit denen man

---

22 Vgl. zum Folgenden Vf., „Der Strategiestreit in den *Liaisons dangereuses*. Von der Ermattungs- zur Niederwerfungsstrategie", in: Ilse Nolting-Hauff/Joachim Schulze (Hrsg.), *Das Fremde Wort.* Studien zur Interdependenz von Texten. Festschrift für Karl Maurer zum 60. Geburtstag, Amsterdam, Grüner, 1988, S. 276–305, bes. S. 283–293.

die sogenannten Positionskriege führte und im Extremfall sogar die Schlacht völlig vermeiden konnte. Mit der Kriegführung der Preußen unter Friedrich dem Großen und insbesondere mit den Napoleonischen Massenschlachten durch ein rekrutiertes Volksheer kommt aber eine völlig andere Strategie auf, die die Militärgeschichte als Niederwerfungsstrategie bezeichnet. Gegen Ende des 18. und zu Beginn des 19. Jahrhunderts werden Entscheidungsschlachten geführt. Der Faktor ‚Schnelligkeit' ist in vielfacher Hinsicht entscheidend. Der ‚coup d'œil' des Feldherrn bedarf nun der genialen Inspiration und macht sich in schnell getroffenen Entscheidungen den Zufall zu nutze. Die Schlacht läuft ab wie ein Drama, in dem die Einführung, die Entwicklung der Handlung, und die Lösung unmittelbar aufeinander folgen. Ein Angriff muss mit Geschwindigkeit vorgetragen werden und wird durch die Masse der Angreifer in seiner Effizienz gesteigert: „La force d'une armée, comme la quantité des mouvements dans la mécanique, s'évalue par la masse multipliée et par la vitesse [...]" – heißt es in den *Maximes de guerre* Napoléons[23].

Laclos, der selbst militärtheoretische Schriften verfasst hat, überträgt die Kriterien dieser beiden Kriegsstrategien auf die Verführungskünste seiner Protagonisten. Eine solche Übertragung ist alleine dadurch gerechtfertigt, dass schon Ovid den Topos des ‚militat omnis amans' in seiner *Ars amatoria* zum Bestandteil der Verführungskunst gemacht hatte. Dies wird nicht nur von Valmont aufgegriffen – „[...] je ne me suis écarté en rien des vrais principes de cette guerre [...] si semblable à l'autre [...]" – heißt es in Brief 125 (S. 293)[24]. Die Zuschreibung von militärstrategischen Verhaltensweisen hat auch Auswirkungen auf die Art und Weise der Sprache der Protagonisten. Während Valmont die ältere Ermattungsstrategie verkörpert, ist die Merteuil ganz dem modernen Paradigma der Niederwerfungsstrategie verpflichtet. Valmont entpuppt sich als regelrechter Rokokostratege, der sich nach seinem Sieg über die Présidente de Tourvel seiner militärischen Qualitäten rühmt: Er beruft sich auf seine „pureté de méthode" im Stil eines „Turenne" oder „Frédéric" (ebd.); er spricht von seinen gelungenen Manövern („savantes manœuvres", ebd.), von der klugen Wahl des Terrains („choix du terrain", ebd.), von der Ausschaltung des Zufalls"(„[...] je n'ai rien mis au hasard [...]", ebd.) sowie seinem gesicherten Rückzug im Bedarfsfall („retraite assurée", ebd.). Diese Strategie wird von der Marquise de Mertueil gnadenlos als rückständig und überholt entlarvt. Sie wirf ihm vor, eher kämpfen als siegen zu wollen: „[...] vous désirez moins de vaincre que de combatttre [...]" (S. 67) Valmont ha-

---

23 *Maximes de guerre et pensées de Napoleon 1er*, hrsg. vom Géneral Burnod, Paris, Dumain, ⁵1863 (¹1831), S. 6.
24 Zu der Übertragung der militärischen Metaphern und Bilder auf die Personen des Romans vgl. Vf., „Der Strategiestreit in den *Liaisons dangereuses*", S. 293–300.

be alles dem Zufall überlassen und kämpfe ohne Regeln („Vous voilà donc vous conduisant sans principes, et donnant tout au hasard [...]", S. 28). Er habe keine Zeitvorstellung und komme nur in kleinen Schritten voran: „[...] depuis quand voyagez-vous à petites journées [...]?" (ebd.). Demgegenüber lautet ihre Devise: „Il faut vaincre ou périr." (S. 177). Sie spricht fortwährend vom „coup décisif" (S. 189) und favorisiert die plötzliche und vor allem schnell vorgetragene Attacke: „une attaque vive et bien faite, où tout se succède avec ordre quoique'avec rapidité" (S. 28) Sie verweist auf ihren „coup d'œil pénétrant" (S. 171), der auf langer Erfahrung beruht und zur schnellen Entscheidung befähigt („Vous savez comme je me décide vide [...]", S. 175). Anders als der an seinen „formules d'usage" (S. 244) klebende Valmont, der stets von den Umständen („circonstances", ebd.) abhänge, sieht sie sich als spontan erfinderisch „vous n'inventez rien" (ebd.) und stets auf der auf der Höhe des Geschehens („Vous n'avez pas le génie de votre état [...]", ebd.)

Bemerkenswert ist, dass die Marquise de Mertueil diese Kriterien einer neuen Epoche bei der Regulierung ihrer Formen der Kommunikation übernimmt. Sie passt ihre Sprache sowie ihre Körpersprache ganz den Gegebenheiten der neuen Zeit an. Die Epoche ist geprägt von einer zunehmenden Beschleunigung; sie fördert und fordert einen beispiellosen Utilitarismus und eine gesteigerte Effizienz des Verhaltens. Dies wiederum bedingt eine besonders schnelle Erfassung von gesellschaftlichen Situationen und in der Folge auch eine besonders schnelle sprachliche Reaktion, mit dem Ziel, effiziente Wirkungen zu erzielen. An die indirekte Form des Sprechens stellen diese neuen Bedingungen besonders hohe Anforderungen. Im 17. und 18. Jahrhundert des Ancien Régime musste man sich an die Regeln der ‚bienséance' halten. Indirektes Sprechen zeugte von der besonderen Fähigkeit der Einhaltung dieser Regeln. Wer dies perfekt konnte, stellte über die indirekte Kommunikation, ihre ‚finesse', besondere ästhetische Fähigkeiten unter Beweis. Die indirekte Kommunikation war aber auch Mittel und Zweck, zentralen Regeln Widerstand entgegenzusetzen und qua ‚dissimulatio' eine profunde Kritik an den Verhältnissen zum Ausdruck zu bringen. An die Stelle der ‚bienséances' treten im Übergang vom 18. zum 19. Jahrhundert andere diskurssteuernde Faktoren. Die ‚bienséances' spiegelten eine statische Gesellschaft, wo der Zeitfaktor kaum eine große Rolle spielt. Eine perfekte indirekte Form des Sprechens ist ein besonderes Merkmal einer Gesellschaft im ‚divertissement'. Mit dem ‚libertinage' beginnt die Degeneration dieses ‚divertissement' sowie der ‚galanterie' als einer exemplarischen gesellschaftlichen Verhaltensweise. Erotik rückt ins Zentrum der Vergnügungen gepaart mit der Ausübung von Macht. Beide prägen das indirekte Sprechen. Nach ihrer langjährigen Beobachtung der gesellschaftlichen Verhaltensweisen, der systematischen Erlernung der Verstellung reguliert die Marquise ihre Formen des indirekten Sprechens im Hinblick auf ihre scharfsichtigen Reflexionen der Veränderungen ihrer Zeit. In Zeiten der Beschleunigung des öffentlichen Lebens ist es umso wichtiger, das Sprechen, welches ja nach außen hin spontaner und schneller erfolgt, rational zu kontrollieren, damit es keinen Zufällen unterworfen ist. Noch ganz in einer aristokratisch bestimmten, allerdings untergehenden Welt befangen, richtet sie sich am neuen Phänomen der Beschleunigung des öffentlichen Lebens und am entstehenden utilitaristischen Denken aus. So wie man in der Militärgeschichtsschreibung der Zeit in Friedrich dem Großen einen Vertreter der Ermattungsstrategie gesehen hat, der bereits vieles von der Niederwerfungsstrategie praktiziert, so kann man im indirekten Sprechen der Marquise de Merteuil eine Form der Einhaltung der sprachlichen und kommunikativen Gepflogenheiten der Epoche sehen, die dieses Sprechen angesichts der neuen Attribute von Schnelligkeit und Effizienz zu retten versucht:

> [...] sûre de mes gestes, j'observais mes discours; je réglais les uns et les autres suivant les circonstances ou même seulement suivant mes fantaisies: dès ce moment, ma façon de penser fut pour moi seule et je ne montrai plus que celle qu'il m'était utile de laisser voir. (S. 171)

13 Die Literatur als Ort der Aufbewahrung des indirekten Sprechens aus der Konversation: Honoré de Balzac

13.1 Die veränderte Kommunikationssituation im 19. Jahrhundert

Die Sprache der Marquise de Merteuil aus den *Liaisons dangereuses* hat gezeigt, wie man sich in einem aristokratischen Umfeld und einer immer noch von der freien Zeit der aristokratischen Lebensweise geprägten Konversation den modernen Gegebenheiten anpassen kann. Utilitarismus und Beschleunigung des öffentlichen Lebens sind die beiden Faktoren, die die Merteuil aufgreift und zu Maßstäben ihres Sprechens macht. Beide Kriterien führen zu einer Konzentration der Sprecherleistung: Da man in einer Epoche der Beschleunigung sowie der geforderten Effizienz umso schneller reagieren muss, ist eine besonders rational geplante Vorbereitung auf mögliche Sprechsituationen sowie eine Einübung der Prinzipien der Rede zwecks Habitualisierung nötig. Und umso wichtiger ist das notwendige Maß an Verstellung, die das indirekte Sprechen ermöglicht, da dieses dem Gesprächspartner größere Verstehensleistungen auferlegt und zugleich Spielräume der Reaktion ermöglicht sowie Ausweichmöglichkeiten eröffnet. Insbesondere die in der Regel spontan und unwillkürlich erfolgende Körpersprache muss, wie der Fall der Merteuil zeigt, strengen Disziplinierungsmaßnahmen unterworfen werden.

Nach der französischen Revolution und mit der beginnenden Industrialisierung im 19. Jahrhundert haben sich die Verhältnisse grundlegend geändert. Wie ein Pariser Reiseführer aus dem Jahr 1863 zeigt, werden allein verkehrstechnisch die Distanzen aufgehoben, was ganz neue Dimensionen der Kommunikation, nicht nur im Sinne von Verkehrsverbindungen, ermöglicht:

> Il existe au XIXe siècle une certaine agitation, un puissant besoin de mouvement, qui n'étaient pas connus de nos ancêtres ; puis nous possédons, pour satisfaire ce besoin devenu chaque jour plus impérieux, une facilité admirable de communications, une promptitude vraiment féerique à franchir les distances. Partout on voyage avec rapidité, commodément, sans dangers probables et sans fatigues. Voyez toutes ces belles routes tracées jusque sur le sommet des plus hautes montagnes. À leur tour, les bateaux à vapeur nous conduisent aussi vite à Saint-Pétersbourg et à New York, que jadis les voituriers de Paris à Marseille, et les chemins de fer feront bientôt de tout un royaume une seule province, de l'Europe un

seul pays, enfin, de notre planète entière, comme un seul et vaste domaine qu'on pourra désormais parcourir en l'espace de quelques mois.[1]

Die Räume der öffentlichen und quasi öffentlichen Konversation werden erheblich erweitert und große Gruppen der Bevölkerung sind nun in das Kommunikationsgeschehen involviert. Neben die privaten Konversationen im Freundeskreis, der Familie, der Nachbarschaft, treten Kommunikationen im öffentlichen Raum wie Cafés, Klubs, geschäftliche Treffen, Wahlveranstaltungen, Parlament u. a.[2] Dabei verändern sich naturgemäß die normgebenden Instanzen dieser Gespräche. Setzten früher bei Hof und im Salon die gebildete oder machtvolle Einzelperson bzw. einzelne Gruppen mit entsprechenden gesellschaftlichen Verbindungen Maßstäbe einer ‚bienséance‘, so werden nun in den erweiterten Räumen der Kommunikation Zeitungen und Bücher eines sich rasant entwickelnden Buchmarktes zur normgebenden Instanz. Für das 19. Jahrhundert hat der Soziologe und Philosoph am Collège de France, Gabriel Tarde, in seinem Buch *L'Opinion et la foule* (1901) die Entwicklung der Konversation analysiert und die zentrale Rolle der Presse sowie des Buchs herausgestellt:

La plus grande force qui régisse les conversations modernes, c'est le livre, c'est le journal. Avant le déluge des deux, rien n'était plus différent d'un bourg à l'autre, d'un pays à l'autre, que les sujets, le ton, l'allure des entretiens, ni de plus monotone, en chacun d'eux, d'un temps à l'autre. À présent, c'est l'inverse. La presse unifie et vivifie les conversations, les uniformise dans l'espace et les diversifie dans le temps. Tous les matins, les journaux servent à leur public la conversation de la journée. On peut être à peu près sûr, à chaque instant du sujet des entretiens entre hommes qui causent dans un cercle, dans un fumoir, dans une salle des Pas Perdus.[3]

Ganz neue Bevölkerungsschichten kommunizieren miteinander. Dies verändert die Art der Kommunikation:

[...] par le changement des mœurs dans un sens démocratique, ce n'est pas seulement le nombre des interlocuteurs possibles qui s'accroît, c'est leur qualité qui varie. Les diverses couches sociales entrent plus librement en conversation; et, par l'émigration des champs

---

1 *Paris-Touriste*. Annuaire illustré des touristes et baigneurs, Paris 1863, S. 2.
2 Die grundlegenden Veränderungen seit dem 18. Jahrhundert hat Jürgen Habermas in seiner Habilitationsschrift beschrieben: *Strukturwandel der Öffentlichkeit*. Untersuchungen zu einer Kategorie der bürgerlichen Gesellschaft (Politica. 4), Neuwied/Berlin, Luchterhand, 1962; Neuauflage: (suhrkamp taschenbuch wissenschaft. 891), Frankfurt a. M., Suhrkamp, 1991.
3 Zitierte Ausgabe: (Collection Recherches politiques), Paris, Les Presses universitaires de France, 1989, S. 51; online: Chicoutimi, Québec, 2003: http://classiques.uqac.ca/classiques/tarde_gabriel/opinion_et_la_foule/tarde_opinion_et_la_foule.pdf. (Die Seitenangaben im laufenden Text beziehen sich auf diese Ausgabe).

aux villes, par l'urbanisation des campagnes mêmes, par l'élévation du niveau moyen de l'instruction générale, la nature des entretiens devient tout autre, de nouveaux sujets se substituent aux anciens. (Ebd.)

Anfänglich habe die Presse nur Themen aus den Räumen einer begrenzten öffentlichen Konversation aufgegriffen; nunmehr gebe sie jedoch die Sujets vor und forme eine öffentliche Meinung:

> Les journaux ont commencé par exprimer l'opinion, l'opinion d'abord toute locale de groupes privilégiés, une cour, un parlement, une capitale, dont ils reproduisaient les commérages, les discussions, les discours; ils ont fini par diriger presque à leur gré et modeler l'opinion, en imposant aux discours et aux conversations la plupart de leurs sujets quotidiens. (S. 39 f.)

Man könne sich gar nicht vorstellen, in welchem Ausmaß das Buch und die Presse die Konversation beeinflusst habe:

> On ne saura, on n'imaginera jamais à quel point le journal a transformé, enrichi à la fois et nivelé, *unifié dans l'espace* et *diversifié dans le temps* les conversations des individus, même de ceux qui ne lisent pas de journaux, mais qui, causant avec des lecteurs de journaux, sont forcés de suivre l'ornière de leurs pensées d'emprunt. Il suffit d'une plume pour mettre en mouvement des millions de langues. (S. 40)

Tarde begrüßt diese Entwicklung, insbesondere die uniformisierende Wirkung der Presse und des Buchs. Die Konversation im Ancien Régime war für ihn allein durch Hierarchien geprägt, so dass nach der vertikalen Ausrichtung des Gesprächs, das vor allem auf das Komplimentieren ausgerichtet war, eine echte, auf dem Austausch beruhende Konversation erst mit der Abschaffung der Ungleichheit entstehen konnte:

> [...] on doit reconnaître que le compliment a été la relation unilatérale qui, en se mutualisant, à mesure que l'inégalité s'atténuait, est devenue la conversation [...](S. 46)

In Zeiten der Gleichheit der Bürger in der Demokratie verliert die Konversation laut Tarde mehr und mehr den Status eines Kampfes und nimmt die Konturen eines Austauschs an: „À travers les sinuosités capricieuses de ses divers courants, elle [= la conversation] tend à devenir de moins en moins une lutte et de plus en plus un échange d'idées." (S. 53). Die Konversation dient auf diese Weise dem Abbau von Egoismen und wird zum sozialen Kitt, der die Gesellschaft zusammenhält:

> Au point de vue moral, elle [=la conversation] lutte continuellement, et avec succès le plus souvent, contre l'égoïsme, contre le penchant de la conduite à poursuivre des fins tout individuelles; elle trace et creuse, l'opposant à cette téléologie individuelle, une téléologie toute sociale [...] (S. 61)

Insgesamt sieht er im Zeitungswesen eine Art öffentliches Gespräch, welches die einzelnen Meinungen zur öffentlichen Meinung verschmelzt:

> En somme, le journal est [...] une conversation publique [...] Il a commencé par n'être qu'un écho prolongé des causeries et des correspondances, il a fini par en être la source presque unique. [...] D'un télégramme privé adressé à son directeur, il fait une nouvelle à sensation d'une actualité intense [...] Il a achevé de la sorte le long travail séculaire que la conversation avait commencé, [...] le travail de fusion des opinions personnelles en opinions locales, de celles-ci en opion nationale et en opinion *mondiale*, l'unification grandiose de l'Esprit public. (S. 73)

Tarde entpuppt sich ganz als Vertreter eines für Frankreich typischen Egalitarismus, der seit der radikalen Abschaffung der Hierarchien des Ancien Régime in der Revolution bis heute vor allem das Justiz- und das Bildungswesen bestimmt. Schon Alexis de Tocqueville war in seinem Hauptwerk *De la Démocratie en Amérique* (1835/1840) vom Gedanken der Gleichheit in der amerikanischen Demokratie fasziniert, obgleich er davor warnte, dass ein Staat nicht die Gleichheit auf Kosten der Freiheit in den Mittelpunkt rücken und dadurch einem Egalitarismus verfallen sollte. Der Präsident der Dritten Republik am Ende des 19. Jahrhunderts, Jules Ferry, war der Meinung, die Gleichheit sei die Essenz und die legitime Basis der Gesellschaft, eine Position, die bis heute in Frankreich politisch verbreitet ist und rezente Kritiker dazu führt, dieses politische Konzept als eine der größten *Pathologies politiques françaises* zu beleuchten[4].

Bemerkenswert an den Positionen Tardes' ist, dass er die uniformisierende Wirkung der Presse und des Buchs auf die Konversation als zivilisatorischen und sozialen Fortschritt gegenüber dem hierarchischen System der vorrevolutionären Zeit preist. Was nun aber die von ihm geschätzte Art und Weise des Sprechens in der Konversation angeht, hält er sich ganz an das Modell des Ancien Régime, ohne zu problematisieren, dass das indirekte Sprechen ein Produkt der vertikalen Hierarchien der Konversationsgesellschaften der Zeit vor der Revolution ist. Das Kriterium der ‚politesse' der alten Gesellschaft sei zwar Ausdruck einer Ergebenheit gegenüber Höhergestellten; es sei jedoch derart zur ‚habitude' geworden, dass es auch unter Bedingungen der Gleichstellung der Konversationsteilnehmer Anwendung finde:

> Laisser parler l'interlocuteur est une marque de politesse à laquelle on ne se résout d'abord qu'en faveur d'un supérieur, sauf à la pratiquer à l'égard de tout le monde quand l'habitude en est prise. **Cette habitude ne saurait donc se généraliser dans un pays que grâce à une assez longue discipline antérieure. Voilà pourquoi il convient, je crois, de faire procéder des conversations [...] les progrès de l'art de causer tel que nous le connaissons.** (S. 48; Hervorhebung von Vf.)

---

4 Alain Duhamel, *Les Pathologies politiques françaises*, Paris, Plon, 2016.

Auch unter den Bedingungen der Gleichstellung gelte es, die Konversation als jene tradierte Kunst („la conversation cultivée comme un art spécial", S. 54) zu pflegen, für die Frankreich das universelle Modell („La France, [...] modèle universel", S. 55) bereitgestellt habe. Tarde übernimmt die aristokratische Auffassung, die Rede eines Konversationsteilnehmers müsse eine hohe ästhetische Qualität aufweisen. Wollten die Teilnehmer der Gespräche im Ancien Régime damit ihre Freiheit und Individualität sichern, so werde das Kriterium nunmehr auf die zivilisierte Gesellschaft schlechthin übertragen:

> Dans une société vraiment civilisée [...] il faut [...] que les moindres paroles, les moindres gestes, joignent toujours à leur caractère d'utilité, sans nulle affectation, un caractère de grâce ou de beauté propre. Il faut qu'il y ait des gestes „de style" [...] (S. 56)

Gegen Hippolyte Taine, der in seinem Hauptwerk *Les origines de la France contemporaine* (1877–1894) das Bedürfnis nach einer gehobenen Sprache und Rhetorik der Konversation als typisch für den Hof und die Salons angesehen hatte, argumentiert Tarde mit Tocqueville, der für egalitäre Gesellschaftssysteme die Notwendigkeit einer ‚conversation fine' erkannt habe:

> Il [=ce besoin] se fait sentir encore, parmi nous, dans les oasis esthétiques de nos démocraties. Ne dirait-on pas, à lire Taine, que le goût de la conversation fine et de la vie de salon a été, non pas plus intense seulement sous l'ancien régime dans les classes supérieures, mais encore une singularité caractéristique et unique de la société française à cette phase de son développement? Là est l'erreur de cet esprit si pénétrant. [...] Tocqueville, avec plus de vérité, [...] explique la chose par l'influence du régime égalitaire. (Ebd.)

Die feine Konversation – hier kommt das indirekte Sprechen ins Spiel – war am Hof vor allem der Rücksichtnahme auf die Hierarchien („un groupement hiérarchique d'hommes et de femmes") geschuldet, um die unterschiedlichen „amours propres" in eine Balance zu bringen:

> L'art de la conduite, en un tel milieu [...] suppose, avant tout, la distribution aisée, sûre, délicate, des nuances de respect dues à la diversité des mérites et des rangs; et le plaisir des amours-propres satisfaits par là dans une société éminemment hiérarchique est au moins aussi apprécié de tous que celui des idées échangées et accordées. (Ebd.)

In den Salons seien diese hierarchischen Unterschiede bereits nivelliert worden. Hier liegt für Tarde ein Vorläufer der gesellschaftlichen Gleichheit[5]:

---

5 Als einen historisch vorbildlichen Salon beschreibt Tarde den des Baron d'Holbach, aus dem Diderot in seinem Brief an Sophie Volland von 1760 berichtet (S. oben Kap. 11.3, S. 226–230): „Le salon de Mme de Rambouillet était un salon *littéraire* et *précieux*, sans nulle liberté d'esprit – où

> [...] la vie de salon [...] tend à l'harmonie sociale [...] même en exprimant les distances des rangs, elle les atténue. [...] elle ne naît qu'entre égaux ou elle égalise, elle ne naît qu'entre semblables ou elle assimile. Seulement elle n'égalise et n'assimile qu'à la longue. (S. 57)

Aus dieser ‚assimilation à la longue' entstehe eine Ästhetik der Konversation, die die ursprüngliche Schmeichelei aus hierarchischen Gründen durch eine unter Gleichen, die sich respektieren, ersetzt habe. Laut Tarde kann man im 19. Jahrhundert von einer Poetik der Konversation als einem quasi überzeitlichen ‚code esthétique' sprechen:

> Au point de vue esthétique, elle [= la conversation] engendre la politesse, par la flatterie unilatérale d'abord, puis mutualisée ; elle tend à accorder les jugements du goût, y parvient à la longue et élabore ainsi un art poétique, un code esthétique, souverainement obéi à chaque époque [...] (S. 61)

Und diese Poetik der Konversation sehe das indirekte Sprechen als Regelfall vor: da man nicht immer davon ausgehen könne, auch unter den Bedingungen der Gleichheit der Gesprächsteilnehmer, dass die Komplimente aus Höflichkeit auf fruchtbaren Boden beim Gegenüber fallen. Man müsse demnach Konflikte durch eine allzu große Offenheit vermeiden. Das indirekte Sprechen, wenn auch in abgeschwächter Form, d. h. der sich abschwächenden Komplimente einer vertikalen Gesellschaft unter den Bedingungen der Gleichheit, werde zum Regelfall einer urbanen Konversation, die im Grunde und auf Dauer von einer grundsätzlichen Konfliktlosigkeit – „désintéressement" in den Worten Tardes – geprägt ist.

> De la conversation sont nés les compliments aussi bien que les injures. En causant, les hommes se sont aperçus que leur bonne opinion d'eux-mêmes n'était point partagée par autrui et réciproquement. L'illusion vaniteuse d'autrui, lorsqu'il s'agissait d'un égal, on pouvait la railler, la combattre durement en injuriant l'adversaire ; encore **l'expérience apprenait-elle à éviter les conflits provoqués par ces accès de franchise.** Mais quand il s'agissait d'un supérieur, d'un maître, il était prudent de flatter cette chimère. **De là les compliments qui, peu à peu, s'atténuant à la fois et se mutualisant, et se généralisant sous cette forme réciproque, sont devenus le fond de l'urbanité.** Ils commencent toujours par être intéressés et ne deviennent désintéressés qu'à la longue. (S. 67; Hervorhebungen von Vf.)

---

il n'y avait d'un peu libre que la conversation amoureuse et galante (et encore) ! – tandis que dans le salon d'Holbach on entendait, dit Morellet, la conversation la plus libre, la plus instructive et la plus animée qui fût jamais : quand je dis libre, j'entends en matière de philosophie, de religion et de gouvernement, car les plaisanteries libres dans un autre genre en étaient bannies'. [...] Le salon d'Holbach, comme celui d'Helvétius, comme ceux de toute la fin du XVIIIe siècle, rassemblaient des causeurs de toute classe et de toute nationalité, éclectisme qui n'eût pas été possible auparavant. Par la grande diversité d'origine des causeurs, comme par l'extrême variété et liberté de leurs sujets de conversation, ces salons différaient beaucoup des lieux de causerie antérieurs" (S. 52).

All diese Veränderungen der Konversation gegenüber dem 18. Jahrhundert werden in den Romanen Honoré de Balzacs ausgiebig reflektiert. Balzac greift zudem einen weiteren Aspekt auf, der quasi als Gegenreaktion gegen den entstehenden Egalitarismus anzusehen ist: die Erfindung des modernen Subjekts. In dem Maße, in dem der Gedanke der Gleichheit nach der französischen Revolution Raum greift, in dem Maße denkt die Epoche darüber nach, wie sich das einzelne Individuum zur Geltung bringen und auszeichnen kann. Im Denken verhält sich das Individuum zu sich selbst und entwickelt ein Selbstbewusstsein. Je nach Fragestellung und philosophischer Position wird das Subjekt eher als ‚Zugrundeliegendes' (*hypokeimenon*) angesehen oder als ‚Unterworfenes' (*subiectum*), welches sich den sozialen und gesellschaftlichen Gegebenheiten anpassen muss. Schaut man auf den Verstand und die Vernunft des Subjekts, steht der Aspekt der Erkenntnisfähigkeit und Urteilskraft im Mittelpunkt, schaut man auf den menschlichen Willen, steht die Frage nach dessen Freiheit im Raum. Aus einer historischen Perspektive betrachtet, stellt sich das Problem der Identität des Subjekts unter sich wandelnden Lebensbedingen. In all diesen Fällen hat das Subjekt ein massives Interesse daran, in der Kommunikation seine Rede zu verschleiern und die Kunst des Impliziten zu beherrschen: Entweder, um sich als einzigartiges Wesen von anderen Subjekten abzugrenzen (*hypokeimenon*). Dies ist die Grundlage der Stilisierung als Genie und seiner quasi unergründlichen Tiefendimension, wie sie in der Romantik allerseits anzutreffen ist. Oder die indirekte Art des Sprechens gilt der Dissimulation der Abhängigkeit von gesellschaftlichen Bedingungen und letztlichen Unfreiheit des Subjekts (*subiectum*). Die Postmoderne hat gezeigt, inwieweit die Vorstellung des beginnenden 19. Jahrhunderts, das Individuum zum machtvollen Subjekt des Wissens und der Geschichte zu machen, eine Fiktion ist. Allein die Abhängigkeit von der Sprache, die für die Erkenntnis der Lebensbedingungen die Raster und Floskeln bereitstellt und damit die Wahrnehmung filtert, zeugt von der Unfreiheit des Subjekts. Michel Foucault hat verdeutlicht, dass die romantische Vorstellung von der ‚profondeur', der in der Tiefe des Subjekts zu entdeckenden Authentizität, Wahrheit und Identität, illusionär ist, da letztlich die Regeln der herrschenden Diskurse die sozialen Praktiken des Subjekts steuern und beherrschen. Gelangt man zu dieser Erkenntnis, ist die Kommunikation vor allem von der Vorstellung geprägt, die Abhängigkeit des ‚subiectum' zu verschleiern. Dies gilt insbesondere in einem Land, in dem die Strukturen weiterhin zentralistisch ausgerichtet sind.

In Balzacs Konzeption seiner Figuren kommen diese Aspekte zum Tragen. Balzac schreibt in der Zeit der Julimonarchie, in der das große Geld die Stadt Paris beherrscht. Die Kriterien der Beschleunigung des Lebens sowie des Utilitarismus sind in dieser Zeit klingende Münze. Seine Romane spielen jedoch zu einem großen Teil in der Epoche der vorangehenden Restauration, in der die Werte und

Vorstellungen des Ancien Régime noch einmal vollumfänglich zu greifen sind. Wie Joachim Küpper gezeigt hat, entlehnt Balzac seine Figuren- und Konfliktkonstellationen dem zeitgenössischen Melodrama[6]. Dabei ist oftmals die weibliche Protagonistin die zentrale Figur der *Comédie humaine:* Ihr Wesen umgibt ein Geheimnis, welches an der Oberfläche nicht unmittelbar zu erkennen ist. Die Heldin ist entweder hoher Abstammung und lebt nach außen hin unter bescheidenen Lebensbedingungen oder sie ist niederer Abstammung und führt ein glänzendes Leben[7]. Die Tiefendimension der Figuren bei Balzac ist anders konzipiert als die der romantischen Heldinnen und Helden: In der Romantik hat das Geheimnis der Figur eine moralische Dimension. Ihre Leidenschaft richtet sich in der Regel eher ziellos auf eine unbestimmte Sehnsucht. Bei Balzac besteht das Geheimnis der Figuren in einer leidenschaftlichen Fixierung auf einen Gegenstand oder eine Person. Dem Autor geht es nicht mehr um die Tiefe der menschlichen Seele, sondern um die gesellschaftlichen Abgründe, die die Figuren zum Scheitern bringen. Die Balzacschen Helden sind Opfer der sozialen und gesellschaftlichen Untiefen. Ihr Geheimnis wird im Laufe der Handlung enthüllt[8]. Die realistische Erzählung Balzacs verweist auf die letztlich undurchdringliche Komplexität der Welt, an der die Helden scheitern[9]. Dies sind die Koordinaten, innerhalb derer Balzac ausgiebig über das Sprechen in der Konversation nachdenkt.

13.2 Die Konversation der Figuren und die des Erzählers mit dem Leser: *Les secrets de la princesse de Cadignan*

In seiner Abhandlung über die *Histoire de la conversation* stellt Godo die These auf, dass das 19. Jahrhundert aufgrund des für diese Epoche typischen „culte de l'utile" keine Zeit mehr für die gepflegte Konversation lässt. Die Konversation sei zum Emblem einer seit der Revolution unwiederbringlich verlorenen Zeit geworden:

> La conversation au XIXe siècle prend un tour que nous ne lui connaissions pas aux siècles précédents. Devenant, après la tourmente révolutionnaire, un point de ralliement de la

---

6 *Balzac und der effet de réel.* Eine Untersuchung anhand der Textstufen des *Colonel Chabert* und des *Curé de Village* (Beihefte zu Poetica. 17), Amsterdam, Grüner, 1986, S. 63. Zum Geheimnis der Balzacschen Romanfiguren vgl. auch Igor Sokologorsky, „Balzac et l'envers du monde", *L'Année balzacienne* Bd. 10/2009, S. 315–345.
7 Vgl. S. 63 f.
8 Vgl. S. 71 f.
9 Vgl. S. 75.

noblesse exilée et défaite, elle est désormais liée à l'idée de nostalgie et apparaît comme l'emblème d'un temps à jamais enfui, concentrant toutes les amertumes, toutes les frustrations et toutes les insatisfactions de ceux qui ne se sentent pas en phase avec ce XIXe siècle qui commence à prôner le culte de l'utile.[10]

Godo beruft sich auf den Artikel „Conversation" des *Grand Larousse du XIXe siècle*, der feststellt, dass die Kunst der Konversation eine mittlerweile vergessene Kunst sei, da die Politik und der Einfluss der Presse die aus der bedeutungslosen Aristokratie stammende Leichtigkeit und Grazie verdrängt habe:

> Sous la République et sous l'Empire, on avait bien autre chose à faire qu'à causer. Lorsque, dans la France pacifiée, quelques salons s'ouvrirent, il se trouva que la conversation était un art oublié, et que son règne était fini. Les esprits avaient perdu cette grâce, cette légèreté, cette frivolité même, qui ne sauraient se trouver que dans une aristocratie. Les discussions politiques avaient remplacé les conversations galantes, philosophiques et artistiques, et l'influence croissante de la presse vint bientôt diminuer la part de la causerie des salons.[11]

Die Kunst der Konversation, des Impliziten und der Verstellung sei zu sehr an die Klassik und ihre Künstlichkeit und Oberflächlichkeit gebunden, um die an Authentizität und Wahrheit der an der inneren Tiefe des Subjekts interessierte Romantik beeindrucken zu können. Wenn Balzac sich daher in mehreren Novellen und Romanen als faszinierter Anhänger der Konversation zu erkennen gebe, dann aus einer nostalgischen Bewunderung der Aristokratie heraus und aus der Ablehnung der zeitgenössischen Unterwerfung unter den Utilitarismus:

> La conversation, en tant que libre et désintéressée, se révèle une manière anodine et néanmoins radicale de se révolter contre la pensée dominante. C'est une révolte élégante, spirituelle, un déni poli et cependant ferme aux injonctions malséantes du temps présent. [...] la conversation se pense sur le mode de l'antagonisme – il s'agit désormais de se distinguer de la pensée commune que symbolise le sérieux positif de l'article de journal et du discours politique. La conversation devient alors l'instrument d'affirmation et de différenciation d'une élite pratiquant la misanthropie collective et manifestant par elle son désaccord de fonds vis-a-vis de cette société bourgeoise.[12]

Nun ist Balzac zweifellos von den vergangenen Epochen der aristokratischen Gesellschaft fasziniert. Er ist allerdings nicht in erster Linie Nostalgiker. Und er ist auch kein Romantiker. Er analysiert die sozialen Abgründe seiner Zeit und greift

---

10 S. 259.

11 Artikel „Conversation", in: *Nouveau Larousse illustré. Dictionnaire universel encyclopédique*, hrsg. von Claude Augé, 7 Bde., Paris, Librairie Larousse, 1897–1904, Bd. 3, S. 252. Vgl. Godo, *Une Histoire*, S. 260.

12 S. 295.

deshalb auf die Konversation zurück, weil ein wesentlicher Zweck der Konversationen der Salons die Ergründung der Geheimnisse der Gesprächspartner ist und sich dies mit der Konzeption seiner Romanfiguren gut vereinbaren lässt. Anders als Godo meint, tragen seine literarischen Reflexionen zur Konversation der erheblich komplexeren Gemengelage Rechnung, wie sie Tarde beschreibt. Vorgeführt und zugleich durch den Erzähler reflektiert werden Gesprächsabläufe der Zeit in einer längeren Novelle, die in der Balzacliteratur bislang kaum Beachtung gefunden hat: *Les Secrets de la princesse de Cadignan* (1839)[13].

Der männliche Protagonist dieser Novelle ist der aus dem ‚Cénacle' der *Illusions perdus* (1835), dem Gesprächskreis einiger Künstler, bekannte Schriftsteller Daniel d'Arthez, der inzwischen nicht nur literarische Anerkennung erlangt, sondern es auch zu einem Adelstitel gebracht hat und darüber hinaus durch eine Erbschaft zu einem gewissen Reichtum gekommen ist. Dieser junge und unerfahrene Autor trifft auf die weibliche Protagonistin, die 36 Jahre alte Duchesse de Maufrigneuse, Princesse de Cadignan, vor ihrer Heirat Diane D'Uxelles, die in ihrer Vergangenheit zahlreiche Männer gekannt und deren Vermögen durchgebracht hat. Die Princesse verliebt sich in den jungen Schriftsteller und verführt ihn, indem sie ihm ihre turbulente Lebensgeschichte so erzählt, dass sie als Suche nach der ewigen und wahren Liebe einer unschuldigen Frau erscheint. Bei einem Essen mit einigen seiner Freunde versuchen diese d'Arthez ein letztes Mal aufzuklären und zu warnen. Dieser ergreift allerdings vehement Partei für die Princesse, indem er zu erkennen gibt, dass er all ihre Taten kennt, die Princesse aber dennoch für verehrungswürdig hält.

Der Roman besteht im Wesentlichen aus einer Aneinanderreihung mehrerer Gespräche, in deren Zentrum die Unterhaltungen der Princesse mit Daniel d'Arthez stehen. Ein deklariertes Ziel des Romans ist es, die Kunst des Impliziten ins Bild zu setzen, mit der die Princesse den jungen Schriftsteller von ihrer Unschuld und Aufrichtigkeit zu überzeugen sucht. Diese Strategie wird durch den Erzähler begleitend reflektiert. Es finden auf diese Weise zwei Unterhaltungen gleichzeitig statt: Die der Figuren untereinander sowie die des Erzählers mit seinen Lesern, welche vom Erzähler fortwährend angeredet bzw. befragt werden.

Die Unterhaltungen zwischen d'Arthez und der Princesse haben den Charakter eines ‚aveu', in dessen Verlauf die Protagonistin dem jungen Schriftsteller ihr

---

13 Zur Textgeschichte dieser Novelle, der ursprünglichen Titelgebung *Une princesse parisienne*, sowie zum historischen Fall der Princesse de Cadignan, auf die sich die Novelle bezieht vgl. die „Introduction" von Anne-Marie Meininger, in: Honoré de Balzac, *La Comédie humaine*, 12 Bde. (Bibliothèque de la Pléiade. 26. 27. 30. 31. 32. 35. 38. 39. 41. 42. 141. 292), hrsg. von Pierre-Georges Castex u. a., Paris, Gallimard, 1976–1981, Bd. 6, S. 937–1005, hier: S. 939–947 sowie die "Histoire du texte", S. 1508 f.

schreckliches Geheimnis preisgibt. Vorgewarnt durch seine Freunde, auf eine der berüchtigtsten Damen der Pariser Gesellschaft zu treffen („la plus monstrueuse Parisienne, la plus habile coquette, la plus enivrante courtisane du monde"[14]), geht d'Arthez mit großer Neugier in diese Gespräche. Die Princesse ist auf den jungen Autor aufmerksam geworden, weil er ihr als einer jener außergewöhnlichen Menschen („hommes rares", S. 962) erscheint, der gerade wegen seiner Widersprüche ihr Interesse weckt und ihre Geschichte glaubhaft finden könnte: Wenig erfahren in Liebesdingen sowie im Auftritt in der großen Gesellschaft, hat er sich eine kindliche Naivität und Unschuld bewahrt, obgleich er doch als erfolgreicher Autor einer der schärfsten Beobachter der Pariser Gesellschaft ist („[…] il reste l'enfant le plus candide, en se montrant l'observateur le plus instruit […]", S. 963). Der Erzähler rechtfertigt diese Widersprüche als nur scheinbare:

> Ce contraste, en apparence impossible, est très explicable pour ceux qui ont pu mesurer la profondeur qui sépare les facultés des sentiments: les unes procèdent de la tête et les autres du cœur. On peut être un grand homme et un méchant, comme on peut être un sot et un amant sublime. D'Arthez est un de ces êtres privilégiés chez lesquels la finesse de l'esprit, l'étendue des qualités du cerveau, n'excluent ni la force ni la grandeur des sentiments. Il est, par un rare privilège, homme d'action et homme de pensée tout à la fois. (S. 963)

Dieser unerfahrene Schriftsteller wird im Lauf der Gespräche die quasi religiösen Dimensionen der Liebe kennenlernen. Sie werden für ihn zur Begegnung mit einer engelgleichen Frau, einer ‚femme ange‘, wie man sie seit Dantes *Vita nova* in Gestalt der Beatrice kennt, die den Liebenden zu den göttlichen Dimensionen der Liebe führt:

> L'une des gloires de la Société c'est […] d'avoir […] inventé l'amour, la plus belle religion humaine. D'Arthez ne savait rien des charmantes délicatesses de langage, rien des preuves d'affection incessamment données par l'âme et l'esprit, rien de ces désirs ennoblis par les manières, rien de ces formes angéliques prêtées aux choses les plus grossières par les femmes comme il faut. Il connaissait peut-être la femme, mais il ignorait la divinité. (S. 964 f.)

Damit stellt der Roman auch die Frage in den Raum, ob diese göttlichen Attribute der Liebe überhaupt existieren, die in den Vorstellungen der Romantik so intensiv gepriesen werden und deren Tiefendimensionen nur das Genie auszuloten vermag.

Von ganz besonderen Ausmaßen sind die Geheimnisse der Princesse, die ebenfalls von Widersprüchen geprägt ist. In diese Geheimnisse lässt sie den

---

14 Zitierte Ausgabe s. Anm. 13, S. 967. Die Seitenangaben im laufenden Text beziehen sich auf diese Ausgabe.

jungen d'Arthez und mit ihm den Leser nach und nach eindringen: Als junges Mädchen ist Diane d'Uxelles im Alter von 17 Jahren an den Duc de Maufrigneuse verheiratet worden. Das Geständnis, dessen Enthüllung der Erzähler sensations-erheischend zelebriert, entbirgt eines jener „drame[s] horrible[s]" (S. 979), die sich in der Pariser Gesellschaft ereignen und laut Erzähler jede literarische Erfindung in den Schatten stellen[15]: Der Duc de Maufrigneuse, Prince de Cadignan, ist der Liebhaber der Mutter von Diane. Die Heirat mit der Tochter wird inszeniert, um die Geburt des unehelichen Sohnes der beiden zu kaschieren. Die junge Diane muss das uneheliche Kind ihrer Mutter mit dem Herzog als ihren eigenen Sohn anerkennen und aufziehen. Ihr Vermögen dient zudem der finanziellen Rettung des völlig verschuldeten Herzogs. Derart in die Untiefen der Pariser Gesellschaft abgestürzt, sucht Diane d'Uxelles zahlreiche Affären und verbringt ihr Leben, ohne jemals wirklich geliebt zu haben[16]. Die Ruinierung ihrer Liebhaber, die sie dabei in Kauf nimmt, sieht sie als Rache an ihrer misslichen Situation[17].

Das Geständnis dieses Geheimnisses wird nun von der Protagonistin dazu benutzt, um mit allen Mitteln der Kunst des Impliziten, den jungen d'Arthez von ihrer Unschuld und Reinheit in Liebesfragen zu überzeugen und ihn auf diese Weise zu verführen. Es geht darum, ihn die Wahrheit glauben zu lassen („faire croire à une vérité", S. 959). Dieses Ziel erreicht die Princesse insbesondere mit der theatralischen Inszenierung der Gesprächssituation, ihrer persönlichen Aufmachung, ihrer Körpersprache sowie ihrer Rede. Dabei bleibt sie zu jeder Zeit völlig undurchdringlich und kann so je nach Bedarf diverse Rollen annehmen:

> Il était impossible au physionomiste le plus habile d'imaginer des calculs et de la décision sous cette inouïe délicatesse de traits. Il est des visages de femmes qui trompent la science et déroutent l'observation par leur calme et par leur finesse; [...] La princesse est une de ces femmes impénétrables, elle peut se faire ce qu'elle veut être: folâtre, enfant, innocente à désespérer; ou fine, sérieuse et profonde à donner de l'inquiétude. (S. 969)

Beim ersten Gespräch mit d'Arthez kommt sie frühzeitig, wählt ihren Sitzplatz aus und nimmt eine Position ein, die für die Verwirklichung ihrer Intention günstig ist:

---

15 „Ah! vous ne savez pas qu'en inventant vos drames, ils sont surpassés par ceux qui se jouent dans les familles en apparence les plus unies. Vous ignorez l'étendue de certaines infortunes dorées." – sagt die Princesse zu d'Arthez. (S. 987)
16 „Pour m'étourdir, pour oublier la vie réelle par une vie fantastique, j'ai brillé, j'ai donné des fêtes, j'ai fait la princesse, et j'ai fait des dettes." – heißt es. (S. 994)
17 „Préoccupée de ma vengeance [...]" (S. 992).

> Elle vint chez la marquise avec l'intention d'être une femme douce et simple à qui la vie était connue par ses déceptions seulement, une femme pleine d'âme et calomniée, mais résignée, enfin un ange meurtri. Elle arriva de bonne heure, afin de se trouver posée sur la causeuse, au coin du feu, près de madame d'Espard, comme elle voulait être vue, dans une de ces attitudes où la science est cachée sous un naturel exquis, une de ces poses étudiées, cherchées [...] (Ebd.)

In ihrer Körpersprache äußert sich – auf eine unaussprechliche Art und Weise, wie der Erzähler vermerkt – das ganze versteckte Unglück ihres Lebens:

> [...] la princesse hocha la tête en agitant ses belles boucles blondes pleines de bruyères par un geste sublime. Ce qu'elle exprimait de doutes désolants, de misères cachées, est indicible." (S. 971)

Und wenn sie spricht, verfehlen ihre Worte nie das Ziel:

> Ces paroles, soufflées à l'oreille de l'écouteur de manière à être dérobées à la connaissance des convives, et avec un accent digne de la plus habile comédienne, devaient aller au cœur; aussi atteignirent-elles à celui de d'Arthez. (S. 972)

Der Erzähler fasst diese Kunst des Impliziten, die Macht der indirekten Kommunikation zusammen, wenn er der Princesse bescheinigt, eine letzten Endes unerklärliche Aura und damit Tiefendimension zum Ausdruck zu bringen:

> Les femmes savent donner à leurs paroles une sainteté particulière, elles leur communiquent je ne sais quoi de vibrant qui étend le sens des idées et leur prête de la profondeur; si plus tard leur auditeur charmé ne se rend pas compte de ce qu'elles ont dit, le but a été complètement atteint, ce qui est le propre de l'éloquence. (S. 973)

Die Princessin wird in den Augen des jungen Schriftstellers quasi zur Metonymie der Dichtung: „Ainsi la princesse avait aux yeux de d'Arthez un grand charme, elle était entourée d'une auréole de poésie" (S. 973). Sie wird dies allerdings nicht durch das literarische Gespräch und ihre Kenntnisse in der Literatur. In ihrer quasi professionellen Vorbereitung der Verführung des jungen Autors hat sich die Princesse sogar zuvor in dessen Werke eingelesen. Aber es ist nicht dieses Terrain, auf dem ihre Stärke liegt und auf dem sie den unerfahrenen d'Arthez von der Reinheit ihrer Liebe überzeugt. Ihre zeitweilig zur Schau gestellte literarische Gelehrsamkeit bringt die beiden eher auseinander, so dass sie schnell auf den ihr eigenen Schauplatz zurückkehrt: „Ces conversations éloignaient Diane du but, elle essaya de se retrouver sur le terrain des confidences [...]" (S. 984) Es ist das Spiel der ‚causerie facile', der scheinbar belanglosen „émouvantes irrésolutions" (S. 985), der „délicieux enfantillages" (ebd.) der indirekten Kommunikation des Salon, welches ihr eine „auréole de poésie" verleiht und sie gleichsam zu einer großen Künstlerin werden lässt:

> Elle ressemblait à un grand artiste se complaisant dans les lignes indécises d'une ébauche, sûr d'achever dans une heure d'inspiration le chef-d'œuvre encore flottant dans les limbes de l'enfantement. (S. 985)

Balzacs Roman *Les secrets de la princesse de Cadignan*, reflektiert auf diese Weise die Macht der ‚causerie' und deren Übergang in die Literatur im 19. Jahrhundert. Die indirekte Kommunikation der Salons ist für ihn eine literarische Leistung, die unter den Verhältnissen des 19. Jahrhunderts, in denen der Utilitarismus und die Beschleunigung des öffentlichen Lebens von der Literatur und der Kunst weitergeführt werden. Die Kunst des Impliziten im mündlichen Gespräch wie in der Literatur vermag die größten Widersprüche als Wahrheit zu plausibilisieren. Die im Roman reflektierte Frage lautet: Kann man einem literarischen Genie wie Daniel d'Arthez vermitteln, dass die größten Widersprüche des Lebens existieren, im Fall der Princesse de Cadignan, dass eine Frau, die sich die schlimmsten moralischen Verfehlungen geleistet hat, im Innern ihres Herzens unschuldig ist:

> Innocente comme un enfant, je passais pour une femme perverse, pour la plus mauvaise femme du monde […] (S. 992)

Und es schließt sich die Frage an, ob man jemanden bedingungslos lieben kann, der selbst schonungslos all seine Verfehlungen aufgedeckt hat:

> D'Arthez rebaisa la main de cette sainte femme qui, après lui avoir servi une mère hachée en morceaux, avait fait du prince de Cadignan, que vous connaissez, un Othello à triple garde, se mettait elle-même en capilotade et se donnait des torts, afin de se donner aux yeux du candide écrivain cette virginité que la plus niaise des femmes essaie d'offrir à tout prix à son amant. (S. 994)

Die Antwort des männlichen Protagonisten fällt positiv aus, und zwar deshalb, weil die Princesse erfolgreich alle Mittel der Täuschung angewandt hat, um letztlich ihre Wahrheit ans Licht zu bringen. Die Rede der Princesse wird auf eine Ebene mit der Literatur gehoben. Wie die Rede ist auch die Literatur Täuschung, ein indirektes Sprechen über die angebliche Wahrheit, ein ‚effet de réel', wie ihn Roland Barthes am Beispiel der *Comédie humaine* analysiert hat. Balzac beleuchtet die ‚causerie' der beiden Protagonisten jedoch noch aus einer anderen Pespektive, indem er den Erzähler in eine Konversation mit dem Leser eintreten lässt. Und diese Unterhaltung wird ganz anders als die der Princesse mit d'Arthez mit einer geradezu schonungslosen Klarheit geführt.

Der Erzähler lässt keine Gelegenheit aus, das Spiel der Princesse als moralisch fragwürdig zu entlarven. Diese Fragwürdigkeit wird durch seine Einlassungen von Beginn an herausgestellt: „[…] cette illustre égoïste songea que le sentiment maternel poussé à l'extrême deviendrait pour sa vie passée une absolution confirmée par les gens sensibles [...]"(S. 952) Ihre scheinbar unschuldigen, indirekten körpersprachlichen Äußerungen ("[...] en tournant son doux et noble visage vers d'Arthez par un mouvement plein de confusion pudique", S. 972), tut er unter dem Stichwort ‚komödiantisches Talent' ab, gegen die das Drama eines Tartuffe eine Petitesse sei ("[...] auprès desquels le drame de Tartuffe est une vétille [...]", S. 979):

> Une des plus savantes manœuvres de ces comédiennes est de voiler leurs manières quand les mots sont trop expressifs, et de faire parler les yeux quand le discours est restreint. Ces habiles dissonances, glissées dans la musique de leur amour faux ou vrai, produisent d'invincibles séductions. (S. 972)

Auch die vom Erzähler verwendete Jagdmetaphorik ist nicht gerade dazu angetan, den Leser von der romantischen Idee der unschuldigen und reinen Liebe der Princesse zu überzeugen:

> Ce caquetage fut sifflé d'une voix si doucement moqueuse, si mignonne, avec des mouvements de tête si coquets, que d'Arthez, à qui ce genre de femme était totalement inconnu, restait exactement comme la perdrix charmée par le chien de chasse. (S. 981)

Die Gespräche der Princcesse mit d'Arthez sind für den Erzähler ein Spiel ("ne fut ce que pour le jouer", S. 977), mit dem Ziel, den jungen Autor durch die Manege zu führen (Ce manège, froidement convenu mais divinement joué", S. 985) und ihn zu beherrschen ("le plaisir de [...] maîtriser", S. 977).

So wie die Princesse d'Arthez von ihrer Unschuld und Reinheit überzeugt, so entlarvt der Erzähler im Gespräch mit dem Leser das Vorgehen der Duchesse als durchkalkuliertes Lügengebäude: "[...] comptez qu'elle s'était préparée à cette heure de comique mensonge avec un art inouï dans sa toilette [...]" (S. 989) Wie in einer Salonkonversation äußert der Erzähler dem Leser gegenüber seine private Meinung und stellt ihm immer wieder Fragen:

> Trompeuse ou vraie, elle enivrait Daniel. S'il est permis de risquer une opinion individuelle, avouons qu'il serait délicieux d'être ainsi trompé longtemps. Certes, souvent Talma, sur la scène, a été fort au-dessus de la nature. Mais la princesse de Cadignan n'est-elle pas la plus grande comédienne de ce temps? (S. 989)

Auf diese Weise präsentiert der Roman zwei unterschiedliche Unterhaltungen: In der einen lässt sich das junge schriftstellerische Genie Daniel d'Arthez mit all seiner Beobachtungsgabe, Feinsinnigkeit und unschuldigen Naivität allein durch die Erzeugung einer scheinbaren Wahrheit von der romantischen Idee einer Tiefendimension der Liebe überzeugen, und das in voller Kenntnis der moralisch fragwürdigen Taten der Princesse:

> D'Arthez était abasourdi. [...] Cette atroce élégie, forgée dans l'arsenal du mensonge et trem-
> pée aux eaux du Styx parisien, avait été dite avec l'accent inimitable du vrai. (S. 995)

In der anderen überzeugt der Erzähler den Leser, dass es aus den Untiefen der sozialen Abgründe, in die die Protagonistin schon frühzeitig gefallen ist, kein Entrinnen gibt. Sie ist, so die Quintessenz dieser Unterhaltung, keine ‚femme ange',
sondern ein durch und durch maliziöses Wesen. Zugleich werden die Dimensionen der romantischen ‚profondeur' als Täuschungen indirekten Sprechens entlarvt:

> Ce fut le dernier coup, et le pauvre d'Arthez n'y tint pas : il se mit à genoux, il fourra sa tête
> dans les mains de la princesse, et il y pleura, il y versa de ces larmes douces que répandraient
> les anges, si les anges pleuraient. Comme Daniel avait la tête là, Mme de Cadignan put laisser
> errer sur ses lèvres un malicieux sourire de triomphe, un sourire qu'auraient les singes en
> faisant un tour supérieur, si les singes riaient. „Ah ! je le tiens", pensa-t-elle ; et, elle le tenait
> bien en effet. (S. 995 f.)

Die Darstellung des zeitgenössischen gesellschaftlichen Lebens durch den „sécré-
taire de la société française", wie sich Balzac im „Avant-Propos" seiner *Comédie
humaine* selbst stilisiert[18], zielt auf die Erfassung und Darstellung der totalen Ge-
gensätze. Und so treffen in den *Secrets de la princesse de Cadignan* zwei völlig
unterschiedliche Konversationen mit zwei völlig verschiedenen Stoßrichtungen
aufeinander, die auch zwei Weisen des Sprechens repräsentieren: die implizite
der Princesse und die schonungslos offene des Erzählers. Die Frage, welche der
beiden Konversationen die wahre und richtige ist, lässt der Erzähler jedoch am
Ende offen[19]:

> La princesse a hérité de sa mère quelque fortune, elle passe tous les étés à Genève dans une
> villa avec le grand écrivain, et revient pour quelques mois d'hiver à Paris. D'Arthez ne se
> montre qu'à la Chambre, et ses publications sont devenues excessivement rares. Est-ce un
> dénouement ? Oui, pour les gens d'esprit ; non, pour ceux qui veulent tout savoir. (S. 1004 f.)

Zu Beginn des 19. Jahrhunderts stellt sich somit die entscheidende Frage: Steht
die Konversation als Kunst des Impliziten höher im Kurs oder die der Klarheit

---

18 In: Balzac, *La Comédie humaine*, Bd. 1, S. 7–20, hier: S. 11.
19 Zur Unterhaltung des Erzählers mit dem Leser in den *Secrets de la princesse de Cadignan*,
ohne allerdings genau zu benennen, wohin diese Unterhaltung führen soll, vgl. Laelia Véron,
„Jeu de mots et double communication dans l'oeuvre littéraire : l'exemple de la *Comédie humaine*
de Balzac", in: Esme Winter-Froemel/Angelika Zirker (Hrsg.), *Enjeux du Jeux de mots*. Perspectives linguistiques et littéraires (The Dynamics of Wordplay. 2), Berlin/Boston, De Gruyter, 2015,
S. 93–111, hier: S. 106 f.

und schonungslosen Offenheit? Die der „gens d'esprit" oder die derjenigen, „qui veulent tout savoir". Dass sich der Autor Balzac eher auf der Seite der ‚gens d'esprit' wähnt, zeigt auch die Novelle *Une conversation entre onze heures et minuit*, die sich ebenfalls mit dem Thema der ‚causerie' befasst.

13.3 Konversation und das Implizite: *Une conversation entre onze heures et minuit*

In der Novelle *Une conversation entre onze heures et minuit*, zuerst 1832 in den *Contes bruns*, 1844 erneut unter dem Titel *Échantillon de causerie française* veröffentlicht, bekräftigt Balzac diese Vermutung, wenn er den Erzähler zu Beginn sagen lässt, dass das mündliche Erzählen am Beginn der Literatur steht und dass die ‚causerie' der Salons die perfekteste Form der Mündlichkeit sei, weil hier die Kunst des Impliziten ihre höchste Vollendung erfährt. Der Erzähler berichtet von einem Salon in Paris, bei dem Künstler, Dichter, Staatsmänner, Wissenschaftler, Damen der Gesellschaft und zahlreiche weitere Gruppen aufeinandertreffen. Dieser Salon ist, so der Erzähler, ein Asyl des tradierten „esprit français". Und dieser Geist, den ja auch schon Mme de Staël beschrieben hatte[20], zeichnet sich durch eine gewisse Tiefe aus: „Ce salon est le dernier asile où se soit réfugié l'esprit français d'autrefois, avec sa profondeur cachée, ses mille détours, sa politesse exquise."[21] Hier werden spontan Geschichten erzählt, ohne dass man darin gleich literarische Dramen oder ganze Bücher erkennen muss:

> Là vous trouverez encore quelque spontanéité dans les cœurs, de l'abandon, de la générosité dans les idées. Nul ne pense à garder sa pensée pour un drame, ne voit des livres dans un récit. (Ebd.)

Die ‚causerie' ist für den Erzähler die höchste Kunst des Impliziten, des indirekten Sprechens. Die Teilnehmer an solchen Konversationen hätten eine regelrechte künstlerische Ader:

---

20 Vgl. dazu oben, Kap. 5.1, S. 77.

21 Hier zitiert nach der Version von 1832. Die spätere Version wurde von Balzac mehrfach gekürzt, da er einzelne Geschichten aus der Novelle bereits anderweit verarbeitet hatte. Zitierte Ausgabe: http://www.bouquineux.com/index.php?telecharger=254&Balzac-Une_conversation_entre_onze_heures_et_minuit, S. 1. Die Seitengaben im laufenden Text beziehen sich auf diese Ausgabe. Zur Textgeschichte der Erzählung *Echantillon de causerie française* vgl. auch den Kommentar des Herausgebers Roger Pierrot der *Comédie humaine* in der Bibliothèque de la Pléiade, Bd. 12, S. 1015–1017.

> Ingénieuses réparties, observations fines, railleries excellentes, peintures dessinées avec une netteté brillante, pétillèrent et se pressèrent sans apprêt, se prodiguèrent sans dédain comme sans recherche, mais furent délicieusement senties, délicatement savourées. Les gens du monde se firent surtout remarquer par une grâce, par une verve tout artistiques. (Ebd.)

Als Zentrum dieses „esprit particulier" gilt dem Erzähler Paris, die Hauptstadt der raffinierten indirekten Kommunikation und damit die Hauptstadt des guten Geschmacks, in der die Teilnehmer eines Gesprächs mit einem einzigen Wort ihre ganze Erfahrung zum Ausdruck bringen und ihre geistvolle Haltung in einem einzigen Merkmal ihrer Einlassung kondensieren können:

> Vous trouverez ailleurs, en Europe, d'élégantes manières, de la cordialité, de la bonhomie, de la science; mais […] Paris, capitale du goût, connaît seul cette science qui change une conversation en une joute, où chaque nature d'esprit se condense par un trait, où chacun dit sa phrase et jette son expérience dans un mot, où tout le monde s'amuse, se délasse et s'exerce. (Ebd.)

Konversationen dieser Art sind – so heißt es weiter – Ausdruck jener Oralität, die einen guten Schauspieler oder Erzähler ausmachen und den Zuhörer gleichsam verzaubern:

> Jamais le phénomène oral qui, bien étudié, bien manié, fait la puissance de l'acteur et du conteur, ne m'avait si complètement ensorcelé […] (S. 2)

Gleich bei der ersten Geschichte, die in diesem illustren Kreis erzählt wird, zeigt sich in vollem Umfang das, was Balzac fasziniert: Es ist vor allem das Implizite der Konversation, die sich über den erzählten Kasus entspinnt und die ganz unerwartete Verlaufsformen annimmt. Es ist jener letztlich unerklärbare Fluss der Gedanken, der dem Erzählten immer neue Wendungen gibt und neue Konnotationen freisetzt. Durch die Ideen der Gesprächsteilnehmer, ihre Einlassungen in Form von ergänzenden Erzählungen, historischen Erklärungen oder geistreichen Beurteilungen, werden solche Konnotationen freigesetzt:

> […] dans ce salon et dans quelques autres encore, se rencontre l'esprit particulier qui donne à toutes ces qualités sociales un agréable et capricieux ensemble, je ne sais quelle allure fluviale qui fait facilement serpenter cette profusion de pensées, de formules, de contes, de documents historiques. (S. 1)

Den Verlauf der ersten Erzählung im Gespräch und die Konnotationen, die er freisetzt, lohnt es sich zu verfolgen.

Ein alter General der napoleonischen Armee in Spanien weiß eine besonders sensationelle Geschichte zu erzählen: Ein italienischer Soldat namens Bianchi, der unbedingt 1000 Ecus benötigt, die er einer Dame versprochen hat, wettet mit einem ebenfalls italienischen Kameraden, dass er für die erforderliche Summe einem in geringer Entfernung postierten spanischen Wachposten das Herz herausschneiden und es nach der Zubereitung im Kochkessel über dem Lagerfeuer verspeisen werde. Als Gegenleistung, sollte er scheitern, bietet er seine beiden Ohren an. Die Geschichte nimmt ihren Verlauf wie angekündigt.

Balzac geht es nicht darum, im Vorgriff auf die ‚contes cruels' der zweiten Hälfte des 19. Jahrhunderts eine kannibalische Geschichte zu erzählen; es geht ihm um die sich im Anschluss an die Geschichte entwickelnde Diskussion. Der Offizier schließt nämlich eine historische Erklärung an: In Italien seien nach einer alten Sitte Findelkinder unter dem Namen Bianchi im „hôpital de Como" (S. 5) zusammengetrieben und untergebracht worden. Diese „mauvais sujets" (ebd.) habe Napoleon nach Elba deportieren lassen und sie später in einer italienischen Legion in seine Armee unter dem Kommando eines korsischen Colonels integriert. Die Truppe wurde wegen ihrer Tollkühnheit („des actions d'éclat", ebd.), wegen ihrer Übergriffe aber auch wegen ihres Corpsgeistes und ihrer Kameradschaft berühmt-berüchtigt. Eine Dame wirft in die Diskussion ein, Napoleon habe „sehr philosophische Ideen" gehabt („Napoléon avait bien des idées philosophiques!", S. 6), denn man müsse schon gedanklich tief in die menschliche Natur eindringen, um herauszufinden, wie man aus solchen Übeltätern Helden mache. Und einer der „großen Dichter" („grands poètes", ebd.) der Zeit, dessen Name nicht genannt wird, schließt mit theatralischer Geste ein Loblied auf den Kaiser an, dessen Genialität es vermocht habe, die Zivilisation überall hin zu bringen:

> Qui pourra jamais expliquer, peindre ou comprendre Napoléon!... Un homme qu'on représente les bras croisés, et qui a tout fait; qui a été le plus beau pouvoir connu, le pouvoir le plus concentré, le plus mordant, le plus acide de tous les pouvoirs; singulier génie, qui a promené partout la civilisation [...] (Ebd.)

Und dieses Eulogium nutzt der „grand poète" zu einem weiteren Loblied auf die Größe Frankreichs als dem maßgeblichen Land Europas: „N'a-t-il pas fait de l'Europe la France ?" (Ebd.)

Betrachtet man nun den Gedankenfluss, die „allure fluviale", jenes „faire serpenter" der Verbreitung der Ideen („profusions des pensées"), die dieser Gesprächsverlauf impliziert und dadurch beim Leser Konnotationen freisetzt, dann ergibt sich eine erstaunliche vertikale Entwicklung: Die Tat Bianchis greift zunächst nur das in Frankreich verbreitete Klischee vom affektbesessenen und nicht immer zivilisierten Italiener auf: „*Avanti, avanti, signori ladroni, cavalieri ladri* [...]" (S. 5) hatte jemand nach der Präsentation der Geschichte in die Debatte eingeworfen. Der Italiener als Kannibale fällt allerdings auf die französische Zivilisation zurück, da besagter Bianchi ja immerhin Soldat der französischen

Armee ist. Kriegszeiten sind Zeiten der Barbarei, und dies wird konnotativ auch dadurch untermauert, dass der Befehlshaber der „légion italienne" ein Korse ist. Die entsprechenden Geschichten über die der Blutrache verpflichteten und auch ansonsten kaum zivilisierten Korsen von Prosper Mérimée oder Guy de Maupassant aus dem weiteren Verlauf des Jahrhunderts werden dieses französische Klischee bestätigen. Nun ist aber Napoleon ebenfalls Korse, der – und hier wendet der Gesprächsverlauf die Reflexion der Geschichte in eine andere Richtung – ganz utilitaristisch die ‚ladroni' der italienischen Legion für seine Zwecke einzusetzen weiß und sie sogar zu Helden transformiert. Und so steht dem weiteren vertikalen Verlauf der Diskussion nichts mehr im Wege, wenn der ‚grand poète' schließlich zum Höhenflug der Mythisierung Napoleons als Lichtgestalt der Zivilisation ansetzt. Aus der schrecklichen Geschichte vom kannibalischen Soldaten der französischen Armee unter korsischer Führung ist in der Debatte in kurzer Zeit das französische Europa in seiner ganzen zivilisatorischen Größe unter Führung des korsischen Kaisers geworden. Viel spannender als die Geschichte des Generals ist für Balzac die Konversation, die diese Geschichte reflektiert und ihr durch die Reflexionen ganz unerwartete Wendungen gibt. Die Kunst des Impliziten der mündlichen Konversation ist die wahre Literatur. Der Gedankenfluss, der dadurch freigesetzt wird, ist der ästhetische, künstlerische Effekt des Impliziten. Der Balzacsche Erzähler führt nicht nur in den beiden Erzählungen ein fortwährendes Gespräch mit dem Leser. Auch in den anderen Romanen der *Comédie humaine* ist dieses Gespräch durchgängig zu beobachten[22]. Auf diese Weise wird die im 17. Jahrhundert erfolgte Habitualisierung der indirekten Kommunikation des Salongesprächs in der Literatur positiv aufgehoben und weitergeführt.

---

22 Vgl. dazu Aude Deruelle, „Les Adresses au lecteur chez Balzac", *Cahiers de narratologie* Bd. 11/2004, S. 1–12. Vgl. auch Jean Rousset, „L'inscription du lecteur dans *La Comédie humaine*", in: J. R., *Le Lecteur intime*. De Balzac au journal, Paris, Corti, 1986, S. 39–42, Franc Schuerewegen, „Réflexions sur le narrataire", *Poétique* H. 70/1987, S. 247–254, Éric Bordas, *Balzac, discours et détours*. Pour une stylistique de l'énonciation romanesque, Toulouse, Presses universitaires du Mirail, 1997, S. 243–276.

14 Der Streit um die Konversation zwischen Charles-Augustin Sainte-Beuve und Marcel Proust

14.1 Literaturkritik als ‚causerie': die ‚l'homme-et-l'œuvre'-Forschung bei Sainte-Beuve

Charles-Augustin Sainte-Beuve, der bekannteste Literaturkritiker des 19. Jahrhunderts, gilt in der Literaturgeschichtsschreibung als einer der Urheber der biographischen literaturwissenschaftlichen Methode. Details aus dem Leben und Umfeld des Autors werden herangezogen, um dessen literarische Texte besser verstehen zu können. In einzelnen Fällen entwickelt und verengt sich diese Methode zu einem Biographismus, der Figuren oder Szenen aus der Literatur direkt mit Ereignissen und Begegnungen aus der Biographie des Autors zu erklären sucht. In der akademischen Literaturwissenschaft Frankreichs war die biographische literaturwissenschaftliche Methode als ‚l'homme et l'œuvre-Forschung' bis in die achtziger Jahre hinein eine besonders prominente Form der Annäherung an literarische Texte und ihren Autor[1]. Bis zur Abschaffung der sogenannten ‚thèse d'état', der Qualifikationsschrift für die Berufung auf eine Universitätsdozentur bzw. Professur und der Einführung der ‚habilitation' 1984 war sie die geläufige Form der Beschäftigung mit der Literatur, bei der ihre Verfasser über einen Zeitraum von oftmals bis zu zehn Jahren alles Auffindbare zur Biographie eines Schriftstellers zusammentrugen, um dieses Material dann in der ein oder anderen Form mit den Texten in Verbindung zu bringen. In seiner Streitschrift *Contre Sainte Beuve*, die 1909 verfasst, aber erst 1954 posthum veröffentlicht wird, kritisiert Marcel Proust die Methode Sainte-Beuves, das Werk durch die Brille der Biographie des Autors zu lesen, bzw. im Werk den Autor und seine Lebenswelt aufzuspüren („[...] cette méthode qui consiste à ne pas séparer l'homme et l'œuvre [...]"[2]) als positivis-

---

1 Vgl. dazu grundlegend José-Luis Diaz, *L'homme et l'œuvre*. Contribution à une histoire de la critique (Les Littéraires), Paris, PUF, 2011.

2 Vgl. die Ausgabe Marcel Proust, Contre Sainte-Beuve *suivi de* Nouveaux Mélanges, hrsg. von Bernard de Fallois (nrf), Paris, Gallimard 1954, S. 136. Die Seitenangaben im laufenden Text beziehen sich auf diese Ausgabe. Zur Problematik der Textedition dieses Roman-Essais vgl. das Nachwort in der deutschen Ausgabe von Mariolina Bongiovanni Bertini und Luzius Keller: Marcel Proust, *Gegen Sainte-Beuve* (= *Werke*. Frankfurter Ausgabe. Bd. 3), Frankfurt a. M., Suhrkamp, 1997, S. 315–336. Vgl. auch die Ausgabe: *Contre Sainte-Beuve*, in: M. P., Contre Sainte-Beuve, *précédé de* Pastiches et Mélanges *et suivi de* Essais et articles, hrsg. von Pierre Clarac und Yves Sandre (Bibliothèque de la Pléiade. 229), Gallimard, 1971, S. 209–312, hier: S. 221.

tisch und oberflächlich. Für ihn ist das literarische Werk das Ergebnis eines völlig anderen als des gesellschaftlichen Autor-Ichs: „[...] un livre est le produit d'un autre *moi* que celui que nous manifestons dans nos habitudes, dans la société, dans nos vices." (S. 136) Man könne den Verfasser von Versen nicht mit dem Gesprächsteilnehmer einer Salonkonversation verrechnen.

Vor allem der Hinweis auf die Salonkonversation gibt zu erkennen, aus welchem Kontext heraus die literaturkritische Methode Sainte-Beuves laut Proust entstanden ist. Der Kritiker verfasst zwischen 1849 und 1869 biographisch-essayistische Abhandlungen zur Literatur, die in diversen Pariser Zeitungen jeweils Montags veröffentlicht und 1851–1862 bzw. 1863–1870 unter den Titeln *Causeries du lundi* und *Nouveaux lundis* auch in Buchform gedruckt vorliegen. Seine *Portraits littéraires* (1844) und die *Portraits contemporains* (1846) komplettieren diese aus dem geselligen Kontext der Konversation erwachsenen bzw. diesen simulierenden literaturkritischen Essays. Nicht allein, dass der Begriff der ‚causeries‘ auf die Salons und den Geselligkeitskontext der Konversation verweist; die ‚causerie‘ liefert das Modell der literaturkritischen Methode, welches Louis Véron, der Direktor des *Constitutionnel*, anführt, als er 1849 das neue Format des montäglichen Feuilletons vorstellt, in dem Sainte-Beuve seine Literaturkritiken veröffentlicht:

> Le temps des systèmes est passé, même en littérature. Il s'agit d'avoir du bon sens, mais de l'avoir sans fadeurs, sans ennui, de se mêler à toutes les idées pour les juger ou du moins pour en causer avec liberté et décence. C'est cette causerie que nous voudrions favoriser, et que M. Sainte-Beuve essaiera d'établir entre ses lecteurs et lui.[3]

Dass das Feuilleton des *Constutionnel* eine Diskussion zwischen dem Kritiker und seinen Lesern über Literatur lancieren will, ist auf den ersten Blick nachvollziehbar. In Zeiten einer größeren Öffentlichkeit verlieren die traditionellen Salons an Bedeutung, da sie nur kleinen Gruppen der Gesellschaft vorbehalten sind. Das Feuilleton soll die Salons ersetzen und die traditionelle ‚causerie‘ auf einem anderen Niveau und unter Beteiligung eines neuen Mediums in eine größere Öffentlichkeit überführen. Inwiefern jedoch die literaturkritische Methode Sainte-Beuves der ‚causerie‘ verpflichtet ist, ist erklärungsbedürftig.

An einem prominenten Beispiel lässt sich zeigen, wie Sainte-Beuve seine Literaturkritik aus der Salonkonversation ableitet und seine literaturkritische Methode sowie seinen Stil an der ‚causerie‘ ausrichtet. Dabei zeigt sich auch, dass die

---

3 Abgedruckt in: *Causeries du Lundi*, 15 vol., Paris, Garnier, [3]1857–1870 ([1]1851–1862), Bd. 1, S. 4. Vgl. auch Roxana Verona, *Les „Salons" de Sainte-Beuve. Le critique et ses muses* (Romantisme et modernité. 28), Paris, Champion, 1999, S. 26 sowie Anne Martin-Fugier, „Le salon XVIIe siècle selon Sainte-Beuve", *Les Cahiers du Centre de Recherches Historiques* H. 28–29/2002, S. 1–11, hier: S. 2. (http://journals.openedition.org/ccrh/1012).

spezielle ‚l'homme et l'œuvre'-Philologie Sainte-Beuves ganz von der Kunst des Impliziten durchdrungen ist und somit auch dieses so zentrale Element der französischen Konversation aufgreift. Am 5. und am 12. Mai 1862 erscheint unter dem Titel *Madame de Staël. Coppet et Weimar, par l'auteur des Souvenirs de Mme Récamier* eine Rezension in zwei Teilen einer kommentierten Sammlung von Briefen Mme de Staëls an Luise von Weimar und an Madame Récamier. Die Besprechung dieser von Amélie Lenormant edierten Ausgabe findet zwei Jahre später Eingang in die Sammlung der *Nouveaux lundis*. Weit mehr als nur eine Rezension der Ausgabe lässt Sainte-Beuve hier geradezu mustergültig erkennen, worauf es ihm als Literaturkritiker ankommt und nach welchen Prinzipien er arbeitet. Gleich zu Beginn der eher als Porträt der Mme de Staël denn als Besprechung angelegten Auseinandersetzung stellt er eine Eingangsfrage, auf die er am Ende zurückkommt: Aufgrund welcher Erinnerungen überlebt ein Schriftsteller in der Gedankenwelt der Nachfahren? Für Sainte-Beuve ist klar, dass nicht allein die Schriften die Erinnerung bestimmen, sondern vor allem der Gesamteindruck, den man sich von einem Autor macht. Und bei der Erzeugung und Übermittlung dieses Gesamteindrucks spielt der Kritiker eine herausragende Rolle. Die Schriften der Mme de Staël drohen zu verblassen, so heißt es am Ende der Besprechung, zumal ihre Sätze und ihre vagen Ausdrücke vor den Augen der Akademie ohnehin kaum Bestand hätten.

> Les souvenirs qui l'avaient accompagnée jusqu'ici cessent et expirent ; les écrits seuls sont là désormais, et ils ont besoin d'être complétés, d'être expliqués : le plus fort de leur charme et de leur puissance est dans l'ensemble, et on ne saurait presque en détacher une page entre toutes. Les phrases même tiennent peu, prises en détail ; [...] A l'Académie [...] on allègue tantôt le vague de l'expression, tantôt l'impropriété des termes [...][4]

Um Mme de Staël richtig zu würdigen, bedürfen ihre Schriften einer ganz besonderen Auslegung, die der Kritiker ganz woanders sucht und findet:

> [...] le plus sûr est de ne pas s'en tenir uniquement aux écrits déjà anciens et qui ont jeté leur feu ; le meilleur coup de fortune pour une mémoire immortelle est d'avoir, du sein du tombeau, deux ou trois de ces retours et de ces réveils magnifiques qui étonnent les générations nouvelles, qui les convainquent qu'un mort puissant est là, redoutable encore jusque dans son ombre et son silence[5]

---

4 „*Madame de Staël. Coppet et Weimar* par l'auteur des souvenirs de Mme Récamier (suite et fin)“, in: *Nouveaux lundis*, 13 Bde., Paris, Lévy, 1864–1870, S. 312–332, hier: S. 331.
5 „*Madame de Staël. Coppet et Weimar* par l'auteur des souvenirs de Mme Récamier (1)“, in: *Nouveaux lundis*, Bd. 2, S. 290–311, hier: S. 291.

Sainte-Beuves Auseinandersetzung mit Mme de Staël versteht sich als ein solcher „réveil magnifique", als einer jener „retour", der die folgenden Generationen ehrfürchtig vor der Leistung der Autorin erstarren lässt. Bewundernswert werden die literarischen Äußerungen Mme de Staëls erst durch den Blick des Kritikers, der das Umfeld ihrer Schriften ausleuchtet und sie somit um eine nicht immer klar zu definierende Dimension bereichert.

> [...] c'est à la condition d'y mettre [...] l'éclair du regard, la physionomie, l'accent; il faut tout cela à sa parole pour se compléter; sa plume n'avait pas ce qui termine: il manque presque toujours à sa phrase écrite je ne sais quel accompagnement.
> C'est peut-être un motif de plus, pour le lecteur distingué, de s'y plaire, en y remettant partout cet air et cet accent sous-entendus. Les délicats aiment à avoir de ces occasions de placer leur délicatesse.[6]

Die Entschlüsselung des Impliziten, das Erspüren des Tons, der physiognomische Blick sind nun Verfahren, die Sainte-Beuve der Konversation der Salons entnimmt. Der Kritiker war selbst ständiger Gast mehrerer Salons der Zeit, im zweiten Kaiserreich insbesondere im Salon der Princesse Mathilde Bonaparte. Er legitimiert seine Ausführungen zu Autoren unmittelbar vorangegangener Epochen nicht nur mit der Lektüre von Memoiren, sondern auch mit Erfahrungen aus der ‚causerie' mit Zeitzeugen, die er in diversen Gesprächen gewonnen habe:

> J'ai souvent pensé, qu'un homme de notre âge qui a vu le premier Empire, la Restauration, le règne de Louis-Philippe, qui a beaucoup causé avec les plus vieux des contemporains de ces diverses époques, qui, de plus, a beaucoup lu de livres d'histoire et de Mémoires qui traitent des derniers siècles de la monarchie, peut avoir en soi, aux heures où il rêve et où il se reporte vers le passé, des souvenirs presque continus qui remontent à cent cinquante ans et au-delà.[7]

Besonders wichtig sind für Sainte-Beuve jedoch die Erfahrungen, die sich auf die Art der Konversation beziehen. Fasziniert ist er vor allem von jenen Übergängen zwischen der mündlichen Kommunikation und der literarischen Arbeit, insbesondere schreibender Frauen, da diese ja oftmals die Gastgeberinnen der Salons sind:

> C'est chez elles [= les femmes], parmi celles qui ont écrit, qu'on trouverait le plus sûrement des témoignages de cette familiarité décente, de cette moquerie fine, et de cette aisance à tout dire, qui remplit d'autant plus les conditions des anciens qu'elles-mêmes n'y songeaient pas.[8]

---

6 S. 332.

7 „Journal du Marquis de Dangeau", in: *Causeries du lundi*, Bd. 11, S. 6.

8 „Mme de Caylus et de ce qu'on appelle *Urbanité*", in: *Causeries du lundi* Bd. 3, S. 56–77, hier: S. 70.

Von Mme de La Fayette heißt es, bei ihr sei der Übergang der Konversation in die Literatursprache und ihre Schreibweise mit Händen zu greifen:

> Cette personne n'écrivit [...] qu'assez peu, à son loisir, par amusement et avec une sorte de négligence qui n'avait rien du métier [...][9]

Im Porträt der Mme du Deffand interessiert er sich für ihren Schreibstil, der den Ton, die Lebendigkeit, die Energie und die Einfachheit der Konversation spiegele[10]. Für Anne Martin-Fugier, die sich mit Sainte-Beuves Einstellung zum Salon des 17. und 18. Jahrhunderts befasst, ist der Kritiker selbst zum Maßstab der Übertragung der ‚causerie' auf die Literatur geworden. Die 1857 verfasste *Histoire de la conversation* von Émile Deschanel beruft sich fortwährend auf Sainte-Beuves Einschätzungen, so dass der viel bemühte Topos vom Untergang der Konversation im geschäftigen 19. Jahrhundert ein schiefes Licht auf die wahren Verhältnisse wirft:

> Il serait plus juste de dire que le XIXe siècle ne cesse de s'interroger sur la sociabilité et la conversation, sur le changement des conditions du développement de l'urbanité, et, plus largement, sur ce qui fait l'identité française.[11]

In diesem medialen Übergangsprozess spielt Saint-Beuve für Martin-Fugier eine entscheidende Rolle:

> Le XIXe siècle, passant d'un modèle aristocratique à une société en voie de démocratisation, a comme embaumé l'intimité idéale, faite de conversation, de correspondance et de sociabilité, telle qu'on imaginait qu'elle se pratiquait dans les siècles précédents, comme pour garder trace d'un paradis perdu. Sainte-Beuve a joué un rôle essentiel dans ce processus.[12]

In einer Salonkonversation liegt ein besonderes Interesse darin, seine Gesprächspartner einschätzen zu können. Anhand von Vorinformationen mündlicher oder schriftlicher Art bringt auch die unsystematischste ‚causerie' zwangsläufig die Analyse der Äußerungen des Gegenübers mit sich. Beziehungen zu weiteren Personen spielen für die Einschätzung des Gesprächspartners eine wichtige Rolle. Darüber hinaus ist die Stimme sowie die gesamte Körpersprache von ent-

---

9 „Madame La Fayette", in: *Portraits de femmes* (= *Œuvres*. Bd. 2), hrsg. von Maxime Leroy (Bibliothèque le la Pléiade. 88), Paris, Gallimard 1951, S. 1206–1241, hier: S. 1206.
10 Dies geht zurück auf ein Zitat von Mme du Deffand: „[...] je veux le ton de la conversation, de la vivacité, de la chaleur, et, par-dessus tout, de la facilité, de la simplicité." („Lettre de la Marquise du Deffand", in: *Causeries du lundi*, Bd. 1, S. 412–431, hier: S. 428. Vgl. auch Martin-Fugier, „Le Salon VIIe siècle", S. 4)
11 Martin-Fugier, „Le Salon VIIe siècle", S. 8.
12 Vgl. ebd.

scheidender Bedeutung für den Gesamteindruck von der Person. Im Besonderen geht es darum, jene Verhaltensprinzipien zu ergründen, in denen wichtige beobachtete Verhaltensweisen sowie Einstellungen der Person zusammenlaufen. Sainte-Beuve ist allein aufgrund seiner Geschichte des Klosters von Port-Royal (*Port-Royal*, 1840–1848) mit den Anschauungen der Moralistik vertraut und in der moralistischen Beobachtungsgabe geschult. Da sich der Mensch nach moralistischer Auffassung aufgrund seiner umtriebigen Eigenliebe schwer auf eine Position festlegen lässt, erfordert die Analyse des Gesprächspartners eine hohe Sensibilität und ein intuitives Urteilsvermögen. Die moralistische Analyse eines Gesprächspartners bedingt auf doppelte Weise die Kunst des Impliziten: Der Mensch – so sieht es die negative Anthropologie der Moralistik – ist rätselhaft, so dass sich die hinter seinem Verhalten liegenden Motivationen nur auf implizite Weise äußern. Auf der anderen Seite ist jedoch auch die Annäherung an diese Verhaltensweisen nur qua ‚via obliqua‘, auf implizite Weise, möglich. Im Spiel der ‚causerie‘, dem spielerischen Herantasten an den Gesprächspartner ergeben sich plötzliche Einsichten, Evidenzen verborgener Bewusstseinsschichten. Die Gesprächspartner müssen somit die Kunst des Impliziten beherrschen: Sie nähern sich sozusagen auf einem doppelbödigen, indirekten Weg aneinander an, um einen Eindruck der maßgeblichen Antriebskräfte des Gegenübers zu gewinnen.

Diese Überlegungen liegen der literaturkritischen Methode Sainte-Beuves zugrunde. Wie in einem Gespräch tastet er sich ausgehend von den Texten der Autoren, denen er im Einzelfall gar nicht die zentrale Stellung beimisst, an die Person des Autors und sein Umfeld heran. Im 19. Jahrhundert werden nicht mehr die Briefe eines Autors oder einer Autorin in Salons gelesen und diskutiert, sondern Briefsammlungen herausgegeben und in der Presse vorgestellt[13]. Saint-Beuve bespricht solche Briefsammlungen, indem er wie im oben angeführten Fall der Mme de Staël weitere Zeugnisse der Zeit zu Zwecken der Dokumentation heranzieht. Der Kritiker bringt somit unterschiedliche Stimmen aus Briefen, Memoiren und anderen historischen Zeugnissen quasi in ein Gespräch miteinander und mit dem Autor:

> Was Literatur ist, erfährt bei Sainte-Beuve keine normative Eingrenzung. Prinzipiell ist alles, was aus der Unmittelbarkeit der Kommunikation herausführt und die Festigkeit des schriftlichen Zeugnisses gewinnt, der Literatur zugehörig. Korrespondenz, Memoiren, Journale, Geschichten, Reflexionen, Traktate, Pamphlete, es gibt keine Form, worin der Geist nicht eine Sprache finden könnte, und überall, wo diese Sprache eigentümlich und klar vernehmbar

---

13 Vgl. dazu Martin Fugier, „Le Salon VIIe siècle", S. 8 f.

ist und in irgendeiner Weise den Spielraum der Möglichkeiten erweitert, der Vielgestaltigkeit des Lebens eine Sprache zu finden, wird Sainte-Beuves Interesse geweckt.[14]

Seine Vorgehensweise beschreibt der Kritiker selbst als „physiologie morale"[15]. In den programmatischen Bemerkungen seines ‚portrait littéraire' von Chateaubriand heißt es:

> La littérature, la production littéraire, n'est point pour moi distincte ou du moins séparable du reste de l'homme et de l'organisation; je puis goûter une œuvre, mais il m'est difficile de la juger indépendamment de la connaissance de l'homme même; et je dirais volontiers: *tel arbre, tel fruit*. L'étude littéraire me mène ainsi tout naturellement à l'étude morale.[16]

Im Zentrum dieser Physiologie steht die Suche nach dem neuralgischen Punkt, in dem das Werk und die Person des Autors zusammenfallen. Diese Suche nach der „qualité de son esprit"[17], wie es im Porträt von Rivarol heißt, erfolgt oftmals intuitiv; sie ergibt sich gleichsam als jener „réveil magnifique", von dem die ‚causerie' über Mme de Staël zu berichten weiß. Programmtisch wird dies im Porträt Diderots entwickelt. Sainte-Beuve versteht sich als Komponist der „biographie comparée" des Autors:

> J'ai toujours aimé les correspondances, les conversations, les pensées, tous les détails du caractère, des mœurs, de la biographie, en un mot, des grands écrivains; surtout quand cette biographie comparée n'existe pas déjà rédigée par un autre, et qu'on a pour son propre compte à la construire, à la composer.[18]

Wie in einer Konversation mit einem Gesprächspartner kristallisiert sich für Sainte-Beuve der Gesamteindruck aus Autor und Werk heraus, den er hier als „la perle"[19] bezeichnet. In einem fortwährenden Dialog mit den Quellen entsteht ein kreativer Prozess wie in der Malerei bzw. der Bildhauerei, an dessen Ende ein

---

14 Karlheinz Stierle, „L'homme et l'œuvre. Sainte-Beuves Literaturkritik", in: Wilfried Barner (Hrsg.), *Literaturkritik – Anspruch und Wirklichkeit*. DFG-Symposium 1989 (Germanistische-Symposien-Berichtsbände. 12), Stuttgart, Metzler, 1990, S. 185–196, hier: S. 189.

15 Vgl. Stierle, „L'homme et l'œuvre", S. 188.

16 „Chateaubriand jugé par un ami intime en 1803 (Suite et fin)", in: *Nouveaux lundis* Bd. 3, S. 15–33, hier: S. 15. Vgl. auch Stierle, „L'homme et l'œuvre", S. 188.

17 „Rivarol", in: *Causeries du Lundi*, Bd. 5, Paris 1944, S. 62–84, hier: S. 63. Vgl. Stierle, „L'homme et l'œuvre", S. 189.

18 „Diderot", in: *Portraits littéraires* (= *Œuvres*. Bd. 1), hrsg. von Maxime Leroy (Bibliothèque le la Pléiade. 80), Paris, Gallimard 1949, S. 867–888, hier: S. 867.

19 S. 868.

individuelles, gleichsam funkensprühendes, sprechendes Porträt steht, welches Widersprüche nicht verdeckt, sondern mit einem „entlarvenden Lächeln" die Brücke zwischen den Ungereimtheiten sichtbar macht:

> […] on l'étudie, on le retourne, on l'interroge à loisir; on le fait poser devant soi; c'est presque comme si l'on passait quinze jours à la campagne à faire le portrait où le buste de Byron, de Scott, de Goethe; seulement on est plus à l'aise avec son modèle, et le tête-à-tête, en même temps qu'il exige un peu plus d'attention, comporte beaucoup plus de familiarité. Chaque trait s'ajoute à son tour, et prend place de lui-même dans cette physionomie qu'on essaye de reproduire; c'est comme chaque étoile qui apparait successivement sous le regard et vient luire à son point dans la trâme d'une belle nuit. Au type vague, abstrait, général, qu'une première vue avait embrassé, se mêle et s'incorpore par degrés une réalité individuelle, précise, de plus en plus accentuée et vivement scintillante; on sent naître, on voit venir la ressemblance; et le jour, le moment où l'on a saisi le tic familier, le sourire révélateur, la gerçure indéfinissable, la ride intime et douloureuse qui se cache en vain sous les cheveux déjà clairsemés, – à ce moment l'analyse disparaît dans la création, le portrait parle et vit, on a trouvé l'homme. II y a plaisir en tout temps à ces sortes d'études secrètes […][20]

Im Fall der Mme de Staël tun sich für Sainte-Beuve besonders viele Widersprüche auf: Mehr als das Werk, das oftmals im Vagen verbleibt und in Vergessenheit zu geraten droht, beeindruckt ihn die Person der Autorin mit ihren Widersprüchen, die es allerdings besonders schwer machen, die ‚qualité de son esprit' bzw. die ‚perle' herauszumodellieren. Die rezensierte Briefausgabe *Mme de Staël. Coppet et Weimar* spiegelt für Sainte-Beuve nur ein konventionelles Bild der Autorin wider. Und so zieht er weitere Briefe von Sismondi, Stellungnahmen von Schiller, Byron u. a. heran[21], Quellen, die ergeben, dass Mme de Staël auf die Äußerung von Gefühlen und Ideen gleichermaßen Wert legt, dass sie mit einer fortwährenden inquisitorischen Unruhe den Dingen nachgeht, dass sie trotz ihrer Großzügigkeit („générosité"[22]) oftmals scharfzüngig und sogar beleidigend mit Gesprächspartnern umgeht, allein um ihre geistige Überlegenheit zu beweisen[23]. In all diesen

---

20 S. 867.

21 „[…] je veux rassembler […] quelques témoignages qui tous s'accordent, mais qui sont cependant un peu plus variés de ton que ceux que je trouve réunis dans le livre de *Coppet et Weimar*." („Madame de Staël", S. 302)

22 S. 329.

23 So in einem Brief von Sismondi: „[…] excepté dans tous ses jugements elle est trop souvent haineuse et méprisante […][la puissance] de sa réputation, qui s'est toujours plus confirmée, lui a fait contracter plusieurs des défauts de Bonaparte. Elle est comme lui intolérante de toute opposition, insultante dans la dispute, et très-disposée à dire aux gens des choses piquantes, sans colère et seulement pour jouir de sa supériorité." (S. 303)

Widersprüchen kristallisiert sich für Sainte-Beuve die interessante ‚qualité de son esprit' heraus: Mme de Staël ist, so der Gesamteindruck, eine Theoretikerin der ‚causerie' und darüber hinaus zugleich die Verkörperung der Prinzipien der Konversation in Reinkultur: „Mme de Staël [...] définit [...] la conversation, [...] elle qui en était le Génie même [...]"[24]. Dabei lobt er besonders Mme de Staëls Kunst des Impliziten, des Vaguen, ohne die Dinge allzu sehr zu vertiefen, die Kunst der Erzeugung unerwarteter Effekte durch die Herstellung subtiler Bezüge:

> Car elle voulait du sentiment aussi et avant tout, mêlé aux idées, avec **des éclairs de gaieté fugitive, quantité de rapports fins, subtils, déliés, des anecdotes d'une application spirituelle et imprévue de soudains essors** et comme des flammes vers les plus hauts sommets; mieux que des aperçus, des considérations politiques et historiques, fortement exprimées, mais **sans s'y appesantir; des images même**, qui peut-être n'auraient point paru des images en plein soleil, mais **qui en faisaient l'effet dans un salon**; puis tout à coup (car c'était une femme toujours) un soupir romanesque jeté en passant, et quelque perspective lointaine vaguement ouverte sur la destinée, les peines du cœur, les mystères de la vie; un coin mélancolique à l'horizon. C'est dans cet ensemble qu'elle excellait; c'est cette trame diverse et mobile qu'elle agitait, qu'elle variait et recommençait sans cesse avec un art de magicienne [...][25]

Sainte-Beuve macht sich die Auffassung Mme de Staëls zu eigen, dass die Konversation in ihrer speziellen Form der ‚causerie' ein nationales Charakteristikum Frankreichs ist, ganz anders in Deutschland, wo es nur um den Sinn, das Resultat und die Schlussfolgerung gehe und wo man die Kunst des Impliziten, das Spiel des – scheinbar – Belanglosen nicht kenne:

> [...] elle n'était proprement dans son milieu et dans son centre, dans sa pleine souveraineté, qu'en conversant et en causant. Or, **elle l'a dit, on ne cause véritablement qu'en France et en francais:** „la conversation, comme talent, n'existe qu'en France". [...] **En Allemagne,** on est trop occupé du but et du résultat sérieux, et dans toute discussion, de la conclusion même; **on ignore l'art d'agir, de parler sans but et pourtant avec intérêt.**[26]

Gegen diese Bestimmung der Konversation als geistreiche Umspielung des eigenen Interesses und somit als nationaltypisches Charakteristikum in Frankreich, welches auch die Literatur dominiert, erhebt sich zu Beginn des 20. Jahrhunderts erheblicher Widerspruch.

---

24 S. 309.
25 S. 310; Hervorhebungen von Vf.
26 S. 308 f.

14.2 Prousts Zurückweisung der ‚causerie du salon‘ in seiner Schrift gegen Sainte-Beuve

Die Übertragung der Konversation auf die Literatur und in der Folge auch auf die Literaturkritik stößt auf vehemente Kritik bei Marcel Proust. Proust versucht, die Literatur radikal von der Konversation zu trennen. Allein die Literatur kann für ihn eine Tiefe garantieren, zu der die ‚oberflächliche‘ Konversation nicht in der Lage ist. Die Literatur, und damit meint Proust in erster Linie die Schrift, ermöglicht es für ihn, in tiefere Bewusstseinsschichten vorzudringen, die die Konversation nicht erreichen kann, da sie an die soziale Geselligkeit und damit an die Stimme gebunden ist. Prousts Hauptwerk *À la recherche du temps perdu* lässt sich als eine durchgängige Auseinandersetzung mit der Konversation deuten. Wie kaum ein anderes Romanwerk bilden seine Romane die ganze Bandbreite der zeitgenössischen Salonkonversationen ab. Diese „Konversationsexzesse" stellen das auffälligste Merkmal seiner Romane dar, welches dem Leser bei einem Autor, der nach eigenen Aussagen poetologisch ganz andere Ziele verfolgt, äußerst „befremdlich" erscheinen muss:

> [...] die Konversationsveranstaltungen, von denen die *Recherche* berichtet, [...] die Matinées, Soirées und Dîners der *Recherche* dehnen sich bekanntlich oft über mehr als hundert Seiten aus, und [...] so gewährt Proust den seinen das Privileg, sich in oft endlos anmutenden Äußerungen mehr oder weniger frei verströmen zu dürfen. Daß solche Ausführlichkeit der Konversations- und Rededarstellung befremdlich wirken muß, verraten aufs deutlichste die Reaktionen der Proust-Kritik [...][27]

Die Forschung zu Proust hat über einen langen Zeitraum angenommen, das poetologische Programm des Autors, welches er in dem frühen, 1909 verfassten, allerdings erst 1954 veröffentlichen hybriden Essay-Roman *Contre Sainte-Beuve* formuliert, werde in der *Recherche* umgesetzt. Die Konversationen würden nur deshalb so ausführlich abgebildet, um die Ziele der symbolistischen Poetik des Autors umso mehr zur Geltung zu bringen. Neuere Arbeiten zeigen jedoch, dass Proust das so nicht gelingt und dass er das letzten Endes auch gar nicht umsetzen will. Die symbolistische Poetik, die im literarischen Werk jenseits der sozialen Lebenssphäre, welcher die Konversation angehört, das von sozialen Fragen unberührte ‚moi profond‘ ausloten und dem schriftstellerischen Kreationsprozess nachgehen will, wird von den akribischen Gedächtnisprotokollen der sozialen Konversationen geradezu überrollt:

---

27 Ulrich Schulz-Buschhaus, „Gemeinplatz und Salonkonversation bei Marcel Proust", in: U. Sch.-B, *Das Aufsatzwerk*; http://gams.uni-graz.at/o:usb-06C-349, S. 6.

Sowohl die mimetische Hingabe an das Kritisierte als auch die Differenziertheit der kommentierenden Stellungnahmen zeigen nun an, daß die Welt der Konventionen in Prousts *Recherche* bei aller Kritik nie ganz aus der Geborgenheit einer letzten Endes unversehrten auktorialen Sympathie entlassen wird. [...] Zwar weiß der Leser am Ende seiner Lektüre, daß in der gesellschaftlichen Welt der *Recherche* nichts Authentisches und Substantielles Bestand haben kann. Zugleich weiß er aber auch, daß diese Welt ohne Substanz und Authentizität – nach dem Beispiel der kritischen Empathie ihres Erzählers betrachtet – Aufmerksamkeit, Interesse und Zuwendung verdient hat wie keine andere.[28]

Auf diese Weise attestiert Proust der für die französische Kultur typischen Lust an der Konversation, der Kunst des Impliziten, eine grundlegende Bedeutung, auch wenn er sie einer profunden, satirischen Kritik unterzieht.

In seinem teils romanesken, teils essayistischen Werk *Contre Sainte-Beuve* wehrt sich Proust gegen die „méthode de Sainte Beuve", das Werk eines Autors über die Heranziehung seiner Biographie zu erklären:

> La littérature, disait Sainte-Beuve, n'est pas pour moi distincte ou du moins, séparable du reste de l'homme et de l'organisation [...] (S. 136)

Proust erklärt demgegenüber, dass man den sozialen Menschen strikt vom Ich des Schriftstellers trennen muss. Das soziale Ich, auf das Sainte-Beuve rekurriert, hat für Proust mit dem schreibenden Ich keine Gemeinsamkeiten. Deshalb bleiben die Kritiken Sainte-Beuves nur an der Oberfläche, ohne in die Tiefe der Werke einzudringen:

> L'œuvre de Sainte-Beuve n'est pas une œuvre profonde. La fameuse méthode, qui en fait, selon Taine, selon Paul Bourget et tant d'autres, le maître inégalable de la critique du XIXe, cette méthode, qui consiste à ne pas séparer l'homme et l'œuvre, à considérer qu'il n'est pas indifférent pour juger l'auteur d'un livre, [...] cette méthode méconnaît ce qu'une fréquentation un peu profonde avec nous-mêmes nous apprend : qu'un livre est le produit d'un autre

---

28 Schulz-Buschhaus, „Gemeinplatz", S. 15. Vgl. auch ders., „Topiken der Konversation bei Flaubert und Proust", in: U. Sch.-B., *Das Aufsatzwerk*; http://gams.uni-graz.at/o:usb-06A-285. Vgl. dazu auch die einschlägige Dissertation von Ulrike Sprenger, die aus einer anderen Perspektive zum gleichen Befund gelangt. Prousts subjektorientierte Poetik der Schrift, die die Stimme der mündlichen Konversation zu überwinden trachtet, mündet – so Sprenger – letztlich in eine Inszenierung mündlicher Rede, deren Polyphonie das ursprüngliche, in der Schrift *Contre Sainte-Beuve* formulierte Ziel hinter sich lässt (*Stimme und Schrift*. Inszenierte Mündlichkeit in Prousts *A la recherche du temps perdu* 5368, Tübingen, Narr, 1995). Zu ähnlichen Ergebnissen gelangt auch Pierre-Marie Héron, „Littérature et conversation au XXe siécle: Proust (encore)", *Revue d'histoire littéraire de la France* Bd. 110/2010, S. 93–111. Vgl. auch das Kap. „Le Langage parlé" bei Josee van den Ghinste, *Rapports humains et communication dans À la recherche du temps perdu*, Paris, Nizet, 1975, S. 139–195.

moi que celui que nous manifestons dans nos habitudes, dans la société, dans nos vices. Ce moi-là, si nous voulons essayer de le comprendre, c'est au fond de nous-mêmes, en essayant de le recréer en nous, que nous pouvons y parvenir. (S. 136 f.)

Die Oberflächlichkeit der Beurteilung der Werke anhand der sozialen Umstände des Lebens eines Autors erklärt für Proust auch die krassen Fehlurteile Sainte-Beuves, der zahlreiche Autoren aus der zweiten Reihe ausführlich würdigt, den größten Dichter des 19. Jahrhunderts, Charles Baudelaire, in seinen *Causeries du lundi* jedoch gar nicht behandelt und der z. B. von Stendhal kurz und bündig sagt: „les romans de Stendhal [...] sont franchement détestables." (S. 138) Literarische Werke sind für Proust Ergebnisse der Beschäftigung eines Autors mit sich selbst; sie sind Produkte der Stille: „Les livres sont l'œuvre de la solitude et les *enfants du silence.*" (S. 309) Der Stoff und die Sujets einer wertigen Literatur dürfen nicht einfach die Wirklichkeit „telle quelle" widerspiegeln; sie sind – hier spielt Proust auf die in der *Recherche* hervortretenden ‚mémoires involontaires' an – auf eine epiphanische, gleichsam „immaterielle" Weise entstehende Einblicke in die Substanz und Tiefe des Ichs.

La matière de nos livres, la substance de nos phrases doit être immatérielle, non pas prise telle quelle dans la réalité, mais nos phrases elles-mêmes, et les épisodes aussi doivent être faits de la substance transparente de nos minutes les meilleures, où nous sommes hors de la réalité et du présent. C'est de ces gouttes de lumière cimentées que sont faits le style et la fable d'un livre. (S. 309)

Literatur mit einer derartigen Tiefendimension will sich von den sozialen Gepflogenheiten des Lebens befreien. Sie lässt die aus der alltäglichen Konversation bekannten vorgefertigten Ausdrucksweisen („expressions toutes faites") und die Masken, die der Mensch des sozialen Alltagslebens trägt, hinter sich:

[...] d'abord qu'il y ait profondeur, qu'on ait atteint les régions de la vie spirituelle où l'œuvre d'art peut se créer. Or, quand nous verrons un écrivain à chaque page, à chaque situation où se trouve son personnage, ne jamais l'approfondir, ne pas le repenser sur lui-même, mais se servir des expressions toutes faites, que ce qui en nous vient des autres – et des plus mauvais autres – nous suggère quand nous voulons parler d'une chose, si nous ne descendons pas dans ce calme profond où la pensée choisit les mots où elle se reflétera tout entière ; un écrivain qui ne voit pas sa propre pensée, alors invisible à lui, mais se contente de la grossière apparence qui la masque à chacun de nous à tout moment de notre vie, dont le vulgaire se contente dans une perpétuelle ignorance, et que l'écrivain écarte, cherchant à voir ce qu'il y a au fond [...] (S. 306 f.)

Wahre Literatur hat für Proust nichts mit der Konversation zu tun, in der eine Person durchaus intime Dinge einer bestimmten Zahl von Adressaten vermittelt, die aber zur äußerlichen Rolle der gesellschaftlichen Existenz gehören und nicht zum ‚moi profond' des Schriftstellers, welcher von der sozialen Rolle abstrahieren muss:

> En réalité, ce qu'on donne au public, c'est ce qu'on a écrit seul, pour soi-même, c'est bien l'œuvre de soi. Ce qu'on donne à l'intimité, c'est-à-dire à la conversation [...] et ces productions destinées à l'intimité, c'est-à-dire rapetissées au goût de quelques personnes et qui ne sont guère que de la conversation écrite, c'est l'œuvre d'un soi bien plus extérieur, non pas du moi profond qu'on ne retrouve qu'en faisant abstraction des autres et du moi qui connaît les autres, le moi qui a attendu pendant qu'on était avec les autres, qu'on sent bien le seul réel, et pour lequel seuls les artistes finissent par vivre, comme un dieu [...] à qui ils ont sacrifié une vie qui ne sert qu'à l'honorer. (S. 141)

Es ist die Unbedingtheit dieser poetologischen Position, die den Leser der späteren *Recherche* angesichts der so zahlreichen Abbildungen der Konversationen irritiert. Ulrich Schulz-Buschhaus hat gezeigt, dass Proust anders als sein Vorbild Flaubert die abgebildeten Konversationen mit ihren vorgestanzten Formeln und ihren ‚idées reçues' nie durch eine „distanzierende Gesprächsregie" erzählpragmatisch reduziert. Er verzichtet auf diese Weise darauf, ihnen eine Funktion in der Syntagmatik des Erzählten zuzuweisen. Schulz-Buschhaus wertet dies als Zeichen dafür, wie weit der konversationskritische Proust von den Gesprächen der Salons abhängig war.

14.3 Prousts Sezierung der Kunst des Impliziten in der Konversation

Die Romane von Prousts *A la Recherche du temps perdu* sind in erster Linie minutiöse Aufzeichnungen von Begegnungen des Erzählers Marcel mit Figuren der Aristokratie und des Bürgertums in diversen Salons seiner Zeit, die Marcel dann ebenso minutiös analysiert. So sehr sich dieser Erzähler innerlich gegen die sozialen Räume der gesellschaftlichen Konversation auflehnt, da er sich als Schriftsteller das Ziel der Erforschung der Tiefe des eigenen Ichs gesetzt hat, so sehr ist er auf die Begegnungen in diesen sozialen Räumen angewiesen, allein, weil er dort seinen Stoff findet und seine Analysekriterien in der Kritik der von ihm zurückgewiesenen Konversation schärfen kann. Im zweiten Roman der *Recherche*, *A l'ombre des jeunes filles en fleurs* (1918), beschreibt Marcel wie er vergeblich versucht, dem Sog der gesellschaftlichen Salonkonversation zu entrinnen, und wie er immer wieder von den dortigen Begegnungen angezogen wird. Anstatt sich der Erforschung des Ichs in der Einsamkeit und Stille seines heimischen Schreibtischs zu widmen, führt Marcel imaginäre Gespräche mit den Teilnehmern der von ihm frequentierten Salons, um Pointen vorzubereiten, die seinem Auftreten in der Gesellschaft ‚esprit' verleihen. Statt das Ich zu ergründen, entpuppt sich sein Inneres als ‚salon mental':

> [...] quand leur demeure [= des Swanns] me fut ouverte, à peine je m'étais assis à mon bureau de travail que je me levais et courais chez eux. Et une fois que je les avais quittés et que j'étais rentré à la maison, mon isolement n'était qu'apparent, ma pensée ne pouvait plus remonter le courant du flux de paroles par lequel je m'étais laissé machinalement entraîner pendant des heures. Seul je continuais à fabriquer les propos qui eussent été capables de plaire aux Swann et pour donner plus d'intérêt au jeu, je tenais la place de ces partenaires absents, je me posais à moi-même des questions fictives choisies de telle façon que mes traits brillants ne leur servissent que d'heureuse repartie. Silencieux, cet exercice était pourtant une conversation et non une méditation, ma solitude une vie de salon mentale où c'était non ma propre personne mais des interlocuteurs imaginaires qui gouvernaient mes paroles et où j'éprouvais à former, au lieu des pensées que je croyais vraies celles qui me venaient sans peine, sans régression du dehors vers le dedans, ce genre de plaisir tout passif que trouve à rester tranquille quelqu'un qui est alourdi par une mauvaise digestion.[29]

Kreative Schreibprozesse entstehen für Proust aus dem Gefühl und nicht aus dem Verstand heraus. Solche – wie es heißt – „wahren Gedanken", die „spontan aus dem Innern emporkommen" („qui me venaient sans peine"), sind ihm im inneren Gespräch mit den imaginären Konversationspartnern verwehrt, da die Gespräche seine eigenen Worte dominieren. Der Vergleich dieser „vie de salon mentale" mit dem zweifelhaften Vergnügen einer schlechten Verdauung zeigt, was Marcel von der sozialen Konversation hält. Die Salonkonversation zwingt dem Einzelnen Rollen auf. Sie verformt seine Sprache („des interlocuteurs imaginaires qui gouvernaient mes paroles"). Allein dadurch gewinnt sie Dimensionen einer indirekten Kommunikation: Die Konversation ist für Proust nur Täuschung und Selbsttäuschung[30].

Die Romane Prousts konzentrieren sich wesentlich auf die Analyse solcher Verformungen, die die soziale Sphäre letztlich als Lügengebäude erweist. Ihm geht es um die Beschreibung der gesprochenen Sprache und ihrer situationsgebundenen Deformation. Der Erzähler erfasst genauestens die Sprachstile der Figuren und den ihnen zugrunde liegenden jeweiligen Habitus[31]. Für Marcels Sezierung der Konversationspraxis liefert ein Beispiel besonders prägnante Einsichten: der Blick auf den Geist der aristokratischen Familie der Guermantes („l'esprit des

---

29 Marcel Proust, *À l'ombre des jeunes filles en fleurs I*, in: M. P., *À la recherche du temps perdu*, 4 Bde., hrsg. von Jean-Yves Tadié (Bibliothèque de la Pléiade. 100. 101. 102. 356) Paris, Gallimard, 1987–1989, Bd. 1, S. 421–630, hier: S. 569.
30 Vgl. dazu Serge Gaubert, „La Conversation et l'écriture", *Europe* Bd. 496/1970, S. 171–192, bes. S. 174.
31 Vgl. Gaubert, „La Conversation", S. 171 und S. 176 f.

Guermantes"), und ganz besonders auf die Duchesse Oriane de Guermantes, die den Stil der französischen Konversation auf eine für Proust typische Weise verkörpert.

Der ‚esprit des Guermantes' ist insbesondere Thema des dritten Romans der *Recherche*, *Le Côté de Guermantes* (1920/1921). Der Roman spielt im ‚Quartier Saint-Germain' in Paris, wo Marcel in der Nähe der Familie der Guermantes wohnt. Seit seiner Kindheit ist der Name dieser Adelsfamilie für ihn geradezu mythisch besetzt. Nach einem Opernbesuch verliebt er sich in die Herzogin, der er daraufhin bei seinen morgendlichen Spaziergängen immer wieder zu begegnen sucht. Bei einer Einladung in den Salon der Madame de Villeparisis, der Tante der Duchesse de Guermantes, trifft er zum ersten Mal direkt auf seine Liebe, wird aber im Laufe des Abends durch die Art und Weise ihrer Konversation von ihr maßlos enttäuscht. Als er sich längst einer anderen Liebe zugewandt hat, lädt ihn die Duchesse zu seiner Überraschung zu einem Empfang in ihr Haus in Saint-Germain ein. Diesen Höhepunkt des Romans nutzt der Autor, um die zeitgenössische Aristokratie zu groteskisieren: Der Erzähler Marcel seziert die Gesellschaft mit messerscharfem Blick und entlarvt insbesondere das Verhalten der Mme de Guermantes als rollenhafte Verstellung.

Gleich zu Beginn des Romans wird die Absicht Marcels erkennbar, den Mythos um die Protagonistin, zugleich Mittelpunkt der Familie derer von Guermantes, zu ergründen. Nach dem mittelalterlichen realistischen Prinzip ‚nomina sunt consequentia rerum' sucht Marcel anfänglich in ihrem klangvollen Namen die tiefere Bedeutung der Familie, die der französischen Hocharistokratie entstammt. Es wird aber auch bereits deutlich, dass der Protagonist dabei nur desillusioniert werden kann

> Parfois, cachée au fond de son nom, la fée se transforme au gré de la vie de notre imagination qui la nourrit; c'est ainsi que l'atmosphère où Mme de Guermantes existait en moi, après n'avoir été pendant des années que le reflet d'un verre de lanterne magique […]
> Cependant, la fée dépérit si nous nous approchons de la personne réelle à laquelle correspond son nom, car, cette personne, le nom alors commence à la refléter et elle ne contient rien de la fée […][32] (S. 6 f.)

Der bis dahin nur mit Büchern vertraute Marcel muss die in der *Recherche* immer wieder angesprochene Erfahrung machen, dass die Aussagen seiner Gesprächspartner in den Salonkonversationen nicht auf direktem Wege erfolgen. In Verbindung mit der weitgehend unkontrolliert und willkürlich erfolgenden Körperspra-

---

32 *Le Côté de Guermantes*, in: M. P., *À la recherche du temps perdu*, Bd. 2, 307–884, hier: S. 311. Die Stellenangaben im laufenden Text beziehen sich auf diese Ausgabe.

che des Gegenübers lässt sich der Sinn der Äußerungen hinter der Verstellung interpretieren:

> […] moi qui pendant tant d'années, n'avais cherché la vie et la pensée réelles des gens que dans l'énoncé direct qu'ils m'en fournissaient volontairement, par leur faute j'en étais arrivé à ne plus attacher, au contraire, d'importance qu'aux temoignages qui ne sont pas une expression rationnelle et analytique de la vérité ; les paroles elles-mêmes ne me renseignaient qu'à la condition d'être interpretées à la façon d'un afflux de sang à la figure d'une personne qui se trouble, à la façon encore d'un silence subit.[33]

Mme de Guermantes wird nun mit allen Mitteln der sprachlichen und körpersprachlichen Analyse entschlüsselt. Sie erscheint Marcel als Inkaration der alten Aristokratie, die unter Ludwig XIV. ihren kulturellen Höhepunkt hatte. Durch die zivilisatorische äußere Hülle ihrer Liebenswürdigkeit und ihrer spirituellen Werte hindurch vermag der Erzähler in ihrer stets angriffslustigen Ansprache („verve frondeuse", S. 735) das Verhalten der alten Landaristokratie zu erkennen:

> Mme de Guermantes m'offrait, domestiquée et soumise par l'amabilité, par le respect envers les valeurs spirituelles, l'énergie et le charme d'une cruelle petite fille de l'aristocratie des environs de Combray, qui, dès son enfance, montait à cheval, cassait les reins aux chats, arrachait l'œil aux lapins […] (S. 793)

Die an den Tag gelegte Höflichkeit der Guermantes sowie ihr Benehmen faszinieren den Protagonisten, der darin die Sitten und Gebräuche des 17. Jahrhundert wiedererkennt („d'habitudes en particulier du XVIIe siècle", S. 710). Marcel geht diesen Verhaltensweisen, die ihn insbesondere bei dem oftmals so merkwürdig vulgär auftretenden M. de Guermantes auffallen und beeindrucken („cette politesse de M. de Guermantes […] me charma comme un reste d'habitudes […] séculaires", ebd.) auf den Grund. Er erkennt, dass es sich bei diesen „marques de courtoisie" um verinnerlichte Einstellungen handelt, die die Personen beherrschen und sie dazu bringen, stets grundsätzlich Höflichkeit und Liebenswürdigkeit vorzutäuschen:

> […] chez tels personnages de la cour de Louis XIV, quand nous trouvons des marques de courtoisie dans des lettres écrites par eux à quelque homme de rang inférieur et qui ne peut leur être utile à rien, elles nous laissent surpris parce qu'elles nous révèlent tout à coup chez ces grands seigneurs tout un monde de croyances qu'ils n'expriment jamais directement mais qui les gouvernent, et en particulier la croyance qu'il faut par politesse feindre certains sentiments et exercer avec le plus grand scrupule certaines fonctions d'amabilité. (Ebd.)

---

33 *La Prisonnière*, in: M. P., *À la recherche du temps perdu*, Bd. 3, S. 517–915, hier: S. 596.

Insbesondere geht Marcel dem Phänomen der Habitualisierung solcher Verhaltensweisen nach und erkennt ganz im Sinn der sich wenig später entwickelnden Mentalitätsgeschichte, wie die entsprechenden Einstellungen entstehen, sich verfestigen und über lange Zeiträume (,longue durée') fortbestehen:

> [...] le savant qui étudie dans une région lointaine la toponymie, les coutumes des habitants, pourra saisir encore en elles telle légende bien antérieure au christianisme, déjà incomprise, sinon même oubliée, au temps d'Hérodote et qui, dans l'appellation donnée à une roche, dans un rite religieux, demeuré au milieu du présent comme une émanation plus dense, immémoriale et stable. Il y en avait une aussi, bien moins antique, émanation de la vie de cour, sinon dans les manières souvent vulgaires de M. de Guermantes, du moins dans l'esprit qui les dirigeait. Je devais la goûter encore, comme une odeur ancienne, quand je le retrouvai un peu plus tard au salon. (S. 711)

Im Fall der Duchesse de Guermantes führen die Beobachtungen Marcels zu einer großen Enttäuschung, insbesondere als er der Frage nachgeht, ob die Duchesse, wie gemeinhin angenommen wird, besonders intelligent ist und daher eine ,profondeur' unter Beweis stellt:

> [...] j'avais peine à retrouver dans le beau visage, trop humain, de Mme de Guermantes, l'inconnu de son nom, je pensais du moins que, quand elle parlerait, sa causerie, profonde, mystérieuse, aurait une étrangeté de tapisserie médiévale, de vitrail gothique. (S. 506)

Letztlich kommt der Erzähler zu dem Ergebnis, dass es sich nicht um die Intelligenz großer Geister handelt: „ce n'est nullement l'intelligence telle que je la connaissais [...] fût-ce celle des plus grands esprits" (S. 507). Die Intelligenz der Duchesse de Guermantes richtet sich auf die „conversation insignifiante" (ebd.), auf die Banalitäten des Alltags sowie die ,maldisances' über allen Gesprächsteilnehmern bekannte, zumeist nicht anwesende Personen. Eine – ausnahmsweise – kurze Konversationsszene zwischen Oriane und ihrer Tante, Mme de Villeparisis, vermag diesen ,esprit' der Mme de Guermantes zu verdeutlichen:

> „Je croyais trouver Basin [= M. de Guermantes] ici, il comptait venir vous voir, dit Mme de Guermantes à sa tante.
> — Je ne l'ai pas vu, ton mari, depuis plusieurs jours, répondit d'un ton susceptible et fâché Mme de Villeparisis. **Je ne l'ai pas vu, ou enfin peut-être une fois, depuis cette charmante plaisanterie de se faire annoncer comme la reine de Suède.**"
> Pour sourire Mme de Guermantes pinça le coin de ses lèvres comme si elle avait mordu sa voilette.
> „Nous avons dîné avec elle hier chez Blanche Leroi, vous ne la reconnaîtriez pas, elle est devenue énorme, je suis sûre qu'elle est malade.
> — Je disais justement à ces messieurs que tu lui trouvais l'air d'une grenouille."
> Mme de Guermantes fit entendre une espèce de bruit rauque qui signifiait qu'elle ricanait par acquit de conscience.

„Je ne savais pas que j'avais fait cette jolie comparaison, mais, dans ce cas, maintenant c'est la grenouille qui a réussi à devenir aussi grosse que le bœuf. Ou plutôt ce n'est pas tout à fait cela, parce que toute sa grosseur s'est amoncelée sur le ventre, c'est plutôt une grenouille dans une position intéressante.

— Ah! je trouve ton image drôle", dit Mme de Villeparisis **qui était au fond assez fière pour ses visiteurs de l'esprit de sa nièce.** (S. 507 f.; Hervorhebungen von Vf.)

Die kurze Konversation ist durch und durch der Kunst des Impliziten verpflichtet und zugleich von einer unfreiwilligen Komik: Die Bemerkung der Duchesse de Guermantes, Blanche Leroi sehe aufgrund ihres Leibesumfangs mittlerweile aus wie der Frosch, der sich zum Ochsen aufbläht, wird von Ihrer Tante als Beweis des ‚esprit' der Nichte angesehen, den sie ihren Salongästen nur allzu gerne vorführt. Der Vergleich stellt schließlich eine literarische Bildung unter Beweis, erinnert das Bild vom sich aufblasenden Frosch doch an La Fontaines Fabel *La Grenouille qui se veut faire aussi grosse que le bœuf*. Wenn Mme de Guermantes jedoch en passant sagt, sie sei beim Empfang der Blanche Leroi auf die Königin von Schweden getroffen, stiehlt sie ihrer Tante die Schau, wollte diese doch wie der Frosch in der Fabel per ‚name-dropping' ihren Salon aufwerten[34], der ab und zu von der Königin von Schweden frequentiert wird. Nun ist der Forsch, der sich aufbläst, vor allem die Duchesse selbst, dient ihr die ‚maldisance' gegen Mme Leroi doch nur dazu, ihre Bekanntschaft mit der Königin von Schweden herauszustellen. Ihre körpersprachliche Äußerung – „une espèce de bruit rauque" – lässt sie hörbar zum ‚aufgeblasenen Frosch' werden.

Die Illusion des Namens der Guermantes ist für den Erzähler schon lange wie der Frosch der Fabel geplatzt. Die Duchesse kommt über das Froschquaken nicht hinaus. Ihre vermeintliche Intelligenz ist in Wirklichkeit eine antrainierte Attitude, mit der sie in der Öffentlichkeit ihren ‚esprit' unter Beweis zu stellen sucht. Mme de Guermantes produziert am laufenden Band Paradoxien bzw. überraschende Äußerungen, die sich dem gewöhnlichen Teilnehmer einer Konversation nicht erschließen, jedoch Intelligenz und Schlagfertigkeit simulieren. Besonders gilt dies im Fall der Diskussion über Literatur, beansprucht Oriane de Guermantes doch eine gewisse literarische Bildung für sich. Ihre entsprechenden Äußerungen werden mit den Kriterien Sainte-Beuves in Verbindung gebracht, hatte dieser ja für Proust ebenfalls stets – konversationstypisch – auf persönliche Dinge gesetzt und die Charakterisierung eines Autors auf höchst subjektive Eingebungen gestützt. In einer Diskussion mit der Princesse de Parme lassen sich diese Kriterien erkennen:

---

34 Basin hatte seinerzeit den Spaß gemacht, sich bei Mme de Villeparisis als Königin von Schweden anzukündigen.

Quant aux actions mondaines, c'était encore un autre plaisir arbitrairement théâtral que Mme de Guermantes éprouvait à émettre sur elles de ces jugements imprévus qui fouettaient de surprises incessantes et délicieuses la princesse de Parme. (S. 763 f.)

Wie ein *alter ego* von Sainte-Beuve überrascht die Duchesse die verdutzte Princesse de Parme mit ihrer Einschätzung, Émile Zola sei keineswegs ein realistischer Erzähler sondern ein Dichter, der alles was er anfasse, groß mache wie Homer. Er sei – so ihre grotesken Kriterien – der „Homer der Fäkalien" und besitze „epischen Dünger" :

„[...] Zola n'est pas un réaliste, Madame! c'est un poète!" dit Mme de Guermantes, **s'inspirant des études critiques qu'elle avait lues dans ces dernières années** et les adaptant à son génie personnel. Agréablement bousculée jusqu'ici, au cours du bain d'esprit, un bain agité pour elle, qu'elle prenait ce soir, et qu'elle jugeait devoir lui être particulièrement salutaire, se laissant porter par les paradoxes qui déferlaient l'un après l'autre, devant celui-ci, plus énorme que les autres, la princesse de Parme sauta par peur d'être renversée. Et ce fut d'une voix entrecoupée, comme si elle perdait sa respiration, qu'elle dit:
„Zola, un poète!
— Mais oui", répondit en riant la duchesse, ravie par cet effet de suffocation. „Que Votre Altesse remarque comme il grandit tout ce qu'il touche. Vous me direz qu'il ne touche justement qu'à ce qui... porte bonheur! Mais il en fait quelque chose d'immense; il a le fumier épique! C'est l'Homère de la vidange! [...] l" (S. 789)

Die Konversation im Salon ist für Mme de Guermantes ein Spiel, mit dem sie Wertvorstellungen ihrer Gesprächspartner umstürzen will („Mme de Guermantes renversait sans cesse l'ordre des valeurs chez les personnes de son milieu [...]", S. 764). Auf diese Weise sucht sie sich an den emotionalen Turbulenzen der Abendgesellschaft zu ergötzen („à goûter ces émotions artificielles [...] qui stimulent la sensibilité des assemblées", ebd.). Dies zeigt für Proust, wie gehaltlos die Konversation in Frankreich um die Wende zum 20. Jahrhundert geworden ist. Aus der vormals geistvollen Unterhaltung zum Zweck der Geselligkeit gebildeter Gesprächspartner ist ein rituelles Spiel aus willkürlich gesetzten Pointen und ‚traits d'esprit' geworden, deren ‚esprit' sich in Boshaftigkeiten und nur pseudo-intelligenten Wendungen ergeht. Für Proust, der auf der Suche nach den Tiefen des Ichs ist, gilt dies für jede Form der Salonkonversation, ob im 17., 18. oder 19. Jahrhundert, die Sainte-Beuve zum Vorbild seiner literarischen Kritik gemacht hatte und die der Autor der *Recherche* für nichtig hält:

[...] lorsqu'un peintre véridique comme Sainte-Beuve veut marquer successivement les nuances qu'il y eut entre le salon de Mme Geoffrin, de Mme Récamier et de Mme de Boigne, ils apparaissent tous si semblables que la principale vérité qui, à l'insu de l'auteur, ressort de ses études, c'est le néant de la vie de salon [...] (S. 709)

Bei aller Widerständigkeit gegen die Konversation und die ‚dissimulatio' durch eine indirekte Sprache und Körpersprache, ist die Inszenierung des ‚moi profond' bei Proust schon in der Schrift gegen Sainte-Beuve jedoch gleichwohl an ein Gespräch gebunden. Die entsprechenden Ausführungen zur schriftstellerischen Endeckung des ‚moi profond' und seiner Fixierung der Entdeckungen in *Contre Sainte-Beuve* entwickelt Marcel im Gespräch mit seiner Mutter. Sie sind damit ein Stück inszenierter Mündlichkeit. Die konstruierte Opposition von ‚moi profond' und ‚moi social' wird durch diese inszenierte Mündlichkeit unterlaufen, was sich für die *Recherche* an zahlreichen Stellen zeigen lässt. Dies zeigt, dass sich Proust der so heftig kritisierten Konversation und ihrer Kunst des Impliziten nicht entziehen kann:

> Die Teilnahme an der Konversation ist nicht bloßes Hindernis auf dem Weg zum wahren Kunstwerk, durch die Verwicklung sowohl des erlebenden als auch des erzählenden Ich in das snobistische Spiel mit der Sprache werden beide vielmehr so weit zu deren Objekt, daß der erzählerische Diskurs selbst davon affiziert wird.[35]

---

35 Sprenger, *Stimme und Schrift*, S. 78. Vgl. auch S. 5 und S. 12.

15 Von der Kunst des Impliziten zur Last des Verborgenen bei Nathalie Sarraute

15.1 Sarraute und die Entdeckung der ‚sous-conversation'

Nathalie Sarraute beginnt ihre schriftstellerische Karriere in den dreißiger Jahren. Unmittelbar im Anschluss an die Romane Prousts verfasst sie ab 1932 nach und nach einzelne Erzählstücke, die 1939 von der Öffentlichkeit weitgehend unbemerkt unter dem Titel *Tropismes* als Erstlingswerk veröffentlicht werden. Erst mit der Neuedition aus dem Jahr 1957 erhalten die Erzählstücke der *Tropismes* den Status eines Gründungswerks des ‚nouveau roman' und stoßen auf die Aufmerksamkeit einer größeren Öffentlichkeit. Lange Zeit nach der Abfassung dieser kurzen, auf den ersten Blick impressionistischen Erzählungen stellt Sarraute Überlegungen zur Geschichte des Romans und zur literarhistorischen Situierung ihrer Erzählungen an, die sie mit dem bekannten Band *L'Ère du soupçon* (1955) präsentiert. Die *Tropismes* wie die literaturtheoretischen Überlegungen umkreisen Fragen der Konversation, verstanden im ursprünglichen Sinn des Begriffs, als Umgang der Menschen miteinander. Sarraute macht auf eine besondere, indirekte Dimension der Kommunikation aufmerksam, die sowohl in den Traktaten zur Konversation als auch in den literarischen Reflexionen zur Rolle und Bedeutung der Konversation in Frankreich bis dahin weitgehend unterbelichtet geblieben ist: Ihr gesamtes erzählerisches Werk dreht sich um die Sichtbar- bzw. Spürbarmachung unterschwelliger Spannungen, die Kommunikationen wesentlich steuern. Dabei handelt es sich um spontan-emotionale, psychische Reaktionen auf Aussagen und Verhaltensweisen beteiligter Personen, die an der Kommunikation beteiligt sind. Für Sarraute liegen solche Spannungen jenseits einer konkreten sozialen und historischen Verortung und sind als anthropologische Gegebenheiten anzusehen. Sie hat es also ihrem Selbstverständnis zufolge nicht auf die speziellen kulturellen Besonderheiten der indirekten Kommunikation in Frankreich abgesehen, sondern auf grundlegende allgemeinmenschliche Vorgänge. Gleichwohl ist es nicht verwunderlich, dass gerade eine französische Autorin sich mit jenen psychischen Spannungen befasst, die eine besondere Dimension der indirekten Kommunikation darstellen. Die von Sarraute als ‚Tropismen' bezeichneten Reibungen sind in der Regel Ausdruck vertikaler Kommunikationsverhältnisse, wie sie besonders typisch für die französische Kommunikation sind. Sie spielen sich meistens zwischen unter- und übergeordneten Personen ab. Sie sind getragen von einer augustinisch geprägten ‚negativen Anthropologie', die das moralistische Denken im Zentralstaat des französischen 17. Jahrhunderts geprägt hatte.

Auf diese Weise reflektiert Sarraute zwei der wichtigsten Dimensionen des französischen Verständnisses von Kommunikation: Zum einen die vertikale Dimension, die von Machtsituationen bestimmt ist. Die ‚bienséances' werden bei ihr als Unterdrückungsmechanismen der Sprache und Kommunikation angesehen, gegen die die betroffenen Personen mit Irritationen reagieren und gelegentlichen Ausbrüchen revoltieren. Zum anderen wird der Sprache und der Kommunikation jedwede Leichtigkeit genommen, wie sie seit dem 17. Jahrhundert als Charakteristikum insbesondere der französischen Konversation angesehen wird. Die so leicht und spielerisch daherkommende Sprache wird als Sprache der Unterdrückung entlarvt.

Tropismen bezeichnen in der Botanik Richtungsänderungen des Pflanzenwachstums unter dem Einfluss von Licht und Schwerkraft. Sarraute überträgt diese Bezeichnung auf den Bereich des zwischenmenschlichen Umgangs, der für sie ganz wesentlich von nahezu unsichtbaren Reibungen der Kommunikationspartner anlässlich bestimmter verbaler oder nonverbaler Äußerungen geprägt ist. Die daraus resultierenden Abwehr- bzw. Unmutsbewegungen, eher selten belustigte oder gar freudige Regungen, sind das Thema des Romanwerks von Sarraute von ihren Anfängen, den *Tropismes*, bis hin zu ihrem letzten Roman *Ouvrez!* (1997). In der „Préface" der Aufsatzsammlung *L'Ère du soupçon* definiert Sarraute die Friktionen, die sie zuvor als ‚tropismes' bezeichnet hatte:

> Ce sont des mouvements indéfinissables, qui glissent très rapidement aux limites de notre conscience; ils sont à l'origine de nos gestes, de nos paroles, des sentiments que nous manifestons, que nous croyons éprouver et qu'il est possible de définir.[1]

Ihr geht es nicht um eine Beschreibung herausragender Konversationen, wie sie in der Literatur von Mme de La Fayette bis hin zu Proust Gegenstand der literarischen Reflexionen waren, sondern darum, wie in den banalsten Alltagsunterhaltungen intensive Gefühlsregungen („des sensations souvent très intenses", S. 1554) unvermittelt zu Tage treten, die die Gesprächspartner oftmals selbst gar nicht wahrnehmen, obgleich sie durchaus größere innere Dramen hervorrufen können:

---

1 „Préface", in: Nathalie Sarraute, *L'Ère du soupçon*, in: N. S., *Œuvres complètes*, hrsg. von Jean-Yves Tardié, Vivianne Forrestier, Ann Jefferson, Valérie Minogue und Arnaud Rykner (Bibliothèque de la Pléiade. 132), Paris, Gallimard, 1996, S. 1553–1556, hier: S. 1553. Im Folgenden nach dieser Ausgabe im laufenden Text zitiert. Einen Überblick über das Werk von Sarraute gibt Brigitta Coenen-Mennemeier, *Nouveau roman* (Sammlung Metzler. 296), Stuttgart/Weimar, Metzler, 1996.

Leur déploiement constitue de véritables drames qui se dissimulent derrière les conversations les plus banales, les gestes les plus quotidiens. Ils débouchent à tout moment sur ces apparences qui à la fois les masquent et les révèlent. (Ebd.)

Der Ausgangspunkt von Sarrautes Überlegungen ist die Frage, was der moderne Romancier des 20. Jahrhunderts zur Erzählliteratur beitragen kann. Wie zahlreiche andere Autoren der Zeit auch beobachtet sie, dass der Roman der Gegenwart mehr und mehr Dialoge wiedergibt. Die Romane werden zu ‚romans conversants': „[...] le centre de gravité du roman se déplace: le dialogue y occupe une place chaque jour plus grande."[2] Immer weniger werden neue Erzählsituationen generiert und Charaktere geschaffen mit dem Ziel, die Sitten einer Epoche widerzuspiegeln, sondern die Autoren interessieren sich zunehmend für die psychischen Gegebenheiten der zwischenmenschlichen Kommunikation und eröffnen dem Roman dadurch den Gegenstand einer neuen Psychologie:

[...] les modernes ont transporté ailleurs l'intérêt essentiel du roman [...] Il ne se trouve plus pour eux dans le dénombrement des situations et des caractères ou dans la peinture des mœurs, mais dans la mise au jour d'une matière psychologique nouvelle. (S. 1593)

Sarraute knüpft folgerichtig vor allem an Proust an, der wie kein Autor vor ihm die Konversationen seiner Zeitgenossen mit einer unnachahmlichen Akribie und Ausführlichkeit („excessive minutie", S. 1595) beschrieben hat. Er ist für sie eine Art Karthograph, der die Konversationen aus der Flugperspektive verzeichnet („le cartographe qui étudie une région en la survolant", S. 1603). Mit André Gide kritisiert Sarraute, dass die *Recherche* die Konversationen bestenfalls analysiert („d'avoir fait de l'analyse", S. 1595) und dass Proust seine Protagonisten aus einer großen Distanz beobachtet habe („il les a observés d'une grande distance", ebd.), wodurch sie im grellen Licht der Analyse zu quasi erstarrten Analyseobjekten („carcasses vides", S. 1590) geworden sind, mit denen er wie mit Puppen spiele:

Ces hommes qu'il voudrait tant connaître et faire connaître, quand il essaie de les montrer se mouvant dans la lumière aveuglante du grand jour, lui semblent n'être que de belles poupées, destinées à amuser les enfants. (Ebd.)

Für Sarraute geht bei Proust gerade das für sie Interessante verloren: jene „substance vivante", jene „matière trouble et grouillante" (ebd.), die der Autor unter dem Stichwort des ‚moi profond' hinter den Masken der Personen in der

---

2 „Conversation et sous-conversation", in: N. S., *L'Ère du soupçon* (= *Œuvres complètes*), S. 1587–1607, hier: S. 1591. Die Stellenangaben im laufenden Text beziehen sich auf diese Ausgabe.

Kommunikation eigentlich zum Vorschein bringen wollte und die bei ihm stattdessen weit von der Gegenwart entfernt in den Erinnerungen gleichsam ein-
gefroren sind („comme figés dans le souvenir", S. 1595). Proust habe seine Leser niemals jene „sensations" bzw. „impulsions" präsentisch erfahren lassen,
die sich beim Erzähler Marcel im Zuge seiner ‚mémoires involontaires' einstellen:

> Il a rarement – pour ne pas dire jamais – essayé de les revivre et de les faire revivre au
> lecteur dans le présent, tandis qu'ils se forment et à mesure qu'il se développent comme
> autant de drames minuscules ayant chacun ses péripéties, son mystère et son imprévisible
> dénouement. (Ebd.)

Gegenstand ihres programmatischen Beitrags „L'Ère du soupçon" (1950) aus
der gleichnamigen Schrift sind die unterschwelligen Regungen, die sich bei jeder
Konversation einstellen. Unter der Maske vertrauter Worte und Gesten, die wir
an der Oberfläche bei einer Person wahrnehmen, verbergen sich ungewöhnliche,
zumeist heftige, sich oftmals gewaltsam äußernde Widerständigkeiten („actions
souterraines", ebd.):

> Quelque chose d'insolite, de violent, se cachait sous ces apparences familières. Tous les
> gestes du personnage en retraçaient quelque aspect; le plus insignifiant bibelot en faisait
> miroiter une facette. C'était cela qu'il s'agissait de mettre au jour, d'explorer jusqu'à ses ex-
> trêmes limites, de fouiller dans tous ses replis [...] (S. 1579 f.)

Diese inneren Dramen, die sich im Einzelnen abspielen, sind Begleitaktionen
jedweder Kommunikation. Sie benötigen Gesprächspartner oder imaginäre Gesprächspartner, sobald der Betroffene Selbstgespräche führt. Und der Gesprächspartner kann je nach Situation die Bedrohung darstellen, die jene lebhaften und
überaus geschmeidigen Reaktionen auslöst; er kann aber auch das Opfer der Reaktionen auf einzelne Worte und Gesten werden, welche kaum fassbar sind, weil
sie einerseits zu Entäußerungen drängen, sich andrerseits jedoch sofort wieder
in die Dunkelheit des Verdrängten zurückziehen:

> Il [= le partenaire] est la menace, le danger réel et aussi la proie qui développe leur vivacité et
> leur souplesse; l'élément mystérieux dont les réactions imprévisibles, en les faisant repartir
> à tout instant et se développer vers une fin inconnue, accentuent leur caractère dramatique.
> Mais, en même temps qu'afin de toucher ce partenaire, ils montent de nos recoins obscurs
> vers la lumière du jour, une crainte les refoule vers l'ombre. (S. 1596)

In der moralistischen Reflexion des 17. Jahrhunderts hatte der Duc de La Rochefoucauld anders als der zeitgleiche Rationalismus der Cartesianer solche zwischenmenschlichen Friktionen der Kommunikation beschrieben und sie auf den un-
greifbaren ‚amour-propre' des Einzelnen zurückgeführt:

L'amour-propre est l'amour de soi-même, et de toutes choses pour soi; il rend les hommes idolâtres d'eux-mêmes, et les rendrait les tyrans des autres si la fortune leur en donnait les moyens; il ne se repose jamais hors de soi, et ne s'arrête dans les sujets étrangers que comme les abeilles sur les fleurs, pour en tirer ce qui lui est propre. Rien n'est si impétueux que ses désirs, rien de si caché que ses desseins, rien de si habile que ses conduites; ses souplesses ne se peuvent représenter, ses transformations passent celles des métamorphoses, et ses raffinements ceux de la chimie.[3]

Die menschliche Kommunikation steht für La Rochefoucald stets im Zeichen heftiger und lang andauernder Erregungen („grande et longue agitation"[4]), die im Hin- und Herfluss ihrer fortwährenden Bewegungen („le flux et reflux de ses vagues continuelles [...] de ses éternels mouvements"[5]) für den Einzelnen selbst undurchsichtig bleiben. Die symbolistische Sprachkritik des späten 19. Jahrhunderts ist aus der Perspektive einer kritischen Sprachreflexion zu ganz ähnlichen Erwägungen gelangt. Sie hat gezeigt, das die Begehren, die La Rochefoucauld unter dem Stichwort des ‚amour-propre' verzeichnet hat, sprachlich kaum adäquat vermittelt werden können. So stellt sich angesichts der sprachlichen Möglichkeiten ein Gefühl der Entfremdung ein. Die Feststellung, dass der Mensch keine vollständige Verfügungsgewalt über die Sprache hat, wird auf vielfältige Weise insbesondere bei Stéphane Mallarmé oder Arthur Rimbaud reflektiert. Diese Überlegungen sind ein unmittelbarer Anknüpfungspunkt Nathalie Sarrautes[6]. Auch sie konstatiert, dass die Worte sich der Beherrschbarkeit ihrer Sprecher entziehen. Sie können die inneren Regungen zum Ausdruck bringen, führen aber zugleich ein Eigenleben, so dass sie die Spannungen oftmals ungewollt auslösen, hervorbringen und ebenso ungewollt auch wieder zum Verschwinden bringen:

[...] nous avons à notre disposition les paroles. Les paroles possèdent les qualités nécessaires pour capter, protéger et porter au-dehors ces mouvements souterrains à la fois impatients et craintifs.
Elles ont pour elles leur souplesse, leur liberté, la richesse chatoyante de leurs nuances, leur transparence ou leur opacité.
Leur flot rapide, abondant, miroitant et mouvant permet aux plus imprudentes d'entre elles de glisser, de se laisser entraîner et de disparaître au plus léger signe de danger. (S. 1597)

---

3 *Maximes et réflexions diverses*, hrsg. von Jacques Truchet, Paris, Garnier Flammarion, 1977, S. 91 (Maxime supprimée 1).
4 S. 93.
5 Ebd.
6 Vgl. dazu Godo, *Une Histoire*: „La foi dans les capacités du langage à transmettre une vérité se dérobe et cède la place à l'ère du soupçon, selon la formule stendhalienne remise à la mode par Nathalie Sarraute." (S. 323)

Worte sind für sie wie Waffen, die regelrechte „Verbrechen" auslösen, die bei den Gesprächspartnern Reaktionen von „unangenehmen Reizungen" bis hin zu „Verbrennungen" auslösen können:

> Aussi, pourvu qu'elles présentent une apparence à peu près anodine et banale, elles peuvent être et elles sont souvent en effet, sans que personne y trouve à redire, sans que la victime elle-même ose clairement se l'avouer, l'arme quotidienne, insidieuse et très efficace, d'innombrables petits crimes.
> Car rien n'égale la vitesse avec laquelle elles touchent l'interlocuteur au moment où il est le moins sur ses gardes, ne lui donnant souvent qu'une sensation de chatouillement désagréable ou de légère brûlure [...] (Ebd.[7])

Für den zeitgenössischen Roman – und darum geht es ihr in erster Linie in „Conversation et sous-conversation" – bedeutet dies, die „drames souterrains" nicht länger aus der Draufsicht von oben, wie bei Proust, ins Bild zu setzen, sondern sie für den Leser allzeit gegenwärtig erlebbar zu machen:

> Il est donc permis de rêver — sans se dissimuler tout ce qui sépare ce rêve de sa réalisation — d'une technique qui parviendrait à plonger le lecteur dans le flot de ces drames souterrains que Proust n'a eu le temps que de survoler et dont il n'a observé et reproduit que les grandes lignes immobiles : une technique qui donnerait au lecteur l'illusion de refaire lui-même ces actions avec une conscience plus lucide, avec plus d'ordre, de netteté et de force qu'il ne peut le faire dans la vie, sans qu'elles perdent cette part d'indétermination, cette opacité et ce mystère qu'ont toujours ses actions pour celui qui les vit.
> Le dialogue, qui ne serait pas autre chose que l'aboutissement ou parfois une des phases de ces drames se délivrerait alors tout naturellement des conventions et des contraintes que rendaient indispensables les méthodes du roman traditionnel. C'est insensiblement, par un changement de rythme ou de forme, qui épouserait en l'accentuant sa propre sensation, que le lecteur reconnaîtrait que l'action est passée du dedans au-dehors. (S. 1604)

In einem guten Theaterstück können die Schauspieler nicht nur durch den Text des Stücks sondern insbesondere durch die Intonation des gesprochenen Wortes Irritationen hervorrufen, die für den Zuschauer durch entsprechende Reaktionen der angesprochenen Person unmittelbar erfahrbar werden[8]. Dies gelte es auch für

---

7 Zur Frage einer der Alltagssprache vorausgehenden ursprünglichen Sprache der Kindheit bei Sarraute vgl. Layla Raïd, „Sous les mots, l'enfance. Sarraute et la philosophie du langage ordinaire", *A contrario* Bd. 25/2017, H. 2, S. 93–116.
8 „Car le dialogue de théâtre, qui se passe de tuteurs, où l'auteur ne fait pas à tout moment sentir qu'il est là, prêt à donner un coup de main, ce dialogue qui doit se suffire à lui-même et sur lequel tout repose, est plus ramassé, plus dense, plus tendu et survolté que le dialogue romanesque : il mobilise davantage toutes les forces du spectateur." (S. 1601) Vgl. auch: „Et surtout les acteurs sont là pour lui mâcher la besogne. Tout leur travail consiste justement à retrouver et à

den Roman einzulösen: Der Leser der Romane Sarrautes soll in den Zustand einer angespannten Unruhe versetzt werden, die es ihm ermöglicht, sich jederzeit auf plötzliche „impulsions meutrières" einzustellen:

> Le dialogue, tout vibrant et gonflé par ces mouvements qui le propulsent et le sous-tendent, serait, quelle que soit sa banalité apparente, aussi révélateur que le dialogue de théâtre. (S. 1604)
> Le lecteur, sans cesse tendu, aux aguets, comme s'il était à la place de celui à qui les paroles s'adressent, mobilise tous ses instincts de défense, tous ses dons d'intuition, sa mémoire, ses facultés de jugement et de raisonnement : un danger se dissimule dans ces phrases douceâtres, des impulsions meurtrières s'insinuent dans l'inquiétude affectueuse, une expression de tendresse distille tout à coup un subtil venin. (S. 1606)

Der Sarrautsche Dialogroman ist in hohem Maße sprachbewusst und versetzt den Leser in eine permanente Wachsamkeit gegenüber der Sprache. Er ist in der Kunst des Impliziten geschult, die die allerbanalsten Alltagskonversationen durchzieht. Der Roman versteht sich als Schule einer ‚sous-conversation', in der Literatur und Realität angeblich nicht mehr zu unterscheiden sind:

> Mais le lecteur n'est que rarement tenté de se départir de sa vigilance. Il sait qu'ici chaque mot compte. Les dictons, les citations, les métaphores, les expressions toutes faites ou pompeuses ou pédantes, les platitudes, les vulgarités, les maniérismes, les coq-à-l'âne qui parsèment habilement ces dialogues ne sont pas, comme dans les romans ordinaires, des signes distinctifs que l'auteur épingle sur les caractères des personnages pour les rendre mieux reconnaissables, plus familiers et plus „vivants" : ils sont ici, on le sent, ce qu'ils sont dans la réalité : la résultante de mouvements montés des profondeurs, nombreux, emmêlés, que celui qui les perçoit au-dehors embrasse en un éclair et qu'il n'a ni le temps ni le moyen de séparer et de nommer. (Ebd.)

15.2 ‚Tropismen' in der indirekten Kommunikation

In ihrem Erstlingswerk *Tropismes*[9] werden solche Überlegungen durchgespielt. Exemplarisch lässt sich das an zwei Erzählstücken zeigen, dem zwölften Erzählstück über einen Professor des Collège de France und dem zweiten Erzählstück von jenem Mann, der die uferlosen Konversationen seiner Frau mit der Köchin der Familie als Bedrohung wahrnimmt.

---

reproduire en eux-mêmes, au prix de grands et longs efforts, les mouvements intérieurs infimes et compliqués qui ont propulsé le dialogue [...]"(S. 1602)

9 Zu den *Tropismes* vgl. grundsätzlich Jutta Lietz, „Zu Stil und Struktur der *Tropismes* von Nathalie Sarraute", *Romanistisches Jahrbuch* Bd. 25/1974, S. 154–173.

XII

Dans ses cours très suivis au Collège de France, il s'amusait de tout cela.

Il se plaisait à farfouiller, avec la dignité des gestes professionnels, d'une main implacable et experte, dans les dessous de Proust ou de Rimbaud, et étalant aux yeux de son public très attentif leurs prétendus miracles, leurs mystères, il expliquait „leur cas".

Avec son petit œil perçant et malicieux, sa cravate toute faite et sa barbe carrée, il ressemblait énormément au Monsieur peint sur les réclames, qui recommande en souriant, le doigt levé : Saponite – la bonne lessive, ou bien la Salamandre modèle : économie, sécurité, confort.

„Il n'y a rien", disait-il, „vous voyez, je suis allé regarder moi-même, car je n'aime pas m'en laisser accroire, rien que je n'aie moi-même mille fois déjà étudié cliniquement, catalogué et expliqué.

„Ils ne doivent pas vous démonter. Tenez, ils sont entre mes mains comme des petits enfants tremblants et nus, et je les tiens dans le creux de ma main devant vous comme si j'étais leur créateur, leur père, je les ai vidés pour vous de leur puissance et de leur mystère, j'ai traqué, harcelé ce qu'il y avait en eux de miraculeux.

„Maintenant, ils sont à peine différents de ces intelligents, de ces curieux et amusants loufoques qui viennent me raconter leurs interminables histoires pour que je m'occupe d'eux, les apprécie et les rassure. „Vous ne pouvez pas plus vous émouvoir que mes filles quand elles reçoivent leurs amies dans le salon de leur mère et bavardent gentiment et rient sans se soucier de ce que je dis à mes malades dans la pièce voisine".

Ainsi il professait au Collège de France. Et partout alentour, dans les Facultés avoisinantes, aux cours de littérature, de droit, d'histoire ou de philosophie, à l'Institut et au Palais, dans les autobus, les métros, dans toutes les administrations, l'homme sensé, l'homme normal, l'homme actif, l'homme digne et sain, l'homme fort triomphait.

Evitant les boutiques pleines de jolis objets, les femmes qui trottinaient alertement, les garçons de café, les étudiants en médecine, les agents, les clercs de notaire, Rimbaud ou Proust, arrachés de la vie, rejetés hors de la vie et privés de soutien, devaient errer sans but le long des rues, ou somnoler, la tête tombant sur la poitrine, dans quelque square poussiéreux.[10]

Die Erzählung Nr. XII ist ein Beispiel einer vertikal ausgerichteten Kommunikation: Der Protagonist ist Professor am Collège de France und Arzt („je dis à mes malades"), offenkundig auf dem Fachgebiet der Psychologie bzw. Psychiatrie tätig[11]. Seine Rolle in einer übergeordneten Position wird in ihrer Vertikalität mehrfach gesteigert: Er lehrt nicht an irgendeiner Institution, sondern an der angesehensten Bildungseinrichtung Frankreichs, an die seit dem 16. Jahrhundert die besten Köpfe berufen werden. Und eine weitere bei Sarraute überaus beliebte vertikale

---

10 *Tropismes*, in: *Œuvres complètes*, S. 1–32, hier: S. 18 f.im Folgenden im laufenden Text nach dieser Ausgabe zitiert.

11 Vorbild für die Figur war vermutlich Pierre-Marie-Félix Janet, der 1902 bis 1934 den Lehrstuhl für experimentelle Psychologie am Collège de France innehatte und in seiner Dissertation *L'Automatisme psychologique* als einer der ersten über den Unterschied zwischen Unterbewusstsein und Bewusstsein gearbeitet hat.

Figurenkonstellation, die von Vater und Kind, bekräftigt seine Stellung: Er sieht sich wie ein Vater, der die Autoren, die er untersucht, wie Kinder in seinen Händen hält.

Die Lehre an seiner ehrwürdigen Institution ist für den Professor ein höchst amüsantes Unterfangen: „il s'amusait de tout cela". Seine tiefenpsychologischen Auslegungen literarischer Texte Rimbauds und Prousts sowie deren Übermittlung an seine Studenten sieht er als ein Spiel. Sinn des Spiels ist es, über eine direkte Kommunikation die ‚sous-conversation' der beiden Autoren derart zu erhellen, dass sie sich sozusagen auflöst: „Il n'y a rien, disait-il". Und die Studenten machen dieses Spiel offenbar mit, da sie seine Veranstaltungen zahlreich besuchen „(ses cours très suivis") und mit Aufmerksamkeit („son public très attentif") verfolgen. Schaut man genauer auf die Tätigkeit des Professors, tun sich unter dieser Art der direkten Ansprache durchaus fragwürdige ‚sous-conversations' auf: Die Berufung des Professors („Ainsi il professait au Collège de France") ist ein „farfouiller [...] dans les dessous de Proust et de Rimbaud". Er behandelt die Literatur beider Autoren als „Fall". Dieser wird klinischen Studien unterzogen; alles wird katalogisiert und erklärt. Der Professor sucht auf diese Weise die Texte zu entzaubern; er entledigt die Literatur beider Autoren jedweder Magie. Der literarische Schöpfungsprozess der beiden Schriftsteller wird geradezu klinisch seziert und seiner geheimnisvollen Eigenschaften entleert: „[...] je les ai vidés pour vous de leur puissance et de leur mystère [...]". Proust und Rimbaud werden herabgestuft und in die Reihe bloß intelligenter Menschen eingerückt, deren „Verrücktheit" („loufoques") sich auf dem Niveau der Klientel des Professors bewegt: Ihre Geschichten haben den gleichen Stellenwert wie die seiner Patienten („à peine différent de ces intelligents, de ces [...] loufoques qui viennent me raconter leurs interminables histoires").

Der solcherart durch messerscharfe, scholastisch anmutende Analysen bewerkstelligte Abstieg der Literatur aus dem Reich einer schöpferischen Tätigkeit in den einer intelligenten Kunst im Sinne von bloßem ‚Können' läuft parallel zum gleichzeitigen Aufstieg des Professors: In dem Maße, indem er durch seine Analysen den schöpferischen Prozess der Literatur zum Erliegen bringt, in dem Maße erhebt er sich selbst in die Rolle eines machtvollen Schöpfers: „[...] ils sont entre mes mains comme des enfants tremblants et nus, et je les tiens dans le creux de ma main devant vous comme si j'étais leur créateur".

Der Tropismus liegt hier in der Groteske, die Abstieg und Aufstieg aufeinanderprallen lässt. Er entsteht aus den Widersprüchen, die sich auftun. So stellt sich wohl kaum jemand den Schöpfer vor: mit einer akkurat gebundenen Krawatte, einem quadratisch gestutzten ebenfalls akkuraten Bart und vor allem nicht mit einem „œil perçant et malicieux". Der echte Schöpfer benötigt auch nicht professionelle Gesten, die ihm erst seine Würde verleihen („la dignitité des gestes professionels"); die Hand des Schöpfers bedarf auch nicht adjektivischer Präzisierungen wie „implacable" und „experte". Die professionellen Gesten des Professors, d. h. seine Tricks, dienen der Authentifizierung seiner Analysen: Sie verdecken seine eigentliche Motivation. Unter dem Vorwand, die Studenten vor der Allgewalt der Autoren beschützen zu wollen, verbirgt sich ein grundlegender ‚amour-propre' des Professors: Er will sich in seiner selbstverordneten Beschützerrolle bei den Studenten beliebt machen. Die Autoren werden von ihm demythifiziert, damit sie die Studenten nicht einschüchtern und erdrücken („Ils ne doivent pas vous démonter"). Er zeigt allen im Hörsaal – „devant vous" –, wie sehr er beide Schriftsteller wie „zitternde und nackte Kinder" in seiner Hand hält. Extra für die Studenten habe er die Autoren um ihre geheimnisvolle Macht gebracht, sie sozusagen „entleert": „[...] je les ai vidé pour vous de leur puissance et de leur mystère[...]".

Es ist diese Eitelkeit gepaart mit der Erscheinung als allmächtige Professorenfigur, die ihn zu einer grotesk-komischen Gestalt werden lässt und den Tropismus eines Unwohlseins erzeugt, von dem man sich nur durch Lachen befreien kann. In seiner Schrift *Le Rire. Essai sur la signification du comique* (1899) hatte Henri Bergson den Vorgang des Lachens als eine Befreiung in einer Situation beschrieben, die perfekt auf die geschilderte bei Sarraute passt:

> Du mécanique plaqué sur du vivant, voilà encore notre point de départ. D'où venait ici le comique? De ce que le corps vivant se raidissait en machine. [...] *Est comique tout incident qui appelle notre attention sur le physique d'une personne alors que le moral est en cause.*[12]

Aus der schöpferischen Kraft der Literatur, der Vitalität ihrer Autoren, macht der so akkurat auftretende Professor des Collège de France einen pathologischen Fall, den einer klinischen Resektion und Leichenschau. Und im Zuge seiner hermeneutischen Offenbarungen werden nicht nur die Autoren zu gewöhnlichen Menschen des alltäglichen Lebens herabgewürdigt; auch der Professor sinkt zu einer leblosen Figur herab; er wird vom Erzähler letztlich in die Phalanx der durch und durch gewöhnlichen Menschen eingereiht. Dem Erzähler drängen sich Vergleiche auf, die durch ihren bathetischen Charakter Komik erzeugen. Die Haltung des Professors gegenüber der Literatur erinnert den Erzähler an die Ofenreklame der Firma „La Salamandre" mit dem Slogan „économie, sécurité, comfort", auf deren Werbeplakat seinerzeit ein gemütlich rauchender, vor einem Kaminofen sitzender Herr abgebildet war. Seine Lehre ‚ex cathedra' mit dem durchdringenden und boshaften Blick erinnert ihn an den Mann mit erhobenem Zeigefinger aus der

---

12 Paris, Alcan, 1938, S. 51 f.

Waschmittelreklame „Saponite, la bonne lessive", geht doch der Professor auch keiner anderen Tätigkeit nach, als die Autoren Proust und Rimbaud von ihrer Aura reinzuwaschen.

Der Professor löst sich mit seiner analytischen Sezierung der literarischen Aura gleich selbst mit auf: Die Analyse der Texte führt ins Nichts. Die Hörer seiner Vorlesung sollen am Ende ihre Aufregung verlieren („[...] vous ne pouvez plus vous émouvoir [...]"). Die Autoren sollen sie so wenig bewegen wie das Geschwätz der Töchter des Professors mit ihren Freundinnen im Nebenraum seines Behandlungszimmers, in dem weder den Geschichten seiner Patienten besondere Bedeutung zugemessen werden kann („interminables histoires") noch seinen eigenen Worten an die Patienten. Der Professor, so heißt es in den beiden abschließenden Absätzen, versinkt mit seiner „profession" letztlich in der Bedeutungslosigkeit alltäglicher Beschäftigungen, wie man sie in den anderen Fakultäten des Collège, am Institut (de France müsste man wohl ergänzen), im Gericht, im Autobus, der Metro sowie den Verwaltungen antrifft. Er versinkt in der Masse gewöhnlicher Menschen („l'homme sensé, l'homme normal, l'homme actif, l'homme digne et sain, l'homme fort"). Rimbaud und Proust, derart aus ihrem Leben gerissen, deren Vitalität sich vor allem aus ihrer ,sous-conversation' speist, würden – so heißt es am Ende – mit gesenktem Kopf, wie schlafwandelnd im Menschenstrom der Boulevards verschwinden.

Sarrautes Erzählstück über das professorale, höchst amüsante Spiel der Welterklärung greift eine seit dem Mittelalter, spätestens seit der Gründung der europäischen Universitäten, gestellte Frage auf: Welchen Status hat ein Professor? Wie und was kann er lehren? Allein Gott kennt nach mittelalterlicher Vorstellung – um in der Metaphorik Sarrautes zu bleiben – die ,sous-conversations' der Schöpfung. Allein er hat die Einsicht in die letzten Geheimnisse. Die mittelalterliche Universität bedarf, um die Zusammenhänge der Schöpfung zu beschreiben, der Kenntnis eines Grundlagenwissens, welches die ,artes' vermitteln. Die ,Artes' sind einem bekannten Diktum der Antike zufolge, welches sich seit dem 12. Jahrhundert erneut großer Beliebtheit erfreut, ,simia naturae' bzw. im Mittelalter ,simia Dei'[13]. Die freien Künste ahmen die Schöpfung nach; genauer genommen äffen sie sie nach. Dementsprechend wird der Professor der ,artes' immer wieder als ,Affe' beschrieben, der nachahmend die Natur und ihre Analogien erfassen und berechnen kann, nicht jedoch in der Lage ist, in die ,sous-conversation' der letzten Geheimnisse einzudringen. In den frühneuzeitlichen Enzyklopädien, insbesondere

---

13 Zur Wiederkehr des Topos im 12. Jahrhundert vgl. Ernst Robert Curtius, *Europäische Literatur und lateinischen Mittelalter*, Tübingen/Basel, Francke, [11]1993 ([1]1948), S. 522 f.

in Robert Fludds *Utriusque Cosmi Historia* (1617–1627) finden sich mehrere einschlägige ikonographische Darstellungen. Am Anfang des ersten Bandes wird in
einer solchen Darstellung ‚Sophia' als Verkörperung der göttlichen Weisheit ins
Bild gesetzt[14]:

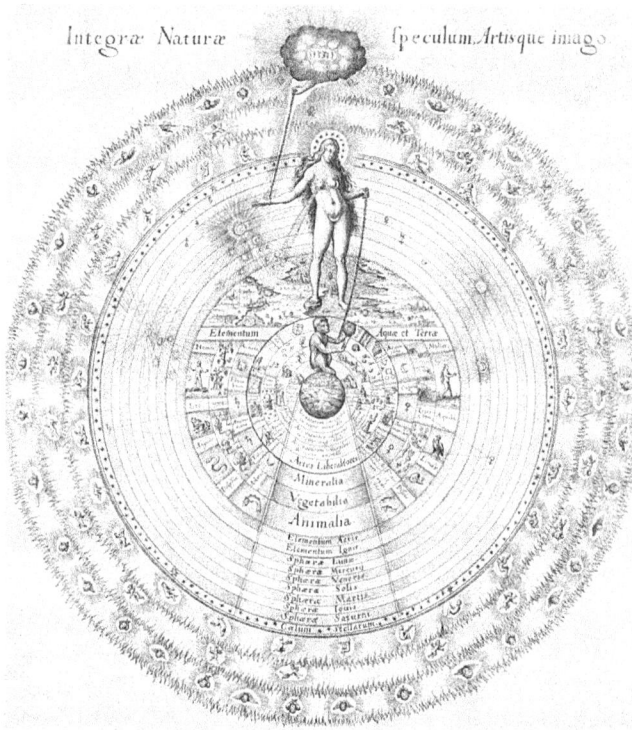

Sophia steht auf dem Rund der Natur, die ihrerseits deutlich von ihr getrennt unter der Herrschaft des Affen steht. Dieser hängt an der Kette der Weisheit. Der Affe
sitzt mit einem Zirkel in der rechten Hand auf der Natur und vermisst einen künst-
lichen Globus, den er in der linken Hand hält und dessen Breiten- und Längen-
grade er berechnet. Seine höchste Leistung ist die Rechenkunst, was im Umkehrschluss bedeutet, dass ihm der Einblick in die Tiefendimensionen der Schöpfung
vorbehalten bleibt. In einer weiteren Darstellung der Schrift[15], im Traktat mit dem

---

14 Die Abbildungen finden sich in: Robert Flud, *Utriusque cosmi maioris scilicet et minoris Me-
taphysica, physica atque technica Historia*, 2 Bde., Oppenheim, Frankfurt 1617; online: http:
//billheidrick.com/Orpd/RFludd/index.htm.

15 Die Abbildung findet sich ebenfalls online: http://billheidrick.com/Orpd/RFludd/index.htm.

Titel *De naturae simia seu Technica macrocosmi historia* wird der Affe als schulmeisternder Professor mit Zeigestock verbildlicht, der die ‚artes liberales' und die ‚artes technicae' lehrt. Der Professor (als Affe) gelangt somit nie über Erklärungen aus dem Bereich des menschlichen Könnens hinaus. Schöpferische Qualitäten gehören nicht zu seinem Reich.

Jean de La Fontaine hat die Personifikation vom Affen als Professor aufgegriffen und sie in der Fabel *Le Lion, le singe et les deux ânes* (XI, 3) verarbeitet, die in wesentlichen Punkten Sarrautes Erzählstück tangiert. Der Löwe, Personifikation des absolutistischen Herrschers, fordert, um gut regieren zu können, dazu auf, ihn in die Grundsätze des menschlichen Umgangs, also die Moral, einzuweisen: „Le Lion, pour bien gouverner, / Voulant apprendre la morale [...]" (V. 1 f.). Dass seine Herrschaft offenbar nicht moralischen Ansprüchen genügt, ist eine Pointe gleich zu Beginn der Fabel. Herbeigeholt wird der Affe, seines Zeichens „maître ès arts"

(V. 3) und Professor (le Régent", V. 5[16]). Dieser liefert keine hehren Verhaltens-
grundsätze der Moral, sondern empfiehlt dem Herrscher gemäß der negativ anthropologischen Tradition augustinischen Denkens das menschliche Grundver-
halten schlechthin, den „amour-propre", einzudämmen, um Lächerlichkeit und
Ungerechtigkeit zu vermeiden. Dass der Professor auch gleich seine eigene „Profession" als Musterfall der Eigenliebe enttarnt, ist offenbar bis zu Sarraute vorge-
drungen:

> Toute espèce, dit le Docteur,
> (Et je commence par la nôtre)
> Toute profession s'estime dans son cœur,
> Traite les autres d'ignorantes,
> Les qualifie impertinentes,
> Et semblables discours qui ne nous coûtent rien.
> (V. 22–27)

Und auch die professionellen körpersprachlichen Tricks des Professors bei Sarraute sind dem Affen bei La Fontaine bestens vertraut:

> [...] ici-bas maint talent n'est que pure grimace,
> Cabale, et certain art de se faire valoir,
> Mieux su des ignorants que des gens de savoir.
> (V. 32–34)

Mit dem Hinweis auf die „ignorants" ist man dann bei jenen Durchschnittsmen-
schen angelangt, von denen Sarraute in den letzten beiden Abschnitten ihrer Erzählung berichtet und über deren Niveau auch der Affe bei La Fontaine mit der
Erkenntnis nicht hinauskommt, nur aus Eigenliebe zu handeln. La Fontaines Fabel enthält eine weitere ‚narratio' zweier Esel, die sich über ihre Charakterisierung
durch die Menschen beschweren. Der Fabeldichter setzt mit dieser Geschichte
das Erasmische Sprichwort „asinus asinum fricat" ins Bild[17]. Die Esel beschweren
sich, dass die Menschen sie als „ignorant, d'esprit lourd, idiot" (V. 42) ansehen
und ihr Lachen von oben herab als ‚iahen' bezeichnen. So lobt der eine Esel den
andern und beide versichern sich auf diese Weise ihrer Außergewöhnlichkeit:

---

16 Im *Dictionnaire françois: contenant les mots et les choses, plusieurs nouvelles remarques sur la
langue françoise, ses expressions propres, figurées et burlesques, la prononciation des mots les plus
difficiles, le genre des noms, le régime des verbes* von César-Pierre Richelet heißt es unter dem Eintrag „Régent": „Professeur qui enseigne une classe dans quelque Collège." (Genève, Widerhold,
1680, S. 281).
17 Erasmus von Rotterdam behandelt dieses Sprichwort in seiner Sammlung *Adagia*.

Ces Ânes, non contents de s'être ainsi grattés,
S'en allèrent dans les cités
L'un l'autre se prôner : chacun d'eux croyait faire,
En prisant ses pareils, une fort bonne affaire,
Prétendant que l'honneur en reviendrait sur lui.
(V. 55–59)

Die augustinisch geprägte Erkenntnis, dass die Menschen nur ihrer Eitelkeit frönen und ihre Eigenliebe zum alleinigen Maßstab der Kommunikation machen, führt zur Lächerlichkeit, für die der Affe mit der Erzählung von den beiden Eseln ein Beispiel gibt. Den Affen treibt allerdings die gleiche Motivation wie die Esel, d. h. übertragen: Der Professor gehört zur Gruppe der gewöhnlichen Menschen, die an der Magie der Schöpfung keinen Anteil haben und somit nur ihrer Eigenliebe nachgehen können. Was diese Lektion für die Herrscher („Les puissances", V. 61) bedeutet, an die sie bei La Fontaine gerichtet ist, überlässt der Dichter der Phantasie der Zuhörer.

Sarrautes Erzählungen, die sich nahezu alle mit der menschlichen Kommunikation befassen, fördern das zutage, was auf den ersten Blick im Umgang, der Konversation, verborgen bleibt, diese gleichwohl jedoch maßgeblich beeinflusst. Die menschliche Konversation ist für sie grundsätzlich agonal:

L'individu est le plus souvent en prise avec un autre qui cherche à le rabaisser et il déploie des stratégies pour empêcher son adversaire de le dévorer. Pour Sarraute, le monde humain est comme divisé en deux ; celui des humiliés et celui des forts.[18]

Für den konkreten Fall des Professors am Collège de France gilt dies ganz besonders: Sein Auftritt ist, wie es zu Beginn heißt, ein Spiel. Die professorale Hermeneutik ist amüsant. Sie ist ein bloßes „Herumstöbern" („farfouillement"). Der Professor ist so amüsiert wie der Herr aus der Seifenreklame („[...] qui recommande en souriant [...]"). Er ist es schon allein deshalb, weil auch die von ihm analysierten Texte von Proust und Rimbaud seiner Meinung nicht besser sind als die langen Texte seiner ach so „amüsanten abgefahrenen Patienten" („amusants loufoques"). Diese behandelt er in seiner Praxis, begleitet von dem freundlichen Geschwätz und sorglosen Lachen der Töchter im Salon nebenan („[...] qui bavardent gentiment et rient sans se soucier [...]"). Dieses lustige Spiel ist jedoch ,unterschwellig' – das macht den Tropismus und die irritierende Richtungsänderung des Erzählten aus – zugleich ein Spiel der Macht. Der Professor schwingt sich

---

18 Francine Cicurel, „L'avoué–inavoué à mi-voix : la confidence comme tropisme chez Nathalie Sarraute", in: Cathérine Kerbrat-Orecchioni/Véronique Traverso (Hrsg.), *Confidence/Dévoilement de soi dans l'interaction* (Beiträge zur Dialogforschung. 37), Tübingen, Niemeyer, 2007, S. 139–152, hier: S. 143.

mittels seiner hermeneutischen Künste auf Kosten der Autoren zum eigentlichen Schöpfer und Machthaber auf, obgleich er doch schon allein durch die akkurate äußere Erscheinung wie die Personifikation der Flaubertschen ‚idée reçu' daherkommt. Und so geht folgerichtig im Lauf der Erzählung auch er zusammen mit der Erniedrigung der Autoren Proust und Rimbaud in die Reihe der „hommes sensés" und „hommes normaux" ein, die bezeichnenderweise erneut mit dem Machtmenschen endet („l'homme fort triomphant"). Sarrautes *Tropisme XII* ist eine Abrechnung mit der vertikalen Ausrichtung einer zentralistisch angelegten Situation, die dazu verführt, sich in der Kommunikation Machtpositionen anzumaßen. Aus der Sicht der von der Macht Betroffenen zeigt er die komisch-grotesken Dimensionen einer solchen Anmaßung auf.

Veranschaulicht der *Tropisme XII* die für Sarraute so wichtige Thematik unterschwelliger Macht und Gewalt, so befasst sich der *Tropisme II* mit eben diesem Thema in einer konkreten, ganz alltäglichen Kommunikationssituation und zeigt, aufgrund welcher Konstellationen und wie unmittelbar Irritationen durch bestimmte Formen der Machtausübung im Umgang der Personen ausgelöst werden. Die Protagonisten sind – für Sarraute typische – entpersönlichte Figuren: ein „il", eine „elle" und eine Köchin, die offenbar im Haushalt des Paars („Il" und „elle") beschäftigt ist:

> Ils s'arrachaient à leurs armoires à glace où ils étaient en train de scruter leurs visages. Se soulevaient sur leurs lits: „C'est servi, c'est servi", disait-elle. Elle rassemblait à table la famille, chacun caché dans son antre, solitaire, hargneux, épuisé. „Mais qu'ont-ils donc pour avoir l'air toujours vannés?" disait-elle quand elle parlait à la cuisinière.
>
> Elle parlait à la cuisinière pendant des heures, s'agitant autour de la table, s'agitant toujours, préparant des potions pour eux ou des plats, elle parlait, critiquant les gens qui venaient à la maison, les amis: „et les cheveux d'une telle qui vont foncer, ils seront comme ceux de sa mère, et droits; ils ont de la chance, ceux qui n'ont pas besoin de permanente". – „Mademoiselle a de beaux cheveux", disait la cuisinière, „ils sont épais, ils sont beaux malgré qu'ils ne bouclent pas". – „Et un tel, je suis sûre qu'il ne vous a pas laissé quelque chose. Ils sont avares, avares tous, et ils ont de l'argent, ils ont de l'argent, c'est dégoûtant. Et ils se privent de tout. Moi, je ne comprends pas ça." – „Ah! non, disait la cuisinière, non, ils ne l'emporteront pas avec eux. Et leur fille, elle n'est toujours pas mariée, et elle n'est pas mal, elle a de beaux cheveux, un petit nez, de jolis pieds aussi." – „Oui, beaux cheveux, c'est vrai, disait-elle, mais personne ne l'aime, vous savez, elle ne plaît pas. Ah! C'est drôle vraiment".
>
> Et il sentait filtrer de la cuisine la pensée humble et crasseuse, piétinante, piétinant toujours sur place, toujours sur place, tournant en rond, en rond, comme s'ils avaient le vertige mais ne pouvaient pas s'arreter, comme s'ils avaient mal au cœur mais ne pouvaient pas s'arreter, comme on se ronge les ongles, comme on arrache par morceaux sa peau quand on pèle, comme on se gratte quand on a de l'urticaire, comme on se retourne dans son lit pendant l'insomnie, pour se faire plaisir et pour se faire souffrir, à s'épuiser, à en avoir la respiration coupée...

„Mais peut-être que pour eux c'était autre chose." C'était ce qu'il pensait, écoutant, étendu sur son lit, pendant que comme une sorte de bave poisseuse leur pensée s'infiltrait en lui, se collait à lui, le tapissait intérieurement.
Il n'y avait rien à faire. Rien à faire. Se soustraire était impossible. Partout, sous des formes innombrables, „traîtres" („c'est traître le soleil d'aujourd'hui, disait la concierge, c'est traître et on risque d'attraper du mal. Ainsi, mon pauvre mari, pourtant il aimait se soigner…"), partout, sous les apparences de la vie elle-même, cela vous happait au passage, quand vous passiez en courant devant la loge de la concierge, quand vous répondiez au téléphone, déjeuniez en famille, invitiez des amis, adressiez la parole à qui que ce fût.
Il fallait leur répondre et les encourager avec douceur, et surtout, surtout ne pas leur faire sentir, ne pas leur faire sentir un seul instant qu'on se croyait différent. Se plier, se plier, s'effacer: „Oui, oui, oui, oui, c'est vrai, bien sûr", voilà ce qu'il fallait leur dire, et les regarder avec sympathie, avec tendresse, sans quoi un déchirement, un arrachement, quelque chose d'inattendu, de violent allait se produire, quelque chose qui jamais ne s'était produit et qui serait effrayant.
Il lui semblait qu'alors, dans un déferlement subit d'action, de puissance, avec une force immense, il les secouerait comme de vieux chiffons sales, les tordrait, les déchirerait, les détruirait complètement.
Mais il savait aussi que c'était probablement une impression fausse. Avant qu'il ait le temps de se jeter sur eux – avec cet instinct sûr, cet instinct de défense, cette vitalité facile qui faisait leur force inquiétante, ils se retourneraient sur lui et, d'un coup, il ne savait comment, l'assommeraient.

Die Ausgangssituation beschreibt der einleitende Absatz, der gleich mehrere wichtige Informationen preisgibt: Ganz offenbar schaut das Paar („ils") unmittelbar nach dem Aufwachen in den Spiegel ihres Kleiderschranks. Die besondere Art des Schauens, des „scruter leurs visages" verweist auf ein kritisch-skeptisches Mustern der Gesichter, auch des anderen. Das Schauen ist so intensiv, dass sie sich von dem Spiegel geradezu losreißen müssen. Wenn es dann im zweiten Satz heißt, dass jeder für sich isoliert und gereizt am Tisch Platz nimmt, ist der Spannungszustand der Familie umrissen. Eine besondere Rolle nimmt von vornherein die Dame des Hauses („elle") ein, die mit dem wiederholt vorgetragenen Ausruf „C'est servi" die Familie an den Tisch treibt und die Köchin dann fragt, warum eigentlich alle so erschöpft aussähen.

Der Grund für die Gereiztheit tritt alsbald deutlicher zu Tage: Die Dame des Hauses redet ohne Unterlass. Sie spricht unentwegt schlecht über die Freunde, „les gens qui venaient à la maison, les amis", während die Köchin stets antwortet und versucht, beschwichtigend die Spannung abzubauen. Im dritten Absatz wechselt die Perspektive zum Ehemann, der ausgestreckt auf seinem Bett die Reden aus der Küche hört. Hier wird die ganze Irration greifbar, vor allem hörbar: Das Gerede erscheint ihm als „pensée humble et crasseuse". Die unermüdlichen Aktivitäten der Ehefrau und der Köchin scheinen sich im Kreise zu drehen. Die verwendeten Metaphern zeigen die vom Ehemann gefühlte Gewalt, die vom Geschehen in der Küche auf ihn ausgeübt wird: Die Worte „sickern durch" und die schwindelerregenden Aktivitäten beider Damen werden assoziativ mit Vorstellungen körperlichen Unwohlseins oder Krankheiten belegt, von denen man sich Erleichterung zu verschaffen sucht. Während sich das Gerede wie „klebriger Geifer" auf ihn legt und ihn innerlich verkleistert, denkt der Ehemann kurz darüber nach, ob man in der Küche die Dinge nicht ganz anders wahrnimmt.

Es folgt die fatalistische Erkenntnis, dass man sich dieser „bave poisseuse" nirgendwo entziehen kann. Unter den „Erscheinungen des Lebens" („les apparences de la vie") wird man überall und immer wieder solchen Irritationen ausgesetzt, bei der Begegnung mit der Hausmeisterin, am Telefon, beim Familienessen, bei der Begegnung mit Freunden oder wenn man an irgend jemanden das Wort richtet. Die einzig mögliche Reaktion scheint dem Ehemann die geschmeidige Unterwerfung zu sein, „se plier, s'effacer". Der Gewalt des Tropismus kann man, so seine Einsicht, nur mit geheuchelter Sympathie und Zärtlichkeit entgegentreten, um den mit Sicherheit bevorstehenden Ausbruch zu vermeiden. Diese inoffensive Strategie kann aber auch – so vermutet der Ehemann nicht ohne gewisse Gewaltphantasien seinerseits – eine Strategie der totalen Vernichtung des Gegenübers sein. Sie würde die Frauen wie „schmutzige Lappen schütteln" und sie letztlich vollständig zerstören („les détruirait complètement"). Das Erzählstück endet mit seiner Überlegung, dass diese Strategie möglicherweise auf einem falschen Eindruck beruht und dass „elle" und die Köchin ihm möglicherweise zuvorkommen könnten.

Das Erzählstück zeigt die unterschwellige Gewalt einer alltäglichen Kommunikation[19]. Sarrautes Texte greifen mündliche Kommunikationssituationen auf. Und so kommt es ihr – dies veranschaulicht insbesondere die räumliche Trennung der Kommunikationspartner – bei „il" und „elle" vor allem auf das Hören an. Genaues Zuhören ist eine Grundbedingung jedweder Konversation, um Tropismen erspüren und die Erkenntnis für Konversationsabläufe nutzen zu können. Das bevorzugte Stilmittel des Erzählstücks ist die Wiederholung, wie sie für mündliche Konversationen, insbesondere emotional gesteuerte Konversationen, typisch ist. „C'est servi, c'est servi", sagt „elle" gleich nach dem Erwachen. „Ils sont avares, avares tous, et ils ont de l'argent, ils ont de l'argent, c'est dégoûtant.", schallt es dann später aus der Küche. Und ganz besonders die Wahrnehmung der immergleichen Bewegungen der Damen durch den Ehemann macht per Echoeffekt die Irritation auch für den Leser spürbar: „piétinante, piétinant toujours sur place, toujours sur place, tournant en rond, en rond, comme s'ils avaient le vertige". Die

---

19 Zur „violence du texte" bei Sarraute allgemein vgl. auch Georges Raillard, „ Nathalie Sarraute et la violence du texte", *Littérature* 1971, H. 2, S. 89–102.

rhetorische Figur der Anapher bei den Vergleichen dieser Aktivitäten mit Reaktionen auf unangenehme bzw. krankheitsbedingte Körperbefindlichkeiten („comme s'ils avaient", „comme s'ils avaient", „comme on se ronge", „comme on arrache", „comme on se gratte", „comme on se retourne") bringt letztlich beim Leser selbst das entsprechende Unwohlsein hervor. Die ‚repetitio' erweckt zudem ein Gefühl der Fatalität („Il n'y a rien à faire. Rien à faire.") angesichts der verräterischen Oberfläche der Worte, der Rede, die aufgrund der verdeckten Tropismen „verräterisch" ist („traîtres" / „c'est traître [...]" / „c'est traître [...]"). Die Gewalt der ‚sous-conversation' führt zu spürbaren Verhaltensgeboten, die der Ehemann sich auferlegt:

> [...] surtout ne pas leur faire sentir, ne pas leur faire sentir un seul instant [...] Se plier, se plier, s'effacer: „Oui, oui, oui, oui, c'est vrai, bien sûr", voilà ce qu'il fallait leur dire [...]

Sarrautes Anthropologie des Dialogs, in der Erkenntnisse aus der Hochphase der französischen Kommunikation im 17. Jahrhundert nachhallen[20], in der die Moralistik die ‚Kunst des Impliziten' bereits auf ihre negativ anthropologischen Bedingungen abgeklopft hatte, richtet sich auf die Erfahrbarkeit des Präsentischen[21]. Die Autorin sucht nach einer neuen Erzählsprache, die gerade das Vor- bzw. Nichtsprachliche unmittelbar spürbar machen will. Bei diesem Unterfangen ist die Nähe zum Theater unverkennbar. Es stellt sich die Frage, ob jene vorsprachlichen Erfahrungen, jene unwillkürlichen Erschütterungen, ausgelöst durch unvorhergesehene Ereignisse, durch bestimmte Gesprächssituationen oder Reaktionen, Worte, Reden, Gesten eines Gegenübers, nicht auch in einem Theaterdialog, der eine präsentische Kommunikation darstellt, zum Ausdruck gebracht werden können. Sarraute hat lange Zeit mit dem Theater als einem geeignetem Medium gehadert, um ihr dichterisches Anliegen zu übermitteln:

> [...] il me semblait que le dialogue de théâtre était imcompatible avec ce que je cherchais à montrer [...] c'est-à-dire des mouvements intérieurs ténus, qui glissent très rapidement au seuil de notre conscience [...] Le dialogue seul, sans cette préparation que constitue un pré-

---

20 Inwieweit Sarrautes späterer autobiographischer Roman *Enfance* (1983) das dem autobiographischen Schreiben zugrundeliegende augustinische Paradigma der ‚vocatio' zur ‚conversio in litteris' verpflichtet ist und dieses transformiert, hat eindrucksvoll Maria Moog-Grünewald gezeigt („Konstellationen der Berufung. Nathalie Sarrautes *Enfance* in der Tradition Augustins", in: Patricia Oster/Karlheinz Stierle (Hrsg.), *Legenden der Berufung* [Neues Forum für Allgemeine und Vergleichende Literaturwissenschaft. 49], Heidelberg, Winter, 2012, S. 47–59, bes. S. 55–59).
21 Zur Erfahrung des Präsentischen vor dem Hintergrund zeitgenössischer philosophischer Entwürfe vgl. Berit Callsen, „Präsenz. „...une substance coule, se répand..." – Präsenzeffekte bei Nathalie Sarraute", in: Antonius Weixler/Lukas Werner (Hrsg.), *Zeiten erzählen.* Ansätze – Aspekte – Analysen (Narratologia), Berlin/Boston, De Gruyter, S. 431–447.

dialogue, était pour moi impossible, impensable. [...] Le prédialogue, la sous-conversation, qui pousse le dialogue, le produit, montre au contraire au lecteur *tout* ce qu'il m'est possible de lui montrer. [...] Comment [...] écrire des pieces de théâtre où il n'y a rien d'autre que le dialogue? Il doit à lui seul faire sentir. Et quand à l'action extérieure, si importante au théâtre, elle est à peu près absente de mes livres.[22]

Als ihr dann jedoch durch den deutschen Kunsthistoriker Werner Spies angetragen wurde, Stücke für den Süddeutschen Rundfunk zu verfassen, hat Sarraute überlegt, wie der Theaterdialog auch für ihr Anliegen fruchtbar gemacht werden kann. Dialog und „pré-dialogue" müssen zusammenfallen. Sarraute stellt sich der Herausforderung einer quasi erhöhten Präsenz, in gewöhnlichen Worten und in einer gewöhnlichen Sprache die sinnlichen, gefühlten Eindrücke unmittelbar und ohne Vorbereitung zu vermitteln:

Ce qui dans mes roman aurait constitué l'action dramatique de la sous-conversation, du pré-dialogue, où les sensations, les impressions, le „ressenti" sont communiqués au lecteur à l'aide d'images et de rythmes, ici se déployait dans le dialogue lui-même. La sous-conversation devenait la conversation. [...] Il faut que la sensation, le ressenti, passe vite, ait une force d'impact immédiate, porté par des mots familiers. (S. 1708 f.)

In dem späten Theaterstück *Pour un oui ou pour un non* aus dem Jahr 1986, dem am häufigsten aufgeführten und sogar verfilmten Stück Sarrautes, tritt diese Konzeption mustergültig zu Tage. Der Protagonist H. 1 besucht H. 2, um ihn wegen dessen auffälliger Zurückhaltung in der letzten Zeit zur Rede zu stellen („[...] je voudrais savoir... que s'est-il passé? Qu'est-ce que tu as contre moi ?"[23]). Innerhalb einer Stunde, in der sich die beiden unterhalten, treten die unterschiedlichsten Animositäten aufgrund der unterschiedlichsten Eindrücke zutage, wobei die Autorin offen lässt, ob es zum endgültigen Bruch zwischen beiden kommt. Im Medium der Mündlichkeit, dem Theater, geht es noch mehr als in dem der Schriftlichkeit, dem Roman und der Geschichte, darum, mit der Kunst des Impliziten zu arbeiten, die allerdings bei Sarraute eine mehr unbewusste als bewusste Weise der Erzeugung von Tropismen geworden ist. Verschiedene sprachliche Verfahren der Herstellung des Impliziten wie Unterstellungen, Andeutungen, Schweigen, Betonungen etc. bringen unterschiedliche Formen sprachlicher Gewalt zum Ausdruck. Nach der Eingangsaufforderung von H.1 an H.2 kommt es nach zahlreichen Ausweichmanövern schließlich zu einem Geständnis:

---

22 *Le Gant retourné* (1974), in: *Œuvres completes*, S. 1707–1713, hier: S. 1707 f. Im Folgenden nach dieser Ausgabe im laufenden Text zitiert.
23 *Pour un oui ou pour un non*, in: *Œuvres completes*, S. 1495–1515, hier: S. 1497. Im Folgenden nach dieser Ausgabe im laufenden Text zitiert.

H. 2: Eh bien... tu m'as dit il y a quelque temps... tu m'as dit... quand je me suis vanté de je ne sais plus quoi... de je ne sais plus quel succès... oui... dérisoire... quand je t'en ai parlé... tu m'as dit: „C'est bien... ça..."
H. 1: Répète-le, je t'en prie... j'ai dû mal entendre.
H. 2, *prenant courage*: Tu m'as dit: „C'est bien... ça..." Juste avec ce suspens... cet accent...
[...]
H. 1: Et alors je t'aurais dit: „C'est bien, ça?"
H. 2, *soupire*: Pas tout à fait ainsi... il y avait entre „C'est bien" et „ça" un intervalle plus grand: „C'est biiien... ça..." Un accent mis sur „bien"... un étirement: „biiien..." et un suspens avant que „ça" arrive... ce n'est pas sans importance. (S. 1499)

Anlass des Bruchs zwischen beiden (den H. 2. bestreitet) ist die seinerzeitige Aussprache der Formel durch H. 1: „C'est bien ça." H. 2 sieht in der Intonation der positiven Allerweltsformel, genauer der Dehnung des ‚biiien' und der längeren Sprechpause vor der Äußerung des ‚ça', eine Form der Herablassung („condescendant", S. 1501) Allein durch die Intonation ist das Gesagte von H. 2 als Angriff verstanden worden. Die lokutionäre Ebene des Gesagten steht im Widerspruch zur illokutionären; der Zweck der Sprachhandlung, hier eine als negativ verstandene Herabsetzung, widerspricht der Aussage in Form einer positiven, wohlwollend zustimmenden Bemerkung. Auf diese Weise erweist sich der Theaterdialog über das schiere ‚Nichts' ganz plötzlich und unvermutet als Dialog über ein ‚Beinahe-Nichts', dem eine Fülle vermuteter Intentionen entspringt und dem Gespräch neue unerwartete Wendungen verleiht.

Celui qui écoute perçoit certaines fréquences, qu'un autre – moins musicien, moins sensible peut-être – n'entendrait pas. Le ton, l'expression, la mimique et le choix des mots sont ce qui réellement constitue le flux secret de ce qui relie, éloigne, rapproche un être parlant d'un autre.[24]

Die hinter dieser Beweglichkeit des Gesprächs stehende Anthropologie konzipiert das Ich als eine täuschende Erscheinung, welches sich der inneren Regungen selbst kaum bewusst ist und im Verlauf einer Unterhaltung einerseits weitere unerwartete Regungen durchläuft und sich andererseits über seine Äußerungen verrät. Ein später Roman Sarrautes wird diesen Aspekt über die volle Länge der Erzählung ausspielen.

Während die meisten Erzählungen, Romane und Theaterstücke die zentrale Frage der Vertikalität der Kommunikation reflektieren, kommt im Roman *Vous*

---

24 Cicurel, „L'avoué–inavoué", S. 150. Vgl. auch Béatrice Godart-Wendling/Layla Raïd, „Le clapet de la sourcière: les implicites de la violence verbale dans le théâtre de Sarraute", in: Iuliana-Anca Mateiu (Hrsg.), *La violence verbale: description, processus, effets discursifs et psycho-sociaux*, Cluj-Napoca, Presa Universitara Clujeana, 2017, S. 195–210.

les entendez? (1972) der für die französische Kommunikation so zentrale Aspekt der spielerischen Leichtigkeit des ‚art de l'implicite' hinzu[25]. In einem Haus auf dem Land besucht ein Freund den Hausherrn und nimmt eine Tierstatue vom Kamin, um sie betrachten zu können. Währenddessen verabschieden sich die Kinder des Hauses höflich von den beiden älteren Herren und ziehen sich lachend in die Schlafräume zurück. Angesichts dieser nichtigen, quasi inexistenten Handlung geht es darum, die Wirkungen dieses Lachens, der unbeschwerten ‚légèreté' auf den Hausherrn zu erspüren. Der Roman beginnt *in medias res* mit der Unterhaltung zwischen dem Hausherrn und seinem Freund:

> Soudain il s'interrompt, il lève la main, l'index dressé, il tend l'oreille... Vous les entendez?... Un attendrissement mélancolique amollit ses traits... Ils sont gais, hein? Ils s'amusent... Que voulez-vous, c'est de leur âge... Nous aussi, on avait de ces fous rires... il n'y avait pas moyen de s'arrêter...[26]

Die gesamte Handlung des Romans wird in dem einen Moment des Lachens verdichtet, der in der Folge einen weitgehend vom Hausherrn geführten inneren Monolog bzw. Dialog mit imaginären Stimmen zeitigt, um die möglichen Bedeutungen dieses an der Oberfläche eigentlich völlig unbedeutenden Lachens für sich zu erschließen:

> Dès ce moment tout était là, ramassé dans cet instant... Mais quoi tout? Il ne s'est rien passé.
> (S. 741)

Das Lachen ist irritierend. Es wirft die Frage ‚Jugend vs. Alter' auf und löst gleich zu Beginn beim Vater eine melancholische Stimmung angesichts der verlorenen Leichtigkeit der Jugend aus („des rires jeunes. Des rires frais. Des rires insouciants", S. 737). Der Erzähler, der tiefe Einblicke in die Phantasien des Vaters entwickelt, tritt in einen Pseudodialog mit ihm ein: In der indirekten Form des konjunktivischen ‚irrealis' fordert er den Vater zu der Gewalthandlung auf, alle Regeln des Anstands („bienséance") zu verletzen und das Lachen zu beenden:

> Que le barbon irascible se lève brusquement sous les regards étonnés de l'ami en train de siroter paisiblement sa tasse de café, son verre de cassis, qu'il rompe brutalement toutes les

---

25 Zum speziellen Aspekt des Hörens in diesem Roman vgl. Laure Hesbois, „*Vous les entendez?* Nathalie Sarraute à l'écoute des signaux secrets. Tentative de décodage", *Atlantis*. Critical Journal in Gender, Culture, and Social Justice Bd. 11/1986, H. 2, S. 88–96, sowie Noro Rakotobo d'Alberto, „Vous les entendez? L'écoute dans l'œuvre de Nathalie Sarraute", *Mnemosyne*. La costruzione del senso Bd. 3/2010, S. 83–91.
26 *Vous les entendez?*, in: *Œuvres completes*, S. 735–834, hier: S. 737. Im Folgenden nach dieser Ausgabe im laufenden Text zitiert.

règles de la bienséance, qu'il monte l'escalier, frappe à la porte, l'ouvre furieusement, qu'il entre… Mais qu'est-ce que vous avez à rire comme ça? C'est insupportable, à la fin… et ils vont s'arrêter, se blottir dans les coins, tout effrayés, des nymphes effarouchées qu'un satyre surprend […] (S. 741)

In der Perspektive der Kinder sähe dies anders aus, so der Erzähler. Eine solche Reaktion würde die Vorstellung des – freudianisch gesprochen – ständig präsenten Über-Ich aufrufen:

Mais il est toujours là à surveiller chaque geste, à réprimer le moindre élan, le plus léger signe d'insouciance, de liberté, toujours à scruter, à doser, à juger. N'a-t-on pas montré, comme il se devait, du respect? (Ebd.)

Das Lachen löst beim Vater Reflexionen über seine Rolle als Autoritätsperson aus. Hier sind erneut unterbewusst schwelende Machtfragen im Spiel: Dem „surveillant" steht die kindliche Unbekümmertheit und Unschuld („insouciance", „innocent", S. 741 f.) gegenüber. Es geht nicht nur um die Frage väterlicher Autorität. Auch seine Kompetenz und sein Sachverstand als Kunstkenner stehen auf dem Spiel:

Mais moi, voyez-vous… Moi… je dois dire que je n'ai jamais été un collectionneur… Jamais, n'est-ce pas? Ça ils le savent. Ça, vous le savez, là-bas? Je ne l'ai jamais été. Je n'en ai pas, vous me l'accorderez, le tempérament. Pas l'âme… Au contraire… Ça les fait sourire. Le contraire d'un collectionneur… (S. 744)

Der Roman dreht sich fortwährend um einen zentralen Mechanismus der indirekten Kommunikation: Wie kann die ‚légèreté' zur Bedrohung der Autorität werden? Zu den Hochzeiten, in denen die französische Kommunikation in Europa Maßstäbe setzte, war das indirekte Sprechen ein Akt sozialer Anpassung, mit dem Ziel eine Konformität der Gesprächspartner herzustellen und füreinander Zuwendung aufzubringen. Der französische Charakter der Konversation bestand darin, so hatte es Mme de Staël formuliert, typische Sätze zu verwenden, die die Dinge aussprechen und dies zugleich auch nicht tun, um nicht allzu sehr Verbindlichkeiten einzugehen: „Il y a bien des phrases en effet en notre langue, pour dire en même temps et ne pas dire, pour faire espérer sans promettre, pour promettre même sans se lier."[27] Das Sprechen ist für Mme de Staël ein Konzert angenehmer Stimmen, bei dem die Worte nicht in erster Linie der Übermittlung von Gedanken und Gefühlen dienen. Sprechen ist ein Spiel, um die Geister zu animieren. Kommunikation ist oftmals nur ein Mittel, mit anderen zu interagieren, vor allem um

---

27 *De l'Allemagne*, S. 66 f. Vgl. auch oben, S. 77.

seinen eigenen ‚esprit' zur Schau zu stellen, an dem sich der Sprecher selbst wie elektrisiert berauscht:

> Le genre de bien-être que fait éprouver une conversation ne consiste pas précisément dans le sujet de cette conversation [...] C'est une certaine manière d'agir les uns sur les autres, se faire plaisir réciproquement et avec rapidité, de parler aussitôt qu'on pense, de jouir à l'instant de soi-même, d'être applaudi sans travail, de manifester son esprit dans toutes les nuances par l'accent, le geste, le regard, enfin de produire à volonté une sorte d'électricité qui fait jaillir des étincelles [...][28]

Dass diese ‚grâce', die ‚agréable légèreté', die ‚variété d'esprit', wie es bei Mme de Staël immer wieder heißt, große Gefahren birgt, ist der Autorin bewusst:

> C'est un excercice dangereux, mais piquant, dans lequel il faut se jouer de tous les sujets comme d'une balle lancée qui doit revenir à temps dans la main du joueur.[29]

Bei Nathalie Sarraute wird dieser Ball ganz anders zurückgespielt: Das Spiel ist bitterer Ernst. Der spielerische Charakter der indirekten Kommunikation wird als ‚sous-conversation' verstanden. Er verliert dadurch seine Funktion des Zusammenhalts der Gesprächspartner. In *Vous les entendez?* ist es gerade das spielerische Lachen der Kinder, welches die Irritation auslöst. Der Vater bezieht die ‚légèreté' der Kinder fortwährend auf sich; er sieht darin einen Angriff auf seine Autorität und fragt sich, was er sich hat zu Schulden kommen lassen: „Mais peut-être sans le vouloir les a-t-il un peu brusqués?" (S. 752) Die ‚légèreté' setzt Ängste frei, die allein aufgrund ihres fluktuierenden Charakters nicht zu erklären sind:

> Ce sont évidemment des questions auxquelles on ne doit pas se hâter de répondre. C'est grave d'enfermer dans des catégories rigides, d'étiqueter ce qui est encore fluctuant, changeant... Bien sûr, il y a toujours un espoir... [...] (S. 757)

Der Vater äußert einen geradezu konversationshistorischen Gedanken, wenn er im spielerischen Lachen der Kinder die Einstellung einer aristokratischen Verächtlichkeit sieht, welche ihm selbst vollends fehlt, und die sogleich bei ihm Angst-Komplexe auslöst:

> [...] ils ont ce dédain aristocratique, cette indifférence qui leur donne une grâce, une élégance... qu'il n'a pas, ça lui manque à lui, un parvenu encore mal dégrossi [...] (S. 759)

---

28 S. 54 f. Vgl. dazu auch Wehinger, *Conversation um 1800*, S. 231.
29 S. 48. Vgl. Wehinger, *Conversation um 1800*, ebd.

Sarraute wird auf diese Weise zur Erzählerin des Impliziten in der Kommunikation. Dies wird nicht länger als Kunst verstanden, sondern als Bedrohung[30]:

> La sous-conversation ainsi comprise est une pragmatique dépourvue de profondeur, une théâtralisation de l'implicite à l'œuvre dans toute interaction verbale. Cette théâtralisation fait toutefois abstraction de l'implicitation conversationnelle qui régit nos échanges : rien ne va plus de soi, le principe de coopération et la possibilité de s'entendre qui, malgré le cortège des malentendus et des incompréhensions, sous-tend la plupart de nos discussions, étant évacués : l'entente conversationnelle est rompue d'office.[31]

Die französische Konversation hat bei Sarraute ihren Stellenwert einer positiven ‚exception culturelle' verloren:

> La conversation représentée et instillée dans *Vous les entendez?* n'a rien à voir avec l'idéal d'un échange entre les savoirs et les gens du „monde". Le cercle conversationnel se restreint à la société familiale et amicale ainsi qu'au lecteur, un lecteur privé impliqué à son tour dans la ronde des échanges familiers.[32]

In der ‚Ära des Verdachts' arbeitet die Autorin eine Dimension der Konversation heraus, die laut Godo typisch für das gesamte 20. Jahrhundert ist:

> La confiance mutuelle qui, dans la sociabilité classique, fait le fond de la conversation cède la place à une défiance généralisée. Le sujet parlant n'est plus maître de son langage : il n'est qu'une voix parmi d'autres, voix de tête, superficielle et trompeuse, étrangement émergée de la cacophonie enfouie au fond de son être. Le socle de certitude des idées claires qui permettaient que ce „qui se conçoit bien s'énonce clairement selon le précepte de Boileau", a été remplacé par un sable mouvant – celui de l'inconscient et des ténèbres intérieures – qui rend toute parole précaire en faisant peser sur elle le soupçon de fallacité. Que disons-nous ? Qui parle ? qui ? Que pouvons-nous connaître, inconnus à nous-mêmes, de ces étrangers qui nous environnent?[33]

---

30 Zur „Déconstruction du sujet" in *Vous les entendez?* vgl. Sylvie Cadinot-Romerio, „Fiction et évélation : *Vous les entendez?* De Nathalie Sarraute ", *Cahiers de narratologie* Bd. 26/2014 ; online: https://journals.openedition.org/narratologie/6884, Abs. 31–38. Vgl. auch Fabien Demangeot, „La déconstruction de la notion de personnage dans l'œuvre de Nathalie Sarraute", *Studia Universitatis Petru Maia*. Philologia Bd. 21/2016, S. 57–70.
31 Marie-Pascale Huglo, „Variations sur la conversation dans *Vous les entendez?* de Nathalie Sarraute", *Tangence* Bd. 79/2005, S. 11–29, hier: S. 23.
32 Huglo, „Variations", S. 28.
33 Godo, *Une Histoire*, S. 323.

16 Yasmina Reza:
der ‚art de l'implicite' als ‚art du carnage'

In seiner *Histoire de la conversation* spricht Emmanuel Godo davon, dass die französische Konversation im 20. Jahrhundert kein Ideal mehr darstelle und den Gesichtspunkt der optimalen Verständigung aus dem Auge verloren habe. Stattdessen habe ein grundsätzlich konfliktuöses Verhalten die Überhand gewonnen. Die Konversation sei keine Kunst mehr, sondern spiegele das defekte Artikulationsvermögen der Zeitgenossen, welches eine der maßgeblichen Ursachen der Konflikte sei:

> La conversation ne se pense plus comme un idéal mais comme une pratique révélant le malentendu indépassable qui fausse la connaissance de soi et biaise tout rapport à l'autre. La conversation ne se définit plus comme un art mais comme le miroir implacable de nos insuffisances. L'accord harmonieux cède la place à la relation conflictuelle et la conversation tourne à vide : on parle mais la parole n'est plus capable de faire un pont viable entre soi-même et autrui. La conversation atteste désormais de la difficulté de dire et de se dire.[1]

Godos Beobachtungen sind Gegenstand des Theaters von Yasmina Reza. Die Autorin zeigt, wie konfliktuös eine Konversation aufgrund ihrer nach und nach zutage tretenden impliziten Dimensionen verlaufen kann. Das ästhetische Gefallen für den Zuschauer entsteht dabei dadurch, dass er an der Entwicklung der Gesprächssituation teilhat und nach und nach die impliziten Dimensionen der Äußerungen erkennt. Nathalie Sarrautes Ziel war es spürbar zu machen, inwieweit die ‚sous-conversations' die offene Kommunikation stören. Yasmina Reza geht darüber hinaus. Sie lässt den Zuschauer ihrer Theaterstücke nicht nur die Tropismen der Figuren spüren sondern zugleich nachvollziehen, wie diese entstehen und wie sie die Akteure in ihrer Identität auflösen.

Bereits das erste Theaterstück *Conversations après un enterrement*, mit dem Reza 1986 debütierte, lässt erkennen, dass die Kommunikation im Zentrum ihrer Interessen steht. Die sechs Personen, die sich nach der Beerdigung von Simon Weinberg im Garten seines Hauses versammeln, ergründen in einer erkennbar an Sartres Stück *Huis clos* (1944) angelehnten Situation im Gespräch ihre Geheimnisse. Wenn der Sohn des Verstorbenen Alex seine Agressionen an Julienne, der dritten Ehefrau seines Onkels Pierre sowie an Elisa auslässt, die ihn aus Liebe zu seinem Bruder Nathan verlassen hat, dann bestätigt sich einmal mehr Sartres Er-

---

1 *Une Histoire*, S. 323.

kenntnis: „L'enfer c'est les autres"². Das Stück zeigt, wie die Familienmitglieder sich im Laufe des Gesprächs verändern, wie sich ihre Vorstellungen und Werte ungewollt verschieben³.

In Rezas Theaterstück *Le Dieu du carnage*, im Jahr 2006 verfasst und 2008 zum ersten Mal aufgeführt, werden solche Konversationen in ihrer Entstehung sichtbar und durch Reflexionen der Figuren sowie die Aufmerksamkeit des Zuschauers lenkende literarische Verfahren der Autorin fassbar gemacht. Zwei Ehepaare treffen sich, um einen Streit zwischen ihren beiden Söhnen zu schlichten. Der Sohn von Anette und Alain Reille hat dem Sohn von Véronique und Michel Houillé mit einem Stock zwei Zähne ausgeschlagen. Das Stück beginnt damit, dass die Familie Houillé eine Erklärung des Vorgangs aufsetzen will, die beide Ehepaare unterzeichnen sollen. Von vorneherein geht es dabei um die Macht der Worte und ihre Implikationen. Als es in der Erklärung heißt, Ferdinand Reille sei mit einem Stock bewaffnet gewesen („Ferdinand Reille, onze ans, armé d'un bâton"⁴), meldet der Vater sogleich Widerstand gegen diese Formulierung an, da ihm die seinen Sohn kriminalisierende Metapher zu weit geht. Die beiden Frauen versuchen, vermittelnd und besänftigend einzugreifen. Ihr Gespräch bringt das eigentliche Thema des Stücks auf den Punkt: Véronique Houillé bedankt sich bei den Reilles für ihr Kommen mit dem Satz: „On ne gagne rien à s'installer dans une logique passionnelle" (S. 10). Und sie fährt mit der Einverständnis erheischenden Frage fort: „Par chance il existe encore un art de vivre ensemble, non?" (Ebd.)

Das Stück wird genau dies zur Diskussion stellen: Kann die Unterhaltung der beiden Ehepaare nach dem Prinzip des „art de vivre ensemble" ohne „logique passionnelle" vonstatten gehen? Gibt es überhaupt noch einen solchen ‚art de vivre ensemble', wie er die französische Kommunikation über mehrere Jahrhunderte hinweg geprägt hat? Gibt es noch ‚bienséances', die eine Gesprächssituation wie die vorliegende für alle verbindlich regulieren? Die unmittelbar folgende höfliche, scheinbar mitfühlende Nachfrage Anette Reilles, wie es um den abgebrochenen Zahn von Bruno Houillé bestellt sei, nutzt die Autorin, um dem Stand der ‚conversio' und seinem ‚art de vivre ensemble' eine implizite sinnbildliche Dimension zu verleihen: Es heißt, der Nerv des Zahns liege noch nicht blank („Ap-

---

2 Jean-Paul Sartre, Huis clos *suivi de* Les Mouches (Collections Folio. 807), Paris, Gallimard, 2000 (¹1972), S. 93.

3 Zur Analyse des Stücks vgl. Montserrat Serrano Mañes, „*Conversations après un enterrement*: l'exquise obscénité de Yasmina Reza et sa ‚stratégie des poireaux'", *Studi francesi* Bd. 57/2013, H. 170, S. 416–423.

4 Yasmina Reza, *Le Dieu du carnage*, hrsg. von Sylvie Coly (Classiques & contemporains. 128), Paris, Magnard, 2011 (¹Paris, Albin Michel, 2007), S. 9. Die Stellenangaben im laufenden Text beziehen sich auf diese Ausgabe.

paremment le nerf n'est pas complètement exposé", ebd.) und man versuche, ihn zu erhalten („[...] pour le moment, on ne dévitalise pas", ebd.). Bis dahin werde man den Zahn mit Keramik verkleiden („En attendand, il va avoir des facettes en céramique", S. 11). Übersetzt bedeutet dies für den Zuschauer: Die Geschichte des Zahns wird zum Sinnbild der Unterhaltung der Kontrahenten. Noch bewegt diese sich auf der Ebene des zivilisierten Umgangs, noch ist die Konversation gemäß dem ‚art de vivre ensemble' am Leben. So wie der teilweise blank liegenden Nerv des angegriffenen Zahns durch die Keramikverblendung wird die ‚logique passionelle' im Gespräch durch ziviles Verhalten verdeckt. Diese Allegorien durch die Autorin sind eine Aufforderung an den Leser, über die indirekten, impliziten Dimensionen des Gesprächs nachzudenken. Rezas Stück ist nicht nur eine streitige Konversation; es ist auch eine Reflexion der ‚sous-conversations' dieser Unterhaltung.

Das Spiel der Autorin mit Implikationen des Gesagten wird im weiteren Verlauf des Stücks massiv vorangetrieben. Es zeigt dem Zuschauer, wie sich nach und nach die ‚logique passionnelle' entwickelt, die das Gespräch zu dem im Titel angekündigten Gemetzel entarten lässt. Yasmina Reza setzt quasi Nathalie Sarrautes Beobachtung und Stilisierung von Tropismen fort. Sie tut dies über die Charakterisierung der Figuren: Alain Reille erhält permanent Anrufe auf seinem Handy, die er jeweils annimmt und auf diese Weise die gesamte Gesprächsrunde zwingt, daran teilzunehmen, was alle Beteiligten – insbesondere seine Gattin – zunehmend aggressiv macht. Bei diesen Anrufen geht es um seine anwaltliche Beratung einer pharmazeutischen Firma, die Probleme mit einem Blutdrucksenker hat, bei dem unerwünschte neurologische Nebenwirkungen auftreten. Diese Stilisierung des Alain Reille ist ein erneuter indirekter Hinweis der Autorin darauf, dass das Gespräch der Ehepaare nicht ohne eine Steigerung der Blutdruckwerte verlaufen wird. Auch die indirekte Charakterisierung der Figur der Véronique Houillé durch ihre Berufsbezeichnung lässt nichts Gutes erwarten: Wie Jean Racines Protagonistin Phèdre aus der gleichnamigen Tragödie, „fille de Minos et de Pasiphaé", Tochter des Herrschers der Unterwelt und Enkelin des Sonnengottes Helios, Schatten und Licht ist, so ist auch sie – gleich auf mehrfache Weise – eine ‚split personality': Sie ist Schriftstellerin und arbeitet nebenbei halbtags in einer „librairie d'art et d'histoire". Der Leser konnotiert, dass sie einer kreativen Tätigkeit sowie ihrem Broterwerb nachgeht. Sie ist zuständig für die Kunst sowie die Realität, genau genommen – wie sich weiterhin zeigt – für die Zivilisation und den Terror: Publiziert hat sie nämlich einen Beitrag über die „civilisation sabéenne", deren berühmte Königin der Legende nach bei König Salomon in Jerusalem in die Schule der Weisheit gegangen ist. Eine weitere Buchpublikation von ihr handelt von der Tragödie im sudanesischen Darfur, einem der blutigsten Bürgerkriege der neueren Zeit. Zwischen Zivilisation und Krieg wird sich die Konversation zwischen den

Ehepaaren und den Ehepartnern im Verlauf des Stücks bewegen. Michel Houillé mit dem unspektakulären Beruf eines Großhändlers für Haushaltswaren ist dadurch charakterisiert, dass er abends zuvor den wegen seines ständigen Piepens nervtötenden Hamster der Tochter auf der Straße ausgesetzt hat. Und Anette Reille ist Beraterin bei der Verwaltung des Kulturerbes („conseillère en gestion de patrimoine", S. 14), wo sie sich doch später auf die geliebten Kunstbände der Familie Houillé erbricht, die dieses Kulturerbe im Bild aufbewahren.

Reza geht es mit der Unterhaltung der beiden Ehepaare nicht darum, eine kunstvolle, höflich geführte Unterhaltung vorzuführen, da sich die Teilnehmer meistens direkt äußern. Die Konversation führt vor, dass jede Äußerung, so direkt sie auch sein mag, indirekte Dimensionen haben kann und im konkreten Fall auch hat. Und diese indirekten Dimensionen erschließen sich nach und nach im Verlauf des Gesprächs. Mit jeder Äußerung geben die Figuren Auffassungen und Einstellungen preis, die ihre zuvor getätigten, direkten Aussagen in ein neues Licht rücken und die ,sous-conversations' dieser Aussagen freilegen. D. h. Äußerungen erhalten im Nachhinein indirekte Dimensionen, weil sich Konnotationen einstellen, die sich aus Beobachtungen und Interpretationen ergeben. Im Zentrum von Rezas Gespräch steht somit der Aspekt, dass eine Konversation ein hoch dynamischer Vorgang ist: Es ergeben sich Veränderungen der Position eines Sprechers sowie der Wahrnehmung der Person durch die Beteiligten. Die indirekten Aspekte der Kommunikation ergeben sich erst allmählich.

Im Falle der Figur des Rechtsanwalts Alain Reille ist von vorneherein ersichtlich, dass er dem Gespräch nichts abgewinnen kann und will. Er ist von seiner Frau gezwungen worden teilzunehmen. Dementsprechend äußert er sich fortwährend im Modus der Ironie. Nachdem er Véronique Houillés ,clafoutis' gekostet und gelobt hat, bemerkt er ironisch: „Au moins ça nous permet de découvrir une recette." (S. 17). Seine telefonischen Einlassungen zu den Problemen des Blutdrucksenkers mit dem Verantwortlichen der pharmazeutischen Firma, die er vertritt, laufen vor allem darauf hinaus, der Gegenseite kein Recht zur Stellungnahme einzuräumen, da dies weitere Polemiken gegen das Mittel hervorrufen würde. Nicht nur diese Einlassungen veranschaulichen, dass es sich bei Alain um eine generelle Gesprächsverweigerung handelt, die in seiner Person begründet liegt und die auch den strittigen Fall seines Sohnes betrifft, über den er ja ebenfalls kein Gespräch führen will. Seine Einstellung zur Männlichkeit, so erklärt er Véronique, orientiere sich am Westerndarsteller John Wayne, für den, wie auch für ihn, die Konversation nicht als Problemlösung in Betracht komme: „Quand on est élevé dans une idée johnwaynienne de la la virilité, on n'a pas envie de régler ce genre de situation à coups de conversations." (S. 52). Alain vertritt die Position des Einzelkämpfers („[...] est-ce qu'on s'intéresse à autre chose qu'à soi-même ?", S. 55). für den allein das Recht des Stärkeren zählt. Als Rechtsanwalt sieht er Recht und

Gesetz als einen Ersatz des ursprünglich auf der Gewalt beruhenden Rechts des Stärkeren: „Il faut un certain apprentissage pour substituer le droit à la violence. À l'origine je vous rappelle, le droit c'est la force." (S. 61). Gegenüber Véronique bezeichnet er sich als Anhänger des ‚Gottes des Gemetzels' und personifiziert auf diese Weise den Titel des Stücks. Per Andeutung lässt seine Formulierung darüber hinaus sogar rassistische Untertöne anklingen, und das an die Adresse von Véronique, die sich mit dem Krieg im afrikanischen Darfour beschäftigt hat: „[...] moi je crois au dieu du carnage. C'est le seul qui gouverne, sans partage, depuis la nuit des temps. Vous vous intéressez à l'Afrique n'est-ce pas... [...]" (S. 62). Alain ist somit erheblich für die Eskalation des Gesprächs verantwortlich. Sein Bekenntnis zum Recht des Stärkeren verhindert maßgeblich eine Kommunikation, die sich an ‚bienséances' orientiert und ein gewisses Maß an ‚sociabilité' herstellt. Indirektes Sprechen, hier im Modus der Ironie, ist im Fall des Alain Reille Ausdruck einer ‚sauvagerie', die er auch für seinen Sohn in Anspruch nimmt („[...] notre fils est un sauvage [...]", S. 22). Seine amoralische Position untermauert er durch blasphemische Reden, bevor er beherzt zum Alkohol greift:

> La morale nous prescrit de dominer nos pulsions mais parfois il est bon de ne pas les dominer. On n'a pas envie de baiser en chantant l'*Agnus Dei*. On le trouve ici ce rhum? (S. 64)

Für den Verlauf der Unterredung hat die zynisch-ironische Art des Sprechens von Alain allerdings eine wichtige Funktion: Während seine Frau ihm mehrfach vorwirft, zu nichts nutze zu sein („Nous n'avons pas besoin de toi puisque tu ne sers à rien.", S. 23) ist er es, der die hinter den Äußerungen der anderen stehenden strategischen Absichten entlarvt. Der Versuch, über ein Gespräch der Eltern die Wogen des Konflikts zu glätten, steht somit von vornherein unter keinem guten Stern.

Die mangelnde Verständigungsbereitschaft Alains versuchen die drei anderen Beteiligten zunächst durch ein hohes Maß an Höflichkeit und zivilisierten Verhaltens zu kompensieren. Insbesondere die beiden Gastgeber, Michel und Véronique Houllié, stilisieren sich während des Gesprächs als Vertreter einer zivilisierten Form der Unterredung. Als Gegenpart zum stets zynischen Alain entpuppt sich dabei insbesondere Véronique. Sie beschwört nicht nur gleich zu Beginn den klassischen französischen ‚art de vivre ensemble'. Auch während der Unterredung plädiert sie mehrfach für einen zivilen Umgang. Die von ihr gepriesene ‚sociabilité' wird von Alain allerdings dahingehend enttarnt, dass sie auf lauter moralischen Geboten beruht:

> Madame, il faudrait beaucoup de choses. Il faudrait qu'il vienne, il faudrait qu'il en parle, il faudrait qu'il regrette, vous avez visiblement des compétences qui nous font défaut, nous allons nous améliorer mais entre-temps soyez indulgente. (S. 24)

Véroniques Einlassungen zielen immer wieder auf den Versuch, durch entsprechende Formulierungen den Sohn der Reilles zu diskreditieren und zu kriminalisieren. Nicht allein gegen die Formulierung „armé d'un baton" wehrt Alain sich gleich zu Beginn; auch gegen ihre Äußerung, er habe seinen Mitschüler entstellt („défiguré son camarade", S. 21) geht er an. Die Formel, man müsse Ferdinand als Verantwortlichen für die Tat ausmachen („Si Ferdinand n'est pas responsabilisé [...]", S. 23) stößt ebenso auf seinen Widerstand, wie der Versuch einer moralischen Verurteilung, Ferdinand habe Bruno „willentlich" („volontairement", S. 29) geschlagen. Véronique wird auf diese Weise als genau jener Elterntyp enttarnt, der laut Anette völlig realitätsblind und „infantil" nur die eigenen Kinder im Blick hat: „Combien de parents prennent fait et cause pour leurs enfants de façon elle-même infantile." (S. 20). Die von Véronique eingangs propagierte Haltung, das Gespräch nicht in einer ‚logique passionnelle‘ ausufern zu lassen, erweist sich als vorgetäuschte ‚bienséance‘. Ihre moralische Attitüde, mit der sie auf die befriedende Wirkung der Kultur pocht („Nous avons la faiblesse de croire aux pouvoirs pacificateurs de la culture.", S. 25) bricht völlig in sich zusammen, nachdem die wahren, impliziten Absichten ihrer Äußerungen zu Tage treten bzw. von Alain ans Tageslicht gefördert werden. Geschult durch ihr Buch über den Darfour geht sie alsbald zum offenen Krieg über, bei dem alle zivilisatorischen Schranken fallen: „Puisque nous sommes modérés en surface, ne le soyons plus !" (S. 44), heißt es. Und als die Reilles sich wieder einmal aus dem Gespräch verabschieden wollen, erklärt sie jedwede ‚honnêteté‘ für beendet:

> Ça ne sert à rien de bien se comporter. L'honnêteté est une idiotie, qui ne fait que nous affaiblir et nous désarmer… (S. 46)

Véronique gerät zunehmend in ein Streit mit ihrem Ehemann, der seinerseits im Stil Alains zynische Bemerkungen zu ihren Überlegungen und moralischen Vorschriften macht:

> VÉRONIQUE. Je ne sais pas ce que veut dire raisonner trop. Et je ne vois pas à quoi servirait l'existence sans une conception morale du monde.
> MICHEL. Voyez ma vie !
> VÉRONIQUE. Tais-toi ! Tais-toi ! J'exècre cette connivence minable ! Tu me dégoûtes ! (S. 56)

Als Michel mit ironischem Unterton den Provokateur Alain davor warnt, Véronique auf das Thema ‚Darfour‘ zu bringen, beginnt sie auf ihren Ehemann einzuschlagen:

> Ne la lancez pas là-dessus ! Par pitié !
> *Véronique se jette sur son mari et le tape, plusieurs fois, avec un désespoir désordonné et irrationnel.* (S. 63)

Dieser erklärt, er sei ihres simplifizierenden moralisierenden „Humbugs" überdrüssig und stellt sie auf eine Stufe mit den „Negern aus dem Sudan":

> MICHEL. Oh tu fais chier Véronique, on en a marre de ce boniment simpliste!
> VÉRONIQUE. Que je revendique.
> MICHEL. Oui, oui, tu revendiques, tu revendiques, ça déteint surtout maintenant ton engouement pour les nègres du Soudan. (S. 73)

Ähnlich wie bei Véronique werden auch die impliziten Einstellungen ihres Ehemanns Michel, die hinter seinen Äußerungen stehen, im Lauf der Unterredung deutlich. Wie seine Ehefrau tritt auch er zunächst besänftigend auf und plädiert für eine „irritationsfreie" Unterredung:

> Nous sommes des gens de bonne volonté. Tous les quatre, j'en suis sûr. Pourquoi se laisser déborder par des irritations, des crispations inutiles?... (S. 44)

Seine Haltung gegenüber der befriedenden Wirkung der Kultur sind jedoch von vorneherein nicht so gefestigt, wie die seiner Ehefrau. So geht er davon aus, dass der Prozess der Zivilisierung eines Menschen ein langer Formierungsprozess ist, der – so seine Meinung – möglicherweise erst am Ende des Lebens seine Form gewinnt:

> Moi je dis toujours, on est un tas de terre glaise et de ça il faut faire quelque chose. Peut-être que ça ne prendra forme qu'à la fin. (S. 15)

Als der eigentliche Grund für den Streit der beiden Söhne herauskommt, dass Bruno Houillé den Sohn der Reilles nicht in seine Bande aufnehmen wollte, bricht auch seine Fassade zivilen Verhaltens zusammen. Er erklärt, dass der Mensch nicht wirklich dauerhaft eine Selbstkontrolle ausüben könne: „Moi je dis, on ne peut pas dominer ce qui nous domine." (S. 36). Und er outet sich, als Jugendlicher selbst Bandenführer gewesen zu sein. Dies passt dann zu jener eingangs erwähnten Untat, den Hamster seiner Tochter auf der Straße auszusetzen. Darauf kommt Annette Reille mehrfach zurück, die sich in die Rolle der Schuldigen gedrängt sieht, wo doch Michel in ihren Augen selbst ein „Mörder" sei:

> Vous vous efforcez de nous culpabiliser, vous avez mis la vertu dans votre poche alors que vous êtes un assassin vous-même. (S. 47)

Michel enttarnt schließlich, inwieweit er und seine Frau den Rahmen für die Unterredung inszeniert und die Rollen festgelegt haben, und erklärt, er sei in Wirklichkeit ein Psychopath:

> Je vais vous dire, toutes ces délibérations à la con, j'en ai par-dessus la tête. On a voulu être sympathiques, on a acheté des tulipes, ma femme m'a déguisé en type de gauche, mais la vérité est que je n'ai aucun self-control, je suis un caractériel pur. (S. 49)

Den Verlust ihrer ‚contenance‘ hat auch die eher blasse Annette Reille zu verzeichnen. Ihre Strategie ist es, das Opfer des Streits Bruno Houillé als mitschuldig
darzustellen. In ihren Augen ist die Ablehnung der Aufnahme ihres Sohnes Ferdinand in die Bande Brunos eine Beleidung, die eine Reaktion erfordert hat:

> Ferdinand s'est fait insulter et il a réagi. Si on m'attaque, je me défends surtout si je suis
> seule face à une bande. (S. 44)

Damit übernimmt sie ein Stück weit die Positionen ihres zynischen Mannes Alain
und dessen Ansicht, alle seien letztes Endes ‚Wilde‘. Nach dem Genuss des ‚cla-
foutis‘ muss sie sich erbrechen, was die Unterredung geradezu vulkanartig auf
eine neue, nunmehr unzivilisierte Stufe der Auseinandersetzung hebt. Sie lässt
letztlich jede Hemmung fallen, und gibt sich ungezügelt dem Genuss des von Michel angeboten Alkohols hin, mit dem Ergebnis einer völligen Entgleisung:

> On vient dans leur maison pour arranger les choses et on se fait insulter, et brutaliser, et
> imposer des cours de citoyenneté planétaire, notre fils a bien fait de cogner le vôtre, et vos
> droits de l'homme je me torche avec ! (S. 74)

Diese Entgleisung wird von Michel mit einem ironischen Kommentar bedacht:
„Un petit coup de gnôle et hop le vrai visage apparaît. Où est passée la femme
avenante et réservée, avec une douceur de traits...“ (Ebd.)

Yasmina Rezas *Dieu du carnage* ist eine Positionsbestimmung, wie es um die
Vorstellungen und Werte der französischen Konversation steht. Zentrale Begriffe der Traktate über die Konversation aus der Zeit der höfischen Kommunikation
wie der ‚art de bien vivre ensemble‘ oder die ‚honnêteté‘ durchziehen das Stück.
Sinnbild für das gesamte Stück wird schließlich am Schluss die Aussetzung des
Hamsters auf der Straße: Als die Tochter der Houillés anruft, um sich nach der
Befindlichkeit des Hamsters zu erkundigen, stellen sich die Fragen erneut, die
sich bei seiner Aussetzung schon gestellt hatten: Ist der Hamster im Käfig glücklich („Tu penses qu'elle se plaisait dans une cage ?“, S. 78)? Kann er sich in der
Freiheit überhaupt behaupten („Grignote est très débrouillarde [...] elle est omni-
vore comme nous.“, ebd.)? Ist der Mensch, gefangen in den Konventionen des ‚art
de bien vivre ensemble‘ glücklich, oder wäre er befreit aus diesen Konventionen
glücklicher? Die Autorin lässt diese Fragen bewusst offen:

> MICHEL. Si ça se trouve, cette bête festoie à l'heure qu'il est.
> VÉRONIQUE. Non.
> *Silence.*
> MICHEL. Qu'est-ce qu'on sait ? (S. 78)

Nach Emmanuel Godo muss die Literatur diese Fragen stellen, weil die indirekte
Kommunikation stets die Sprache der Literatur gesprochen hat und spricht. Wenn

auch das klassische französische Modell der ‚sociabilité‘ qua Konversation, das auf der Kunst des Impliziten beruht, in der Gegenwart nicht mehr die positiven Züge aufweist, wie in der Vergangenheit, dann ist es weiterhin die Aufgabe der Literatur, darüber Reflexionen anzustellen, wie und mit welchen Mitteln Kommunikation zustande kommt:

> Elle qui se concevait, dans la tradition classique, comme un idéal de transmission, a pour vocation principale, dorénavant, de dévoiler l'opacité foncière qui entrave la connaissance que l'on peut avoir de soi et celle que l'on voudrait avoir des autres. La parole n'établit plus de lien: elle témoigne de l'impossibilité d'établir avec autrui un rapport sain. La conversation cesse de se concevoir comme un modèle de sociabilité et apparaît comme une zone de turbulences dans l'espace de laquelle se déploie la tragédie souvent burlesque de l'incommunicabilité. C'est pourquoi la conversation demeure, par-delà la faillite du modèle classique, un enjeu majeur des représentations, au premier rang desquelles la littérature. Artificielle, superficielle, source de frustrations, révélatrice autant de nos attentes que de notre incapacité, mi-subie, mi-volontaire, à les satisfaire, la conversation reste, pour la littérature du XXe siècle, un objet capital.[5]

---

5 *Une Histoire*, S. 324.

17 Schlussbemerkung und Ausblick

Die vorangehenden Ausführungen haben gezeigt, wie tief verankert der Habitus der indirekten Kommunikation in der französischen Kultur ist. Bei allen Klagen vom allmählichen Verfall der Konversation seit dem 19. Jahrhundert als einer spezifischen französischen Kunst der Geselligkeit, ist die Kunst des Impliziten doch bis heute immer noch ein kulturelles Spezifikum der ‚grande nation‘ geblieben. Die breit gestreute literarische Reflexion dieser Kunst war im Klassizismus des 17. und 18. Jahrhunderts aufgrund der hohen Affinität von mündlicher Kommunikation und literarischem Sprechen ganz selbstverständlich. Mit der Genieästhetik der Romantik zu Beginn des 19. Jahrhunderts und der Suche nach gesellschaftlichen, metaphysischen oder religiösen Tiefendimensionen[1] setzte sich die Literatur vom mündlichen Sprechen ab, war dieses doch zunehmend den Utilitarismen der ökonomischen Alltagswelt unterworfen. Dass dennoch zahlreiche Autoren wie Balzac und Proust, die Literaturkritik eines Sainte-Beuve sowie spätere Autorinnen wie Sarraute und Reza die Kunst des Impliziten ins Zentrum ihrer literarischen Überlegungen rücken, zeigt, wie sehr die indirekte Kommunikation seit dem 17. Jahrhundert in Frankreich zum Habitus geworden ist[2].

Wie stark diese Kunst im gegenwärtigen kulturellen Bewusstsein Frankreichs auch heute noch verankert ist, zeigt die Kommunikation des Wahlsiegs durch den am 7. Mai 2017 gewählten achten Präsidenten der Fünften Republik. Wie man allein an den aufgeregten Kommentaren der im Fernsehstudio von France 2 anwesenden Journalisten und Politiker ablesen konnte, traf die einzigartige symbolische Inszenierung von Musik, Bild und Wort beim Auftritt Emmanuel Macrons am Wahlabend einen französischen Nerv. Macron schreitet in einem drei quälend lange Minuten andauernden Gang durch den Innenhof des Louvre, genannt ‚Cour Napoléon‘. Er kommt aus dem Halbdunkel ins Licht. Untermalt wird dieser Gang von Beethovens *Ode an die Freude* aus der neunten Sinfonie, der Europahymne. Seine erste Rede als Präsident findet vor der Glaspyramide, dem heutigen Eingang in den Louvre, statt.

Der lange Gang durch den Innenhof symbolisiert die Bewegung, die Emmanuel Macron ins Leben gerufen hat: *La république en marche*, auch als ‚en marche‘ abgekürzt oder als: ‚EM‘, was wiederum die Initialen ihres Gründers sind. Der neue Präsident tritt in der Szene wie der Lichtbringer in Erscheinung, was erneut Assoziationen an seinen Namen hervorruft: Immanuel heißt im Hebräischen ‚Gott

---

1 Zu letzterem Aspekte vgl. Jean Pierre Jossua, *Pour une histoire religieuse de l'expérience littéraire*, Paris, Beauchesne, 1985.
2 Vgl. dazu die auch Schlussbemerkungen von Godo, *Une Histoire*, bes. S. 395.

ist mit uns'. In den Weissagungen des Propheten *Jesaja* über Immanuel (15,4), wird dieser mit dem Erlöser gleichgesetzt und seine Erscheinung wird als Zeichen Gottes gedeutet. Die Behauptung der Bewegung *La République en marche*, es handele sich um eine Massenbewegung, die spontan die Menge aufgerüttelt habe, ist eine für die indirekte Kommunikation typische Verstellung: Macron hatte sich den Namen ‚En Marche' bzw. ‚La République en marche' bereits ein Jahr vor seinem Austritt aus der sozialistischen Regierung seines Vorgängers François Hollande patentrechtlich schützen lassen. Die musikalische Untermalung des langen Gangs durch die ‚Cour Napoléon' ist wiederum höchst symbolisch. Macron versteht sich als Europäer. Was er speziell unter Europa versteht, lässt sich ebenfalls an der indirekten Form der Kommunikation ablesen. Da er vor der ‚Pyramide du Louvre' spricht, setzt er Konnotationen an Napoléon Bonaparte frei. Er ruft ein weit verbreitetes französisches Geschichtsverständnis auf, demzufolge Napoleon der Modernisierer Europas schlechthin ist: Napoleon hat nicht nur den europäischen Ländern die in der französischen Revolution erkämpften Menschrechte von Freiheit, Gleichheit und Brüderlichkeit gebracht. Er hat auch versucht, die Kräfte der feudalistischen Reaktion in Europa zu beseitigen. Vor allem verkörpert Napoleon jedoch die ‚Größe' Frankreichs, die vielbeschworene ‚grandeur de la France', die neben den Menschenrechten die Werte der Zivilisation beinhaltet, die das Land in Europa verbreitet hat. Mit gemeint ist dabei natürlich auch die zwei Jahrhunderte lang herausragende Zivilisation des französischen Hofs und der Salons, denn der Blick des Fernsehzuschauers fällt auf jenen Flügel des Louvre, in dem die Könige Frankreichs aber auch Napoleon gewohnt haben. Es geht also um die ‚grandeur' des Landes, die als Ausdruck universalistischer Werte angesehen wird. Und mit der Pyramide kommt ein Weiteres hinzu: Die seiner Zeit von Präsidenten François Mittérand eingeweihte Pyramide erinnert an Napoleons Feldzug nach Ägypten. Durch diese Pyramide geht man in den Untergrund des Louvre, der das größte Kulturmuseum Europas ist. Die Pyramide symbolisiert die Anfänge der europäischen Kultur, da Ägypten als jenes Land gilt, in dem sich die Israeliten 200 Jahre lang aufgehalten haben, bevor sie dem Alten Testament zufolge einen Bund mit Jahwe abgeschlossen haben. Judaismus und Hellenentum, welches ebenfalls stark von der ägyptischen Kultur beeinflusst ist, sind die beiden Grundpfeiler Europas. Napoleon hat mit seiner Expedition nach Ägypten im Jahre 1798 nicht nur das strategische Ziel sondiert, ob man die alte Idee des deutschen Philosophen Leibniz realisieren kann, über die Meerenge von Suez schneller nach Indien vorzudringen. Er hat auch durch die Mitnahme von 167 Wissenschaftlern und Künstlern bezweckt, flächendeckend die ägyptische Kultur zu erfassen, um Europa dadurch an die Wurzeln seiner eigenen Kultur heranzuführen. Napoleon verkörpert somit die ‚grandeur' und den Universalismus, jenes Europa der Moderne, dem er seine antiken Wurzeln wiedergibt. Und diese Größe wird in

Frankreich nie nur national sondern immer auch universell gedacht. Interessant am Wahlabend ist aber auch die Bildführung durch die Kamera des französischen Fernsehens. Macron hatte sich ausbedungen, dass sein eigener Stab die Bildregie dieser Wahlfeier übernimmt. Nicht allein, dass die symbolische Inszenierung der Szene die französische Größe in Gestalt der royalen Macht vereinnahmt. Der kurze Kameraschwenk in die Ferne, der den bei Nacht beleuchteten Eifelturm zeigt, bezieht auch jenes Wahrzeichen des modernen, republikanischen Frankreichs im Zeitalter der Industrialisierung mit ein. Macron clustert somit im besten postmodernen Stil Symbole französischer Größe der royalistischen, kaiserlichen sowie republikanischen Politik und eignet sie sich an, um auf indirekte Weise seine eigene politische Macht zu inszenieren. Die anschließende Feier der Wahl zeigt dann einen Präsidenten im Kreise seiner Familie und ohne Distanz zu den zumeist jungen Anhängern seiner Bewegung. Auch dies ist ein interessanter postmoderner Aspekt der hochsymbolischen Inszenierung: Man kann sich als Mann des Volkes zeigen, der auf der einen Seite völlig distanzlos mit jedermann umgeht und auf der anderen Seite eine hochgradig aufgeladene symbolische Inszenierung der Politik betreiben, die wiederum enorme Distanz schafft. Die indirekte Kommunikation ist, dies zeigt der Wahlabend, ein besonders probates Mittel in Frankreich, Politik zu inszenieren[3].

Eine solche systematische Inszenierung wäre in Deutschland geradezu unmöglich. Sie wäre dem deutschen Nachkriegsverständnis von Politik diametral entgegengesetzt. Nach dem Ende des Nazisystems und der Niederlage im zweiten Weltkrieg war Deutschland allein schon aus Schuldgefühlen heraus bemüht, durch keinerlei symbolische Inszenierungen aufzufallen. Man war im Hinblick auf Europa aus der Überlegung ‚Nie wieder Krieg!‘ heraus auf eine pragmatisch realistische Politik zur kleinschrittigen Verbesserung der Situation bedacht. Dieser Zug kam der deutschen Mentalität ohnehin eher zupass, galten die Deutschen nach eigener Wahrnehmung und auch nach französischer Sicht im 19. Jahrhundert eher als nüchterne und realistisch-strategische Denker. Ein solches Politikverständnis entspricht auch deutschen Wirklichkeiten, da in den Kleinstaaten des Heiligen Römischen Reichs deutscher Nation aber auch in der föderalen Welt der Nachkriegszeit Politik in Deutschland auf mühevolles, kleinschrittiges Aushandeln von Kompromissen angelegt war.

Demgegenüber basiert die französische Europapolitik auf einer lange gehegten Vision, die dem Kontinent gegenüber wiederum indirekt kommuniziert wird.

---

3 Im Anschluss an meine Vorlesung zum *Schlüsselbegriff ‚Interkulturalität' in der deutsch-französischen Begegnung* ist Aline Fischer in ihrer Masterarbeit detailliert Emmanuel Macrons symbolischer Politikinszenierung nachgegangen (*Symbolische Politikinszenierung bei Emmanuel Macron*, Bonn 2017).

Am 26. September 2017 hält Macron in der Pariser Sorbonne eine Grundsatzrede zu Europa, die er als neue Initiative einer grundlegenden Reform der europäischen Institutionen versteht. Europa – so heißt es dort zu Beginn – wird nur leben durch die Idee, die wir uns von ihm machen („[...] l'Europe ne vivra que par l'idée que nous nous en faisons"[4]). Welche Idee er der Entstehung Europas zugrunde legt, wird dann sehr schnell klar, als er erklärt, warum er die Sorbonne zum Vortragsort seiner Rede ausgewählt hat: Europa liege die gleiche Gründungsidee zugrunde wie der Sorbonne bei ihrer Entstehung im 13. Jahrhundert. Deren Gründer, der Theologe Robert Sorbon, habe die Professoren und die Studenten in einer kollegialen Gemeinschaft zusammengebracht und das gemeinsam erworbene Wissen in ganz Europa verbreitet. Ohne Rücksicht auf Reichtum, Armut, geographische Herkunft lebten die Mitglieder dieser Universität nach den Vorstellungen ihres Gründers gleichberechtigt nach der Devise: *„Vivere socialiter et collegialiter et moraliter et scholariter"*. Gelehrte wie Albertus Magnus aus Köln, Thomas von Aquin aus Neapel, die ganz wesentlich die Ideenlandschaft Europas bestimmt haben, seien an die Sorbonne gekommen („[...] de partout affluaient les intellectuels et les érudits qui allaient forger la pensée européenne [...]", ebd.). Was mit dieser Beschreibung indirekt gemeint und nicht direkt ausgesprochen wird, ist das darin enthaltene Sendungsbewusstsein: Die Reformidee des gemeinsamen Europas (wie schon die Entstehungsidee der Sorbonne) geht von Paris aus. Die Gründung dieser Universität hat im 13. Jahrhundert nicht nur wesentlich Paris zu seiner Vorrangstellung in Frankreich verholfen und damit zur Schaffung eines der frühesten Nationalstaaten Europas mit zentralistischen Strukturen beigetragen. Von der Sorbonne aus entstand eine regelrechte ‚peregrinatio academica', da die Universität ihre Gelehrten nach ganz Europa schickte[5]. Die Wahl der Sorbonne als Stätte einer grundlegenden Europarede symbolisiert demnach ein Sen-

---

4 Die Rede findet sich online unter dem Titel: „Initiative pour l'Europe. – Discours d'Emmanuel Macron pour une Europe souveraine, unie, démocratique, publié le 26 Septembre 2017; https://www.elysee.fr/front/pdf/elysee-module-795-fr.pdf, S. 1. Die Stellenangeben im laufenden Text beziehen sich auf diese Ausgabe.

5 Vgl. auch die entsprechende Darstellung der Universitätsgeschichte im Artikel: „La fondation de la Sorbonne au Moyen Âge par le théologien Robert de Sorbon" der *Chancellerie des Universités de Paris*; online: https://www.sorbonne.fr/la-sorbonne/histoire-de-la-sorbonne/la-fondation-de-la-sorbonne-au-moyen-age-par-le-theologien-robert-de-sorbon/: „L'affirmation de Paris comme capitale de la France s'appuya sur le développement et le rayonnement de l'Université de Paris. [...] les étudiants formèrent quatre ‚nations' selon leur origine géographique: la française, la normande, la picarde et l'anglaise. [...] Dès le XIIIe siècle, la communauté universitaire était européenne. Le modèle commun de formation et la maîtrise du latin facilitaient les échanges. Les maîtres étaient appelés à enseigner dans l'Europe entière, souvent suivis de leurs étudiants. Cette *peregrinatio academica* permit la construction européenne du savoir fondateur de l'Occident chrétien. Ainsi l'Université de Paris accueillit-elle le théologien souabe Albert le

dungsbewusstsein, welches in Frankreich bereits im Mittelalter entwickelt war. Dieses Sendungsbewusstsein erstreckt sich in dieser Epoche auf die europäische Verbreitung der scholastischen Lehre und seit der späten Renaissance, dem ‚siècle classique' und der Aufklärung auf den Export seiner herausragenden Zivilisation. Durch die Errungenschaft der Menschenrechte in der Französischen Revolutuion, die seit dem 19. Jahrhundert in Europa und über Amerika dann in der Welt verbreitet wurden, hat diese Zivilisation einen universellen Charakter gewonnen, was zuletzt in Gestalt der ‚mission civilisatrice' bis weit ins 20. Jahrhundert als Segen für die Kolonien gefeiert wurde. Macrons Wahl der Sorbonne als Stätte seiner Europarede untermauert diesen Anspruch. Er zeigt, dass Paris nach wie vor die geistige Führung Europas beansprucht.

Da ein solcher Gründungsmythos in Deutschland so nicht erzählbar wäre und dort auf wenig Verständnis stoßen würde, geht Macron auch auf jene Gründungsgeschichte Europas ein, wie sie jenseits des Rheins erzählt wird: Nach der Erfahrung zweier Weltkriege musste Europa zu einer Gemeinschaft gleichberechtigter, brüderlich agierender Partner werden, um dauerhaft den Frieden zu sichern. In den zunächst eingerichteten gemeinsamen Markt sind dann nach und nach die aus den Diktaturen befreiten Länder Griechenland, Spanien und Portugal sowie später Osteuropas hinzugestoßen und der Markt hat sich zu einer politischen Gemeinschaft weiterentwickelt.

In den Worten Macrons hören sich beide Gründungsgeschichten zusammen genommen so an:

> **Vivre collégialement**, c'était l'idéal de Robert de SORBON. Et de partout affluaient les intellectuels et les érudits qui allaient forger la pensée européenne. A travers les guerres et les crises, à travers toutes ces péripéties de l'Histoire qui ont frappé l'Europe, cette pensée n'a cessé de **grandir**, de **rayonner**. Et là où le chaos aurait pu triompher, la **civilisation**, toujours, l'a emporté. [...] Le désir de **fraternité** a été plus fort que la vengeance et la haine. [...] Quand la Grèce, l'Espagne, le Portugal entraient dans le Marché commun une génération plus tard, ces mots n'étaient pas techniques. Ils étaient, pour chacun sortant de la dictature, l'écho de la **liberté**. (S. 1.f)

Die beiden gründungsgeschichtlichen Erzählungen von Europas Entstehung sind hier auf implizitem Wege in die seit Langem überlieferten französischen Anschau-

---

Grand, puis son disciple italien, Thomas d'Aquin, qui fut l'un des grands maîtres de la pensée théologique et humaniste en Europe. [...] Accueillant à la fois les riches et les pauvres, sans distinction d'origine géographique ou familiale, sur des critères d'excellence intellectuelle, le collège de Sorbon s'imposa rapidement comme un établissement d'élite. Egalité, collégialité, moralité, études, telles étaient les règles du collège, rappelées par la célèbre devise latine: *Vivere socialiter et collegialiter et moraliter et scholariter*."

ung vom Kontinent überführt worden: Kollegiale **Gleichheit** hieß das Schlüsselwort der mittelalterlichen Universitätsgemeinschaft, **Brüderlichkeit** lautet das Schlüsselwort der Verbindung der europäischen Länder nach dem zweiten Weltkrieg und **Freiheit** ist der Begriff, der sich mit dem späteren Eintritt der aus der Diktatur entlassenen Länder verbindet. Es handelt sich um die drei zentralen Schlagworte der Französischen Revolution. In der geschichtlichen Folgezeit hat Napoleon den europäischen Ländern diese Errungenschaften gebracht und sie mit einem modernen Sendungsbewusstsein als Universalität der französischen Kultur bestimmt. Macrons Europaerzählung ist somit vollends französischen Vorstellungen verpflichtet. Unser Europa, wie es mehrfach heißt, ist für ihn letztlich ein französisches Europa, welches vom Mittelalter bis zur Gegenwart durch die französische Zivilisation, deren Größe und Strahlkraft geprägt ist und sich naturgemäß nur unter französischer Führung gemäß dem Sendungsverständnis des Landes reformieren kann.

Die Kunst des Impliziten bleibt der herrschende Habitus in einen Land, in dem man bevorzugt auf indirekte Weise kommuniziert. Die Beherrschung dieser Kunst ist und bleibt ein programmatischer Bestandteil auch des französischen Literaturunterrichts. *Pour étayer l'apprentissage de l'implicite* heisst ein entsprechender Band der Lütticher Pädagogin Micheline Dispy, der in der Reihe „Tactiques" der 2011 belgischen Universität Namur veröffentlicht ist[6] und dessen Ergebnisse 2016 auch in den französischen Sondierungsband *Lire, comprendre, apprendre. Comment soutenir le développement de compétences en lecture?* vom *cnesco (Conseil national d'évaluation du système scolaire*[7]) Eingang gefunden haben. Das Ziel ist es, anhand von fiktionalen Geschichten den Blick der Lehrer speziell an weiterführenden Schulen (‚secondaire') auf die impliziten Dimensionen der Erzählungen zu lenken, um so das Bewusstsein der Schüler für die indirekte Kommunikation zu stärken. Erklärtes Ziel des Unterrichts ist es, durch die Analyse schriftlicher fiktionaler Textbeispiele nicht nur das Lesevergnügen der Schüler sondern auch deren Kommunikationsvermögen zu stärken: „[...] d'analyser les moyens qu'offre la langue française et les usages possibles de celle-ci compte tenu des objectifs ‚communiquer' et ‚donner du plaisir au lecteur'."[8] Mit Godo kann man abschließend festhalten: „[...] les liens qui unissent conversation et création littéraire, quoique différents de ceux de jadis, sont toujours aussi vivaces."[9]

---

6 (Tactiques. 6), Namur, Presses universitaires, 2011.
7 Online: http://www.cnesco.fr/wp-content/uploads/2018/05/180417_CCLecture_-notes_expert s.pdf.
8 S. 105.
9 *Une Histoire*, S. 398.

Bibliographie

Das Buch wurde weitgehend während der Coronazeit erstellt, in der der Zugang zu Bibliotheken erschwert war. Aus diesem Grund wurden häufig im Internet zugängliche Quellen und Ausgaben benutzt. Der sich daraus ergebende Vorteil, dass die Quellen und Ausgaben dem Leser unmittelbar zur Verfügung stehen, wurde in all den Fällen beibehalten, wo daraus wissenschaftlich keine Beeinträchtigungen entstehen.

Primär

Académie française, „Lettres patentes pour l'établissement de l'Académie Françoise", in: *Statuts et règlements*, S. 7–11; online: http://www.academie-francaise.fr/sites/academie-francaise.fr/files/statuts_af_0.pdf.

Accetto, Torquato, *Della dissimulazione onesta* (Collana Biblioteca Einaudi. 4), hrsg. von Salvatore Silvano Nigro, Torino, Einaudi, 1997.

Anonym, *Der Sprach-Gerichtshof oder die französische und deutsche Sprache in Deutschland vor dem Richterstuhl der Denker und Gelehrten*, Berlin, Maurersche Buchhandlung, 1814.

Aquinas, Thomas, *Summa theologica*, hrsg. von Roberto Busa, Rom, 1888; online: https://www.corpusthomisticum.org/sth1001.html.

Aretino, Pietro, *I Ragionamenti*, hrsg. von Antonio Foschini (Ammiraglia), Milano, dall'Oglio, 1967.

Augustinus von Hippo, *De mendacio*, hrsg. von Joseph Zycha (*CSEL – Corpus Scriptorum Ecclesiasticorum Latinorum*), Wien, Akademie der Wissenschaften, 1900, S. 411–466.

Balzac, Honoré de, *Les Secrets de la princesse de Cadignan*, in: Honoré de Balzac, *La Comédie humaine*, 12 Bde., hrsg. von Pierre-Georges Castex u. a. (Bibliothèque de la Pléiade. 26. 27. 30. 31. 32. 35. 38. 39. 41. 42. 141. 292), Paris, Gallimard, 1976–1981, Bd. 6, S. 937–1005.

Balzac, Honoré de, *Une Conversation entre onze heures et minuit*; online: http://www.bouquineux.com/index.php?telecharger=254&Balzac-Une_conversation_entre_onze_heures_et_minuit.

Boileau, Nicolas, *L'Art poétique*, in: N. B., *OEuvres*, 2 Bde., hrsg. von Jérôme Vercruysse (Texte intégral. GF), Paris, Garnier-Flammarion, 1969.

Bodin, Jean, *Les Six Livres de la République*, Paris, Jacques du Puis, 1583.

Bouhours, Dominique, *Entretiens d'Ariste et d'Eugène*, hrsg. von René Radouant (Collection des chefs-d'œuvre méconnus), Paris, Bossard, 1920.

Bouhours, Dominique, *Doutes sur la langue françoise: proposez à Messievrs de l'Académie françoise par un gentilhomme de province*, Paris, Mabre-Cramoisy, 1674.

Budé, Guillaume, *De l'Institution du Prince*. Liure contenant plusieurs Histoires, Enseignements, & saiges Dicts des Anciens tant Grecs que Latins, Larrivour, Paris, 1547; Nachdruck: Farnborough. Gregg, 1966.

Caraccioli, Louis-Antoine, *Paris, le modèle des nations étrangères, ou L'Europe Françoise, par L'Editeur des lettres du Pape Ganganelli*, Venedig/Paris, Duchesne, 1777.

Caro, Elme-Marie, „Les Deux Allemagnes – Mme de Staël et Henri Heine", in: E.-M. C., *Les Jours d'épreuves 1870/71*, Paris, Hachette, 1872, S. 5–34.

Condorcet, Marie Jean Antoine Nicolas Caritat, Marquis de, *Esquisse d'un tableau historique des progrès de l'esprit humain*, hrsg. von Yvon Belaval (Collections des textes philosophiques), Paris, Vrin, 1970 (¹1794–1795).

Constant, Benjamin, „Des Réactions politiques", in: B. C, *De la Force du gouvernement actuel de la France et de la nécessité de s'y rallier* (Champs classiques), Paris, Flammarion, 2013, hrsg. von Jean Marie Tremblay; online: http://classiques.uqac.ca/classiques/constant_benjamin/des_reactions_politiques/reactions_politiques.pdf.

„Conversation", in: *Nouveau Larousse illustré*. Dictionnaire universel encyclopédique, 7 Bde., hrsg. von Claude Augé, Paris, Librairie Larousse, 1897–1904, Bd. 3, S. 252.

Crébillon, Claude-Proper Jolyot de, *Les Égarements du cœur & de l'esprit*, Paris, Éditions du Boucher, 2002; online: http://www.leboucher.com/pdf/crebillon/egarement.pdf.

Demarests, Jean, *Clovis ov la France chrestienne*. Poeme heroiqve, Paris, Avgvstin Courbe, Henry Gras et Iaqves Roger, 1657.

Deschamps, Eustache, *Œuvres complètes de Eustache Deschamps*, hrsg. vom Marquis de Queux de Saint-Hilaire (Société des anciens textes français), Paris, Firmin Didot, 1884.

De Seyssel, Claude, *La Grande Monarchie de France*, Paris, Regnault Chauldiere, 1519.

Diderot, Denis/**D'Alembert**, Jean Le Rond, *Encyclopédie, ou Dictionnaire raisonnée des sciences, des arts et des métiers*, 17 Bde., Paris, Briasson/David/Le Breton/Durand, 1751–1772.

Diderot, Denis, „Le Neveu de Rameau (1761)", in: Denis Diderot, *Œuvres*, hrsg. von André Billy (Bibliothèque de la Pléiade. 25), Paris, Garnier, 1951.

Diderot, Denis, „Lettre à Sophie Volland (Br. XLVII)", in: *Œuvres complètes de Diderot*, 20 Bde., hrsg. von Jules Assézat/Maurice Tourneux, Paris, Garnier, 1875–1877, Bd. 18, S. 10; online: https://fr.wikisource.org/wiki/Lettres_à_Sophie_Volland/48.

Duclos, Charles Pinot, *Considérations sur les mœurs de ce siècle*, Amsterdam, La Compagnie, 1751; online: http://www.mediterranee-antique.fr/Fichiers_PdF/PQRS/Pinot_Duclos/Considérations.pdf.

Ducuing, François, *Exposition universelle de 1867 illustrée*. Publication internationale autorisée par la commission impériale, 2 Bde., Paris, Bureau d'abonnements, 1867.

Dumas, Alexandre, *Excursions sur les bords du Rhin*. Impressions de voyage (1841), Montréal, Le Joyeux Roger, 2008.

Erasmus von Rotterdam, *Institutio principis christiani*, in: Desiderii Erasmi Roterodami, *Opera omnia*, 10 Bde., hrsg. von Joannes Clericus, Leiden, 1703–1706; Nachdruck: Meisenheim a. Glan, Olms, 1961–1962, Bd. 4.

Europarat, *Förderung des Unterrichts in europäischer Literatur*; online: http://dip21.bundestag.de/dip21/btd/16/131/1613167.pdf#page=27.

Fichte, Johann Gottlieb, „Vierte Rede: Hauptverschiedenheit zwischen den Deutschen und den übrigen Völkern germanischer Abkunft", in: *Johann Gottlieb Fichtes sämmtliche Werke*, 8 Bde., hrsg. von Immanuel Hermann Fichte, Berlin, Veith & Comp, 1845–1846, Bd. 7, S. 311–327.

François 1ᵉʳ, *Œuvres poétiques* (Textes de la Renaissance. 56), hrsg. von June-Ellen Kane, Paris, Garnier, 1984.

Friedrich II., König von Preußen, „De la littérature allemande ; des défauts qu'on peut lui reprocher, quelles en sont les causes ; et par quels moyens on peut les corriger", in: *Deutsche*

Literaturdenkmale des 18. und 19. Jahrhunderts, Stuttgart, Göschen'sche Verlagshand-lung, 1883, Bd. 16.

Gaulle, Charles de, *Mémoires de guerre et mémoires d'espoir*, Paris, Plon, 2016.

Gombaud, Antoine Chevalier de Méré, *De la Conversation*, Paris, Barbin, 1677; online: https: //play.google.com/books/reader?id=IBV07_0kjM4C&hl=de&pg=GBS.PA19.

Gombaud, Antoine Chevalier de Méré, *Les conversations*, in: *Œuvres complètes*, 3 Bde., hrsg. von Charles H. Boudhors, Paris, 1930, Bd. 1.

Gracián, Baltasar, *L'Homme universel*, übers. von Joseph de Courbeville, Paris, Lebovici, 1991.

Gracián, Baltasar, *L'Homme de cour*, Paris, Veuve-Martin/Jean Boudot; online: https://fr. wikisource.org/wiki/Livre:Baltasar_Gracián_-_L'Homme_de_cour.djvu.

Hecatomphile. De vulgarie [sic] Italien tourné en langaige Françoys. Les fleurs de Poesie Fran-çoyse, Paris, Galliot du Pré, 1534.

Hobbes, Thomas, *The Leviathan, or the Matter, Forme, & Power of a Common-Wealth Ecclesias-ticall and Civill*, London, Andrew Crooke, 1651.

Hugo, Victor, „Introduction", in: *Paris guide par les principaux écrivains et artistes de la France*, 2 parties, Paris, Librairie internationale, 1867.

Hugo, Victor, *Rhin*. Lettres à un ami (1842) (= *Œuvres complètes de Victor Hugo. En voyage* Bd. 1), Paris, Hachette, 2018, S. 479; online: frantext.

Hume, David, „Of Civil Liberty (1741)", in: *Hume's Political Essays*, hrsg. von Knut Haakonssen (Cambridge Texts in the History of Political Thought), Cambridge, Cambridge University Press, [4]2003 ([1]1994), S. 51–57.

Irson, Claude, *Nouvelle Méthode pour apprendre facilement les principes et la pureté de la langue françoise : contenant pluiseurs traitez. De la Prononciation, De l'Orthographe, De l'Art d'Ecriture, Des Etymologies, Du Stile epistolaire, & Des Regles de la belle façon de Parler & d'Ecrire*, Paris, Gaspard Meturas, 1665.

Kant, Immanuel, „Idee zu einer allgemeinen Geschichte in weltbürgerlicher Absicht", in: I. K, *Gesammelte Schriften*, 28 Bde., hrsg. von der Königlich Preußischen Akademie der Wis-senschaften, Berlin, Georg Reimer, 1900–1955, Bd. 8, S. 15–32.

Kleist, Heinrich von, *Über die allmähliche Verfertigung der Gedanken beim Reden*, Amsterdam/Berlin/Stuttgart, edenspiekermann, 2011.

Knigge, Adolph Franz Friedrich Ludwig, *Ueber den Umgang mit den Menschen*, Hannover, Christian Ritscher, [5]1796 ([1]1788); online: http://www.al-adala.de/Neu/wp-content/uploads/2011/10/Knigge-Über-den-Umgang-mit-Menschen.pdf.

La Bruyère, Jean de, *Les Caractères*, Paris, Estienne Michallet, 1696; online: https://www. ebooksgratuits.com/pdf/la_bruyere_caracteres.pdf.

Laclos, Pierre Choderlos de, *Œuvres complètes*, hrsg. von Laurent Versini (Bibliothèque de la Pléiade 6), Paris, Gallimard, 1979.

Lafayette, Mme de, *La Princesse de Clèves*, hrsg. von Antoine Adam (Texte intégral GF), Paris, Garnier-Flammarion, 1966.

La Fontaine, Jean de, *Épître à Huet*, in: *Épîtres de La Fontaine: Discours à Mme de La Sablière, Épître à Huet*, hrsg. von Félix Hémon, Paris, Hachette, 2013.

La Fontaine, Jean de, *Fables choisies mise en vers*, hrsg. von George Couton (Classiques Gar-nier), Paris, Garnier, [2]1967 ([1]1962).

La Fontaine, Jean de, *OEuvres complètes*, 2 Bde., hrsg. von Pierre Clarac und Jean-Pierre Colli-net (Bibliothèque de la Pléiade. 62. 10), Paris, Gallimard, 1941–1991.

La Porte, Maurice de, *Les Épithètes*, Paris, Gabriel Buon, 1571; online: http://www.preambule. net/epithetes/f/francais.html.

La Rochefoucauld, François de, *Maximes et réflexions diverses*, hrsg. von Jacques Truchet, Paris, Garnier Flammarion, 1977.

La Salle, Jean-Baptiste de, *Règles de la bienséance civile et chrétienne*. Avec des Remarques sur la Langue Françoise pour servir d'Instruction de la Jeunesse, Bourg S. Andeaol, Chapuis, 1740.

Lessing, Gotthold Ephraim, *Werke*, 8 Bde., hrsg. von Herbert G. Göpfert, München, Hanser, 1970–1979, Bd. 1.

Lipsius, Justus, *Politicorum sive civilis doctrinae libri sex, qui ad principatum maxime spectant*, in: J. L, *Opera omnia*, 4 Bde., Vesaliae, van Hoeghuysen, 1675, Bd. 4.

Loi Toubon, *Loi n° 94–665 du 4 août 1994 relative à l'emploi de la langue française*; online: https://www.legifrance.gouv.fr/affichTexte.do?cidTexte=LEGITEXT000005616341& dateTexte=vig, Version consolidée au 30 juillet 2016: Art.1.

Macron, Emmanuel, *Initiative pour l'Europe – Discours d'Emmanuel Macron pour une Europe souveraine, unie, démocratique*, publié le 26 Septembre 2017; online: https://www.elysee.fr/front/pdf/elysee-module-795-fr.pdf.

Marmontel, Jean-François, *Mémoires*, in: Jacqueline Hellegouarc'h, *Esprit de société*. Cercles et „salons" parisiens au XVIIIe siècle, Paris, Garnier, 2000, S. 73–76.

Marot, Jean, *Le Voyage de Gênes*, hrsg. von Giovanna Trissolini (Textes littéraires français), Genève, Droz, 1977.

Marot, Clément, *Œuvres poétiques complètes*, 2 Bde., hrsg. von Gérard Defaux (Classiques Garnier), Paris, Garnier, 1996.

Mirabeau, Victor Riquetti de, *L'ami des hommes, ou traité de la population*, 2 Bde., Avignon, 1756–1760.

Molière, *Le Misanthrope*, in: *M., Œuvres complètes*, 2 Bde., hrsg. von Georges Couton (Bibliothèque de la Pléiade. 8. 9), Paris, Gallimard, 1971, Bd. 2, S. 141–218.

Montesquieu, Charles-Louis de Secondat, Baron de La Brède, *Éloge de la Sincérité* (Collection Philosophie); online: http://livros01.livrosgratis.com.br/lv000048.pdf.

Montesquieu, Charles-Louis de Secondat, Baron de La Brède, *Lettres persanes*, hrsg. von Paul Vernière (Classiques Garnier), Paris, Garnier frères, 1975.

Montesquieu, Charles-Louis de Secondat, Baron de La Brède, *Mes Pensées*, in: *Œuvres complètes*, 2 Bde., hrsg. von Roger Caillois (Bibliothèque de la Pléiade. 81. 86), Paris, Gallimard, 1949–1951, Bd. 1.

Morvan de Bellegarde, Jean-Baptiste, *Reflexions sur la politesse des mœurs : avec des maximes pour la société civile. Suite des Reflexions sur le ridicule*, Paris, Guignard, 1697.

Musset, Alfred de, *Le Rhin allemand. Réponse à la Chanson de Becker*, in: Hans Neunkirchen, *Le Rhin allemand dans la littérature française* (Westermann-Texte), Braunschweig/Berlin/Hamburg, Westermann, 1930, S. 182 f.

Napoléon Bonaparte, *Maximes de guerre et pensées de Napoléon 1er*, hrsg. vom Géneral Burnod, Paris, Dumain, [5]1863 ([1]1831).

Nietzsche, Friedrich, *Jenseits von Gut und Böse*. Vorspiel einer Philosophie der Zukunft, Leipzig, Naumann, 1886; online: http://www.nietzschesource.org/#eKGWB/JGB-254.

Nietzsche, Friedrich, *Morgenröthe*. Gedanken über die moralischen Vorurtheile, Leipzig, Fritzsch, 1887; online: http://www.nietzschesource.org/#eKGWB/M-192.

Nietzsche, Friedrich, *Nietzsche contra Wagner*. Aktenstücke eines Psychologen, Leipzig, Naumann, 1889; online: http://www.nietzschesource.org/#eKGWB/NW-Wohin.

Opitz, Martin, „Aristarch oder wider die Verachtung der deutschen Sprache (1617)", in: *Buch von der deutschen Poeterey.* Studienausgabe, hrsg. von Herbert Jaumann, Stuttgart, 2002, S. 77–94.

Paris-Touriste, *Annuaire illustré des touristes et baigneurs*, Paris, 1863.

Pascal, Blaise, *Les Pensées*; online: https://www.ub.uni-freiburg.de/fileadmin/ub/referate/ 04/pascal/pensees.pdf.

Perrault, Charles, *Le Siecle de Louis le Grand.* Poeme, Paris, Jean Baptiste Coignard, 1687.

Peschier, Adolphe, *Causeries parisiennes.* Recueil d'entretiens propre à servir de modèle aux étrangers qui veulent se former à la conversation française, Stuttgart, Paul Neff, 1846.

Proust, Marcel, *À l'ombre des jeunes filles en fleurs*, in: M. P., *À la recherche du temps perdu*, 4 Bde., hrsg. von Jean-Yves Tadié (Bibliothèque de la Pléiade. 100. 101. 102. 356), Paris, Gallimard, 1987–1989, Bd. 1, S. 421–630.

Proust, Marcel, Contre Sainte-Beuve *suivi de* Nouveaux Mélanges, hrsg. von Bernard de Fallois, Paris, Gallimard, 1954.

Proust, Marcel, *Contre Sainte-Beuve*, in: M. P., Contre Sainte-Beuve, *précédé de* Pastiches et Mélanges *et suivi de* Essais et articles, hrsg. von Pierre Clarac/Yves Sandre (Bibliothèque de la Pléiade. 229), Paris, Gallimard, 1971, S. 209–312.

Proust, Marcel, *Gegen Sainte-Beuve* (= *Werke*. Frankfurter Ausgabe. Bd. 3), hrsg. von Mariolina Bongiovanni Bertini/Luzius Keller, Frankfurt a.M., Suhrkamp, 1997.

Proust, Marcel, *Le Côté de Guermantes*, in: M. P, *À la recherche du temps perdu*, S. 307–884, Bd. 2.

Quinet, Edgar, *Extrait d'Allemagne et d'Italie*, in: *Le Livre de l'exilé*, Paris, Dentu, 1875, S. 202–204.

Rabelais, François, *Pantagruel*, in: Rabelais, *Œuvres complètes*, 2 Bde., hrsg. von Pierre Jourda (Classiques Garnier), Paris, Garnier, 1962, Bd. 1, S. 211–387.

Reza, Yasmina, *Le Dieu du carnage*, hrsg. von Sylvie Coly (Classiques & contemporains. 128), Paris, Magnard, 2011 ([1]Paris Albin Michel, 2007).

Richelet, César-Pierre, *Dictionnaire françois: contenant les mots et les choses, plusieurs nouvelles remarques sur la langue françoise, ses expressions propres, figurées et burlesques, la prononciation des mots les plus difficiles, le genre des noms, le régime des verbes*, Genève, Widerhold, 1680.

Rivarol, Antoine, *Discours sur l'universalité de la langue francaise*; online: http://www. pourlhistoire.com/docu/discours.pdf.

Rousseau, Jean-Jacques, *Discours sur les sciences et les arts*, Edition électronique 1.0, Les Échos du Marquis, 2011; online: https://philosophie.cegeptr.qc.ca/wp-content/ documents/Discours-sur-les-sciences-et-les-Arts-1750.pdf.

Rousseau, Jean-Jacques, *Julie, ou La Nouvelle Héloïse*, in: *Œuvres complètes*, 5 Bde., hrsg. von Bernard Gagnebin/Marcel Raymond (Bibliothèque de la Pléiade. 11. 153. 169. 208. 416), Paris, Gallimard, 1959–1995, Bd. 2, S. 1–793.

Sainte-Beuve, Charles-Augustin, *Causeries du Lundi*, 15 Bde., Paris, Garnier, [3]1857–1870 ([1]1851–1862).

Sainte-Beuve, Charles-Augustin, *Nouveaux lundis*, 13 Bde., Paris, Lévy, 1864–1870.

Sainte-Beuve, Charles-Augustin, *Portraits littéraires* (= *Œuvres*, Bd. 1), hrsg. von Maxime Leroy (Bibliothèque le la Pléiade. 80), Paris, Gallimard, 1949.

Sarraute, Nathalie, *Œuvres complètes*, hrsg. von Jean-Yves Tardié/Vivianne Forrestier/Ann Jefferson/Valérie Minogue/Arnaud Rykner (Bibliothèque de la Pléiade. 132), Paris, Gallimard, 1996.

Sartre, Jean-Paul, Huis clos *suivi de* Les Mouches (Collections Folio. 807), Paris, Gallimard, 2000 (¹1972).

Schneckenberger, Max, *Die Wacht am Rhein*, in: *Rheinreise*. Gedichte und Lieder, hrsg. von Wolf Dietrich Gumz/Frank. J. Hennecke, Stuttgart, Reclam, 1986, S. 233 f.

Schwab, Johann Christian, *Von den Ursachen der Allgemeinheit der Französischen Sprache und der wahrscheinlichen Dauer ihrer Herrschaft*, Tübingen, Jacob Friedrich Heerbrandt, ²1785 (¹1784).

Scudéry, Madeleine de, *Artamène ou le Grand Cyrus*, Paris, Courbé, 1656, 10 Bücher; online: hrsg. von C. Bourqui und A. Gefen, https://artflsrv03.uchicago.edu/philologic4/cyrus/query?report=concordance&method=proxy&q=la%20plus%20sensible%20Personne&start=0&end=0.

Staël, Anne Louise Germaine de, *De l'Allemagne*, Paris, Firmin Didot Frères, 1852.

Stendhal, *Racine et Shakespeare* (Les Classiques pour tous. 362), hrsg. von L. Vincent, Paris, Hatier, 1927.

Tacitus, *De origine et situ Germanorum*; online: http://www.latein-imperium.de/include.php?path=content&mode=print&contentid=106.

Thomasius, Christian, *Christian Thomas eröffnet der Studirenden Jugend zu Leipzig in einem Discours Welcher Gestalt man denen Frantzosen in gemeinem Leben und Wandel nachahmen solle? ein Collegium über des Gratians Grund-Reguln/Vernünfftig/klug und artig zu leben*, in: *Deutsche Literaturdenkmale des 18. und 19. Jahrhunderts*, hrsg. von Bernhard Seuffert/August Sauer, Stuttgart, Göschen'sche Verlagshandlung, 1894, Bd. 51, N. F. 1, S. 1–36.

Toussaint, François-Vincent, *Les Mœurs*, o. O., Barbier, 1748.

Valéry, Paul, *Fonction de Paris*, in: Paul Valéry, *Regards sur le monde actuel*, Paris, Stock, Delamain et Boutellau, 1931, S. 43–45.

Valincourt, Jean-Baptiste Henry du Trousset, *Lettres à Mme la Marquise*** sur le sujet de „la Princesse de Clèves"*, Paris, Mabre-Cramoisy, 1678.

Vaugelas, Claude Favre de Vaugelas, *Remarques sur la langue française*, hrsg. von Zygmund Marzys, Genève, Droz, 1984.

Villaret, Claude, *L'Esprit de Monsieur de Voltaire,* Ière partie, Amsterdam, Pierre Érialed, 1753.

Villon, François, *Œuvres,* 3 Bde., hrsg. von Louis Thusane, Paris, Picard, 1923, Bd. 1.

Zedler, Johann Heinrich, *Grosses vollständiges Universal-Lexicon aller Wissenschaften und Künste,* 64 Bde., 4 Suppl.-Bde., Leipzig/Halle, Zedler, 1732–1754; Nachdruck: Graz, 1962; online: https://www.zedler-lexikon.de.

Sekundär

Abel, Günter, *Stoizismus und Frühe Neuzeit*. Zur Entstehungsgeschichte modernen Denkens im Felde von Ethik und Politik, Berlin/New York, De Gruyter, 1977.

Académie française, *Dire, Ne pas dire*; online: http://www.academie-francaise.fr/actualites/dire-ne-pas-dire-septembre-2018.

Albers, Irene, „Das Erröten der Princesse de Clèves. Körper – Macht – Emotion", in: *Machtvolle Gefühle* (Trends in Medieval Philology), hrsg. von Ingrid Kasten, Berlin/New York, De Gruyter, 2010, S. 263–296.

Albert, Mechthild, *Unausgesprochene Botschaften*. Zur nonverbalen Kommunikation in den Romanen Stendhals, Tübingen, Stauffenburg, 1985.

Albert, Mechthild, „Unterhaltung/Gespräch", in: *Ästhetische Grundbegriffe*. Historisches Wörterbuch in sieben Bänden, hrsg. von Karlheinz Barck/Martin Fontius/Dieter Schlenstedt/Burkhart Steinwachs/Friedrich Wolfzettel, Stuttgart, Metzler/Pöschl, 2005, Bd. 6, S. 260–281.

Albrecht, Clemens, „Kulturelle Hegemonie ohne Machtpolitik. Über die Repräsentativität der französischen Salonkultur", in: *Europa – ein Salon?* Beiträge zur Internationalität des literarischen Salon (Veröffentlichungen aus dem Sonderforschungsbereich 529 „Internationalität nationaler Literaturen". 6), hrsg. von Robert Simanowski/Horst Turk/Thomas Schmidt, Göttingen, Wallstein, 1999, S. 66–80.

Albrecht, Clemens, *Zivilisation und Gesellschaft*. Bürgerliche Kultur in Frankreich, München, Fink, 1999.

Bamforth, Stephen, „Clément Marot, François Ier et les muses", in: *Clément Marot „Prince des poëtes françois" 1496–1996*. Actes du Colloque international de Cahors en Quercy 21–25 mai 1996, hrsg. von Gérard Defaux/Michel Simonin (Colloques, congrès et conférences sur la Renaissance. 7), Paris/Genève, Droz, 1997, S. 225–235.

Beaurepaire, Pierre-Yves, *Le Mythe de l'Europe française au XVIIIe siècle*. Diplomatie, culture et sociabilités au temps des Lumières, Paris, Autrement, 2007.

Becker, Philipp August, *Clément Marot*. Sein Leben und seine Dichtung (Sächsische Forschungsinstitute in Leipzig. Forschungsinstitut für neuere Philologie IV. Romanistische Abteilung. 1), München, Kellerer, 1926, S. 269.

Bemman, Klaus, *Arminius und die Deutschen*, Essen, Magnus, 2002.

Bergson, Henri, *Le Rire*. Essai sur la signification du comique, Paris, Alcan, 1938.

Bernsen, Michael, „Das Konzept politischer Herrschaft in der Dichtung Clément Marots", in: *Varietas und Ordo*. Zur Dialektik von Vielfalt und Einheit in Renaissance und Barock (Text und Kontext), hrsg. von Marc Föcking/Bernhard Huss, Stuttgart, Steiner, 2002, S. 153–166.

Bernsen, Michael, „Der Strategiestreit in den *Liaisons dangereuses*. Von der Ermattungs- zur Niederwerfungsstrategie", in: *Das Fremde Wort*. Studien zur Interdependenz von Texten. Festschrift für Karl Maurer zum 60. Geburtstag, hrsg. von Ilse Nolting-Hauff/Joachim Schulze, Amsterdam, Grüner, 1988, S. 276–305.

Bernsen, Michael, „Die Kunst des Streitens. Clément Marots Bittbriefe an François Ier", in: *Die Kunst des Streitens*. Inszenierung, Formen und Funktionen des öffentlichen Streits in historischer Perspektive (Super alta perennis. Studien zur Wirkung der Klassischen Antike. 10), hrsg. von Marc Laureys/Roswitha Simons, Göttingen, Bonn University Press bei V&R unipress, 2010, S. 245–255.

Borchmeyer, Dieter, *Was ist deutsch?* Die Suche einer Nation nach sich selbst, Berlin, Rowohlt, 2017.

Bordas, Éric, *Balzac, discours et détours*. Pour une stylistique de l'énonciation romanesque, Toulouse, Presses Universitaires du Mirail, 1997.

Borgstedt, Thomas, *Reichsidee und Liebesethik*. Eine Rekonstruktion des Lohensteinschen Arminiusromans (Studie zur deutschen Literatur. 121), Tübingen, 1992.

Bourdieu, Pierrre, *Ce que parler veut dire*. L'économie des échanges linguistiques, Paris, Fayard, 1982.

Bourdieu, Pierre, *La Distinction*. Critique sociale du jugement, Paris, Minuit, 1979.

Bourdieu, Pierre, *Le Sens pratique* (Le Sens commun. 480), Paris, Minuit, 1980.

Bournois, Frank/**Jaïdi**, Yasmina/**Suleiman**, Ezra, „The French Management Culture: an Insider View From Outside", in: *Revue audiovisuelle de l'économie, la stratégie et du management*; online: https://www.xerficanal.com/strategie-management/emission/Yasmina-Jaidi-Comment-les-etrangers-voient-les-managers-francais_2907.html; auch online: https://www.youtube.com/watch?v=1So862QmTQs.

Brinkmann, Hennig, „Verhüllung („integumentum") als literarische Darstellungsform im Mittelalter", *Miscellanea medievalis* Bd. 8/1971, S. 314–339.

Brown, Penelope/**Levinson**, Stephen C., „Gesichtsbedrohende Akte", in: *Verletzende Worte*, hrsg. von Steffen Herrmann/Sybille Kr.mer/Hannes Kuch, Bielefeld, Transcript, 2007, S. 55–88, Vgl. auch das H.flichkeitsmodell von Geoffrey Leech, *Principles of Pragmatics* (Longman Linguistics Library. 30), London/New York, Routledge, 1983.

Brown, Penelope/**Levinson**, Stephen C., *Politeness*. Some Universals of Language Use, Cambridge, Cambridge University Press, 1987.

Burke, Peter, „Les Langages de la politesse", *Terrain*. Anthropologie & sciences humaines Bd. 33/1999, S. 111–126.

Bury, Emmanuel, *Littérature et politesse*. L'Invention de l'honnête homme (1580–1750), Presses Universitaires de France, 1996.

Cadinot-Romerio, Sylvie, „Fiction et révélation: *Vous les entendez?* De Nathalie Sarraute", *Cahiers de narratologie* Bd. 26/2014, S. 31–38; online: https://journals.openedition.org/narratologie/6884.

Callsen, Berit, „Präsenz. ‚…une substance coule, se répand…' – Präsenzeffekte bei Nathalie Sarraute", in: *Zeiten erzählen*. Ansätze – Aspekte – Analysen (Narratologia. 48), hrsg. von Antonius Weixler/Lukas Werner, Berlin/Boston, De Gruyter, 2015, S. 431–447.

Casanova, Pascale, *La République mondiale des Lettres*, Paris, Du Seuil, [2]2008 ([1]1999).

Cavaillé, Jean-Pierre, *Dis/simulations*. Religion, morale et politique au XVIIe siècle. Jules-César Vanini, François La Mothe Le Vayer, Gabriel Naudé, Louis Machon et Torquato Accetto, Paris, Champion, 2002.

Cavaillé, Jean-Pierre, „Taire, mentir, simuler, dissimuler… un long héritage", *La Lettre de l'enfance et de l'adolescence* Bd. 75/2009, S. 87–94.

Chancellerie des universités de Paris, *La fondation de la Sorbonne au Moyen Âge par le théologien Robert de Sorbon*; online: https://www.sorbonne.fr/la-sorbonne/histoire-de-la-sorbonne/la-fondation-de-la-sorbonne-au-moyen-age-par-le-theologien-robert-de-sorbon/.

Charles-Daubert, Françoise, Spinoza et les libertins; online: http://hyperspinoza.caute.lautre.net/Spinoza-et-les-libertins-par-Francoise-Charles-Daubert, S. 1–25.

Chartier, Roger, „Civilité", in: *Handbuch politisch-sozialer Grundbegriffe in Frankreich 1680–1820* (Ancien regime), Aufklärung und Revolution, 10 Bde., hrsg. von Rolf Reichhardt/Eberhard Schmitt, München, Oldenbourg, 1985–1988, Bd. 4, S. 1–44.

Cicurel, Francine, „L'avoué–inavoué à mi-voix: la confidence comme tropisme chez Nathalie Sarraute", in: *Confidence/Dévoilement de soi dans l'interaction* (Beiträge zur Dialogforschung. 37), hrsg. von Catherine Kerbrat-Orecchioni/Véronique Traverso, Tübingen, Niemeyer, 2007, S. 139–152.

Clément, Michèle, „Marot politique dans *L'Adolescence clémentine* et dans *La Suite*", in: *La Génération Marot*. Poètes français et néo-latins (1515–1550). Actes du Colloque international de Baltimore 5–7 décembre 1996 (Colloques, congrès et conférences sur la Renaissance. 11), hrsg. von Gérard Defaux, Paris/Genève, Droz, 1997, S. 155–167.

Cnesco, *Lire, comprendre, apprendre.* Comment soutenir le développement de compétences en lecture ?; online: http://www.cnesco.fr/wp-content/uploads/2018/05/180417_CCLecture_-notes_experts.pdf.

Coenen-Mennemeier, Brigitta, *Nouveau roman* (Sammlung Metzler. 296), Stuttgart/Weimar, Metzler, 1996.

Collinet, Jean-Pierre, „L'Art de dire La Fontaine : naissance et développement d'une tradition", in: *Correspondances.* Mélanges offerts à Roger Duchêne (Etudes littéraires française. 51), hrsg. von Wolfgang Leiner/Pierre Ronzeaud, Tübingen, Narr, 1992, S. 81–91.

Couteaux, Paul-Marie, *Rede vom 31. März 2007 in Paris*; online: http://www.pmcouteaux.org/tribunes/discours%20pmc%20palais%20congres%2031%2003%2007.htm.

Curtius, Ernst Robert, *Die Französische Kultur.* Eine Einführung, Berlin/Leipzig, Deutsche-Verlags-Anstalt, 1930.

Curtius, Ernst Robert, *Europäische Literatur und lateinisches Mittelalter*, Tübingen/Basel, Francke, [11]1993 ([1]1948).

Defaux, Gérard/**Simonin**, Michel (Hrsg.), *Clément Marot „Prince des poëtes françois" 1496–1996.* Actes du Colloque international de Cahors en Quercy 21–25 mai 1996 (Colloques, congrès et conférences sur la Renaissance. 7), Paris, Genève, Droz, 1997.

Defaux, Gérard, *Marot, Rabelais, Montaigne.* L'écriture comme présence (Etudes montaignistes. 2), Paris/Genève, Champion/Slatkine, 1987.

Defaux, Gérard, „Rhétorique, silence et liberté dans l'œuvre de Marot. Essai d'explication d'un style", *Bibliothèque d'Humanisme et de Renaissance* Bd. 46/1984, S. 299–322.

Dejean, Jean-Luc, *Clément Marot*, Paris, Fayard, 1990.

Demangeot, Fabien, „La déconstruction de la notion de personnage dans l'œuvre de Nathalie Sarraute", *Studia Universitatis Petru Maia.* Philologia Bd. 21/2016, S. 57–70.

Deruelle, Aude, „Les Adresses au lecteur chez Balzac", *Cahiers de narratologie* Bd. 11/2004, S. 1–12.

Diaz, José-Luis, *L'homme et l'œuvre.* Contribution à une histoire de la critique (Les Littéraires), Paris, PUF, 2011.

Didier, Béatrice, *L'Écriture-femme* (puf écritures), Paris, PUF, 1999 ([1]1981).

Digeon, Claude, *La Crise allemande de la pensée française (1870–1914)*, Paris, PUF, 1959.

Dill, Hans-Otto, „Kultur vs. Zivilisation – Genesis zweier anthropologischer Grundbegriffe", *Sitzungsberichte der Leibniz-Sozietät der Wissenschaften zu Berlin* Bd. 111/2011, S. 131–158.

„Discours indirect", in: *Wikipedia, l'encyclopédie libre*, online: https://fr.wikipedia.org/wiki/Discours_indirect.

Dispy, Micheline, *Pour étayer l'apprentissage de l'implicite* (Tactiques. 6), Namur, Presses universitaires, 2001.

Dornier, Carole, „Le traité de mondanité d'un mentor libertin: la ‚leçon de l'Étoile' dans les *Egarements du cœur et de l'esprit* de Crebillon fils (1738)", in: *L'honnête homme et le dandy* (Études littéraires françaises. 54), hrsg. von Alain Montandon, Tübingen, Narr, 1993, S. 107–121.

Dubois, François-Ronan, „La Princesse de Clèves est une œuvre sans avenir", in: *Littératures*, 2011, S. 1–147; online: https://dumas.ccsd.cnrs.fr/dumas-00626756.

Duhamel, Alain, *Les Pathologies politiques françaises*, Paris, Plon, 2016.

Durkheim, David Émile, *De la division du travail social*, Paris, Félix Alcan, 1893; online: http://classiques.uqac.ca/classiques/Durkheim_emile/division_du_travail/division_travail.htm.

Eidam & partner, *kulturelle werte – frankreich. ein ratgeber für unternehmen*, S. 2; online: https://www.eidam-und-partner.de/files/downloads/eidam_und_partner_kulturelle_ werte_in_frankreich.pdf.

Elias, Norbert, *Über den Prozess der Zivilisation*. Soziogenetische und psychogenetische Untersuchungen (suhrkamp taschenbuch wissenschaft. 158. 159), 2 Bde., Frankfurt a.M., Suhrkamp, 1976.

Erler, Katja, *Deutschlandbilder in der französischen Literatur nach dem Fall der Mauer* (Studienreihe Romania. 20), Bamberg, Erich Schmidt, 2004.

Fauser, Markus, *Das Gespräch im 18. Jahrhundert*. Rhetorik und Geselligkeit in Deutschland (Schriftenreihe für Wissenschaft und Forschung), Stuttgart, M&P, 1991.

Fickers, Andreas, *„Politique de la grandeur" versus „Made in Germany"*. Politische Kulturgeschichte der Technik am Beispiel der PAL-SECAM-Kontroverse (Pariser Historische Studien. 78), München, Oldenburg, 2007.

Finkielkraut, Alain, *L'identité malheureuse*, Paris, Stock, 2013.

Fiorato, Adelin, „Simulation/Dissimulation", in: *Dictionnaire raisonné de la politesse et du savoir-vivre*. Du Moyen Âge à nos jours, hrsg. von Alain Montandon, Paris, Seuil, 1995, S. 801–844.

Flaig, Egon, „14.5. Habitus, Mentalitäten und die Frage des Subjekts: Kulturelle Orientierungen sozialen Handelns", in: *Handbuch der Kulturwissenschaften*. Grundlagen und Schlüsselbegriffe, hrsg. von Friedrich Jaeger/Burkhard Liebsch/Jörn Rüsen/Jürgen Straub, Stuttgart, Metzler, 2011, S. 356–371.

Fort, Bernadette, *Le Langage de l'ambiguïté dans l'œuvre de Crébillon fils*, Paris, Klincksieck, 1978.

Foucault, Michel, *Les Mots et les choses*. Une archéologie des sciences humaines (Bibliothèque des sciences humaines), Paris, Gallimard, 1966.

Fournier, Nathalie, „Affinités et discordances stylistiques entre les *Désordres de l'amour* et *La Princesse de Clèves* : Indices et enjeux d'une écriture", *Littératures classiques* Bd. 3/2006, H. 6, S. 259–274.

Fumaroli, Marc, „La Conversation", in: Marc Fumaroli, *Trois Institutions littéraires* (Folio/Histoire), Paris, Gallimard, 1994, S. 111–210.

Fumaroli, Marc, *Le Genre des genres littéraires français*. La conversation (The Zaharoff Lecture for 1990–1), Oxford, Clarendon, 1992.

Fumaroli, Marc, *L'État culturel*. Essais sur une religion moderne, Paris, Editions de Fallois, 1991.

Garagnon, Anne-Marie, „Étude de style: *La Princesse de Clèves*, Tome deuxième (Classiques Garnier, édition Magne, p. 293–294)", *L'Information Grammaticale* H. 45/1990, S. 26–33.

Garaud, Christian, „Le geste et la parole : remarques sur la communication amoureuse dans *La Princesse de Clèves*", *XVIIᵉ Siècle* H. 121/1978, S. 257–268.

Gaubert, Serge, „La Conversation et l'écriture", *Europe* Bd. 496/1970, S. 171–192.

Geitner, Ursula, *Die Sprache der Verstellung*. Studien zum rhetorischen und anthropologischen Wissen im 17. und 18. Jahrhundert (Communicatio. 1), Tübingen, Niemeyer, 1992.

Gelzer, Florian, *Konversation, Galanterie und Abenteuer*. Romaneskes Erzählen zwischen Thomasius und Wieland (Frühe Neuzeit. 125), Tübingen, Niemeyer, 2007.

Gelzer, Florian, „Konversation und Geselligkeit im ‚galanten Diskurs' (1680–1730)", in: *Konversationskultur in der Vormoderne*. Geschlechter im geselligen Gespräch, hrsg. von Rüdiger Schnell, Köln/Weimar/Wien, Böhlau, 2008, S. 473–524.

Génetiot, Alain, „‚L'élégant badinage': Marot, Voiture et La Fontaine", *Le Fablier*. Revue annuelle des amis de Jean de La Fontaine Bd. 27/2016, S. 39–46.

Geyer, Paul, „On the Dialectics of Culture and Civilization in Critical Cultural Studies", Vortrag bei der Tagung: *Global Concepts? Keywords and Their Histories*, veröffentlicht vom Excellenz-Cluster *Asia and Europe in a Global Context* der Universität Heidelberg am 28.10.2010, S. 7; online: https://www.romanistik.uni-bonn.de/bonner-romanistik/personal/geyer/schriften/dialectics.pdf.

Giraud, Yves, „Les jugements de la critique", in: Clément Marot, *Œuvres poétiques* (GF. Texte intégral. 259), Paris, Garnier-Flammarion, 1973, S. 486–491.

Godart-Wendling, Béatrice/**Raïd**, Layla, „Le clapet de la sourcière: les implicites de la violence verbale dans le théâtre de Sarraute", in: *La violence verbale: description, processus, effets discursifs et psycho-sociaux*, hrsg. von Iuliana-Anca Mateiu, Cluj-Napoca, Presa Universitara Clujeana, 2017, S. 195–210.

Godo, Emmanuel, *Une Histoire de la conversation* (Histoire culturelle. 2), Paris, Classiques Garnier, 2015.

Goffman, Ervin, *Interaction Ritual*. Essays on Face-to-Face Behavior, Chicago, Aldine, 1967, Neuauflage, London/New York, Routledge, 2017; deutsch: *Interaktionsrituale*. Über Verhalten in direkter Kommunikation (suhrkamp taschenbuch wissenschaft. 594). Frankfurt a.M., Suhrkamp, 1986.

Grabovszki, Ernst, *Methoden und Modelle der deutschen, französischen und amerikanischen Sozialgeschichte als Herausforderung für die Vergleichende Literaturwissenschaft*, Amsterdam/New York, Rodopi, 2002.

Grice, Herbert Paul, „Logic and Conversation", in: *Speech Acts* (Syntax and Semantics. 3), hrsg. von Peter Cole/Jerry L. Morgan, New York, Academic Press, 1975, S. 41–58, deutsch: „Logik und Konversation", in: Georg Meggle (Hrsg.), *Handlung, Kommunikation, Bedeutung* (suhrkamp taschenbuch wissenschaft. 1083), Frankfurt a.M., Suhrkamp, 1993, S. 243–265.

Goulard, Sylvie, „Die Grille und die Ameise. Frankreich prescht voran – Deutschland zögert, das erschwert das Krisenmanagment für Europa", Süddeutsche Zeitung vom 26.11.2008; online: https://www.sylviegoulard.eu/wpcontent/uploads/2009/09/26.11.08-SZ-Grille-und-die-Ameise.pdf.

Guy, Henry, *Histoire de la poésie française au XVIᵉ siècle, 2 Bde.* (Bibliothèque littéraire de la Renaissance. Série 2. 4 und 12), Paris, Champion, 1926, Bd. 2.

Habermas, Jürgen, *Strukturwandel der Öffentlichkeit*. Untersuchungen zu einer Kategorie der bürgerlichen Gesellschaft (Politica. 4), Neuwied/Berlin, Luchterhand, 1962, Neuauflage: (suhrkamp taschenbuch wissenschaft. 891), Frankfurt a. M., Suhrkamp, 1991.

Hampton, Timothy, „Vergers des Lettres: L'allégorie politique et morale dans *L'Enfer*", in: Defaux/Simonin (Hrsg.), *Clément Marot „Prince des poëtes françois"*, S. 237–248.

Harris, Joseph, *Marmontel and Demoustier, Le Misanthrope corrigé*. Two Eighteenth-Century Sequels to Molière's *Le Misanthrope* (Modern Humanities Research Association. Critical Texts. 65), Cambridge, The Modern Humanities Research Association, 2019.

Hausmann, Franz-Josef, *Louis Meigret*. Humaniste et linguiste (Lingua et Traditio. 6), Tübingen, Narr, 1980.

Heinrichs, Johannes, „Nationalsprache und Sprachnation. Die Gegenwartsbedeutung von Fichtes *Reden an die deutsche Nation*", in: *Fichte Studien*. Beiträge zur Geschichte und Systematik der Tranzendentalphilosophie, Bd. 2: *Kosmopolitismus und Nationalidee*, hrsg. von Klaus Hammacher/Richard Schottky/Wolfgang H. Schrader, Amsterdam, Rodopi B. V., 1990, S. 51–73.

Henfrey, Norman, „Towards a View of Molière's *Misanthrope*: The Sonnet Scene Reconsidered", *The Cambridge Quarterly* Bd. 18/1989, H. 2, S. 160–186.

Héron, Pierre Marie, „Littérature et conversation au XXe siècle : Proust (encore)", *Revue d'histoire littéraire de la France* Bd. 110/2010, S. 93–111.

Hesbois, Laure, „*Vous les entendez?* Nathalie Sarraute à l'écoute des signaux secrets. Tentative de décodage", *Atlantis*. Critical Journal in Gender, Culture, and Social Justice Bd. 11/1986, H. 2, S. 88–96.

Huber, Christoph, „Integumentum", in: *Reallexikon der deutschen Literaturwissenschaft*. Neubearbeitung des Reallexikons der deutschen Literaturgeschichte, 3 Bde., hrsg. von Georg Braungart/Harald Fricke/Klaus Grubmüller/Jan-Dirk Müller/Klaus Weimar, Berlin/New York, De Gruyter, 2007, Bd. 1, S. 156–160.

Huglo, Marie-Pascale, „Variations sur la conversation dans *Vous les entendez?* de Nathalie Sarraute", *Tangence* Bd. 79/2005, S. 11–29.

Jacques, Martine, „Louis-Antoine Caraccioli : une certaine vision de l'Europe française", *Revue d'histoire littéraire de la France* Bd. 114/2014, H. 4, S. 829–842.

Jahn, Judith, *Kulturstandards im deutsch-französischen Management*. Die Bedeutung unterschiedlicher Handlungs- und Verhaltensmuster von Deutschen und Franzosen (Entscheidungs- und Organisationstheorie), Wiesbaden, Deutscher Universitäts-Verlag, 2006.

Janković, Željka, „Une femme extraordinaire peut-t-elle dire la vérité? *La Princesse de Clèves* et le mensonge", *Revue Chameaux*. Revue des études littéraires de l'Université Laval Bd. 10/2008, S. 1–13.

Jossua, Jean Pierre, *Pour une histoire religieuse de l'expérience littéraire*, Paris, Beauchesne, 1985.

Jurt, Joseph, *Sprache, Literatur und nationale Identität*. Die Debatten über das Universelle und das Partikuläre in Frankreich und Deutschland (mimesis. 58), Berlin/Boston, De Gruyter, 2014.

Kerry, Paul E., „Heinrich von Kleist and the Transformation of Conversation in Germany", in: *The Concept and Practice of Conversation in the Long Eighteenth Century, 1688–1848*, hrsg. von Katie Halsey/Jane Slinn, Newcastle, Cambridge Scholars, 2008, S. 65–86.

Klein, Gabriele, „Kultur", in: *Einführung in die Hauptbegriffe der Soziologie* (Einführungskurs Soziologie), hrsg. von Hermann Korte/Bernhard Schäfers, Wiesbaden, Verlag für Sozialwissenschaften, [8]2010 ([1]2003), S. 235–256.

Koselleck, Reinhart, „Das 18. Jahrhundert als Beginn der Neuzeit", in: *Epochenschwelle und Epochenbewußtsein* (Poetik und Hermeneutik. 12), hrsg. von R. K., München, Fink, 1987, S. 269–282.

Koselleck, Reinhart, „Einleitung", in: *Geschichtliche Grundbegriffe*. Historisches Lexikon zur politisch-sozialen Sprache in Deutschland, hrsg. von Otto Brunner/Werner Conze/Reinhart Koselleck, Stuttgart, Klett-Cotta, 1972, Bd. 1, S. XIII–XXVII.

Koselleck, Reinhart, *Kritik und Krise*. Eine Pathogenese der bürgerlichen Welt (suhrkamp taschenbuch wissenschaft. 36), Frankfurt a.M., Suhrkamp., [3]1979 ([1]Freiburg/München, Alber, 1959).

Kreiter, Jeanine Anseaume, *Le problème du paraître dans l'œuvre de Madame de Lafayette*, Paris, Nizet, 1977.

Küpper, Joachim, *Balzac und der effet de réel*. Eine Untersuchung anhand der Textstufen des *Colonel Chabert* und des *Curé de Village* (Beihefte zu Poetica. 17), Amsterdam, Grüner, 1986.

Langer, Ulrich, „L'Ethique de la louange chez Marot: La Ballade De paix, & de victoire", in: Defaux/Simonin (Hrsg.), *Clément Marot „Prince des poëtes françois"*, S. 268–281.

Laroch, Philippe, *Petits-Maîtres et roués*. Évolution de la notion de libertinage dans le roman français du XVIIIe siècle, Québec, Presses Université Laval, 1979.

Leblanc, Paulette, *La Poésie religieuse de Clément Marot*, Paris, Klincksieck, 2019 ([1]1955).

Leech, Geoffrey, *Principles of Pragmatics* (Longman Linguistics Library. 30), London/New York, Routledge, 1983.

Leiner, Wolfgang, *Das Deutschlandbild in der französischen Literatur*, Darmstadt, Wissenschaftliche Buchgesellschaft, 1989.

Leiner, Wolfgang, *Der Widmungsbrief in der französischen Literatur (1580–1715)*, Heidelberg, Winter, 1965.

Lietz, Jutta, „Zu Stil und Struktur der *Tropismes* von Nathalie Sarraute", *Romanistisches Jahrbuch* Bd. 25/1974, S. 154–173.

Lindsay, Frank W., „Alceste and the Sonnet", *The French Review* Bd. 28/1955, H. 5, S. 395–402.

Lloyd-James, Kenneth, „Une ‚superchérie' de Marot", *Studi francesi* Jg. 22/1978, S. 369–373.

Löchner, Isabelle Sophie, *Zwischen Wahrheit und Pflicht*. Emotionen und Körpersprache im Frankreich des 17. Jahrhunderts (Gründungsmythen Europas in Literatur, Musik und Kunst. 16), Göttingen, Bonn University Press bei V&R unipress, 2020.

Lorimier, Renée-Claude, „Le Secret dans *Le Misanthrope* de Molière: agrément courtois ou arme politique?", *Études littéraires* Bd. 28/1995, H. 2, S. 97–106.

Martin-Fugier, Anne, „Le salon XVIIe siècle selon Sainte-Beuve", *Les Cahiers du Centre de Recherches Historiques* H. 28–29/2002, S. 1–11; online: http://journals.openedition.org/ccrh/1012.

Matzat, Wolfgang, „Affektrepräsentation im klassischen Diskurs: *La Princesse de Clèves*", in: *Französische Klassik*. Theorie–Literatur–Musik, hrsg. von Fritz Nies/Karlheinz Stierle, München, Fink, 1985, S. 231–266.

Matzat, Wolfang, *Diskursgeschichte der Leidenschaft*. Zur Affektmodellierung im französischen Roman von Rousseau bis Balzac (Romanica Monacensia. 35), Tübingen, Narr, 1990.

Matzat, Wolfgang, *Dramenstruktur und Zuschauerrolle*. Theater in der französischen Klassik, (Theorie und Geschichte der Literatur und der Schönen Künste. 62), München, Fink, 1982.

Mayer, Claude-Albert, *Clément Marot*, Paris, Seghers, 1972.

Mayer, Claude-Albert, *La Religion de Marot*, Paris, Nizet, 1973 ([1]Genève 1969).

Meininger, Anne-Marie, „Introduction", in: Honoré de Balzac, *La Comédie humaine. 12 Bde.* (Bibliothèque de la Pléiade. 26. 27. 30. 31. 32. 35. 38. 39. 41. 42. 141. 292), hrsg. von Pierre-Georges Castex u. a., Paris, Gallimard, 1976–1981, Bd. 6, S. 937–1005.

Merlin-Kajman, Hélène, „Vaugelas politique?", *Langages* Bd. 182/2011, S. 111–122.

Mesnard, Pierre, *L'Essor de la philosophie politique au XVIe siècle*, Paris, Vrin, 1951.

Montandon, Alain, „Konversation und Gastlichkeit in der französischen Aufklärung: zur Konzeptualisierung sozialer Interaktion zwischen Kontinuität und Umbruch", in: Jörn Garber/Heinz Thoma, *Zwischen Empirisierung und Konstruktionsleistung*. Anthropolgie im 18. Jahrhundert (Hallesschesche Beiträge zur Europäischen Aufklärung. 24), Tübingen, Niemeyer, 2004, S. 339–362.

Montandon, Alain, „Les Bienséances de la conversation", in: *Art de la lettre. Art de la conversation à l'époque classique en France*. Actes du colloque de Wolfenbüttel, octobre 1991 (Actes et colloques. 46), hrsg. von Bernard Bray/Christoph Strosetzki, Paris, Klincksieck, 1995.

Montferran, Jean-Charles (Hrsg.), *Le Génie de la langue françaises autour de Marot et La Fontaine*. L'Adolescence clémentine, Les Amours de Psyché et de Cupidon (Feuillets). Fontenay-aux-Roses, Paris, ENS Éditions, 1997.

Moog-Grünewald, Maria, „Konstellationen der Berufung. Nathalie Sarrautes *Enfance* in der Tradition Augustins", in: *Legenden der Berufung,* hrsg. von Patricia Oster/Karlheinz Stierle (Neues Forum für Allgemeine und Vergleichende Literaturwissenschaft. 49), Heidelberg, Winter, 2012, S. 47–59.

Moos, Peter von, „Was galt im Mittelalter als das Literarische an der Literatur? Eine theologisch-rhetorische Antwort im 12. Jahrhundert", in: *Literarische Interessenbildung im Mittelalter*. DFG-Symposion 1991 (Germanistische Symposion-Beiträge. 14), hrsg. von Joachim Heinzle, Stuttgart/Weimar, Metzler, 1993, S. 431–451.

Morrison, Donald/**Compagnon**, Antoine, Que reste-t-il de la culture française? *suivi de* Le Souci de la grandeur, Paris, Denoël, 2008, englisch: *The Death of French Culture*. Cambridge/Malden, MA., Polity Press, 2010.

Mouligneau, Geneviève (Hrsg.), *Madame de La Fayette, romancière ?*, Bruxelles, Editions de l'Université de Bruxelles, 1980.

Müller, Olaf, „,Cette fatale conversation'. Die Risiken der Geselligkeit und die Utopie der Konversation bei Mme de Staël", in: *Riskante Geselligkeit.* Spielarten des Sozialen um 1800, hrsg. von Günter Oesterle/Thorsten Valk, Würzburg, Königshausen, Neumann, 2015, S. 47–71.

Musée du Louvre, *Exposition* De L'Allemagne. 1800–1939 *du 28 Mars 2013 au 24 Juin 2013*; online: http://www.louvre.fr/expositions/de-l-allemagne-1800-1939-de-friedrich-beckmann.

Nash, Jerry C., *Pre-Pléiade Poetry* (French Forum Monographies. 57), Lexington, Ken., French Forum, 1985.

Neumeister, Sebastian, *Das Spiel mit der höfischen Liebe.* Das Altprovenzalische Partimen (Beihefte zu *Poetica*. 5), München, Fink, 1969.

Nora, Pierre, *Les Lieux de mémoire,* 7 Bde., Paris, Gallimard, 1984–1992, Bd. 3,2 (Les France).

Oestreich, Gerhard, *Geist und Gestalt des frühmodernen Staates*. Ausgewählte Aufsätze, Berlin, Dunker/Humblot, 1969.

Pateau, Jacques, *Une étrange alchimie*. La dimension interculturelle dans la coopération franco-allemande (Travaux et documentations du CIRAC), Paris, CIRAC, 1998.

Pauphilet, Albert, *Poètes et romanciers du Moyen Age* (Bibliothèque de la Pléiade. 52), Paris, Gallimard, 1952.

Peters, Ursula, „Literaturgeschichte als Mentalitätsgeschichte? Überlegungen zur Problematik einer neuen Forschungsrichtung", in: *Germanistik*. Forschungstand und Perspektiven. Vorträge des Deutschen Germanistentages 1982. Teil 2: *Ältere Deutsche Literatur. Neuere Deutsche Literatur*, hrsg. von Georg Stötzel, Berlin/New York, De Gruyter, 1985, S. 179–198.

Pietsch, Nicolaus/**Stollberg-Rillinger**, Barbara, *Konfessionelle Ambiguität*. Uneindeutigkeit und Verstellung als religiöse Praxis in der Frühen Neuzeit (Schriften des Vereines für Reformationsgeschichte. 214), Gütersloh, Gütersloher Verlagshaus, 2013.

Pintard, René, *Le libertinage érudit dans la première moitié du XVIIe siècle,* 2 Bde., Paris, Boivin, 1943; Nachdruck: Genève/Paris, Slatkine, 1983.

Preisendanz, Wolfgang, „Gattungshorizont des Epigramms und ‚style marotique'", in: *Die Pluralität der Welten*. Aspekte der Renaissance in der Romania (Romanistisches Kolloquium. 4), hrsg. von Wolf-Dieter Stempel/Karlheinz Stierle, München, Fink, 1987, S. 279–300.

Raïd, Layla, „Sous les mots, l'enfance. Sarraute et la philosophie du langage ordinaire", *A contrario* Bd. 25/2017, H. 2, S. 93–116.

Raillard, Georges, „ Nathalie Sarraute et la violence du texte", *Littérature.* 1971, H. 2, S. 89–102.

Rakotobo D'Alberto, Noro, „*Vous les entendez?* L'écoute dans l'œuvre de Nathalie Sarraute", *Mnemosyne.* La costruzione del senso Bd. 3/2010, S. 83–91.

Réau, Louis, *L'Europe française au siècle des Lumières* (L'Evolution de l'humanité), Paris, Albin Michel, 1938.

Rollin, Sophie, „De la société de salon à la société de cour: l'ambivalence du processus de civilisation", *FLS.* Civilisation in French and Francophone Literature Bd. 23/2006, S. 131–145.

Rosenthal, Olivia, „Clément Marot: Une poétique de la requête", in: Defaux/Simonin (Hrsg.), *Clément Marot „Prince des poëtes françois"*, S. 283–299.

Rousset, Jean, *La littérature de l'âge baroque en France.* Circé et le Paon, Paris, Corti, ^{5}1965 (^{1}1954).

Rousset, Jean, „L'inscription du lecteur dans *La Comédie humaine*", in: J. R, *Le Lecteur intime.* De Balzac au journal, Paris, Corti, 1986, S. 39–42.

Salmon, Christian, *Storytelling.* La machine à fabriquer des histoires et à formater les esprits (Cahiers libres), Paris, La Découverte, 2007.

Sarkozy, Nicolas, *Discours sur le projet politique et les enjeux électoraux de la droite*; online: http://discours.viepublique.fr/notices/063002197.html.

Scheffers, Henning, *Höfische Konvention und die Aufklärung.* Wandlungen des *honnête-homme*-Ideals im 17. und 18. Jahrhundert (Studien zur Germanistik, Anglistik und Komparatistik. 93), Bonn, Bouvier, 1980.

Schlögel, Rudolf, *Mentalitätengeschichte*; online: http://www.uni-konstanz.de/FuF/ Philo/Geschichte/Tutorium/Themenkomplexe/Grundlagen/Forschungsrichtungen/ Mentalitatengeschichte/mentalitatengeschichte.html.

Schmidt, Georg, „Friedrich Meineckes Kulturnation. Zum historischen Kontext nationaler Ideen in Weimar-Jena um 1800", *Historische Zeitschrift* Bd. 284/2007, S. 597–622.

Schmölders, Claudia, „Die Regeln der Salonkonversation oder der Zwang zur Zwanglosigkeit", in: *Die Kunst des Gesprächs.* Texte zur europäischen Konversationstheorie, hrsg. von C. S., München, Deutscher Taschenbuchverlag, ^{2}1986 (^{1}1979), S. 29–34.

Schneider, Helmut, „Der Schmeichler und der Geschichtsphilosoph. Lessings Fabel vom „Raben und Fuchs" und La Fontaine", in: *Heitere Mimesis.* Festschrift für Willi Hirdt zum 65. Geburtstag, hrsg. von Willi Jung/Birgit Tappert, Tübingen, Francke, 2003, S. 571–581, auch online: http://www.uni-bonn.de/~hschneid/fabel_hirtfestschrift_fin.pdf, S. 1–12.

Schröter, Juliane, *Offenheit.* Die Geschichte eines Kommunikationsideals seit dem 18. Jahrhundert, Berlin/New York, De Gruyter, 2011.

Schuerewegen, Franc, „Réflexions sur le narrataire", *Poétique* H. 70/1987, S. 247–254.

Schulz, Karin, *Konversation und Geselligkeit.* Praxis französischer Salonkultur im Spannungsfeld von Idealität und Realität, Bielefeld, transcript, 2018.

Schulz-Buschhaus, Ulrich, „Gemeinplatz und Salonkonversation bei Marcel Proust", in: U. Sch.-B, *Das Aufsatzwerk*; online: http://gams.uni-graz.at/o:usb-06C-349.

Schulz-Buschhaus, Ulrich, „Topiken der Konversation bei Flaubert und Proust", in: U. Sch.-B, *Das Aufsatzwerk*; online: http://gams.uni-graz.at/o:usb-06A-285.

Schulz-Buschhaus, Ulrich, „Über die Verstellung und die ersten ‚Primores' des *Héroe* von Gracián", *Romanische Forschungen* Bd. 91/1979, S. 411–430; online: U. Sch.-B., *Das Aufsatzwerk*; http://gams.uni-graz.at/o:usb-063-23.

Schulze-Witzenrath, Elisabeth, „Die ‚klassische Dämpfung‘ der Rede in der Tragödie und im Roman des französischen 17. Jahrhunderts", in: *Das fremde Wort*. Festschrift für Karl Maurer zum 60. Geburtstag, hrsg. von Ilse Nolting-Hauff/Joachim Schulze, Amsterdam, Gründer, 1988, S. 236–256.

Schulze-Witzenrath, Elisabeth, „Konversation und Komik in Molières *Misanthrope*. Warum sich eine Komödie des 17. Jahrhunderts heute nicht mehr erfolgreich aufführen lässt", *Poetica* Bd. 27/1995, S. 273–313.

Schunck, Peter, „Zur Wirkungsgeschichte des *Misanthrope*", *Germanisch-Romanische-Monatsschrift* Bd. 21/1971, S. 1–15; wieder abgedruckt in: Renate Baader (Hrsg.), *Molière* (Wege der Forschung. 261), Darmstadt, Wissenschaftliche Buchgesellschaft, 1980, S. 384–405.

Scollen-Jimack, Christine, „Marot and Deschamps: The Rhetoric of Misfortune", *French Studies* Bd. 42/1988, S. 21–32.

Screech, Michael A., *Clément Marot*. A Renaissance Poet Discovers the Gospel. Lutheranism, Fabrism and Calvinism in the Royal Courts of France and of Navarra and in the Ducal Court of Ferrara (Studies in Medieval and Reformation Thought. 54), Leiden/New York/Köln, Brill, 1994.

Screech, Michael A., *Marot évangélique* (Études de philologie et d'histoire. 4), Genève, Droz, 1967.

Seidel-Lauer, Alexandra, *Erfolgreich auf dem französischen Markt – deutsch-französische Mentalitätsunterschiede*; online: http://www.frankfurt-main.ihk.de/imperia/md/content/pdf/international/AHK_Paris_Mentalitaetsunterschiede-Deutschland-Frankreich.pdf.

Serrano Mañes, Montserrat, „*Conversations après un enterrement*: l'exquise obscénité de Yasmina Reza et sa ‚stratégie des poireaux‘", *Studi francesi* Bd. 57/2013, H. 170, S. 416–423.

Sheperd, III, James L., „Arsinoé as Puppeteer", *The French Review* Bd. 42/1968, H. 2, S. 262–271.

Sokologorsky, Igor, „Balzac et l'envers du monde", *L'Année balzacienne* Bd. 10/2009, S. 315–345.

Spitzer, Leo, „Clément Marot. *Eclogue au Roy, soubs les noms de Pan et robin* (1539)", in: L. Sp, *Interpretationen zur französischen Lyrik*, hrsg. von Helga Jauß-Meyer/Peter Schunck, Heidelberg, Selbstverlag des Romanischen Seminars der Universität Heidelberg, 1961, S. 24–43.

Spitzer, Leo, „Die Klassische Dämpfung in Racines Stil", in: L. Sp, *Romanische Stil- und Literaturstudien*, Marburg, Elwert'sche Verlagsbuchhandlung, 1931, Bd. 1, S. 135–270.

Spode, Hasso, „Was ist Mentalitätsgeschiche? Struktur und Entwicklung einer Forschungstradition", in: *Kulturunterschiede: interdisziplinäre Konzepte zu kollektiven Identitäten und Mentalitäten* (Beiträge zur sozialwissenschaftlichen Analyse interkultureller Beziehungen. 3), hrsg. von Heinz Hahn, Frankfurt a.M., IKO – Verlag für Interkulturelle Kommunikation, 1999, S. 9–57.

Sprenger, Ulrike, *Stimme und Schrift*. Inszenierte Mündlichkeit in Prousts *A la recherche du temps perdu* (Romanica monacensia. 47), Tübingen, Narr, 1995.

Stackelberg, Jürgen von, „Zu Fabre d'Eglantines *Le Philinthe de Molière*", *Romanische Forschungen* Bd. 97/1985, S. 390–401.

Stanton, Domna C., *The Aristocrat as Art*. A Study of the Honnête Homme and the Dandy in Seventeenth and Nineteenth-Century French Literature, New York, Columbia University Press, 1980.

Starobinski, Jean, *J.-J. Rousseau*. La Transparence et l'obstacle suivi de sept essais sur Rousseau (Bibliothèque des idées), Paris, Gallimard, 1971.

Stewart, Philipp, *Le Masque et la parole*. Le Langage de l'amour au XVIIIe siècle, Paris, Corti, 1973.

Stierle, Karlheinz, „L'homme et l'œuvre. Sainte-Beuves Literaturkritik", in: *Literaturkritik – Anspruch und Wirklichkeit*. DFG-Symposium 1989 (Germanistische-Symposien-Berichtsbände. 12), hrsg. von Wilfried Barner, Stuttgart, Metzler, 1990, S. 185–196.

Stöckmann, Ingo, „Deutsche Aufrichtigkeit Rhetorik, Nation und politische Inklusion im 17. Jahrhundert", *DVjs* Bd. 78/2004, H. 3, S. 373–39.

Stöckmann, Ingo, „Die Gemeinschaft der Aufrichtigen. Die Sprache der Nation und der redliche Grund des Sozialen im 17. Jahrhundert", in: *Die Kunst der Aufrichtigkeit im 17. Jahrhundert* (Frühe Neuzeit. 114), hrsg. von Claudia Benthien/Steffen Markus, Tübingen, Niemeyer, 2006, S. 207–230.

Storost, Jürgen, *Langue française – langue universelle?* Die Diskussion über die Universalität des Französischen an der Berliner Akademie der Wissenschaften. Zum Geltungsanspruch des Deutschen und Französischen im 18. Jahrhundert (Studien zur Romanistik. 12), Hamburg, Dr. Kovač, ^{2}2008 (^{1} Bonn, Romanistischer Verlag, 1994).

Strosetzki, Christoph, *Konversation*. Ein Kapitel gesellschaftlicher und literarischer Pragmatik im Frankreich des 17. Jahrhunderts (Studia romanica et linguistica. 7), Frankfurt a.M/Bern/Las Vegas, Lang, 1978.

Sueur, Jean Pierre, *Question écrite n° 25526 de (Loiret – SOC), publiée dans le JO Sénat du 30/11/2006*, p. 2990; online: http://www.senat.fr/basile/visio.do?id=qSEQ061125526&idtable=q178292|q86052|q326306&_nu=25526&rch=qs&de=20000430&au=20200430&dp=20+ans&radio=dp&aff=sep&tri=dd&off=0&afd=ppr&afd=ppl&afd=pjl&afd=cvn.

Tacke, Charlotte, *Denkmal im sozialen Raum*. Nationale Symbole in Deutschland und Frankreich im 19. Jahrhundert (Kritische Studien zur Geschichtswissenschaft. 108), Göttingen, Vandenhoeck & Ruprecht, 1995.

Tarde, Gabriel, *L'Opinion et la foule* (Collection Recherches politiques), Paris, Les Presses universitaires de France, 1989; online: Chicoutimi, Québec, 2003. http://classiques.uqac.ca/classiques/tarde_gabriel/opinion_et_la_foule/tarde_opinion_et_la_foule.pdf.

Taylor, Maurice M., *Brief an den französischen Minister Arnaud Montebourg vom 08. Februar 2013*; online: https://www.manufacturing.net/labor/news/13090376/us-ceo-ridicules-french-workers.

Thomas, Chantal, *L'Esprit de conversation*. Trois salons, Paris, Payot et Rivages, 2011.

Tibi, Bassam, „Leitkultur als Wertekonsens. Bilanz einer missglückten deutschen Debatte", *Politik und Zeitgeschehen (Das Parlament)* Bd. 1–2/2001, S. 23–26; online: http://www.bpb.de/apuz/26535/leitkultur-als-wertekonsens.

Tobin, Ronald W., „*Le Misanthrope* revu et corrigé: *Le Philinte* de Fabre d'Églantine", in: *Ombres de Molière*. Naissance d'un mythe littéraire à travers ses avantars du XVIIe siècle à nos jours, hrsg. von Martial Poirson, Paris, Colin, 2012, S. 367–380.

Trenard, Louis, „France (Rayonnement de la)", in: *Dictionnaire du Grand Siècle*, hrsg. von François Bluche, Paris, Fayard, 1990, S. 615.

Trousson, Raymond, „Libertin, libertinage", *www.bon-à-tirer.com*. Revue littéraire en ligne 8/2003, S. 1–21.

Van Delft, Louis/**Lotterie**, Florence, „Torquato Accetto et la notion de ‚Dissimulation honnête' dans la culture classique", in: *L'Honnête homme et le dandy* (Études Littéraires Françaises. 54), hrsg. von Alain Montandon, Tübingen, Narr, 1993, S. 35–58.

Van den Ghinste, Josee, *Rapports humains et communication dans* À la recherche du temps perdu, Paris, Nizet, 1975.

Véron, Laelia, „Jeu de mots et double communication dans l'œuvre littéraire : l'exemple de la *Comédie humaine* de Balzac", in: *Enjeux du Jeux de mots*. Perspectives lingustiques et littéraires (The Dynamics of Wordplay. 2), hrsg. von Esme Winter-Froemel/Angelika Zirker, Berlin/Boston, De Gruyter, 2015, S. 93–111.

Verona, Roxana, *Les „Salons" de Sainte-Beuve*. Le critique et ses muses (Romantisme et modernité. 28), Paris, Champion, 1999.

Viala, Alain, *La France galante*. Essai historique sur une catégorie culturelle, de ses origines jusqu'à la Révolution (Les Littéraires), Paris, PUF, 2008.

Vianey, Joseph, *Les Epîtres de Marot*, Paris, Nizet, 1962.

Vovelle, Michel, „Serielle Geschichte oder ‚case studies': ein wirkliches oder nur ein Scheinproblem?", in: *Mentalitäten – Geschichte*. Zur historischen Rekonstruktion geistiger Prozesse, hrsg. von Ulrich Raulff, Berlin, Wagenbach, 1987, S. 114–126.

Wagner, Anne-Catherine, „Champ", in: *Les 100 mots de la sociologie* (Que sais-je ? 3870), hrsg. von Serge Paugam, Paris, PUF, S. 50–51.

Warning, Rainer, „Gespräch und Aufrichtigkeit – Repräsentierendes und historisches Bewußtsein bei Stendhal", in: *Das Gespräch* (Poetik und Hermeneutik. 11), hrsg. von Karlheinz Stierle/Rainer Warning, München, Fink, 1984, S. 425–466.

Wayne, Richard J., „Contradiction in the Sonnet Scene of *Le Misanthrope*", *Esprit créateur* Bd. 15/1975, H. 1–2, S. 154–163.

Wehinger, Brunhilde, *Conversation um 1800*. Salonkultur und literarische Autorschaft bei Germaine de Staël, Berlin, Frey, 2002.

Weinrich, Harald, „Vaugelas und die Lehre vom guten Sprachgebrauch", *Zeitschrift für romanische Philologie* Bd. 76/1960, S. 1–33.

Weinrich, Harald, *Wege der Sprachkultur*, Stuttgart, Deutsche Verlags-Anstalt, 1985.

Wiedemann, Conrad, „Deutsche Klassik und nationale Identität. Eine Revision der Sonderwegs-Frage", in: *Klassik im Vergleich*. Normativität und Historizität europäischer Klassiken, hrsg. von Wilhelm Vosskamp, Stuttgart, Metzler, 1993, S. 541–569.

Wiedemann, Conrad, „Ideale Geselligkeit und ideale Akademie. Schleiermachers Geselligkeitsutopie 1799 und heute", in: *Ideale Akademie: vergangene Zukunft oder konkrete Utopie?* (Forschungsberichte der Interdisziplinären Arbeitsgruppen der Berlin-Brandenburgischen Akademie der Wissenschaften. 11), hrsg. von Wilhelm Voßkamp, Berlin, Akademie Verlag, 2002, S. 61–80.

Williams, Annwyl, *Clément Marot: Figure, Text and Intertext*. (Studies in Renaissance Literature. 8), Lewiston/Queenston/Lampeter, The Edwin Mellen Press, 1990.

Wullen, Moritz, *Was ist ‚deutsch'?* Funktionen ‚deutscher' Redlichkeit und Deutlichkeit in der Kommunikation des 18. Jahrhunderts (Edition Wissenschaft. Reihe: Kunstgeschichte 19), Marburg, Tectum, 1999.

Yardeni, Myriam, *Enquêtes sur l'identité de la „Nation France"*. De la Renaissance aux Lumières, Seyssel, Champ Vallon, 2005.

Zemmour, Éric, *Mélancholie française*, Paris, Fayard, 2010.

Personenverzeichnis

www.ingramcontent.com/pod-product-compliance
Lightning Source LLC
Chambersburg PA
CBHW021152160426

42812CB00078B/671